NATIONAL GEOGRAPHIC

TRAVELER

美国国家地理学会旅行者系列

南 非

（原书第二版）

［南非］罗伯塔·高斯（Roberta Cosi）
［南非］理查德·怀特克（Richard Whitaker） 著

张寿峰 徐彬 栗新生 钱锋 刘琼 译

机械工业出版社
CHINA MACHINE PRESS

National Geographic Traveler: South Africa (Second Edition)/Text by Roberta Cosi, Richard Whitaker / ISBN: 978-1-4262-1166-9

北京市版权局著作权合同登记 图字：01-2016-1219号。

图书在版编目（CIP）数据

南非：原书第二版 /（南非）罗伯塔·高斯（Roberta Cosi），
（南非）理查德·怀特克（Richard Whitaker）著；
张寿峰等译. — 北京：机械工业出版社，2018.1
（美国国家地理学会旅行者系列）
书名原文：National Geographic Traveler: South Africa（Second Edition）
ISBN 978-7-111-58568-8

Ⅰ.①南… Ⅱ.①罗… ②理… ③张… Ⅲ.①旅游指
南 - 南非 Ⅳ.①K947.09

中国版本图书馆CIP数据核字（2017）第293483号

机械工业出版社（北京市百万庄大街22号 邮政编码100037）
策划编辑：谢欣新　　　责任编辑：刘建光
封面设计：吕凤英　　　责任校对：聂美琴
责任印制：李 昂
北京瑞禾彩色印刷有限公司印刷

2018年5月第1版第1次印刷
135mm×210mm·11.375印张·473千字
标准书号：ISBN 978-7-111-58568-8
定价：88.00元

凡购本书，如有缺页、倒页、脱页，由本社发行部调换
电话服务　　　　　　　　　网络服务
服务咨询热线：（010）88361066　机工官网：www.cmpbook.com
读者购书热线：（010）68326294　机工官博：weibo.com/cmp1952
　　　　　　　（010）88379203　金 书 网：www.golden-book.com
封面无防伪标均为盗版　　　教育服务网：www.cmpedu.com

NATIONAL GEOGRAPHIC

TRAVELER

美国国家地理学会旅行者系列

南 非

（原书第二版）

坦比大象公园，夸祖鲁－纳塔尔最大的象群家园。

［南非］罗伯塔·高斯（Roberta Cosi）

［南非］理查德·怀特克（Richard Whitaker） 著

张寿峰 徐彬 栗新生 钱锋 刘琼 译

美国国家地理学会

华盛顿特区

位于开普敦附近的坎普斯湾海岸，背依十二使徒山。

目 录

敞开心扉去旅行

明智的旅行者会有所准备而去，满载收获而归。当你带着责任感去旅游，所到之处，你都能为当地的野生动物、历史古迹和文化遗产的保护尽一份微薄之力。与此同时，你还能丰富自己的阅历。

想做个懂地理的旅行家吗？行动起来吧：

- 认识到你的到来会对当地旅游景点产生一定影响。
- 把你的金钱和时间花在有地方特色的东西上。

  （况且，这样旅行还会更加有趣）

- 尊重当地的自然遗产和文化遗产。
- 尊重当地的风俗习惯。
- 当看到某个有趣的地方和独一无二的事物时，如自然风景、音乐、食物、历史文化悠久的村庄、建筑，请不要吝惜对当地居民的赞美。
- 尽一己之力：支持那些为保存地方特色而努力的人们和产业。发掘有特色的商店、餐厅、酒馆，还有那些热爱当地、保护当地并以此为豪的工作人员。不要去那些有损当地名誉的商店。
- 丰富自己，带更多的记忆和故事回去，确认自己为旅游地的保护与改善做出了贡献。

我们称这种旅游为"地理旅游"（geotourism），其定义是："旨在支持或增强某地地理特征的旅游，包括环境、文化、审美倾向、历史遗产和当地居民的生活情况。"详情请登录"《国家地理》杂志旅游目的地可持续发展研究中心"网站 www.nationalgeographic.com/travel/sustainable。

美国国家地理学会旅行者系列

南 非

（原书第二版）

关于作者和摄影师

罗伯塔·高斯（Roberta Cosi）是一名作家和编辑，她出生于约翰内斯堡并在那里长大。她是一位勇敢的旅行者，对探索南非和整个国家的资源怀有极大的热情。

理查德·怀特克（Richard Whitaker）出生于南非并在当地接受教育。在约翰内斯堡的维特沃特斯兰德（Witwatersrand）大学毕业后，又先后在牛津大学和圣安德鲁斯（St. Andrews）大学获取古典学学位。在德班大学和开普敦大学执教几十年后，又开始了他作为作家的第二职业生涯。他遍游欧洲和非洲南部，参与了本书第一版的编纂以及第二版的修订工作。

摄影师萨曼特·瑞德斯（Samantha Reinders, www.samreinders.con）在事业刚开始时并没有百分之百的把握，她只是把这看作是各种不同经历的综合体验。比如，带着猎枪，开着父亲最喜欢的路虎越野车奔驰在非洲南部尘土飞扬的小路上，探索阿巴拉契亚（Appalachia）神秘的山岭；或者是在椭圆形办公室的出版社里，与另外两个摄影师交流。在这些不同的体验中，不管是哪种经历，她的职业都让她能够去追逐企鹅，乘坐空军一号在空中飞翔，与鲨鱼共泳，和各种有趣的人打交道——从商人到流浪汉，从烘焙店的老妪到在监狱里服刑的有三条命案的杀人犯。

瑞德斯在俄亥俄大学获得视觉通信硕士学位。她的作品发表在《美国新闻和世界报道》《时代》《纽约时报》《快报》《明镜周刊》《芝加哥论坛报》《伦敦金融时代》等。

她于2005年回到她的祖国南非。在这里，尘土飞扬的小路能够慰藉她的心灵。她现今居住在开普敦，从事当地及国外的故事创作。

计划行程

在南非没有哪两个省是一样的，你会发现这个国家就是一个小"世界"。无论你是想躺在沙滩上休憩还是参观世界级的博物馆；无论你是想在沙漠中艰苦跋涉还是置身于世界上最伟大的野生动物之间；无论你是想啜饮美酒还是品尝开普马来风味美食，南非都能满足你。

游客实用信息

每个城市和小镇，甚至就连小村庄都设有独立的旅游信息办公室，为游客提供当地和区域景点概述及详细的地图。你也会在这个国家的国际机场找到旅游信息报摊。

无论你身在南非何处，电话083/123-2345都能为你提供旅游和安全方面的综合信息。

这些提供信息的网站对你的旅游出行非常有益。比如www.southafricaholiday.org.uk为你提供详细和精准的旅游实用信息。www.sa-venues.com，www.southafrica.net以及www.southafrica.info这些网站也对你的出行极其有益。

有了这么多的建议，规划行程可能会是一项显得很艰巨的任务，但这一切都取决于你有多少时间可利用。如果你只有一周的出行时间，那么去开普敦旅游，并在有"非洲五霸"（大象、狮子、豹、犀牛、水牛）的野生动物园来一次非洲野性之旅那是绝对有必要的。比如在克鲁格国家公园（Kruger National Park）内就可以观赏非洲五霸。你可以考虑直接飞到开普敦，在这个激动人心的国际化城市度过三个晚上的时光，然后飞到你进行野性之旅之地畅游三夜。如果时间有富余，更远的景点在等待你的光临。

大多数南非城市都不能很好地为游客提供安全、高效、舒适的公共交通系统。因此许多游客选择租用小汽车在这个国家的城市间旅行。这个国家拥有良好的沥青和碎石铺就的道路网，大部分路段路况很棒。

在国家和私人狩猎保护区，你开自己的汽车或租赁的车辆进行野性观光之旅是完全可行的。多数路段适合开普通的小轿车，但有些路段则适合驾驶四驱车旅行。

然而，你要知道南非是一个幅员辽阔的国家。如果你时间有限，乘飞机旅行也是一个比较好的选择。南非航空

兽中之王。

公司是南非的国家航空公司，它在全国各大城市及较大的城镇之间都有航班起落。而南非空联航空和南非快运航空等小型航空公司则服务于区域性目的地之间。

如果你打算来一次真正的奢侈之旅，可以考虑乘坐蓝色列车或搭乘某列只在非洲南部几条固定线路运行的非洲之傲列车。请记住，搭乘这样的列车从开普敦到比勒陀利亚之间的旅行需要一到两个晚上，但是这样的旅行享受的不是速度而是可以坐在舒适的豪华扶手椅上进行观光。

开普敦

这座南非的"母亲城"能轻松俘获你的心灵。该城背山面海迤逦展开，风景优美，景色宜人。300多年的殖民历史赋予了它无与伦比的文化和历史优势。美丽、精致、丰富多彩的多元文化遗产，该城你

一定不能错过。桌山（Table Mountain）应是你出行计划里的首选项，你可以选择步行或乘坐旋转缆车上山。桌山是开普敦城的特色，山顶的风景会令你惊讶无比。对于热衷购物的人而言，坐落在繁忙港口内的维多利亚和阿尔弗雷德码头广场是必须要去光顾的。从那里，你可以乘坐渡轮到达罗本岛，纳尔逊·曼德拉（Nelson Mandela）就曾被囚禁在这个臭名昭著的岛上。环绕西开普省酒乡的一日自驾游能让你全身心放松，你不仅能体验味觉的愉悦，还能欣赏到独特的风景。你也应当把参观康斯坦博西国家植物园安排在行程内，该植物园是世界上七个宏伟的植物园之一。开普敦有国际机场，因此出行很方便。如果你从约翰内斯堡直飞"母亲城"仅需两小时的时间。

开普敦周边地区： 如果你在开普敦能多待几天，很多"一日游"也很适合你轻松出行。何不开车到好望角一游呢？它仅在开普敦城之南36英里（58公里）处。领略那无与伦比的海洋美景，或畅游开普半岛的东海岸，你可以在企鹅云集的圆石海滩漫步，也可以在丰富多彩的考克湾（Kalk Bay）的古董店里一饱眼福。开启你的开普西海岸之旅吧，特别是在纳马夸兰（Namaqualand）开花的季节。你不仅能欣赏美景，还可以置身于富有艺术气息的村庄中。而斯泰伦博斯酒乡、帕尔酒乡以及法国角酒乡则让你能度过一个慵懒的下午。

如果你有一周左右的时间，你可以沿着花园大道去旅行。从开普敦驱车只需5小时，你就可以环绕优美的海岸线舒适地游览沿海小城镇和美丽的海滩。很多南非人在夏天成群结队地来此游玩。

非洲野性之旅

克鲁格国家公园是世界最古老的狩猎保护区，位于开普敦东北部，它每年吸引50多万游客源源不断地来到这里。从开普敦坐飞机到这儿需3小时，开车需3天，行驶里程约为1215英里（1955公里），这是很累人的一件事。除了非洲五霸（狮子、豹、大象、水牛和犀牛），还有一些其他令人兴奋的动物在此安家，诸如长颈鹿、斑马、猎豹、河马、黑斑羚以及土狼。所有这些动物你都可以在其自然栖息地近距离地观察。这个公园有1200英里（2000公里）长的路网，其中部分路面况良好。你可以轻松舒适地在此开启你的自驾探秘野生动物之旅。更多喜欢冒险的游客可以探索到无数的沙质道路。

在这个公园内有不同类型的住宿选择，你可以选择私人会所，也可以选择常规的营地。大多数营地都有自己的餐馆，并能组织自驾和徒步观光旅游。无论你选择何种类型的住宿，最好提前预约。

在南非还有很多其他的狩猎保护区，有些保护区比较出名，比如东开普省的阿多大象公园（Addo Elephant Park）和山区斑马国家公园（Mountain Zebra National Park），自由邦省东部的金门高地国家公园（Golden Gate Highlands National

小费礼仪指南

在南非给小费是件司空见惯之事。在餐馆里吃饭，你要付餐费的12%～15%的小费。对于较大的聚会，餐馆有时会自己加小费。

在每天的旅行中，导游和司机每人每天会得到30～40兰特，这些钱会被职员们分摊。

酒店的搬运工每搬一件行李会得到10～20兰特的小费。如果你自己有车，要注意通常会给加油站服务人员5～8兰特的小费。见第281页。

安全须知

遗憾的是，犯罪是南非的一个事实，尤其以约翰内斯堡最为严重。保持警惕可以确保你的安全。

道路指南

- 晚上不要走黑暗偏僻的道路。
- 结伴出行，一定要坚持走光线充足、地段繁华的道路。
- 不要携带大量的现金。
- 尽量不戴显眼的珠宝或是拿着相机到处拍照。
- 只乘坐你的旅馆、饭店或旅行中心推荐的出租车。

车辆指南

- 提前规划出行路线，并在车内备有地图。

- 在市内要随手锁车并及时关闭车窗。
- 不要在车厢内放贵重物品。
- 不要在黑暗处泊车，并且要尽可能把车停在方便进出的地方。
- 不要载陌生人。

酒店指南

- 切勿将行李遗忘在酒店大堂或其他公共场所。
- 将您的贵重物品锁在您的酒店房间或前台的保险箱里。
- 如果有人敲门，看清是谁后再决定是否开门。
- 随时锁好房门。
- 在旅馆保险柜内保留一份包含你的信用卡和护照等信息的复印件。

俯瞰弗纳克盐沼，即 1929 年首次陆地极限速度纪录创造地。

Park），以及北开普省的塔卡瓦卡鲁国家公园（Tankwa Karoo National Park）。这些保护区都能提供超棒的保护区观光旅游，让你体验到无与伦比的非洲之旅。

如果时间充足

豪登省（Gauteng Province）：约翰内斯堡是豪登省首府，也是一座电力之城。当你踏进这座繁忙的大都市之时，你就能感受到它的野心勃勃和激荡的活力。去索韦托小镇、富有活力的金矿、莱塞迪民俗村以及种族隔离博物馆进行一次短途旅行吧，更不用说去附近那些高档的购物中心逛逛啦，这些你肯定不会错过。从约翰内斯堡你可以很容易地到达"人类摇篮"——大量的人类进化遗迹之地以及"太阳城"，也就是南非的"拉斯维加斯"。

> ### 如何给家打电话
>
> 打越洋电话，首先要拨 00，这是南非的国际电话拨接码。然后你再拨所在国家或地区的电话区号，最后是电话号码。比如你要打中国的电话，要先拨 0086，再拨电话号码。各种各样的国际电话卡也很方便可用。最广泛使用的就是南非电信的国际手机充值卡 Telkom WorldCall。虽然这些卡可能价格不菲，但是安全可靠，可以拨打当地或国际的任何私人或公共电话。如果你有一个能拨打国际电话的手机，要记住漫游费用很高，而且在许多相对偏远的地区和动物保护区，你会收不到信号。南非的国家电话代码是 27。

夸祖鲁－纳塔尔省（KwaZulu–Natal Province）：德班，拥有温暖的水域、殖民地时期的建筑风格、多元的文化内涵，是一个具有亲和力的观光城市。在其北部和南部的海岸，你可以完美享受潜水、动物观光、漫步美丽的海滩以及畅游沿海小镇。如果你有多余的时间，可以驱车穿越质朴典雅的中部蜿蜒小道（Midlands Meander），也可以骑马或徒步翻越德拉肯斯堡山脉。

比勒陀利亚的嘉年华树盛开。

历史与文化

今日南非

要想综合概括南非不是件容易的事，游客们仁者见仁，智者见智。这是个有11种官方语言的国家，充满活力的城市里，"第三世界"的非正式定居区和"第一世界"的豪华酒店、购物中心混杂在一起；它有着让人引以为傲的风景，从浓密的灌木林到苍翠繁茂的青山，从半荒漠的戈壁高地到绵延数里的美丽沙滩，这样的国家，如何用语言来概括呢？

进行一次非洲野性之旅吧，你可以领略大象、狮子、豹、水牛和犀牛这"非洲五霸"的风采。如果你想尝试冒险的滋味，你可以去西开普省或自由邦省体验白浪漂流的刺激；去德拉肯斯堡（Drakensberg）体验爬山或远足的乐趣；去索德瓦纳湾（Sodwana Bay）潜水与非洲最南端的热带珊瑚礁亲密接触。但是对于喜欢品味城市味道的人来说，则可以选择购买当地的雕塑和珠饰，品尝南非特色菜和丹迪美味的葡萄酒，欣赏富有激情的爵士乐或舞蹈，也可以去品质上乘的电影院。

南非的城市地平线上树满了起重机，一座座高大的建筑物拔地而起。从低价的廉租房到奢华的公寓，新的房屋发展计划正日益刷新着城市的景观。南非于2010年举办了足球世界杯，全世界的目光都聚焦在这里。新的体育馆在开普敦、德班、伊丽莎白港迅速矗立起来，很多新开的酒店也如雨后春笋般涌现，大量招揽游客和观看比赛的观众。

1994年，也就是南非第一次民主选举的那年，游客仅有390万人次。而在2014年，游客人次已激增至1000万。那么到底是什么东西吸引游客来到这个非洲大陆的最南端国家并流连于此、乐不思蜀呢？

最主要的原因就是这里拥有一流的服务设施，如开普敦世界闻名的维多利亚和阿尔弗雷德滨水区（Victoria & Alfred Waterfront）周边的酒店、商店和餐厅，以及动物保护区内那数万平方米未遭到破坏的荒野，如克鲁格国家公园（Kruger National Park）、阿多大象公园（Addo Elephant Park）以及赫卢赫卢韦—印姆弗鲁兹（Hluhluwe Imfolozi）公园。另外，这里还有国家提供的先进现代银行系统和优秀的基础设施，如港口、道路、机场等。这些都确保你的旅游畅通无阻。

新南非

从1994年起，这个国家就以"新南非"驰名天下。称呼它为"新南非"非常恰当，因为复兴国家的精神鼓舞着南非人民。数百万人现在不仅有机会接受教育，享受房屋居住、医疗诊治服务，还能拥有电力和清洁的水，而最重要的是他们拥有了选举权利，这些在以前是不可想象的。进入21世纪以来，南非的经济健康发展，持续稳定增长时间之长，超越了这个国家历史上任何一个时期。坚定而自信的媒体，有不受国家干预的自由，使民众有知情的权利，督促政府奋发图强。

南非人民对 1994 年后的国家制度比较自豪，比如说国家的宪法，在 20 世纪 90 年代初期由多个政治团体研究制定而成，已成为世界上公认的最自由的宪法之一。这部宪法表达了人民对于抵制歧视和确保其自由权利的决心。人民有权利自由交往，有权利自由参与和拒绝政府的组织和经济组织，言论自由以及出版自由等。南非人民同样充分使用了他们的新宪法法院，该法院的功能就是检查国会通过的法律和基层法院违背宪法原则而做出的决定。

人民及语言

由于历史原因，南非拥有非常多样化的人口。极少部分以狩猎和采集为生的原始土著居民布须曼人（Bushmen，也称桑人）现今依然生活在南非西北部的定居点内。在东海岸共同居住着两个主要民族，他们共同被称为恩古尼人（Nguni），他们分别是夸祖鲁—纳塔尔（KwaZulu-Natal）的祖鲁人和东开普省的科萨人（Xhosa）。恩古尼的一个分支恩德贝勒人（Ndebele）在 17 世纪迁移到内陆地区，如今主要分布在林波波省（Limpopo）和普马兰加省（Mpumalanga）。说索托语言的人群与邻国

比勒陀利亚联合大厦（Pretoria's Union Buildings）是南非政府的办公场所。

南非俚语

南非英语有一些很有趣的语言和短语：

Bakkie	pickup truck	敞篷小型载货卡车
Braai	barbecue	烧烤
Brah	best friend	亲密朋友
Bundu	bushveld	灌木丛生地区
Gogga	insect	昆虫
Howzit	hello	您好
Just now	shortly, not right now	刚刚，一会儿
Kloof	ravine	既深又狭、坡度很大的山谷
Koppie	rocky hill	岩石山坡
Lekka	chow good meal	美餐
Lekker	great	有趣的
Robot	traffic light	交通灯
SMS	text message	短信
Takkies	running shoes	跑步鞋

的莱索托人有密切联系，他们主要分布在自由省、豪登省、林波波省和普马兰加省。小一些的族群包括居住在最北部的文达（Venda）、东北部的特松加（Tsouga）以及南非和博茨瓦纳边界两边的茨瓦纳（Tswana）。总之，种族身份在农村比在城市要重要得多，城市里更注重经济和阶级地位。

西开普省的人口有很大一部分是由所谓的"有色"人种组成（"有色"在南非的含义与世界上任何其他地区都不同）。说南非荷兰语的有色人种主要是在开普定居的荷兰人后裔及其奴隶，这些奴隶大多来自马来西亚和印度尼西亚，以及一些当地土著。

除了这些族群，这里还生活着很多移民及其后裔，他们主要来自于英国和荷兰，也有一些来自于欧洲的其他几个国家。在更早的几个世纪之前，相当多数量的移民从马来西亚和印度次大陆来到这里。1994年后出现了一个新的现象，很多其他非洲国家的有经济基础的移民来到南非的一些大城市里，这些国家主要是莫桑比克、安哥拉、津巴布韦、刚果共和国和刚果民主共和国。

南非的人口总数近5500万，人口构成成分为：非洲人占79.2%，欧洲后裔占8.9%，有色人种占8.9%，印度裔及其他亚裔人口占2.5%。没有人能够确切地知道目前在南非有多少非法移民，估计在200万至500万之间。

尽管南非市民对于语言和民族有强大的情结，但是他们开始为自己打造一个国家身份，并把自己首先视为南非公民，其次才是科萨人、索托人、祖鲁人、说英语或者南非荷兰语的非洲人。

鉴于南非种群的多样性，该国新宪法的制定者面临着一个问题：哪一种语言应当被定为南非的官方语言呢？他们最终达成了妥协，该国的所有11种语言都被定为了

东开普省马塔泰勒附近的一家巴索托农庄内。

官方语言。从理论上说，每个公民都有权利使用自己的母语接受教育并和官方沟通，但是宪法很明智地补充规定只有切实可行的地区才能行使这项权利。

实际上，尽管在南非说母语的人比说英语的人多，但英语却是目前使用最普遍的第二语言。（分别为祖鲁语占 22.7%，科萨人使用的班图语占 16%，南非荷兰语占 13.5%，英语占 9.6%）游客在所有的大城市以及旅游目的地都会发现使用英语交流完全没有困难。在很多小镇，虽然用英语交流能够相互理解，但是南非荷兰语占主导地位。只有在偏远的农村地区，说英语的游客有时会发现用英语交流很困难。

大多数南非人民热烈欢迎游客到他们的国家旅游。如果当地人想知道你的名字，来自哪里，是否结婚，有几个孩子，你一定不要感到惊奇。一旦你们开始交谈，他们通常会邀请你去他们家坐坐或者一起吃顿饭。

城市

非洲的某些书籍和影像杂志会给你留下这样的印象：非洲是一个如空旷荒野般的大陆，动物的数量要远多于人口数量。尽管如空旷荒野般的大陆对于爱好大自然的人来说，是梦寐以求的旅游观光之地，但是南非也有数百万人居住的大型现代化繁忙都市。外来人口为养家糊口，从农村涌入城市寻找工作以及享受更好的社会服务，这些城市的人口正快速增长。开普敦拥有荷兰式和殖民地式风格的建筑，在这里能强烈感

长街是开普敦一个著名的娱乐中心。

受到一股欧洲的味道。约翰内斯堡的很多沿街商铺和许多市中心住宅楼非洲风格浓厚。然而德班这个城市因有大量的印度裔外来人口则别具风格。无论你身处这些城市的任何地方，你都能看到小型公共巴士随时随地接送客人。这些小型公共巴士司机富有明显的创业精神，他们在 20 世纪 80 年代就为游客提供载客服务，载他们想去以及需要去的地方，甚至包括正规的公交车和火车不能到达的地方。看看那些漆在出租车上的绰号吧，比如"快付我钱吧""冒险生意""致命诱惑"以及"可爱男孩"等。但是游客一定要当心并只乘坐酒店或餐馆推荐的车辆。

在过去的十年，开普敦市民很高兴地看到他们的城市及其周边地区出现了所谓的电影、电视专题片的拍摄基地以及和世界上其他地区一样的商业配套设施。沿着道路右侧靠左行驶的汽车也出现在摄像机的屏幕上。大名鼎鼎的好莱坞影星们在这个城市较为常见。最近在这里拍摄完成的电影有丹尼尔·克雷格（Daniel Craig）主演的《傻瓜回忆录》（Flashbacks of a Fool）以及由约翰·马尔科维奇（John Malkovich）主演、约翰·马克斯韦尔·库切（J. M. Coetzee）创作的《耻》（Disgrace）。吸引电影制片人来到开普敦的原因，除了相对低廉的摄制成本，还有晴朗的天气、充足而明亮的光线以及位置迥异的地理条件。在开普敦这个两小时城市辐射圈内，你可以体验形形色色的城市风光，比如地中海气候和葡萄园、半沙漠化平原、丘陵和山脉、森林和湖泊。

在 2006 年，由加文·胡德（Gavin Hood）执导的电影《黑帮暴徒》（*Tsotsi*）荣获奥斯卡最佳外语片奖，这对当地电影起到了巨大的推动作用。

体育

南非是一个疯狂的体育国度。因此，与当地人交谈最好的切入点就是询问他们喜欢的球队。到目前为止，足球依然是观众和球员认可的最大规模的体育运动。16 支专业足球队被组织起来参加了南非足球超级联赛。这些足球队与熟悉他们绰号的球迷共同赢得辉煌，比如用美丽鸟形容摩诺卡燕子队，用海盗形容奥兰多海盗队以及用聪明小子形容拜维思队。拜维思队是一支大学生球队，但是在南非最受欢迎的球队是凯撒酋长队。2010 年世界杯足球赛的举办对南非当地的体育事业起到了巨大的推动作用。南非作为东道主国家，无须参加附加赛，直接进入决赛圈。

> 这些足球队与熟悉他们绰号的球迷共同赢得辉煌，比如用美丽鸟形容摩诺卡燕子队，用海盗形容奥兰多海盗队以及用聪明小子形容拜维思队。

南非第二大流行体育运动是橄榄球。自南非橄榄球国家队——羚羊队在 2007 年法国橄榄球世界杯赛赢得冠军以来，这项运动便在南非拥有了大批球迷，特别是说荷兰语的族群，更是对此运动乐此不疲。南非橄榄球队的年度重大比赛是在超级橄榄球联赛和橄榄球冠军锦标赛中和来自澳大利亚、新西兰的球队对抗，在橄榄球冠军锦标赛中还有阿根廷队的加入，然而省级联赛则是具有百年声望的库里杯比赛。

英国人在 19 世纪首次把板球运动带到了南非。这项运动在这里扎根发展并赢得了社会各行各业人士的喜爱。南非板球国家队——Proteas 队在测试赛（是一种比赛时间长达 5 天的比赛）和一天单局板球国际比赛中连续排名世界前三位。

南非其他的流行运动项目还有公路赛跑和自行车赛，这两项比赛每年都吸引大量的人员参加。开普阿尔戈斯 Pick'n Pay 公路自行车赛是一项横穿风景秀丽的开普半岛、总长 68 英里（109 公里）的赛事，这也是世界上同类比赛中耗时最长的。每年 3 月份，大约有 35000 名骑手参加比赛，大部分是本地人，也有数千名国际选手参加。在公路赛跑中，每年有 10000~14000 名南非人和外国游客参与 54 英里（87 公里）的"战友马拉松赛"。这项超长距离的马拉松赛事，每年 6 月在德班和彼得马里茨堡两个城市间举行，赛程的起点和终点，每隔一年在两个城市间互换。这项赛事的历史可以追溯到 1921 年，它由退伍老兵为纪念那些在第一次世界大战中丧生的战友而创立。创办于 1970 年的"两大洋马拉松赛"历史较短，在每年复活节的周末举行。"两大洋马拉松赛"实际上由两项赛事组成，分别是 35 英里（56 公里）的超长距离马拉松和 13 英里（21 公里）的半程马拉松。这两项赛事都是环绕开普半岛举行。每年大约有 25000 名选手参加。

经济

19 世纪后半叶以前，南非的经济一直都是以农业为王。这种状况一直持续

精彩体验：建造家园

在南非这个国家，失业和无家可归的流浪人员也很普遍，国家帮助他们修建家园，为志愿者提供义务工作的机会。有几个慈善团体运作了一些项目，这些项目都是为了根除人们居住在无便利设施的贫乏环境的问题。如果你想了解更多关于捐赠和志愿活动的信息，请联系"仁人家园"，电话：021/657-5640，网址：www.habitat.org.za；或联系 Niall Mellon Townships Initiative，网址：www.nmtown shiptrust.com。多数慈善团体提供"单日"或"单周"项目。

到 1867 年在金伯利（Kimberley）发现钻石和 1886 年在威特沃特斯兰德（Witwatersrand）发现金矿。近一个世纪之后，金矿和钻石开采以及和它们相关的产业，如工业炸药、水泥、工程项目，才成为了南非的经济支柱。其他诸如煤、铁矿石、铅、锰以及铂等原材料的开采也越来越具有重要性。然而南非在制衣、纺织品加工、汽车制造、造纸以及木材加工等制造业方面也逐渐拓展了国内外市场，在国内生产总值中所占比例也得到了提升。

由于南非国内缺乏石油资源，政府在 1950 年之前主要投资从本国丰富的煤类资源中提取石油的技术，而后发展到从天然气中提取石油。因而南非半国有公司萨索尔数年来一直都是纳税人的负担。但是在新世纪，石油价格迅速增长，萨索尔公司独特的技术已日益增值。

随着 20 世纪 90 年代初期南非民主化和国际制裁的解除，南非的经济已实现了自我转型。酒产业是转型成功的案例之一。在 1993 年这个国家酒的出口量为 650 万加仑（2460 万升）。到 2012 年这个数字增长为超过 9200 万加仑（3.5 亿升），约有 50% 出口到了英国。荷兰、德国、挪威、瑞典、美国也是南非最重要的酒类出口国。南非也是世界最主要的啤酒生产国。南非酿酒公司于 2002 年收购了美国米勒酿酒公司。收购兼并后，新成立的南非米勒酿酒集团随之完成一轮在中国的扩张，已日益成为世界最大的酿酒商。

今日之南非，拥有良好的交通、完善的通信设施和稳健的金融基础设施。它现在是非洲大陆的经济强国。当地的矿业、建筑业、金融服务业、电信、旅馆以及零售公司迅速发展，在南非各地有很强的影响力。南非经济持续繁荣：在 2012 年，约翰内斯堡证券交易所的股票市值达到了 5740 亿美元，成为全球十大证券交易所之一。

古董和手工艺品，布莱德河峡谷（Blyde River Canyon）。

南非历史

　　经过了几个世纪的冲突之后，南非现在是一个统一的国家。它历史上的冲突主要是发生在科伊科伊人和17世纪初期乘船抵达南非的欧洲殖民者之间。科伊科伊人是来自于北部的非洲农民并且是一个较大的部族——科伊桑族的一支。

16 世纪中期的非洲地图。

人类起源及史前时期

　　如果历史是人类活动的记录，它也远不及南非年代久远。南非是某些最早的原始人类和智人的家园。古生物学家在南非的惊人发现证明，我们人类进化的祖先至少在这里居住了 250 万年。

　　我们人类的祖先——智人起源于距今 20 万年前的非洲。最近在位于南非花园大道莫索贝附近一个名叫顶峰之巅（Pinnacle Point）山上的洞里有了新的调查发现，从而把人类的文明活动往前又推了将近10万年。早在164000年前，这个山洞的居住者不仅能用石头精巧地磨制带刃的工具，并将其系在木棍顶端制成矛或箭，他们或许还能用赭石作为文化的象征。

我们现在只知南非的首批原著居民是布须曼人，也称桑人。在卡拉哈里沙漠至今依然还有少量布须曼人居住。有迹象显示他们在南非已生活了至少两万年。在石器时代，人们数千年来一直过着打猎、采集植物的生活方式，已经完全地适应了生活环境。男人外出打猎，女人采集可食用的植物。调查者们发现这些洞穴起初是由布须曼人居住，他们在这里挖到了羚羊、非洲蹄兔和龟的骨头，也发现了犀牛、河马以及大象的残骸。这些足以说明布须曼人有时也捕猎这些大型动物，或许采用挖陷阱的方式。布须曼人并不总是到处活动。有时他们居住在沿海的洞穴中，在这里他们靠吃鱼、贝壳类动物和海豹生存。他们在海里建造的石墙遗址在南非西南部的几处沿海地带依然能够看见，这些石墙是他们用来利用潮汐捕鱼的陷阱。一些靠打猎和采集为生的桑人慢慢成了游牧民族，也就是今天的科伊桑人。

铁器时代的农民

公元200年左右，随着南非北部一小部分说班图语人的到来，其史前时期的一个新时期——铁器时代开始了。他们和科伊桑人相互影响，相互通婚，显而易见的短音进入了他们的语言。像科伊桑人一样，这些肤色更深的新来者也放牧山羊、绵羊和牛。但是他们的文化却相当不同，这些新来者会制造陶器，熔铁制作工具和武器，会种植粟、高粱、花生、瓜类等各式各样的农作物（玉米也在其后成了主食，它是在16~18世纪的某段时期从葡萄牙引入的）。作为农民，他们定居在一个地方的小型村落社区里。

从公元1200年以后，随着新铁器时代的开始以及新一波恩古尼人和索托人迁徙到了高地草原并沿南非东海岸而下，这种情形发生了巨大的变化。

在后铁器时代，成千上万人定居在一起。这些新来者以大的家庭单位聚居，住在圆顶的棚屋里，建造干的石墙，和他们的棚屋连成一道圈养动物的栅栏。有时

发现原始人化石

1924年，解剖学家雷蒙德·达特（Raymond Dart）在威特沃特斯兰德大学对在南非西北省汤恩地区发现的一个头骨进行鉴定，它混合了猿和人的特征。这个被命名为"非洲南猿"的灵长类，据信生活了250万年前，被称为"汤恩幼儿"。古生物学家罗伯特·布鲁姆（Robert Broom）在斯泰克方丹附近的山洞中找到了更多种灵长类的头骨。在1947年，他最惊人的发现就是找到了一个几乎很完整的成人头盖骨，被命名为"普莱斯夫人"（取自她的科学名称 Plesianthropus transvaalensis，几乎人类的化石都来自于德瓦士兰省）。而普莱斯更可能是一个男人。

在20世纪90年代，罗恩·克拉克（Ron Clarke）博士和斯蒂芬·莫特苏米（Stephen Motsumi）以及恩科韦恩·莫里夫（Nkwane Molefe）发掘出了几乎完整的南方古猿的骨骼，这只南方古猿已能直立行走，前肢已能灵活地攀爬。他也许生活在400万年前，被命名为"小脚"化石。

他们也把石头堆成蜂巢状来建造棚屋。

这些"新铁器时代"的居民留下了一些不可思议的艺术和物质文化遗址。在莱登堡镇附近发现了命名为"莱登堡头颅"的化石。这些都是精心设计的，具有人类特征的钟形史前古陶瓷制品。马蓬古布韦是南非北部一个偏远的古王国，人们已经会使用铁、铜、锡和金。他们的驻地也成为贸易网络的一部分，其网络延伸到印度洋、阿拉伯半岛以及远东地区。龟甲和象牙被用来交易产自中国的丝绸、玻璃珠和瓷器。山顶的墓葬里有值钱的陪葬品，其中就有著名的马蓬古布韦金犀牛，而普通劳动人民则住在山脚下。这为这个古王国的等级制度提供了证据。

南非的"新铁器时代"文化主要发源于高地草原、中部高原和东部沿海地区的大鱼河沿岸，这里是夏季多雨的肥沃农耕地区，适合农作物生长，居民以农业、畜牧业和部分商业为生。他们的村落生活方式一直相当稳定，直到19世纪才发生改变。但自18世纪后，欧洲人离开开普敦向内陆扩张，日益改变了当地人的生活方式。

一幅荷兰东印度公司扬·范·里贝克（Jan van Riebeeck）肖像。

早期和欧洲人的接触

葡萄牙领航员巴尔托洛梅·迪亚士（Bartholomeu Dias，约1450—1500）于1488年到达非洲南端，他也是第一个到达这里的欧洲人。迪亚士并没有看见开普半岛，他通过这个半岛到达了更远的南部，并把这里命名为"好望角"，然后据此返航。

在15世纪后期，葡萄牙力图继续通过非洲南部的海上航线抵达印度。最终瓦斯科·达·伽马（Vasco da Gama，约1460—1524）于1497年成功了。他在海上航行了一段航程后抵达圣赫勒拿湾和莫塞尔湾，在圣诞节那天，抵达非洲东海岸的一处地点，并将其命名为"纳塔尔"，这个名字一直沿用至今，这也是夸祖鲁－纳塔尔省名字的由来。自那之后的150年里，很多从葡萄牙和其他欧洲国家出发的船队环球航行都从非洲南部经过。失事船只幸存船员的航行日志及账簿讲述了他们与开普半岛的科伊科伊人以及非洲东海岸的恩古尼人接触时的一些情况。这些当地土著时而友好，时而怀有敌意。

在开普半岛定居的荷兰人

1652年，欧洲人在好望角建立了更永久的基地，但取得领导权的不是葡萄牙人而是荷兰人。荷兰东印度公司控制了欧洲通往印度以及东方的贸易之路。荷兰东印度公司简称为 VOC，它是荷兰语 Vereenigde Oost-Indische Compagnie 的缩写。但是有一个问题：在环绕非洲的海洋远航时，船员由于长期缺乏维生素 C 会患上坏血病而去世。荷兰东印度公司的解决办法就是派遣一名官员在开普半岛建立一个菜园，种植新鲜的水果和蔬菜来供应过往的舰队。而扬·范·里贝克因此被任命。荷兰东印度公司从来没有打算在开普半岛建造长期的殖民地，但是随着时间的流逝，该公司的很多官员在此定居；很多被称作布尔人（trekboers，游牧农民，现改称阿非利卡人）拒绝接受荷兰东印度公司的管理并开始迁徙到内陆，自己自由地耕种土地。在这段时间，他们建立了自己的城镇，诸如斯泰伦博斯（Stellenbosch）、斯韦伦丹（Swellendam）和图尔巴（Tulbagh）。

当布尔人迁徙到科伊科伊人传统的牧场时，科伊科伊人奋力反击，但是他们的武器无法与这些新来者的洋枪洋炮和马匹相媲美。害死很多白人的天花病毒在 1713 年大肆蔓延，这次瘟疫导致科伊科伊人大批死亡，他们几乎没有人能够抵抗这种疾病。

在开普半岛的定居者抱怨缺乏劳动力，所以荷兰东印度公司允许他们引进奴隶。通过向远东不断地远征，他们带回来成千上万的奴隶，这些奴隶主要来自马来西亚和印度尼西亚，有的也来自非洲其他地区。奴隶和奴隶劳工的存在对西开普省的社会和历史产生了深远的影响。早在 1656 年有些奴隶就获得了自由，或者是他们能够买到自由。他们中有些人和荷兰自由人通婚，还有的设法成了独立的酒馆老板、工匠和手工艺者。

时间不长，一个新的因素加入了荷兰人中。来自法国的新教徒难民——胡格诺派在 1688 年定居于弗朗斯胡克山谷。他们种植葡萄并在南非开创了葡萄酒行业，并在不久之后就和荷兰人融合在了一起，逐渐失去了他们的母语——法语。

到了 18 世纪后期，开普敦成了一个繁忙的港口城市，在这里，来自内陆的新鲜果蔬卖给过往的船只，进口的货物卖给农民。荷兰殖民地扩展到了西海岸和东北部地区，远达斯普林博克（Springbok）和格拉夫 - 里内特（Graaff-Reinet）。以前居住于此的科伊桑人被赶到了更偏远的地区，有的被杀，有的沦落成了奴仆。但是在 18 世纪 70 年代，在大鱼河沿岸，布尔人遇到了更为强悍的敌手——居住于此手持铁质武器的科萨人。他们不断发生冲突。与此同时，远在万里之外的欧洲发生的事情对南非以及开普半岛的历史都产生了深远的影响。

英国人占领开普半岛

1795 年，荷兰的君主制度被推翻，一个由法国支持的革命性的共和国统治了荷兰。英国意识到其和东方利润丰厚的贸易受到了威胁，因此立刻派遣部队于同年占领了开普半岛。迫于外父上的压力，英国于 1802 年撤军，但是于 1805 年又重新回到了开普半岛。

英国人这次返回可谓正逢其时。新政府由于取消了臭名昭著的荷兰东印度公司在贸易上的垄断，捍卫了宗教和语言自由，受到了荷兰裔居民的热烈支持。奴隶贸易虽然于1807年被取消，但还允许继续拥有奴隶。随着英国人口的增加，英国人也为开普半岛带来了完全不同的英国宗教和别具一格的本国建筑风格、独特的商业和司法制度以及出版、辩论、赛马和板球机构。他们也建造学校并为穷人提供更好的教育。

1820年，4000名英国移民即"1820年定居者"被准许自由来到开普半岛并在东部边界被赠予土地。这样做的目的是为了在开普半岛居民和科萨人之间制造一个缓冲区。因为科萨人积极抵制他们的领地被侵。在经历了19世纪早期的不断严重冲突后，英国人直到1852年才凭借火炮和焦土策略削弱甚至是打败了科萨人的抵抗。战争、饥饿以及疾病造成了科萨人的大量死亡，人口数量急剧削减。他们以前居住的大片领地现在都被英国殖民者占领。

从开普半岛往外扩张

和英国人发生冲突的不仅只有科萨人。很多东开普省的布尔人（荷兰农民）感到英国人对他们采取了隔离和孤立的方式，并且认为英国人在处理他们和科萨人以及奴隶劳工的关系时采取了无根据的法律干涉。对于布尔人来说，1834年开普半岛奴隶制度的取消是压垮他们的最后一根稻草。从那之后，布尔人的移民先驱们携带家眷和仆人驱赶着牛车接二连三地离开开普半岛，越过奥兰治河和德拉肯斯堡地区进入内陆地区。这次迁徙被称为"大迁徙"。和当地居住的非洲部落经过多次战争后，布尔人的移民先驱们建立了几个他们希望能够摆脱英国人影响的共和国。这些布尔人在占领地区建立的共和国之后就成了位于奥兰治河和瓦尔河之间的奥兰治自由邦省（Orange Free State），瓦尔河以北的德兰士瓦省（Transvaal）以及在德拉肯斯堡和印度洋之间的纳塔尔（Natal）。

自1824年之后，一队操着英语的探险者自顾自地在德班海湾的纳塔尔住了下来。尽管这伙人声称他们只是拓荒者和探险家，但是他们似乎更对象牙和其他吸引人的贸易商品垂涎三尺。他们试图吞并纳塔尔港。当地的官方对此是严词拒绝。但是当布尔人的移民先驱们于1838年宣布成立纳塔利亚共和国时，英国人不认可它的独立，并出兵纳塔尔港打败了布尔人的武装力量。英国人终于在1843年吞并了纳塔尔，并在两年后使之成为开普殖民地的一部分。

祖鲁王国的兴衰

在南非的东海岸，英国商人和布尔人的移民先驱们都遇到了一股强大的新生政治力量——祖鲁王国。恰卡（Shaka，约1787—1828）是祖鲁族一位坚强、有魅力的领袖，他通过一系列残酷的战争和外交劝降手段，把分散的各个部落和农场主们联合在了一起，建立了祖鲁王国。该王国的中心区域在图盖拉河北岸。他把祖鲁族的青壮年们按年龄段分组，打造了一支数量庞大、纪律严明、作战高效的军队，这支军队直接效忠

在 Blawwkrantz 战役中，布尔人为了保护自己抵抗祖鲁人的攻击。

于国王也就是他本人，其他任何人都无权调动这支军队。恰卡欢迎英国人到他的地盘并允许他们从事象牙贸易，即使这项贸易是属于国王特有的权利。

    1828 年，恰卡被他同父异母的兄弟丁冈（Dingane，约 1795—1840）刺杀，丁冈继承了他的王位。10 年后，丁冈和入侵祖鲁人地盘的布尔人的移民先驱们进行了一系列血腥的战斗。这导致了祖鲁王国的分裂，1840 年丁冈同父异母的兄弟姆潘德（Mpande，1798—1872）在反对丁冈的布尔人的支持下，打败了丁冈并将其赶下了王位。姆潘德在位 30 多年，最终由他的儿子塞奇瓦约（Cetshwayo，约 1826—1884）于 1872 年继承王位。不久，英国人进行了干预。英国人志在打造一个统一的南非，把现有的小块殖民地如布尔共和国和祖鲁王国等独立的政权

印度裔纳塔尔人

    在 1860—1911 年期间，一股新生力量融入到了南非的族群中，15000 多名印度人以卖身契约工的身份被带到了纳塔尔从事甘蔗种植。在契约或合同条款的约束下，劳工们被强制为种植园主劳动 5 年，他们再签 5 年契约后，才可以成为自由工人或者返回印度。尽管条件艰苦，但是还是有一半的人选择留了下来，他们自己从事种植或者成为店铺老板以及商人。虽然遭受了很多社会或法律上的不公正，很多印度裔纳塔尔人还是取得了很大的成功。

联合在一起。

1879 年，英国人对塞奇瓦约的领土发动了无端的攻击。三个步兵团侵入了祖鲁王国，但是惨遭失败。在伊萨德拉瓦纳山（hill of Isandlwana），他们遭遇了一支20000 兵力的凶悍的祖鲁军队，英军丢掉了 1200 人的性命。但是在接下来的罗克渡口（Rorke's Drift），卡罕布拉（Khambula）和京金德洛武（Gingindlovu）几场战斗中，祖鲁军队都被打败了。祖鲁政权随即瓦解。塞奇瓦约遭到了流放，英国于 1887 年吞并了祖鲁王国。

钻石 & 黄金

从 1866 年到 1886 年，随着钻石和黄金的发现，南非社会的性质永远地改变了。该国的经济在这之前一直是以农业和贸易为主，到了这段时期迅速转型为以矿业及其相关产业为中心，而这就需要大量的资本和劳动力。随着铁路于 1885 年修到了金伯利，现代的交通运输也延伸到了内陆地区。

1866 年，在奥兰治河畔霍普敦附近的一家农场，一个 15 岁的男孩捡到了一块晶莹透亮的鹅卵石。他觉得这不过是一种玩意儿，但事实证明它是一颗钻石。随后在1871 年，在这个农场附近，也就是未来的金伯利，挖掘者们挖掘火成岩石岩管的顶部，发现了含量巨大的钻石。钻石热迅速蔓延。两年内，金伯利这个新的采矿小镇的人口就已增加到 5 万人，这些人多是掘金者和劳工。含有钻石岩管的地方，以前是一座小山，如今成了一个大约有 650 英尺（200 米）深的 "大洞"。不久个体的开采权被资本家塞西尔·约翰·罗得斯和巴尼·巴纳托收购，他们为控制钻石行业激烈竞争。罗得斯凭借外国资本的投资赢得了这场竞争。到 1890 年，他的新戴比尔斯公司完全控制了所有的钻石开采，并能够掌控进入市场的钻石数量，这种状况一直持续了一百多年。

1886 年，一个名为乔治·哈里逊（George Harrison）的勘探员在德兰士瓦省的威特沃特斯兰德河畔发现了数量惊人的富含金子的矿脉。另一股热潮被掀起，这就是淘金时代。约翰内斯堡这个城市在非洲草原上迅速崛起，到 1905 年，它已有 15 万人口。但是个体的掘金人很快就发现主矿嵌于地下深处，要进行开采需投入大量的人力和财力。罗得斯通过他的联合金矿公司开始涉足这一领域。代表矿主利益的矿业协会于 1887 年建立起来。

招聘机构为寻找劳动力走遍了南非的各个乡村角落。殖民地政府也推波助澜，通过向农村的非洲人征税，强迫他们进入淘金队伍中去挣钱以付税款。成千上万名非洲劳工最终来到金矿工作，他们被严格控制。他们的薪俸微薄，被禁止成立工会且不能跳槽到高工资的金矿公司。很多人最后定居于矿业城镇的郊区。持续近一个世纪的隔离开始形成。

南非战争

在 19 世纪早期，大英帝国的扩张野心使其与布尔人之间发生了冲突。1852 年，通过沙河协定（Sand River Convention），大英帝国正式承认了位于奥兰治自由邦省和德兰士瓦省布尔人建立的共和国。但是在 1877 年，借着布尔人之间的分裂以及他们与相邻的非洲人的冲突，英国人入侵并正式兼并了德兰士瓦省。布尔人奋起反抗殖民者。公开的冲突爆发于 1880 年，但是在来年随着《比勒陀利亚公约》（Pretoria Convention）的签订战争就结束了，英国人承认德兰士瓦省高度自治。这个新的国家也就是南非共和国，它的总统在南非未来的历史上发挥了关键的作用，这个人就是保罗·克鲁格（Paul Kruger）。

后来在威特沃特斯兰德发现了金矿，代表开普殖民地政府的英国人和南非共和国的关系又紧张起来。在南非共和国，所谓的外国人主要是说英语的人，他们为公民权和选举权煽风点火。南非共和国和开普殖民地的冲突是由铁路的控制权引起的。英国人认为克鲁格刻意拒绝接受应用新的深采矿技术。1895 年，一场由罗得斯策划，英国政府支持，旨在通过军事力量推翻南非共和国的叛乱发生了。叛乱最终失败，叛乱头目被抓获，但是其后的战争已不可避免。

1899 年爆发了第一次南非战争，也就是众所周知的布尔战争或英布战争。在这场战争中，组织松散的布尔突击队们在多个战场与训练有素的英军作战。布尔人通过围攻英国人控制的南部城镇金伯利（Kimberley），北部城镇莱迪史密斯（Ladysmith）和西北部的马弗京（Mafeking）牵制了大量的敌军部队。布尔人在科伦索（Colenso）和纳塔尔的斯皮温科（Spioenkop）取得相当大的胜利后，战争进入了相持阶段。布尔人不能取得战争的完全胜利，英国人也不能脱困。

> 从1866年到1886年，随着钻石和黄金的发现，南非社会的性质永远地改变了。

英国人承认在这场战争中投入了大量的军队来对付 9 万布尔人，到战争结束时，它投入的兵力约达 45 万人。战争开始阶段是由罗伯茨勋爵（Lord Roberts）指挥，其后是基奇纳勋爵（Lord Kitchener）。英国人的军队不久就从布尔人的包围中突围并攻占了布隆方丹（Bloemfontein）、约翰内斯堡和比勒陀利亚。克鲁格在 1900 年被流放，于 1904 年死于瑞士。常规的战争结束了，但是一场游击战又开始了，布尔人的突击队在他们的指挥官克里斯蒂安·德·维特（Christiaan de Wet，1854—1922）和让·斯姆茨（Jan Smuts，1870—1950）的指挥下频繁骚扰英军并炸毁铁路线。但是英国人采取了烧毁布尔人的农场以及把他们的家人和非洲工人关进集中营的政策，数以万计的人死在里面。英国人最终打败了布尔人的抵抗。1902 年，战争宣告结束。通过《弗里尼欣条约》（Treaty of Vereeniging），布尔共和国宣布放弃独立并向英国王室效忠。

联邦及其后期

1910 年，也就是南非战争结束 8 年后，开普殖民地、纳塔尔以及布尔人建立的前奥兰治自由邦共和国和德兰士瓦共和国合并成为南非联邦。但是这个联邦主要体现

甘地（Gandhi）在南非

1893年，一名叫莫罕达斯·甘地的年轻律师从印度抵达德班，他刚刚获得律师资格不长时间。正是在纳塔尔这座城市，甘地迈开了反对殖民主义政治活动的第一步，他捍卫当地印裔的权利，和他们一起请愿，组织政治集会。对于将来尤其重要的是成立了一个政治组织，即1894年成立的纳塔尔印度人大会。1902年之后，甘地也积极参加德兰士瓦省的政治活动，并几次被投入监狱。正是在这里，他完善了他著名的消极抵抗政策——非暴力抵抗及不合作主义。甘地最终于1914年回到印度，那时他已经成为一名经验丰富的政治组织者。

了白人的意志：除了在开普半岛有有限的选举权外，黑人在这个联邦国家没有任何选举权。

在20世纪前半叶，南非政坛由白人路易斯·博塔（Louis Botha，1862—1919）和斯姆茨（Smuts）领导的南非党以及詹姆斯·巴里·蒙尼克·赫尔佐格（J. B. M. Hertzog，1866—1942）领导的从南非党脱离出来的国家党控制。前者支持英国人和南非荷兰人和解，并且代表了英国资本家的利益；后者代表的是南非荷兰族群的利益，也就是穷苦白人工人阶级的利益。两者都决心把黑人排除在权利圈之外。

民族主义的兴起：黑人领导人和知识分子自20世纪初就请求英国政府给予他们选举权和政治代表权。但是最终他们徒劳无功，被排除在1910年的联邦之外。针对此情况，两年后黑人领导层聚集在一起成立了一个团体，这个团体在1923年演变为非洲人国民大会（非国大）。非国大在其新的领导人约翰·杜比（John Dube，

1989年，非国大的支持者们欢迎政治流亡者返回索韦托。

1871—1946）领导下，不得不立即处理一项该国历史上最糟糕的歧视性立法。南非1913 年颁布了《原住民土地法》，根据该法案，黑人人口虽然占总人口的 76%，但是他们只拥有 7.5% 的土地面积，后来这个数字增长到了 13%。非国大多次呼吁并极力反对该法案，但都徒劳无功。在随后的几十年里，非国大发起了多次非暴力抗议以及激烈抗争，反抗黑人遭受的社会、司法以及政治上的歧视。

南非白人民族主义起始于 19 世纪后期的语言运动，它在以后和非国大严重对峙。说南非荷兰语的族群努力为他们的语言争取官方地位，他们的语言混合了荷兰语和由东部来的奴隶带来的新单词。在这段时期，民族主义者加入了一个政治团体——国家党，这个党派主要由讲荷兰语的族群和白人工薪阶层组成。国家党获得了那些讲荷兰语族群的支持，他们对英国殖民者的暴政以及和英国统治者的摩擦仍然记忆犹新。

种族隔离时代

当在第二次世界大战中发挥主要作用的简·斯姆茨回到南非后，人们期待他和他领导的南非党能够赢得选举。但是主张种族之间绝对分离的南非白人国家党携其种族隔离政策赢得了 1948 年的选举。南非国家党一直执掌国家政权至 1994 年，且于1961 年脱离了和英国的关系而独立成为一个共和国。

种族主义和种族歧视在南非不是什么新生事物，英国人和南非白人几个世纪以来同样也支持这种政策。但是国家党把这种歧视政策扩大化和立法化。国家党的历届领导人都支持种族歧视政策，特别是意识形态主义的拥护者亨德里克·维沃尔德（Hendrik Verwoerd，1958—1966 年担任南非首相）更是使种族隔离通过法律而成为现实，这些法律包括禁止白人和黑人之间通婚或同居《禁止异族通婚和不道德行为法案》，（Prohibition of Mixed Marriages and Immorality Acts）。像《隔离设施法》（Separate Amenities Act）就规定白人和黑人在办公室、公园、沙滩以及所有的公共场所都要保持距离，还有《族群住区法》（Group Areas Act）规定不同的人要住在法律规定的不同区域内。他们还把黑人从所谓的"白人"大学驱离，特别具有讽刺意味的是这项法律被称为《大学教育扩充法》（Extension of University Education Act）。根据国家党的宏伟设想，黑人只被允许暂时待在所谓的南非"白人区"出售他们的劳动力，并且他们的活动都要被强制随身携带的通行证所限制。然后他们要返回他们"自己的领地"，也就是后来被称之为班图斯坦的地方。也只有在这块区域，他们才能成为公民并行使他们的选举权。这些民族主义者甚至通过了更多的限制性法案来禁止黑人成立像共产党、非国大和泛非主义者大会这样的反对党。他们还无视法律条款，肆意地不经过审讯就软禁或拘押政治对手。20 世纪 80 年代，随着国家党政权开始失去对权利的掌控，国家任由军队和警察行使政权，一系列的国家紧急状态被宣布，以这些

在1990年召开的议会上，时任南非首相弗雷德里克·威廉姆·德克勒克（F.W.de Klerk，1936年出生）宣布所有的政治活动禁令都将被解除。一周后，纳尔逊·曼德拉在度过了28年的铁窗生涯后获得了自由。

紧急状态为借口，很多反政府的领导人被拷打虐待或未经审讯就被杀害。

黑人抵抗运动

新成立的非国大起初在处理和政府的关系时持谨慎态度。共产党和工会完全代表黑人穷人的利益。但是随着 1948 年种族隔离制度的实施，非国大及其同盟党派变得更为激进，他们组织公共汽车抵制运动和一场更为广泛的蔑视不公正法令运动，这都导致了数以千计的党员被捕。1955 年，一场更为广泛的人民代表大会召开，会议通过了《自由宪章》（Freedom Charter），该宪章规划了一个非种族歧视的民主南非原则。

1959 年，由极富魅力的罗伯特·索布奎（Robert Sobukwe，1924—1978）领导的激进组织脱离非国大，成立了泛非主义者大会。泛非主义者大会领导了数以万计人参加的反对携带令人恨之入骨的通行证运动。1960 年 3 月 21 日，在德兰士瓦省南部的沙佩维尔，警察向手无寸铁的泛非主义者大会成员开枪，打死了 69 人，伤 180 人。这一惨案遭到全世界的谴责，这一天也被设立为"沙佩维尔大屠杀"（Sharpeville Massacre）纪念日。政府的应对措施是宣布国家进入紧急状态，同时取缔非国大和泛非主义者大会。黑人抵抗组织除了发起武装抵抗运动外毫无选择。奥利弗·坦博（Oliver Tambo，1917—1993）成了流亡国外的非国大领导人，而在国内，纳尔逊·曼德拉（Nelson Mandela，1918—2013）和其他的民族之矛组织（简称 MK）成员组织了针对主要基础设施和经济设施的破坏活动，并极力避免人员伤亡。1963 年，警察采取行动包围并逮捕了民族之矛组织的全部领导人，他们都受到了审讯。曼德拉和其他 8 人被判处终身监禁并被押送到罗本岛开始服刑。

随着民族之矛组织的领导人被监禁和流放，黑人抵抗运动被压制了达十多年之久。1976 年，在约翰内斯堡附近的黑人小镇索韦托，学生们开始抗议政府强迫他们在学校使用南非荷兰语。在警察开枪打死学生后，这次抗议蔓延成全国性的持久的运动。从这个时候开始，南非处于持续的低级别的内战状态，数千人在这次内战中丧生。民族之矛组织的游击队从新脱离殖民地化的邻国武装进攻南非，平民也成为被攻击的目标。包括德斯蒙德·图图大主教（Desmond Tutu，生于 1931）在内的黑人领导人成功地使南非的经济、体育和艺术成为国际社会制裁的目标。由于力量强大的工会成功地组织了一系列的消费者抵制活动和罢工，南非的经济开始呈现下滑的迹象。国家党政权对于尝试改革缺乏热情，行动迟缓，总是时不时停下来，就是因为它不能满足最广泛的黑人的实际诉求，也就是他们渴望已久的在统一的南非拥有普选权。

民主的到来

20 世纪 80 年代后期，白人政权和非国大进行了秘密谈判。形势突然间就变了。在 1990 年召开的议会上，时任南非首相弗雷德里克·威廉姆·德克勒克（生于 1936）宣布所有的政治活动禁令都将被解除。一周后，纳尔逊·曼德拉在度过了 28

纳尔逊·曼德拉重游他被关押了近 30 年之久的牢房。

年的铁窗生涯后获得了自由。在经过几年更为激烈和复杂的多党谈判后，南非第一次民主选举在 1994 年和平举行。随着非国大赢得了议会压倒性多数席位，纳尔逊·曼德拉成为该国第一位民选总统，南非保障公民基本自由和公民权利的新宪法也随之生效。具有歧视性的法律被废除，医疗、饮水、电力以及住房等基础设施服务也随之惠及数百万南非人民。从 20 世纪 90 年代中期之后的几年里，由议会成立的真相与和解委员会听取了数以百计的证人的证词，这些证词控诉了在隔离时代发生的侵犯人权的行为。该委员会于 1998 年呈交报告，承认隔离时代的政府和争取解放的武装组织都侵犯了人权。

1999 年，曼德拉辞职，塔博·姆贝基（Thabo Mbeki，生于 1942）当选总统。姆贝基于 2004 年再次当选，开始了他的第二个任期。尽管在他的总统任期内经济不断繁荣，但是他留给南非的政治遗产也备受诟病。最广受指责的就是军火交易的腐败，对人类免疫缺陷病毒 / 艾滋病的行动迟缓，对邻国津巴布韦的独裁政权缺乏有效的行动力。2009 年，颇受争议的雅各布·祖玛（Jacob Zuma，生于 1942）成为南非总统，2012 年他再一次履行总统的任务，并将持续执政到 2019 年。

饮食

　　南非的饮食同该国的人口组成以及不同的气候带一样种类繁多。地中海气候的开普半岛，高地草原以及亚热带的夸祖鲁-纳塔尔为这个国家提供酒类、水果、肉、鱼和蔬菜。当地的美食也留有非洲、亚洲、荷兰和英国风味的独特印记。

　　南非土著烹饪主要是煮肉或烧烤，以及半流食类的食物，一种浓稠的由玉米搭配一些看起来像野生植物（在索托语中称 morogo，在祖鲁语中称 imifino）的绿色蔬菜做成的粥。但是，今天这种粥的做法成了红辣椒、西红柿、洋葱以及鸡肉的混合物，做粥时用鸡肉要比用牛肉或野生动物的肉要好一些。而说到典型的科萨菜，试试玉米糊还是不错的。玉米糊含有玉米渣（由玉米粒碾压而成）、青豆并且还混合了香草、

兰伯茨贝（Lambert's Bay）是西海岸吃海鲜的热门地区，在这里的沙滩上完全可以享受到海鲜的美味。

柠檬、洋葱和红辣椒等可口的调味品。如果你对饮食富有冒险精神，可以尝试一下所谓的可乐豆木蠕虫（实际上是天蚕蛾的干毛虫）。位于南非大都市的非洲餐馆如今倾向于提供来自整个非洲大陆的菜品样式，这些菜品配以蒸粗麦粉、花生、小米、甜薯以及各种各样的野生动物的肉等特色食材。

南非最有风格的菜品样式当属开普马来菜系，它混合了开普本地以及印度尼西亚的奴隶们带来的菜品样式。最负盛名的开普马来菜系有咖喱肉末、咖喱肉末配鸡蛋羹、可口的炖西红柿和菜豆（bredies）、炖小羔羊肉、炖西红柿，但总是配以水池草（waterblommetjies，也就是名字低俗但是非常可口的开普水生植物）以及含有香料的鸡肉、羔羊肉、猪肉和牛肉等的索沙提烤肉串。主食通常提供米饭，拌有姜黄以及酸辣酱（Blatjang用各种水果通常包括杏子制成）。

定居开普半岛的南非荷兰人完善了他们自己的特色菜系，这种菜系时至今日依然很受欢迎。在这些南非荷兰菜系中，风干肉条（用盐和香菜腌制并切成长细条的风干肉）、布尔香肠（粗略剁成的肉末配以香菜制成的农夫香肠）和三脚铁锅炖菜（是一种具有独特味道的汤，在三脚铁锅里由蔬菜、牛羊或野生动物的肉和香料等调制，然后放在篝火上炖制而成）。油炸面团也颇受欢迎，做成扁圆形的饼状，或做成蛋糕状，是肉菜的辅助食品，或做成麻花状的餐后甜点，它是把编结成条状的面团浸泡在非常甜的蜂蜜中制成的。菜单上的开普荷兰式餐后甜点是锦葵布丁，这是一种由杏酱，有时也用含有香料的姜汁辅之以冰激凌或牛奶蛋糊制成的焦糖海绵状的热蛋糕。

在南非各地旅行，你必定会看见一种户外烧烤（braaivleis就是烤肉，通常缩写为braai），或者称为barbecue，这成为南非一道靓丽的风景线。个体们引以为豪的是他们腌制肉和调味料的独家配方，以及他们对于火候和碳的调节恰到好处的专利方法。各种肉都可以用来烤着吃，如牛排、南非香肠、鸡肉、索沙提烤串、鱼肉等，土豆、洋葱等蔬菜也可以烤着吃。蔬菜沙拉和土豆沙拉经常和烤肉一起吃，伴着当地的葡萄酒和啤酒下肚。

在南非沿海的各个餐馆里，你可以毫不费力地找到质量上乘的新鲜海鲜。夸祖鲁－纳塔尔省的人专门从事钓鱼、捕大虾和捞海米。西开普省花园大道路线中心的克尼斯纳以盛产新鲜牡蛎而闻名于世。在开普敦你可以尝到白色的冈鳗和鳕鱼，这两种鱼肉质很结实。从开普敦到兰伯茨贝的西海岸以多刺的龙虾（当地人称为鳌虾）和贻贝而出名。在南非的菜单上最常见的淡水鱼类是鲑鱼，它是由英国移民引入到该国的水库和溪流中的。

在1994年后的旅游热中，南非的烹饪时代已经到来。该国的厨师结合本地和国际的菜肴，创造了别具一格的私房菜。用跳羚肉、鸵鸟肉和熏制的鳄鱼尾制成的白汁红肉（Carpaccio）成了餐馆菜单上的特色菜、当地的碎肉干也颇有特色，用来做美味的炸奶酪和沙拉的调味品。注意寻找以下这些令人垂涎欲滴

用跳羚肉、鸵鸟肉和熏制的鳄鱼尾制成的白汁红肉（Carpaccio）成了餐馆菜单上的特色菜。当地的碎肉干也颇有特色，用来做美味的炸奶酪和沙拉的调味品。

在东开普省向过往的车主兜售商品的年轻小商贩。

的美食，如用黑樱桃酱调配的羚羊肉、小龙虾烩饭、覆有甘薯泥的烤三文鱼以及用鸵鸟肉和山羊奶酪调馅包出来的意大利方形饺。

南非也成为国际美食的聚集地。随着南亚次大陆的大量人口来到德班，大量的印度餐馆遍布这个城市。但是游客也能在这里找到法国、德国、中国、希腊、中东、葡萄牙、泰国、日本以及英国餐馆。

酒爱好者可在南非享受种类繁多的美酒。自 1688 年法国胡格诺派教徒来到西开普省以后，这里就以其温暖的地中海气候长期孕育酿酒生意。时至今日，这里依然有数百家不同品牌的红葡萄酒、白葡萄酒、汽酒、加烈葡萄酒，这些酒品质优越，质量上乘。由于天气炎热，南非葡萄酒酒力强劲，不失水果的味道，酒精含量相对较高，大约在 11.5%~14.5% 之间。

赤霞珠干红、梅鹿汁和设拉子葡萄酒是用最常见的葡萄品种酿造的，有时这些葡萄品种会混合在一起酿造。黑皮诺相当稀有，虽然一些沿海的葡萄园已经成功地培育出来。游客可以尝尝皮诺塔吉，这是在 1924 年通过把黑皮诺和神索两种葡萄嫁接在一起而培育出来的品种。最受欢迎的白葡萄酒是用长相思、霞多丽、白诗南、鸽笼白酿造成的。尽管单独地列出某些个别的葡萄酒制造商会招致其他商家的不满，但是斯普林菲尔德、汉密尔顿拉塞尔、伐黑列亘以及黛玛斯芳婷等葡萄酒酒庄近年来确实经营得相当不错。

如果你喜欢口感良好的波特葡萄酒，可以尝尝西开普半岛附近卡里次多普小镇上的波普拉斯酒庄或者德柯汉斯酒庄生产的美酒。这个地区还生产超级爽口的波特酒，这种酒由斧头庄园酿造，价格不仅昂贵，且不易找到。南非也有一些品质卓越的瓶装雪利酒以及五年或者十年的白兰地酒。吃着甜点，再喝点由当地的密斯卡德或非洲白葡萄酿造的甜葡萄酒，饭后再小啜一杯该国盛行的奶油利口酒：该酒由开普天鹅绒（Cape Velvet）酒和由当地的马鲁拉树（marula tree）果实制成的艾玛乐奶油（Amarula Cream）混合制成。

啤酒爱好者可以享受当地出产的一系列储藏啤酒和麦芽酒，这些酒有瓶装的、罐装的以及当地酒吧散装的。啤酒业巨头米勒啤酒公司（SABMiller）以其生产的城堡储藏啤酒占据了几乎整个市场。但是在西开普省，克尼斯纳（Knysna）的米切尔和赫曼努斯（Hermanus）附近的别根海特（Birkenhead）等小型独立酿酒商生产高质量的瓶装麦芽干啤。那些喜欢德国味储藏啤酒的游客可以选择温得和克（Windhoek），这种啤酒按照德国的酿造标准酿制而成，从邻国纳米比亚进口。如果你想品尝当地口味的啤酒，可以尝试一下当地的传统啤酒。这种啤酒是当地的妇女用玉米和高粱为原料，加入酵母和水，浸泡、煮沸、过滤而成。这种啤酒是一种不透明的乳状物，仅含有 3% 的酒精量。

精彩体验：酿酒厂之旅

在一个以美酒闻名于世的国家里，酿酒业是不容低估的。欧洲食谱结合非洲配料（例如高粱等）生产出了独特的饮料。

开普敦附近的几家啤酒厂提供旅游服务，但是游客们最终的目标是位于夸祖鲁－纳塔尔省西北部的啤酒旅游线路。从德班附近出发，啤酒旅游线路蜿蜒穿过乡村，沿路可参观八个啤酒厂。主要包括位于普罗斯派克通（Prospecton，Jeffels 路 9-11 号，电话：031/910-1111）的庞大的南非米勒啤酒厂，位于埃绍韦（Eshowe，Dukuza R66 & N2 西北 28 英里 /45 公里处，电话：035/474-4919，网址：www.zulublonde.com）的祖鲁小型啤酒厂以及位于尚维尼峡谷（Shongweni Valley，紧邻 B1，电话：031/769-2061，网址：www.shongweni brewery.com）的尚维尼酿酒厂。

尽管旅游团可以带你到不同的地方参观，但是这个地方地域广阔且景点分散，因此，租辆车旅游是你的首选。要是你想查看该地区的地图、时间表以及住宿的情况，可以访问官方网站：www.zulu.org.za。

陆地和风景

　　从地理方面看，南非地形为巨大的内陆高原，它镶嵌在群山之中。这些山脉逐渐向下倾斜，形成了狭窄的沿海平原。在这种简单的框架内，这个国家分布着令人惊叹的风景迥异的奇观：翠绿色的德拉肯斯堡山脉，壮观的布莱德河峡谷，遍布沙丘和沼泽的圣卢西亚，风景虽美但极为干旱的卡鲁和被称为红色沙漠的卡拉哈里，以及古怪的开普褶皱山脉的螺旋层。

　　南非是一个面积达 470979 平方英里（1219912 平方公里）的大国，它东依温暖的印度洋，西靠寒冷的大西洋，海岸线从东北部一直绵延到西北部，长达 1860 英里（3000 公里）。这个国家的最高点是位于德拉肯斯堡山脉的尤斯金（Njesuthi）峰，高达 11424 英尺（3408 米）。在南非，除了东海岸，大部分地区降雨极少。仅仅只有两条较大的河流流经这个国家。1367 英里（2187 公里）长的加利普河，以前是著名的奥兰治河，它自莱索托高原起，一直到该国最西北部的亚历山大湾入海。而它的支流瓦尔河，则发自东部的普马兰加省，流经 700 英里（1120 公里），于金伯利城西南部汇入加利普河。

海岸线

　　棕榈树和其他郁郁葱葱的绿色阔叶类植物遍布夸祖鲁－纳塔尔东部海岸，这里的气候以亚热带气候为主。东开普省的北海岸即为偏僻的"狂野海岸"，这里毗邻印度洋，沙滩绵延壮观，人烟稀少。东开普省海岸线风景如画，以三角洲、峭壁和潟湖而闻名于世。起源于内陆的小河在这里汇入大海，如东伦敦附近的度假城市戈努比（Gonubie）和肯顿滨海（Kenton-on-Sea）。

　　从莫塞尔湾（Mossel Bay）起向东一直到普利登堡湾（Plettenberg Bay）就是享有盛名的花园大道。湖泊、潟湖、绿色丘陵、众多的海岸沙丘和美丽的海滩使花园大道成为南非最受欢迎的旅游目的地之一。这里的齐齐卡马国家公园有为数不多的南非固有的野生温带森林。

　　顺着海岸线向西南方向就可抵达非洲的最南端厄加勒斯角，从这里往西北方向就是开普敦，海岸线逐渐变得更加干燥、凉爽和崎岖。

　　南非的西海岸由于受到大西洋和寒冷的本格拉寒流的影响，其地形地貌与印度洋沿岸风格迥异。在这个地区你看到的是冰冷的蓝色海水、汹涌澎湃的海浪、海上浓雾、长长的白色海滩、海藻遍布的海岸以及绵延数英里的沙丘。

山脉

　　与海岸线大致平行，绵延不绝的山脉和沿海的平原为南非内陆地区构成了天然的屏障。在南非西南部，开普敦西北部的塞德伯格山（Cederberg）、六角河（Hex River）、利伟耶申德伦（Riviersonderend）山和齐齐卡马（Tsitsikamma）山脉以及奥特尼夸（Outeniqua）山都属于同一个地质带。这种地质带被称为开普褶皱带，这些山脉形成于 4 亿年前，当时深层的沉淀物沉积到了南部海洋。然后到了 2.5 亿年前，地壳发生巨大震动并发生扭曲，因此必然地就形成了今天我们看到的令人敬畏的自然格局。一些壮观的通道横穿这些西开普省的群山之间。如果你自己开车驾驶，你应当花时间在阿尔伯特王子（Prince Albert）和刚果洞穴（Cango Caves）之间的斯瓦特堡通道（Swartberg Pass）上越野，或者你至少应当驾车穿越位于德勒斯特（De Rust）北部 N12 公路附近的梅莹斯普特（Meiringspoort）通道，也可以选择莱迪史密斯（Ladismith）附近的 62 号公路的赛韦维克斯普特（Seweweekspoort）通道。你会领略到沿途的美景，惊险壮观，这些巨大的岩石阵呈旋涡状、扭曲状，或者弯曲成各种奇形怪状，就好像儿童用黏土捏的一样。与开普的褶皱山脉相毗邻的是很多温泉，最有名气的是斯图斯达尔（Citrusdal）、卡莱顿（Caledon）、蒙塔古（Montagu）以及巴瑞达勒（Barrydale）。

在 8 月末和 9 月份，当开普敦西北部干燥的纳马夸（Namaqua）平原无数的橙、紫、白和红的雏菊以及其他的多肉植物竞相开放时，游客会涌向这里。

巨人城堡野生动物保护区（Giant's Castle Game Reserve）是德拉肯斯堡山脉的世界遗产地。

在南非东部，绵延的德拉肯斯堡山脉跨越南非的夸祖鲁－纳塔尔省和普马兰加省，呈现出风格迥异的地貌，地质史比较短暂。大约 1.8 亿年前，大量的玄武岩喷涌而出，又经过了几千年的风化侵蚀，形成了这些带有险峻的悬崖峭壁和高耸入云山峰的山脉。在普马兰加省，这些玄武岩在风化的过程中形成了壮观的绝壁（即内陆高地突然下降到低地）以及其他的自然景观，布莱德河峡谷就是明显的地形之一。在夸祖鲁－纳塔尔地区，乌卡兰巴（Ukhuhlamba）－德拉肯斯堡地区，天然形成的四面环山的平地和生机勃勃的草坡被清澈的小溪分隔开来，风景秀丽。

非洲高原和低地

高原（veld 是一个南非荷兰语单词，它的意思是"宽阔空旷的农村场所"）指的是南非中部升起的高原，大约高于海平面 4500~6000 英尺（1370~1820 米）。在过去，这个地区的中南部大都被草原覆盖，但是现在大部分地方都有人居住或者耕种，特别是种植玉米和太阳花。这个地区的北部地势略低，是宽阔的高原，林波波（Limpopo）省的大部位于这里，依然有大量的灌木林和森林植物。还可以留意随处可见的银色簇叶植物，高贵的马鲁拉树（marula）的果实是大象喜爱的美餐。还有从树干上的树瘤

北开普卡格拉格帝跨境公园（Kgalagadi Transfrontier Park）的日出。

直接长出来的荆棘。

克鲁格国家公园和很多野生动物保护区所在的那片低地位于东部的悬崖峭壁脚下。南部地区长满浓密的荆棘丛，以及秀丽的绿皮金鸡纳树。这个地区又湿又热，疟疾盛行。北部则比较干旱，生长有蝶翅树丛。在这里你有望看到南非五霸（大象、狮子、猎豹、水牛、犀牛）和捻角羚、黑斑羚、南非林羚等各种各样的羚羊，以及 500 多种鸟类。

荒芜的内陆地区

南非的干燥台地高原自东向西延伸至西部内陆的南部山脉，这些台地高原形成于 2.4 亿 ~1.9 亿年前。这个地区四周被高山环绕，形成了内海的底部，它的沉淀物形成于 5000 多万年前的那段时期。当海洋干涸之后，沉淀物层便逐渐显露了出来，并向人们展示了一个无与伦比的爬行动物、鱼类和植物化石的世界。最有趣的是大量的兽孔目动物家族的化石，这种化石结合了哺乳动物和爬行动物的特点。现代的台地高原拥有低平的小山和空旷的平原，有着一种荒凉的美感。羊群在稀疏的植被上吃着草，唯一能听到的声音是风车从地下抽水的响声。

在 8 月末和 9 月份，当开普敦西北部干燥的纳马夸平原无数的橙、紫、白和红的雏菊以及其他的多肉植物竞相开放时，游客会涌向这里。在每年的大部分时间，这个平原很少有游客光顾。

穿越纳马夸，进入南非最西北角，会见到一片像月亮形的地区，这就是理查德斯维德（Richtersveld）。崎岖破碎的山丘是矮小的多汁植物、高大的箭袋树、哈特曼山斑马和袖珍岩石蹄兔的家园。如果你看到有人站在炽热的天地交界处，那你可能犯了一个错误，这不是真正的人，而是"半人"，一种看起来像人形的茎厚叶肥的多汁植物，也被称为棒槌树属的纳马夸人（Pachypodium namaquanum）。

特写：动物

　　南非丰富的动物类型每年都会吸引当地和国际游客成群结队地来到这一野生动物聚集区。除了非洲五霸是最吸引人的名片之外，这里还有很多羚羊、灵长类动物，另外还有哺乳动物、爬行类动物和鸟类。这里只列出你最想看到的几种。

长颈鹿在西伯亚（Sibuya）野生动物保护区的树顶公园。

哺乳动物

　　蹄兔（Dassie）：到西开普山区的游客肯定都会看到这些身材娇小、动作灵巧的棕色蹄兔，它们或者在岩石上晒太阳，或是跑到岩石底下。在解剖学上，蹄兔和大象关系比较接近，这似乎有点不可思议。

　　长颈鹿（Giraffe）：长颈鹿是所有动物中个头最高的动物，它们靠其身上棕白相间的斑点很好地把自身伪装起来。如果你看到在树梢间有一只长颈鹿，那么你仔细观察也许就会发现在灌木丛中隐藏有多只其他的长颈鹿。

河马（Hippopotamus）：尽管河马有可笑的外表，但是这些栖息于水中的动物却很危险，特别是如果你挡住了它们进出水中的通道时，更是凶狠无比。当它们从水中探出头来喘气时，你可以看一下它们的耳朵和眼睛，听一下它们那低沉的咕哝声。

豪猪（Porcupine）：豪猪是一种害羞、善于夜行的穴居动物。虽然你不大可能见到它们，但是你可能会在地面上找到它们身上掉下来的黑白相间的豪猪刺。

疣猪（Warthog）：疣猪这种小巧而紧凑的动物看起来有点滑稽，其灰色的身上长着刚硬的猪毛，獠牙突出嘴外，短短的嘴巴，尾巴坚硬地向上翘着。在初夏，你会看到疣猪父母带着它们的孩子排成一排在灌木丛中一路小跑的情景。

斑马（Zebra）：斑马是非洲平原上最常见的动物，这种长着黑白相间条纹的动物经常被发现和羚羊在一起吃草。它们一旦受到惊吓，就会发出高昂的尖叫声。

羚羊

非洲大羚羊（Eland）：非洲大羚羊看起来像大牛，这些英俊的浅灰色动物以多达50多只为一群在一起吃草。要想识别它们，就要靠它们那异常粗壮的脖子和长着胡须的喉部鼓出来的肥肉。

好望角大羚羊（Gemsbok）：好望角大羚羊生存于南非干旱的半沙漠地区，它们之所以很出名是因为它们有长长的直的触角以及黑白相间的脸和腿。

非洲中南部的黑斑羚（Impala）：这些漂亮的黄褐色黑斑羚腹部为白色，触角弯曲，是最常见的灌木草原羚羊。你会看到它们总是一大群在一起，春天的时候，还跟着大量的幼小黑斑羚。

捻角羚（Kudu）：捻角羚是最雄伟的羚羊，雄性羚羊体形庞大，身上有灰棕色的细白条竖纹，头上长着螺旋形的角。

林羚（Nyala）：林羚乍看之下往往被误认为是捻角羚，因为它们和捻角羚有相同的体形，但是林羚的角不是螺旋

在赫卢赫卢韦－印姆弗鲁鲁兹公园（Hluhluwe-iMfolozi Park）里的一只黑斑羚，这是一种在很多热带稀树草原上常见的物种。

索德瓦纳湾（Sodwana Bay）的长尾黑颈猴。

状的，并且与羚羊不同的是它们有黄色的双腿，身下还有一个大大的垂体。

跳羚（Springbok）：跳羚身躯娇小，全身基本呈肉桂色，腹部为白色，躯体两侧有宽阔的巧克力褐色条纹，角为琴形。它们成群地活跃在南非台地高原和干燥的半沙漠地区。

角马（Wildebeest）：角马是一种体形较大的灰色羚羊，它们的触角直着向上生长。这种角马分蓝角马和黑角马两种。蓝角马尾巴为黑色，体形较大；而黑角马尾为白色，体形较小。

灵长类动物

狒狒（Baboons）：狒狒在南非分布广泛，它们长着长长的鼻口，细小而紧凑的眼睛，灰棕色的皮毛，成群地出现在人们的视野中，通常都是一只雄性的狒狒放哨。尽管在一些地方，狒狒已经适应于人类，但是他们可能会很危险，所以你不要去喂他们。

长尾黑颈猴（Vervet monkeys）：

美丽的蓝鹤（blue crane）是南非的国鸟，西开普省的奥弗贝格（Overberg）是观赏蓝鹤的最佳地点。

长尾黑颈猴的皮毛呈浅灰色，小巧灵活，长着长尾巴，它们黑色的脸使人们很容易辨认。它们主要生活在南非东部，以20多个一群出现。

鸟类

非洲企鹅（African penguin）：在西开普省发现有两个企鹅群，曾经它们因为发出刺耳的尖叫声而被称为傻子企鹅。这两个企鹅群一个在西蒙小镇附近的布尔德斯（Boulders），另一个在贝蒂湾（Betty's Bay）。这种企鹅有27.5英寸（70厘米）高，胸部有黑色的条纹，是唯一在非洲繁衍的企鹅。

蓝鹤（Blue crane）：美丽的蓝鹤是南非的国鸟，西开普省的奥弗贝格是观赏蓝鹤的最佳地点。蓝鹤长着细长的脖子，有41英寸（105厘米）高，经常成对或者多只共同出现。在飞行中会发出低沉而巨大的吼叫声。

头盔珍珠鸡（Helmeted guineafowl）：这种小鸟头顶红色的冠子，长着蓝色的脖子，全身深灰色，带有白色的斑点。即使在城市里，也能看见它们成群地在地上寻找食物。

黄嘴犀鸟（Yellow-billed hornbill）：在几种犀鸟中，你最容易在灌木丛中见到的就是这种黄嘴犀鸟。这种鸟有着黑白相间的羽毛，长长的黄色喙，裸露的红色皮肤看上去好像生气的样子，看上去有些滑稽。

朱鹭（Ibises）：朱鹭在南非可以找到两个种类，这两种都有长长的弯曲的喙。哈德达（The Hadeda Ibis）朱鹭有闪着蓝绿色光泽的棕色羽毛，嗓音响亮。在觅食的地面起飞和降落时发出尖利的叫声。埃及朱鹭（The Sacred Ibis），羽毛呈白色，头、脖子和尾部均呈黑色，习惯栖居于河流的堤坝和沼泽区。

古里鸨（Kori bustard）：在动物保护区外，很少能看到这种鸟。古里鸨身高有 53 英寸（135 厘米）高，是世界上最重的飞行类的鸟类。这种鸟长有黄色的长腿，因此行走缓慢。它们有黑色的鸟冠，棕色的羽毛，翅膀上有黑色的斑点，腹部为白色。

紫胸鸽（Lilac-breasted roller）：这种鸟腹部为蓝色，背部为棕色，胸部和喉咙处为淡紫色。在灌木丛中飞行或者栖息时，很容易被发现。

肉食鸟类（Raptors）：南非有大量的肉食鸟类，其中胡兀鹫（lammergeyer）的翼展足有 110 英寸（280 厘米）；白头鱼鹰（White-headed fish eagle）以凄厉的叫声而闻名；豺狼秃鹰（jackal buzzard）经常被发现栖居在路边的柱子上；浅灰和淡白色的苍鹰发出低低的浅唱声。

蛇鹫（Secretary bird）：蛇鹫足有 59 英寸（150 厘米）高，高大威武，橙色的脸庞，脑袋后面有松散的黑色羽毛，具有灰色的躯体以及用黄色的腿走路时露出的黑色的腹部。

爬行动物

鳄鱼（Crocodile）：在东部和北部生存的鳄鱼种类是橄榄色的尼罗河鳄鱼。这种鳄鱼有 10 英尺（3 米）长。

蛇类（Snakes）：南非有成百上千种蛇类，有些有毒，有些甚至致命。大多数的蛇比较胆怯，避免遇到人类。

圆鼻巨蜥（Water monitor）：这种圆鼻巨蜥长达 63 英寸（160 厘米），这是非洲最大的蜥蜴类动物，它们经常被发现栖息于河边或湖边。

灰顶鹤，乌木格尼河鸟类公园（Umgeni River Bird Park）。

艺术和文学

从早期桑人的岩洞壁画到生动的当代视觉艺术，从隔离时代人们被禁止写作到当代的诺贝尔文学奖，南非艺术的繁荣，都是其多元文化氛围的完美体现。

文学

南非的小说、戏剧和诗歌的创作，可以追溯至大约 200 年前。文学用科萨语、祖鲁语以及其他南非语言，甚至用英语和南非荷兰语等多种语言来表达。南非文学讲述了欧洲人如何适应这片对于他们来说陌生的土地以及非洲土著人被剥削、被压制和反抗的情怀。这里我们将着重讲述用英语和南非荷兰语写就的文学。

英语黑人文学：南非第一个黑人英语作家是报纸编辑和杰出的非国大知识分子索尔·普拉杰（Sol Plaatje，1876—1932）。除了大量的政治作品之外，他还出版了小说《牧呼迪》（Mhudi，1930），这是一部关于爱和战争的浪漫史，它讲述了博茨瓦纳妇女牧呼迪的故事。祖鲁作家赫尔伯特·多洛莫（Herbert Dhlomo，1903—1956）在20 世纪 30 年代和 40 年代创作了歌颂黑人领袖的戏剧作品，比如祖鲁国王恰卡和塞奇瓦纳。

第二次世界大战后，大量记录南非黑人生活现状的小说和自传作品开始涌现。彼得·亚伯拉罕姆斯（Peter Abrahams，生于 1919）于 1946 年出版的《矿工男孩》（Mine Boy），描述了对约翰内斯堡采矿工人的种族歧视；1954 年出版的《讲述自由》（Tell Freedom）则讲述了他自己在南非成长的经历。穆法莱尔（Es'kia Mphahlele，1919—2008）于 1959 年出版的《沿着第二大道》（Down Second Avenue）向读者展示了作者在 20 世纪20 年代和 30 年代在德兰士瓦省度过童年的经历，故事情节既生动感人又引人入胜。布娄克·莫狄森又名威廉·莫狄森（Modisane，1923—1986）的自传《归咎于历史》（Blame Me on History，1963）由于对当时的隔离政府持批判性的立场而被禁止出版。莫狄森在当时所谓的"击鼓一代"发挥着关键的作用，另外还有穆法莱尔、坎·森巴（Can Themba,1924—1969）以及托德·玛什吉萨（Todd Matshikiza，1921—1968）。这些作家为黑人杂志《击鼓》（Drum）撰写短篇小说和报告文学，他们短小精悍、城市化、美

《狮王表演》，约翰内斯堡。

国式的创作风格在 20 世纪 50 年代大受欢迎。他们创作的领域或取材于流氓阿飞和他们的情妇，或描写选美皇后、爵士乐、地下酒吧等。

由于 20 世纪 60 年代到 90 年代的政治镇压，很多黑人作家遭到了流放，而那些留下来的作家则开始反抗这种镇压。诗歌在这一时期迎来了复兴。比较有影响力的诗人有蒙甘・沃利・西罗德（Mongane Wally Serote，生于 1944）、西波・塞帕拉（Sipho Sepamla，1932—2007）、奥斯瓦尔德・蒙特沙利（Oswald Mtshali，生于 1940）、玛菲卡・格瓦拉（Mafika Gwala，生于 1946）以及诗人兼演说家姆兹瓦克・姆布利（Mzwakhe Mbuli，生于 1958）。他们在政治集会上向广大听众朗读他们的作品。文学杂志《斯达弗瑞德》（*Staffrider*）为这些叛逆诗人提供了一种反抗的渠道。理查德・理夫（Richard Rive，1932—1989）于 1964年创作的小说《紧急情况》（*Emergency*）

> **今日的南非荷兰语文学**
>
> 自 1994 年以来，随着越来越多的作者选择使用英语创作，这已经成为南非文学的集中趋势。安德尔・布林克（André Brink）继续使用英语写作，其他的成功的小说家也是这样做的，诸如南非荷兰裔作家埃蒂纳・范・希尔登（Étienne Van Heerden）的《在阿姆斯特丹的 30 个晚上》以及扎克斯・姆达（Zakes Mda）的《鲸来电》。南非荷兰诗人安杰・克罗格（Antjie Krog）以用英语写作的报告文学为他赢得了相当大的名声，他的作品包括《我的骷髅国》《真理与和解委员会》。
>
> 在后隔离时期，新出现的最富有激情的作家是伊万・乌拉迪斯达威奇（Ivan Vladislavic），他的虚构作品《愚蠢》（*The Folly*，1993 年）《喧闹的超市》（*Exploded View*，2004 年）为南非文学向新社会转型绘制了一幅蓝图。

就是关于处理沙佩维尔事件后的情况，1987 年他又创作了《白金汉宫：第六区》（*Buckingham Palace: District Six*），讲述了作者童年时期多种族社区的毁灭过程。

南非荷兰语文学：随着 19 世纪晚期要求把荷兰语作为被认可的独立语言运动，南非荷兰语文学开始出现。但是直到 20 世纪 20 年代第二次语言运动，南非荷兰语才得以发展。

最早的著名作家是托铁斯（Totius，他的真实姓名是 Jakob Daniel Du Toit，1877—1953），他把《圣经》翻译成南非荷兰语，同时他也是一位抒情诗人。尤金・马瑞斯（Eugene Marais，1871—1936）的很多作品已经被翻译成了英语，包括诗歌和有关自然历史的哲学著作，他最为出名的作品是《白蚁之灵》（*The Soul of the White Ant*，1925 年南非荷兰语，1937 年英语）。其他重要的作家有诗人简・赛里斯（Jan Celliers，1865—1940）以及诗人、剧作家、小说家、美食作家路易斯・莱波尔特（Louis Leipoldt，1880—1947）。

万・维科（N. P. van Wyk Louw，1906—1970）是南非 20 世纪 30 年代最为著名的作家，他既是南非荷兰语的学者，又是诗人兼剧作家。他最为出名的作品是于 1936 年出版的第一卷诗《独白》[*Alleenspraak（Monologue）*]，1941 年出版的关于处理暴力和文化的诗歌《拉卡》（*Raka*）以及 1956 年的历史剧《日耳曼尼库斯》（*Germanicus*）。欧泊曼（D. J. Opperman，1914—1985）是几十年来最为重要的诗人，他成名于 1945 年的诗集《圣牛》（*Holy Cattle*）。

随着 20 世纪 60 年代出现的几位富有争议的作家，南非荷兰语文坛吹来了一股清新之风。这些作家有小说家埃蒂纳·勒鲁（Étienne Leroux，1922—1989）、安德尔·布林克（André Brink，生于 1935）以及诗人英格瑞德·约恩克（Ingrid Jonker, 1933—1965）、布雷滕·布雷滕巴赫（Breyten Breytenbach，生于 1939）等。受法国先锋派的影响，这些作家开创了把以前聚焦于乡村的文学推向新的城市和世界的潮流。

南非英语文学：第一个获得国际声望的南非英语作家是小说家奥利弗·施莱纳（Olive Schreiner，1855—1920）。她的小说《一个非洲农场的故事》（*Story of an African Farm*，1883）和《马绍纳兰的骑兵霍尔格特》（*Trooper Halkett of Mashonaland*，1897）一直走在时代的前列。思想自由的施莱纳反思女权运动、不可知论、种族关系和在非洲南部的英帝国主义殖民的问题。

南非 19 世纪的社会转折为讽刺小说家道格拉斯·布莱克本（Douglas Blackburn，1857—1929）提供了丰富的背景素材。他的作品《普林斯路村的普林斯路》（*Prinsloo of Prinsloosdorp*，1899）和《公民堂吉诃德》（*A Burgher Quixote*，1903）讽刺保罗·克鲁格的德兰士瓦政府的腐败。近年这些作品又开始流行起来。

1925 年，南非荷兰裔的年轻叛逆青年作家罗伊·坎贝尔、劳伦斯·范德柱和威廉·普洛默（Roy Campbell, Laurens van der Post, and William Plomer）创办讽刺文学杂志《鞭笞》（*Voorslag*）。尽管这本杂志没有出版多长时间，但是这三位作家却从此走上了漫长而又成功的文学之路。他们起初在南非，后来去了欧洲。

除了《鞭笞》杂志社的作家之外，在两次世界大战期间最为重要的作家还有小说家保罗·史密斯（Pauline Smith，1882—1959）和莎拉·格特鲁德·米林（Sarah Gertrude Millin，1889—1968）。史密斯以同情心描写克鲁格的小镇生活，而多产的米林则受限于种族应当保持隔离状态的固有思维。

赫尔曼·查尔斯·博斯曼（Herman Charles Bosman，1905—1951）是南非依然最受爱戴的作家之一，一位天才的短篇小说家。他的小说以南非西北部的格鲁特·马利克（Groot Marico）地区的生活为背景，以一位富有个性、脾气暴躁的南非荷兰裔老头罗伦斯大叔（Schalk Lourens）的口吻讲述故事，极其具有讽刺、嘲讽、人性化及滑稽味道。在博斯曼早年的生涯中，他曾因谋杀罪在监狱中度过了四年。他于 1949 年写了一本极其精彩的自传体回忆录《冷石监狱》（*Cold Stone Jug*）。想要了解南非白人生活的人，应当读读这本回忆录。

和博斯曼同时代的作家还有艾伦·佩顿（Alan Paton，1903—1988），但他比博斯曼的寿命长。他是一名自由派政治家，同时也是传记作家、自传体文学作家和虚构小说家。

佩顿的小说《哭泣，最亲爱的祖国》（*Cry, the Beloved Country*，1948）也许是南非小说中最为知名的作品。这部小说讲述了一个农村黑人在充满暴力的约翰内斯堡寻找儿子的悲惨故事。

在后沙佩维尔（Sharpeville）隔离时代，南非产生了一大批作家，他们向全世界读者描述了发生在他们国家的不公正行为。出生于1932年的剧作家阿索尔·富佳德（Athol Fugard）创作了很多戏剧作品，揭露了隔离时代的罪恶。有《博斯曼和莱娜》（*Boesman and Lena*，1969）和《死亡的赛维·班茨》（*Sizwe Banzi Is Dead*，1972）。

纳丁·戈迪默（Nadine Gordimer）出生于1923年，她长期以来都是一名政治活动家，并获得1991年的诺贝尔文学奖。她出版了多篇以南非状况为主题的故事和小说。她的作品多以批评种族隔离政策为主，因此多数作品被禁止出版。另外一位作品多被禁的小说家是安德尔·布林克（André Brink），他起初用南非荷兰语写作，后改为用南非荷兰语和英语双语继续出版作品。南非另一位诺贝尔文学奖获得者是小说家库切（J. M. Coetzee，生于1940）。他的作品多采用一种委婉、讽喻式的风格，向读者陈述他的国家没有做到位的地方。他的作品有《等待野蛮人》（*Waiting for the Barbarians*，1980）、《迈克尔的生活和人生》（*Life and Times of Michael K*，1983）以及《耻辱》（*Disgrace*，1999）。

视觉艺术

南非批评家们严格区分艺术和手工艺品的时代已经一去不复返了。今天当地的艺术家们可以以任何的方式去选择线、珠子、羽毛、水泥、橡胶和数字媒体；也可以去选择绘画、图形艺术和雕塑等传统的媒介类型。在大多数的文化领域，南非艺术都和过去有了明显的界限，很多白人和黑人艺术家占据了主要的独立领域。

白人艺术家：最为著名的是具有欧洲血统的殖民地艺术家托马斯·贝恩斯（Thomas Baines，1820—1875），视自己为报道者，向家乡欧洲人民绘声绘色地详细描述南非的异国风土人情、自然风光以及地形地貌。南非的艺术开始于19世纪末20世纪初，通过安东·范·沃乌（Anton van Wouw，1862—1945）的青铜器以及胡哥·诺德（Hugo Naudé，1869—1941）的绘画可以看出，当地的艺术主题主要是聚焦于本土文化，为本地人着想。J. H 皮尔尼夫（J. H. Pierneef，1886—1957）是南非最为优秀的画家，他倾向于采用几何风格，捕捉高原地区的光线和风景。

莱赛迪民俗村（Lesedi Cultural Village）的传统农家和传统手工艺品。

在欧洲一连串的艺术运动中，可以发现杰出的南非荷兰裔的追随者。伊尔玛·斯特恩（Irma Stern，1894—1966）发挥了她自己带有鲜明南北烙印的创作风格。而麦琪·劳布舍尔（Maggie Laubscher，1886—1973）则带有明显的表现主义的痕迹。她在后印象派乡村画里使用了明亮的颜色。在莫里斯·范·埃什（Maurice van Essche，1906—1977）的艺术作品里，他大胆使用格式化和野兽派的大胆颜色风格，就是为了迎合本地的艺术风格。整个抽象表现主义学派在约翰内斯堡围绕比尔·艾因斯利（Bill Ainslie，1934—1989）而日趋完善；出生于意大利的艺术家爱德华多·维拉（Edoardo Villa，1915—2011）创作了多个金属雕像，这些雕像使南非的公共场所熠熠生辉。

20世纪50年代和60年代的几位艺术家直接从非洲的艺术品中获得了灵感。塞西尔·斯科特尼斯（Cecil Skotnes，1926—2009）成了该国无可争议的木刻大师，他的艺术品以一系列黑、红、棕色展现了当地主题。沃尔特·巴提斯（Walter Battiss，1906—1982），受到布须曼人岩画的启发，开创了独特的顽皮的色彩丰富的绘画。亚力克西斯·普雷勒尔（Alexis Preller，1911—1975）的画作题材源自非洲，带有梦幻和超现实感。

在公开反对隔离制度的几十年里，反抗艺术得以繁荣发展。最具标志性的作品就是由简·亚历山大（Jane Alexander，生于1959）创作的《屠夫男孩》（Butcher Boys）。在她的雕塑作品中，三个头上长角、半身被剥了皮的男孩静静地坐着，有着一种令人毛骨悚然的邪恶气氛。

黑人艺术家：南非的黑人艺术家几个世纪以来一直在通过岩画、陶瓷和明亮鲜艳

拉利贝拉（Lalibela）禁猎区内的当地艺术品。

的珠饰来展示他们自己。然而在 20 世纪，黑人艺术家为了进入艺术市场，开始使用油画、雕塑和图形艺术等西方艺术形式。多年来这些艺术家的作品被艺术机构简单地忽略掉了，但是自 20 世纪 80 年代后期以来，这种艺术又再创作、展览和梳理其历史获得了新生。1988 年，在约翰内斯堡艺术馆，一场主题为"被忽略的传统"的大型展览会展示了许多姓名都已被遗忘的黑人艺术家的作品。

其中有一位名为杰勒德·塞克托（Gerard Sekoto，1913—1993）的画家，他的油画打破了传统的部落主题，而是展示了城镇生活的画面。塞克托后半生在巴黎过着背井离乡的生活。乔治·奔姆巴（George Pemba，1912—2001）在伊丽莎白港度过了他的一生，他以城市景物和人物肖像为创作主题。

20 世纪 50 年代和 60 年代，南非建立了两个中心来帮助提升黑人的艺术创作能力。建于 1952 年的约翰内斯堡波利（Polly）艺术大街成就了几位艺术大师。他们中就有雕塑大师西德尼·库马洛（Sydney Kumalo，1935—1988），他的作品于 1966 年在威尼斯展出。另外还有埃兹罗姆·利戈（Ezrom Legae，1937—1999）。位于夸祖鲁 – 纳塔尔省的洛克渡口专科艺术学校就注重教授蚀刻版画和丝网印刷技术。从这个学校出来的艺术家有约翰·姆法涅（John Muafangejo，1943—1987）、保罗·希比希（Paul Sibisi，生于 1948）以及丹·洛克苟特（Dan Rakgoathe，1937—2004）。

有几位自学成才的艺术家也取得了非凡的成就，如宗教派木雕艺术家杰克逊·呼伦万尼（Jackson Hlungwane，1923—2010）和杜米勒·费尼（Dumile Feni，1942—1991），由于经济的原因，费尼主要用圆珠笔在纸上画画。

20 世纪 60 年代到 90 年代初期，很多艺术家用他们的艺术作品来反抗种族隔离制度。这些艺术家中最著名的是自学成才的威利·贝斯特（Willie Bester，生于1956），他把废弃的材料拼成艺术品，强有力地展示社会和人权的不公平。他的作品不仅在南非，而且在全世界被广泛地展览。

建筑

在南非的城市和郊区，你会发现这里的公共建筑和家庭住宅结构与那些英语国家的建筑极其相似，都有高耸的建筑、玻璃外立面的塔楼、混凝土的大型购物商场、公寓楼以及单层的住宅。但是南非也有两种独特的国内建筑风格：优雅的开普荷兰建筑和富有色彩的恩德贝勒建筑。

开普半岛的荷兰式建筑：多重因素影响了开普半岛的荷兰式建筑，建筑风格采用了荷兰和 17 世纪晚期来到开普半岛的法国胡格诺派移民的风格；装饰性的抹灰

值得一观

你值得一观的其他当代艺术家有威廉姆·肯特里奇（William Kentridge，生于 1955），他是一位图形艺术家、影视制作人、电影以及舞台导演，其作品在全世界都被展览过；机智的后现代金属雕塑家布雷特·穆瑞（Brett Murray，生于 1961）；使用强烈的雕塑形式的艺术家凯文·布兰德（Kevin Brand，生于 1953）；以及瓦尔特·奥特曼（Walter Oltmann，生于 1960），他使用铁丝和铜丝创作古怪精美的雕像。

技术来自于印度尼西亚的奴隶。

开普半岛的荷兰式建筑主要服务于农业的需求。这种风格的农舍最初按照一种简单的四方形地基来修建，有倾斜度比较陡峭的茅草屋顶，裸露的泥土地面或者用碎桃核压制的地面。但是随着 17 世纪的日益繁荣，房子也越建越大，开普荷兰式的建筑风格也逐渐形成，在屋子的前门上方，沿着房屋的边缘，树有一个大型的中央凸起的精美山形墙。在房屋原有基础上增加了两翼，形成 U 形、T 形或 H 形的地基。房屋的主人还建造了外屋，如谷仓、酒窖或者为自己的大儿子建造的偏房。

西开普省的荷兰式房屋外表用白色粉刷，房屋四周被葡萄园环绕着，以远处雄伟的山峰为背景，显得格外美丽。这样的建筑样板我们可以在斯泰伦博斯、康士坦夏农庄（Groot Constantia）的茶树种植园、开普敦和伐黑列亘（Vergelegen）附近以及西萨摩赛特（Somerset West）看到。

恩德贝勒建筑：自 19 世纪晚期开始，南非北部的恩德贝勒人就已形成了自己独特的房屋装饰风格。这种房屋的基本布局包含了圆柱形的屋子，上方加一个圆锥形的茅草屋顶，在房屋的周围有一个平坦裸露的小院。院子的周围是一堵矮墙，另加一个精致的大门。

恩德贝勒建筑的独特之处在于白色大门和墙上的精美几何图案。这些设计最初源自于附近城镇见到的形状，如英国国旗和欧洲本土建筑的元素。时至今日，这些红色、绿色、蓝色、黄色和赭色均配有黑色外边的轮廓无不提醒游客是在欣赏皮特·蒙德里安（Piet Mondrian）的抽象画。

音乐

> 南非有着历史悠久、令人骄傲的音乐史，南非音乐对世界音乐的独特贡献就是把各种外来的音乐，包括爵士音乐，与本地音乐和韵律完美地融合在了一起。

南非有着历史悠久、令人骄傲的音乐史，南非音乐对世界音乐的独特贡献就是把各种外来的音乐，包括爵士音乐，与本地音乐和韵律完美地融合在了一起。

南非的黑人爵士音乐在威特沃特斯兰德矿业小镇的劳动工人们中间兴起。20 世纪 20 年代，当地的首支爵士音乐流行开来，这是一种名为马拉比（marabi）的音乐，它混合了钢琴声和装有鹅卵石的小罐子发出的声音。马拉比音乐后来被奎拉舞（中非和南非的民间舞蹈）取代，这是一种罐子内装有硬币发出的尖锐声，口哨起主要作用。20 世纪 50 年代也被称为"鼓年代"（Drum Era），来源于《鼓杂志》，爵士乐达到了其高峰时期。所有种族的人们都随着约翰内斯堡索菲亚小镇音乐家们的韵律摇动自己的身体。这些音乐家们把马拉比音乐和奎拉舞混合起来，创造了一种更为流行的新的音乐形式：巴甘加（mbaqanga）。

那个时代最为主要的女歌手包括后来世界知名的米瑞安·马卡贝（Miriam Makeba，1932—2008）和朵力·洛特比（Dolly Rathebe，1928—2004）。索菲亚小镇音乐在 20 世纪 50 年代的一个重要事件就是索菲亚小镇现代爵士音乐俱乐部的成立。该俱乐部受到了音乐家迪兹·吉莱斯皮（Dizzy Gillespie，1917—1993）和查理·帕克（Charlie Parker，1920—1955）的影响。爵士乐队"信"乐队就来自该俱乐部，该乐队造就了几位杰出的音乐人物，像后来出名的钢琴师阿卜杜拉·易卜拉欣（Abdullah Ibrahim）就是当初的多拉·布兰德（Dollar Brand，生于1934），以及萨克斯管吹奏者吉皮·莫科特斯（Kippie Moeketsi，1925—1983）和小号吹奏者休·马斯克拉（Hugh Masekela，生于1939）。和南非文化的其他方面一样，音乐在20世纪60年代

约瑟夫·沙巴拉拉（Joseph Shabalala）、保罗·西蒙（Paul Simon）和莱迪史密斯黑斧合唱团。

也难免受到了镇压。索菲亚小镇被夷为了平地，很多优秀的音乐家，包括马卡贝、莫科特斯以及布兰德都被迫离开了祖国，直到20世纪90年代后期国家民主化后才得以归国。

20世纪70年代音乐取得的最大成就是祖鲁语无伴奏合唱组——莱迪史密斯黑斧合唱团（Ladysmith Black Mambazo），该演唱团由约瑟夫·沙巴拉拉（Joseph Shabalala，生于1941）领导。该演唱团由于与歌手保罗·西蒙（Paul Simon）在专辑《恩赐之地》（Graceland）合作而获得了国际社会的关注。几年后，约翰尼·克莱格（Johnny Clegg，生于1953）和西波·麦诺（Sipho Mchunu，生于1951）联合为《祖鲁白人》（White Zulu）配音，把西方音乐和祖鲁音乐、舞蹈充分地融合在了一起。克莱格的乐队为卢卡（Juluka），后来更名为萨乌卡（Savuka），在南非和欧洲都大受欢迎。20世纪80年代出现了一个新现象，那就是白人音乐家的成功崛起。这些音乐家会使用英语和南非荷兰语，他们用音乐来反抗隔离制度。20世纪80年代的当地人则对蓝调乐队（Cherry-Faced Lurchers）比较着迷，该乐队由著名的詹姆斯·菲利普（James Phillips，1959—1995，又叫作Bernoldus Niemand）带领，歌手有约翰尼斯（Johannes Kerkorrel，1960—2002）和库斯（Koos Kombuis，生于1954）。在20世纪90年代初之前，南非音乐一直由克威托（Kwaito）音乐占主导地位，该音乐源自歌舞剧和嘻哈音乐。

南非的大城市里有古典音乐，其中几个城市流行交响乐团和小型的音乐组合。自1994年起，歌剧已经快速转变，从纯白人艺术转变为以黑人歌手为主，很多黑人歌手在开普敦的歌剧学校接受培训。

开普角（Cape Point），大西洋和印度洋在这里交汇。

富有喧嚣国际大都市特征的历史港口，位于群山笼罩下的蓝色港湾中。

开普敦和开普半岛

介绍与地图

开普敦是一个富有对比性的城市。夏天，这里到处都是棕榈树、蓝色的海洋和白色的沙滩。冬天，这里有被雨水冲软的草地泥土画、光秃秃的葡萄园以及熊熊燃烧的炉火。开普敦真是受老天青睐的城市：温和的地中海气候、高耸巍峨的桌山（Table Mountain）在花岗岩和大海之间孕育了这个城市，并且这种自然的美会令你赞叹不已。

开普敦位于一眼望不到边的海湾边缘，城市随着这个国际化的港口不断发展壮大。葡萄牙探险家瓦斯科·达·伽马（Vasco da Gama）是第一个在桌湾（Table Bay）抛锚的人，他把这片看似平静的月牙形白色沙滩命名为好望角。但是当西北风在海面掀起怒吼的波浪时，海湾内平静的海面就会被吹成风暴式的旋涡。这里就有了另外一个名字：风暴角。

开普敦这个城市就嵌在半岛西侧的海湾内，半岛向南一直延伸到海洋直到崎岖陡峭的开普角。从花岗岩顶峰到半岛的主体都是天然形成的。一连串几乎一样的指峰从坎普斯湾（Camps Bay）延伸到豪特湾（Hout Bay），看上去就像十二使徒掌控着这片冰冷的海洋。在最靠近城市的两个指峰之间的幽静海湾里，你会发现沙滩和克利夫顿（Clifton）大都会区、坎普斯湾和兰迪德诺（Llandudno）。在这里，国外一些喜欢奢侈享受的人在紧贴海面上方的悬崖上修建公寓，依靠山壁岩石躲避夏天从东南方持续不断袭来的热浪。

在十二使徒峰的对面是福尔斯湾（False Bay），之所以这样命名就是因为早期的水手总是把它和桌湾混淆。这里的海洋被温暖的阿古拉斯海流所环绕，

所以这里有和冰冷海洋不同的水下动植物群。在这里潜水，你会发现印度洋鱼类、海星、海葵、海胆和章鱼。鲸鱼每年都会来到这片温和的水域繁殖后代。

多元文化影响

像所有的大海港一样，开普敦是一个有着历史和文化积淀的多姿多彩的城

不容错过：

市。游牧的科伊科伊人和桑人（也被称为布须曼人）在欧洲人到来之前，在这片海岸居住了多个世纪。去往东方寻求贸易路线的葡萄牙人于 1492 年记录了他们发现这个抛锚停泊的地方。荷兰人 1652 年在这里为他们定期去往东方运香料的大型帆船建立了供应补给站。接着来到这里的是躲避宗教迫害的法国胡格诺派教徒，最后是英国人，他们一直从 1806 年统治到 1961 年南非独立。

在这期间，来到这里的还有马来人、德国人、在阿拉巴马联邦突击队（Confederate raider Alabama）服役的美国水手、中国人以及信奉伊斯兰教和印度教的印度人。这些多样的文化为这个城市在饮食、音乐、语调、衣着规范等方面留下了印迹，尤其在建筑方面比较明显。英国人留下了新古典主义的新型乔治亚风格的建筑群；马来人对颜色情有独钟，它使 18 世纪的家庭看起来更有活力；伊斯兰教徒留下了清真寺；印度教徒留下了寺庙；荷兰人留下了开普荷兰式的螺旋形的房屋样式。

今天的开普敦是一个繁忙喧嚣的大都市，拥有精美的餐厅和杰出的音乐，18 世纪的建筑外表和高耸的玻璃合金的商业建筑相互映衬，17 世纪白色石灰的仓房四周的葡萄园配备了超现代的葡萄种植机械。许多用碎石铺就的大街几乎有三个世纪的历史了。

Table Bay

To Bellville,
Durbanville

CAPE TOWN
开普敦

Signal Hill

N1

R102

N7

Clifton (First) Beach

Clifton
Bay

Clifton Bay

Camps Bay

Camps Bay Beach

Bakoven

M6

CAPE PENINSULA
NATIONAL PARK

TABLE
MOUNTAIN
NATIONAL
PARK

Table Mountain

N2

M3

M5

To Airport

Twelve Apostles

KIRSTENBOSCH NATIONAL
BOTANICAL GARDEN

Llandudno Bay

Sandy Bay

Llandudno

M63

Hout Bay
豪特湾

Hout
Bay

Groot
Constantia
康士坦夏农庄

M4

M17

M3

SILVERMINE
NATURE
RESERVE

Zeekoevlei

M6

M5

Noordhoek

Muizenberg

M4

Fish
Hoek

Kalk Bay
Fish Hoek Beach

Kommetjie

M65

M6

False
Bay
福尔斯湾

Scarborough

Simon's Town 西蒙镇

M65

Boulders Beach

First Beach

M4

CAPE OF
GOOD HOPE
NATURE
RESERVE

ATLANTIC
OCEAN
大西洋

M65

10 公里
5 英里

灯塔
Lighthouse
Cape Point

Cape of Good Hope

Area of map detail

Pretoria
比勒陀利亚

南非
South Africa

开普敦（Cape Town）

位于非洲最南端的开普敦富有两种文化精神和无可比拟的自然之美。从色彩鲜亮的博卡普一角到霸气的维多利亚和阿尔弗雷德滨水区；从海角到庞大雄伟的桌山，在如此狭小的地方看到如此多引人注目的美景，简直不可思议。

维多利亚和阿尔弗雷德滨水区是南非最受欢迎的旅游目的地，这里集购物和娱乐场所为一体，有世界一流的旅馆和私人游艇码头。

开普敦（Cape Town）
🅐 见第 57 页地图
✉ Cape Town Tourism Information
　 Center, Burg St. 和 Castle St.
☎ 021/487-6800
www.tourismcapetown.co.za
www.capetown.gov.za

好望堡（Castle of Good Hope）

如果你想到达开普敦城的中心地带，好望堡就是你开始行进的地方。这座城堡是于 17 世纪在荷兰东印度公司的命令下建造的。这是一座结实的五角建筑，严肃而又令人生畏，极不协调地耸立在海边现代化大路的附近。然而它已经经历了三个多世纪，见证了那段动荡的岁月。

扬·范·里贝克（Jan van Riebeeck）1652 年在开普登陆时遇到了科伊科伊人（又称"人中人"）和桑人。这些民族在欧洲探险家到来之前的几个世纪就居住在这里，可以理解的是他们对于探险家们的到来持不信任的态度。

范·里贝克和当地人开始做牲畜贸易。但是对于科伊科伊人来说，在他们的社会内部，牛羊就是重要的身份象征；老年人非常不乐意把他们所谓的真正财富换成在他们文化中毫无价值或没有任何象征意义的不值钱的小玩意儿。另外，为了铺设花园，新来的人已经切实吞并了科伊科伊人放牧的土地。关系就这样变僵了。为了保护牲畜免遭勇敢的科伊科伊人的攻击以及阻止英国或法国的东印度公司抢劫他们的设施，范·里贝克下令在海边修建一个小城堡。

最初的城堡是泥土和木头结构，由非常简单的棱堡和护城河组成。在建造完的十年内，它的作用已被证明有缺陷，荷兰人出于和英国之间长期战争形成的恐惧，最终决定建造一个更为坚固的城堡。这就是今天的城堡，也是南非此类结构城堡中最古老的。

新城堡选址在原来的城堡东部720英尺（219米）的地方。广为人知的是，城堡的奠基石是由总督撒迦利亚·瓦赫纳尔（Zacharias Wagenaar）于1666年埋下的。在8年后第一批移民就搬进了城堡，尽管该城堡在1679才完工。基于总体设计（后来被称为"沃帮模型"Vauban model），这个城堡有五个堡垒，每个堡垒都根据奥兰治王子威廉姆的名字命名，分别是莱尔丹（Leerdam），奥兰治（Oranje），拿索（Nassau），卡茨内伦博根（Catzenellenbogen）和布伦（Buuren）。这座城堡由石头、灰泥和木头垒成，并且大部分无技术含量的工作都由东印度公司的奴隶、守备部队的

士兵、从过往船只征募的海员、罪犯以及愿意干辛苦活的科伊科伊人完成。时至今日，这项展示荷兰人技巧的城堡依然还矗立在那里。桌湾的海浪不再拍打城堡的外墙（人造海滩把大海向内推进了几公里），但是作为历史遗址，还是值得一观的。这里提供导游服务。

参观城堡：通过一个上面带有钟塔（Bell Tower）的大门进入城堡，该钟塔完工于1684年。这个大钟是在阿姆斯特丹铸造的，巨大的钟声不分白天黑夜，准时响起，有时也为一些重要的葬礼鸣钟，直到1697年，人们才不再听到钟声。

一定要冒险进入可怕的漆黑的刑讯室（Torture Chamber）和黑洞屋（Donker Gat /the Black Hole），据保卫人员说这里经常闹鬼，能听到凄厉的叫声和脚步的回音。但是头脑冷静的士兵则相信这些乱糟糟的声音是昔日受酷刑折磨的人发出的惨叫声。

地窖博物馆（Cellar Museum）的文物是在地窖的一个坑中发掘出来的。文物包括骨头、绘画以及古董餐具。

最令人着迷的莫过于优雅的安妮·巴娜德房间（Lady Anne Barnard

（下接第62页）

温馨提示：

开普敦是世界上最佳的远洋观鸟地。在冬天可以看到很多威武的海鸟以及很多海洋哺乳动物。

——盖根·H.塞克斯哥路
美国国家地理学会研究者

好望堡（Castle of Good Hope）
✉ Buitenkant St.
☎ 021/787-1260
www.castleofgoodhope.co.za

特写：自由徒步之旅

当开普敦被扬·范·里贝克修建时，奴隶制盛行，他也是其中一分子。当时严刑拷打被人们所接受，公开处决也很普遍。这段历史会在你行走路线上的几处地点重现。

通往好望堡的钟楼入口。

不容错过：

好望堡·第六区博物馆（District Six Museum）·绿市广场（Greenmarket Square）·国会大厦（Houses of Parliament）

参观首先从好望堡❶（见第58~59页和第62页）及威廉·费尔收藏品❷（William Fehr Collection）的古旧油画、家具和装饰艺术品等开始。然后从城堡出来，穿过布特肯特（Buitenkant）大街，沿着达令（Darling）大街短暂步行后，你会到达市政厅对面的阅兵场（Grand Parade），两侧是高大的棕榈树。这里一度是军队阅兵场所，也是荷兰东印度公司统治时期公开处决罪犯和实施鞭刑的地方。返回到布特肯特大街并向着桌山方向走，你会到达旧海关大楼❸（Old Customs House）。但是在19世纪早期，

它曾经被当作粮食仓库、女子监狱以及地方治安办公室等多种用途。

继续沿着这条路你会到达第六区博物馆❹（25A Buitenkant St.，电话：021/466-7200，周日闭馆），这里是为了纪念种族隔离政权所犯下的最严重的社会罪行而修建的。之所以被定义为城市第六区，是因为这个风景如画的地区的住宅被充满活力的颜色所粉刷，混合种族居民区占主导地位。当这个地区被"白人"宣称占领时，当地的66000名居民被恐吓驱逐出此地。

继续沿布特肯特大街走到78号，就是勒斯特·梵尔德（Rust en Vreugd）博物馆❺（78 Buitenkant St.，电话：021/481-3903，周五至周一闭馆）。这栋18世纪的建筑物收藏有费尔的纸上艺术品：版画、素描以及涵盖荷兰殖民地和英国统治时期的水彩画。接下来，在布特肯特大街原路返回并向左转进入阿尔伯特斯（Albertus）大街。右转进入公司（Corporation）街，再一个小转弯进入旋转（Spin）大街。这条街中间的

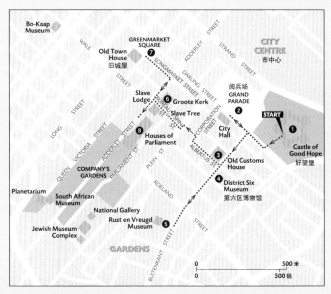

交通岛上展有一块写着"奴隶树"的牌匾，凭吊在这块匾下被荷兰东印度公司卖掉的奴隶。向前直走20步就到了比罗（Bureau）街和国会街（Parliament Street）的路口处，在这里你会看到格鲁特柯克（Groote Kerk）教堂❻（43 Adderley St.，电话021/422-0569），这是现存最古老的荷兰新教教派教堂，修建于1704年，是南非信仰此教的教会本部。奴隶居所（Slave Lodge，比罗大街和阿德利大街之间）修建于1679年，是荷兰东印度公司为奴隶、疯子和犯人提供的住所。自此以后，这里还作为邮局、声名狼藉的"非官方"住宅以及高级法庭。

在阿德利（Adderley）大街右拐，然后在长市（Longmarket）大街第一个路口左拐，你会看到绿市广场❼（Greenmarket Square），这里自1696年就作为农产品市场而存在。今天它是活跃的南非货物和古董工艺品市场。旧城屋（Old Town House，Greenmarket Sq.，电话：021/481-3933，周日闭馆）也位于绿市

广场，修建于1761年，收藏有代表16世纪到18世纪荷兰和佛兰德斯艺术的米凯利斯重要收藏品。对于广场上的饮食来说，传统的都铎（Tudor）酒店或广场公园小酒馆提供饮料以及恰当的餐厅价，包括在雪茄吧里抽雪茄。

脚步回转到阿德利大街，朝着桌山方向行走，当路向右拐时，你会看到国会大厦❽（见第63~64页）。这里是南非立法权力机关所在地。每年1月到6月，国会在开普敦开会6个月，并且这个城市还出了南非三个诺贝尔和平奖获得者：纳尔逊·曼德拉，弗雷德里克·威廉·德克勒克以及大主教德斯蒙德·图图，他们把国家从过去的种族隔离统治下解放了出来。整周都有导游服务，游客可以买票参观国会大厦（外国游客必须出示护照）。

見第57页该区地图。

▶ 好望堡

↔ 1.7英里（2.7公里）

🕐 1小时

▶ 国会大厦

悸动的心

1967 年 12 月 3 日，克里斯蒂安·巴纳德博士（Dr. Christiaan Barnard）带领一个 30 人小组在开普敦进行了世界上第一次心脏移植手术，用一个前天在车祸中死亡的年轻女人的心脏替换了当地杂货店主路易斯·沃什·肯斯基（Louis Wash kansky）那颗衰竭的心脏。位于格鲁特索尔医院（Groote Schuur Hospital, Observatory 大道，电话：021/404-1967，网址 www.heartofcapetown.co.za）的开普敦心脏博物馆展览了手术照片和器械。

Room），之所以如此命名是因为有一位尊贵的英国贵族夫人于 1797 年至 1802 年期间住在这座城堡里。同样有趣的是修葺一新的海豚池塘（Dolphin Pool），

米凯利斯艺术学院（Michaelis School of Fine Art）
- ✉ 32–37 Orange St.
- ☎ 021/480–7111
- www.michaelis.uct.ac.za

国家美术馆（National Gallery）
- ✉ Government Ave., Adderly St. 和 Wale St.
- ☎ 021/481–3970
- ⊙ 周一闭馆
- $ 周六免费
- www.iziko.org.za

圣玛丽大教堂（St. Mary's Cathedral）
- ✉ 16 Bouquet St.
- ☎ 021/481–1167
- ⊙ 预约参观
- www.stmarys cathedral.org.za

犹太博物馆（Jewish Museum）
- ✉ 021/465–1546
- ☎ 88 Hatfield St.
- ⊙ 周一闭馆 $ $
- www.sajewishmuseum.co.za

它的名字来源于一尊地中海海豚的雕塑。修葺工作完工于 1982 年，按照安妮·巴娜德夫人本人描绘的草图而建。

海特面包店（Het Bakhuys）也已翻修，里面的 De Gouwerneur 餐厅提供时尚的茶室。该餐厅电话为 021/787–1260，周日不营业。

几年后，指挥官范·奥茨胡恩（van Rheede van Oudtshoorn）下令修建了卡特（Kat）城堡，用岩石砌成的厚厚的城墙高而宽，主要作用就是用来防御敌人。后来又沿着院子的宽度增加了几座建筑。其中的一座建筑里保存了威廉·费尔（William Fehr）的文件、有关开普半岛的古老绘画以及由安东·安瑞斯（Anton Anreith，1754—1822）制作的一个超棒的雕塑。法律判决和公告都在卡特城堡最为精美的阳台（Kat Balcony）上宣读。

街心花园（Company's Gardens）

街心花园被简称为花园，这里过道两旁种满了橡树，宁静平和。街心花园最初是属于扬·范·里贝克的蔬菜园和果园，为过往的荷兰东印度公司船只提供新鲜的果蔬、肉和淡水。现在这个花园位于开普敦城市中心，是一座公共花园和植物园。如今，你在这里或许会看到驻足辩论的国会议员们，也会看到来自海登学院（Hiddingh Hall）的异国艺术学生，他们也许会成为开普敦大学米凯利斯艺术学院（Michaelis School of Fine Art）的主人或开普敦戏剧学院小剧场（Little Theatre）崭露头角的明日之星。

进来之后右转，向左一瞥，你会看到国会大厦（Houses of Parliament），它是新古典主义建筑的顶尖案例。在花

圣母玛丽亚天主教大教堂位于南非首任总理路易斯·博塔（Louis Botha）塑像的对面。

园的中心，你不要错过参观南非最古老的艺术博物馆——国家美术馆（National Gallery）。它竣工于 1931 年，最初是为了存放 1871 年收集到的绘画遗赠品而修建的。这些收藏品包括英国、法国、荷兰、佛兰德和南非的重要艺术作品。1990 年，该美术馆的收藏政策极力呼吁调整藏品形态的不平衡。因此当前的展品包含更多的前殖民地、近代非洲和南非的艺术品，有传统的珠饰、雕塑以及像鼻烟盒这样的小物品。

临近国家美术馆，你会发现建于 1840—1851 年间的圣母玛丽亚天主教大教堂（St. Mary's Cathedral），几个世纪以来，已经过了多次修葺。也是在国家美术馆附近，你会看到蔚为壮观的犹太博物馆（Jewish Museum）综合体，外墙覆有耶路撒冷的石头。这里有旧犹太教堂（Old Synagogue，1863）、大犹太教堂（Great Synagogue，1905）以及大屠杀纪念中心（Holocaust

Centre）。

走到花园的尽头，你会发现包含自然历史展品和当地天文馆的南非博物馆（South African Museum），这里有引人入胜的视听展览。

南非博物馆（South African Museum）
✉ 25 Queen Victoria St.
☎ 021/481–3800
💲 $
www.iziko.org.za/museums/south-african-museum

天文馆（Planetarium）
✉ 25 Queen Victoria St.
☎ 021/481–3900
🕐 每月第一个周一闭馆
💲 $
www.iziko.org.za/museums/planetarium

国会大厦（Houses of Parliament）
✉ Parliament Ave.（游客中心入口，120 Plein St.）
☎ 综合信息：021/403–2911
　　导游服务：021/403–3683
www.parliament.gov.za

国会大厦（Houses of Parliament）

国会大厦位于南非共和国的法定首都，具有重大的历史意义，并非仅因为它代表着从种族政权和平过渡到民主代表制，还因为它见证了一个个历史奇迹。

自从 19 世纪后期国会大厦建成以来，它连续被多个政权使用，如英国殖民地统治者、历经破坏性的布尔战争后南非联盟（波尔共和国、纳塔尔和开普殖民地）的首个国会、1947—1994 年种族隔离年代的民族主义政府以及 1994 年首个自由选举成立的民主政府——非洲人国民大会（非国大）。

英国人理想的由成年人普选的民主政府、立法和国家机关严格分离的体制在每年 1~6 月份举行的国会上得到了体现。南非是一个年轻的民主制国家，民主原则极其珍贵。因此国会会议议程、国会议事录记录、辩论副本对于南非来说都是极其重要的文件。

国会大厦竣工于 1885 年，是英国尼奥－帕拉迪奥（neo–Palladian）式市政建筑的典范，它的结构由令人印象深刻的圆柱子、宽敞的门廊和高耸的圆屋顶组成。建造过程也并非一帆风顺。最初的建筑师查尔斯·弗里曼（Charles Freeman）由于对地基判断有误而被解职，接下来由亨利·格里乌斯（Henry Greaves）完成了这项工程。1910 年，杰出的英国皇家建筑师赫尔伯特·贝克（Herbert Baker）爵士高度采用新古典风格增建了议会大厦（House of Assembly）。国会大厦里还建造了贵族气十足的中央圆顶国会图书馆（Library of Parliament）。在国会大厦的花园里，游客会发现维多利亚女王塑像。这尊塑像是为了纪念女王的特赦法令于 1887 年树立的。

国会游览环节可以购票进入并提供导游服务。外国游客预订此地旅游必须携带护照。

博卡普区（Bo-kaap Quarter）

博卡普在南非荷兰语里的意思就是

精彩体验：开普马来菜

作为一个真正的"彩虹之国"，南非的烹饪艺术受到了多元文化的影响。从来自异国的油炸毛毛虫、鳄鱼排、鸡爪等精美食物到缺少刺激性、大多数厨房里常见的炖菜和咖喱食品，南非的美食真是应有尽有。两个别具风格的美食课可以让你对开普马来菜系一饱眼福。在食物的起源博卡普区，美食课程将会从博卡普博物馆开始，带领你轻松地穿越多姿多彩、崎岖不平的街道到达商店，为即将到来的美餐购买原料。美食课程可能开设在当地居民家里，参与者会学到如何调配香料、制作咖喱以及折叠萨莫萨三角饺。最后厨师们可以坐下来边享受美食边聆听主人讲述他们和博卡普的故事。请联系安德里拉体验之旅（Andulela Experience，电话：021/790-2592，www.andulela.com）。

当然了，还有其他的选择。卡斯·亚伯拉罕女士（Cass Abrahams）是开普马来菜系当之无愧的老前辈。她在位于开普敦城外帕尔的葡萄园餐馆提供烹饪示范。在你游览完葡萄园之后，你还可以边品味美酒边了解开普马来人的历史、文化、饮食。请联系"开普综合旅游"（Cape Fusion Tours，电话：021/461-2437，www.capefusion.co.za）。

具有历史感的博卡普区，以前是颇具名气的马来区。

"海角之上"，指的是威尔士大街上面嵌进信号山（Signal Hill）斜坡的那片令人愉悦的地区。最好乘坐出租车来这里，每个周六从上午8点到下午2点都有安德里拉体验之旅的莫尼克线路（Monique le Roux of Andulela）提供的导游服务。建议游客不要单独在此大街行走。

博卡普的居民是由东印度公司在17世纪和18世纪从荷兰殖民地带到这里的，大多是斯里兰卡、印度尼西亚、印度以及马来西亚奴隶的后代。

社区居民大多信奉伊斯兰教，最近还住有一些学生。博卡普区街道陡峭、小巷狭窄、建筑富有趣味，这一切都使这里成为开普敦最有活力的景点之一。

这里的房子结合了开普荷兰式、乔治亚式和爱德华七世式的建筑风格，大多由平民工匠建造。建筑颜色明亮，用黄铜色、粉红色、蓝绿色、石灰绿色和橘黄色等斑驳迷人的色彩上漆。占

老的清真寺（Auwal 清真寺建于1768年）、高耸的尖塔以及信徒真诚的祈祷声都增添了本地的无穷魅力。南非最受人尊敬的艺术家格雷瓜尔（Gregoire Boonzaaier，1909—2005）耗费多时画下了这里街道的魅力。他灵巧的画笔和搭配适当的颜料，适时地捕捉到了这里夏天的热度以及五彩缤纷的美景，这使他的作品得以传世永久。他的一些画作可以在博卡普博物馆里欣赏到。

博卡普博物馆（Bo-Kaap Museum，71 Wale St，电话：021/481-3938，星期天闭馆，$）原本是阿布·贝克尔·埃芬迪（Abu Bakr Effendi，1835—1880）的住宅，他是一名土耳其学者，同时也是穆斯林社区的杰出领袖。该住宅修建于1763—1768年，并在19世纪装修成典型的穆斯林住宅。现在的房屋在1978年被改建成博物馆。开普的穆斯林社区对当地的独特文化做出了极大的贡献，

并且对南非荷兰语的形成发挥着主导性的作用。南非荷兰语作为一种新的语言从高地荷兰语（High Dutch）进化而来。博卡普博物馆计划在更为广泛的社会文化和政治背景下发展成为一个博卡普和穆斯林遗产中心。

1914 年，位于博卡普西北部几个街区距离的清普曼斯府（Koopmans-De Wet house）宣布改为博物馆，它成为首个对公众开放的个人住宅。这幢精致的18 世纪住宅的正面在博卡普博物馆的东部几个街区，是由法国建筑师路易斯·米歇尔·鲍尔（Louis Michel Thibault，1750—1815）和雕刻家安东·安瑞斯（Anton Anreith）完成的。博物馆收藏了精美的开普式家具、中国和日本的陶瓷制品、精致的蓝色代夫特陶器以及一系列一流的玻璃和镀银餐具。

开普半岛的马来菜： 开普敦风味独特的开普马来菜系起源于博卡普区，这也许是 18 世纪奴隶贸易唯一获得肯定的成果（见第 64 页）。奴隶们随身带来了一些技能：男人们多拥有缝纫、箍桶和木匠等技能；而女人则精于烹饪。

路易斯·莱博尔特（Louis Leipoldt）

Koopmans-De Wet
- ✉ 35 Strand St.
- ☎ 021/481-3935
- ⏰ 星期五至星期一不营业

www.iziko.org.za

非洲黄金博物馆（Gold of Africa Museum）
- ✉ 96 Strand St.
- ☎ 021/405-1540
- ⏰ 周日闭馆
- 💲 $

www.goldofafrica.com

温馨提示：

不要错过游览非洲黄金博物馆，这里展示了黄金的历史，陈列了复杂的工序。这里有一个工作室，你可以观看当今金匠的操作展示。

——艾琳·蒙罗尼（ERIN MONRONEY）
美国国家地理学会撰稿人

是南非最伟大的南非荷兰语诗人之一，也是一名业余厨师。他的书《开普烹饪术》追溯了开普马来菜系的起源，18 世纪的妇女负责烹饪的有辛辣的咖喱肉末（一道精致的辛辣烘烤的带有甜肉馅、富含鸡蛋羹的美食）、比尔亚尼菜（breyani，加了小扁豆的米饭和肉，用本地的咖喱着色）、清凉的咖喱饭调味品以及辛辣的水果羹。这一切都把当地的烹饪术转变成了一种文化体验之旅。烹饪用的香料是由东印度公司的大型帆船首次带到南非并进入市场的。但是到了后来，有需求的家庭主妇们则直接与船长进行交易。

如今还经营这种香料生意的是阿特拉斯商行（Atlas Trading，94 Wale St.，电话：021/423-4364，星期天不营业）。它像狄更斯故事里描述的商店一样带有刺激的味道：一种令人兴奋的烹制大蒜、辣椒、葫芦巴、孜然、姜黄和肉桂的味道。在一个和房间宽度一样的长柜台前，人们排着队，你会被博卡普的家庭主妇们、时髦餐馆的老板、美食爱好者以及单纯来享受这种香气的人们挤在中间。在柜台后是辛苦的销售员们，他们非常高兴给你提供建议，你付完钱后，就可以带走香料了。

你也可以惠顾当地人开设的餐馆品尝各种菜肴。例如在贝斯米拉（Biesmiellah）餐馆（2 Upper Wale St，电话：021/423-0850，星期日不营业），你不仅可以享受精美的咖喱肉末和咖喱饭，而且还可以了解当地丰富的历史。同样在由米思巴克（Misbach）人经营的正午之枪（Noon Gun）茶餐厅（273 Longmarket St，电话：021/424-0529，星期日不营业）里，也能获得相应的服务。这家餐厅提供传统的三道菜，包括一份主菜咖喱肉末、鸡肉香饭和一份有浓烈咖喱味道的嫩羊肉。

附近场所

在博卡普区外，临近长街（Long Street）的地方依次排列着无数的古董商店。你会发现各式各样的物品，从乔治三世时期的烛台到农家厨房里的黄木家具。这里既有精美的古旧书店，又有一些拥有珍贵和有趣书籍的尘土飞扬的书库。

Mount Nelson 酒店（76 Orange St.，电话：021/483-1000，www.mountnelson.co.za）于 1899 年开始营业，为开普敦人所熟知。这个饭店被人们亲切地称为“尼尔”（Nellie），它的外表被粉刷成了原始的玫瑰粉红色，但是其大厅和客房套房依然保留着英国乡村风格。去喝一杯下午茶吧：吃熏三文鱼和黄瓜三明治，为了吸引一些比较顽固的节食者，餐厅还加赠几片蛋糕和甜点。

维多利亚和阿尔弗雷德滨水区
（Victoria & Alfred Waterfront）

维多利亚和阿尔弗雷德滨水区是集历史遗址和社会活动为一体的地方。在这个港湾内遍布大型购物中心、工艺品市场、电影院、现场音乐会、娱乐设施等，应有尽有。

该滨水区的名字和维多利亚女王的二儿子阿尔弗雷德王子有关，他在 1860 年向大海中投入了第一块石头，发出了开建开普敦急需的防波堤的信号。但是在迅速发展的蒸汽时代，阿尔弗雷德水湾很快就无法容纳快速增长的轮船数量，于是更大的水湾——维多利亚水湾修建而成。

1988 年，整修维多利亚和阿尔弗雷德滨水区工作开始，整合了几处国家指定的历史古迹，提供海滨之行、游览观光、乘船观光、直升机飞行、水上飞机之旅、现场酿酒等项目，还开设了随时能为你提供海鲜食物的精致餐馆。

新修整的约翰·H. 马什海洋研究中心位于滨水区的联合城堡内，其与众不

维多利亚和阿尔弗雷德滨水区的爵士音乐演奏者。

约翰·H.马什海洋研究中心

✉ Union Castle House, Dock Rd.

☎ 021/405-2880

http://rapidttp.co.za/museum

两洋水族馆里的大头海龟——蠵龟。

同之处就是收集了很多和航行有关的轮船模型和物品，特别是在联合城堡内邮船年代的物品。在研究中心存放的航海日志可以追溯到19世纪，这里还存放有9200艘船的19000多张照片和底片，这些照片和底片的拍摄日期大约在20世纪20~60年代。

其他的景点包括1882年修建的维多利亚哥特式历史钟塔（Historic Clock Tower），钟塔的顶楼为钟表机械室。最初这里作为港口船长的办公室。在第二层楼，船长通过望远镜能够观察到海湾内所有的活动。在底层有一个潮汐测量计，监测潮汐时的海平面。

紧靠着码头酒店（Dock House Hotel）的是1894年修建的报时球塔（Time Ball Tower），它带有一种仪器，在既定的时间内就会落下一个球，为所有港口内的轮船设定时间。

附近生长的龙树（dragon tree）是一种来自加纳利群岛（Canary Islands）的植物。最初的那棵树据说是一位过路的船员种下的。传说中说它的血红色的树液是"龙血"，是一条龙和通过海格力斯之柱（Pillars of Hercules）的轮船搏斗而迸洒的鲜血，而且这种树只在血液落到的地中海和其他几个小岛上生长。

在荷兰东印度公司的初期，罗本岛的功能就是作为监狱使用，而今它之所以更加臭名昭著，就是因为它成了关押政治犯的地方，纳尔逊·曼德拉就是曾经被关押过的一员。你可以在钟塔附近的罗本岛展览和信息中心（Robben Island Exhibition & Information Centre）购票前往该岛，需30分钟的船程，然后再由导游带领乘坐公交车或步行。

在你登陆的地点，靠近Bertie's Landing餐馆处，在一堆旧轮胎上面休憩的海豹群是最常见的景象。

防波堤监狱（Breakwater Prison）坐落在游船停靠处的拐角处，它修建于1860年，是关押在防波堤上工作的犯人的场所。颇为讽刺的是这个严厉惩罚犯人的地方现在成了开普敦大学商业学院研究生院和舒适的防波堤度假屋的所在地。

对面是非洲最大的两洋水族馆。水族馆里展示了适宜在开普海域生存的魅力无限的多元化海洋生物。这里生存有3000多种海洋生物，正在展出的包括海豹、海龟以及企鹅。水族馆除了提供和鲨鱼一起冒险潜水外，还为儿童提供教育活动和环境教育项目。除此之外，这里还有鲨鱼保护和淡水鱼研究项目。我本人非常喜欢在第一个展廊里展出的鱼类展览。鲨鱼池是令人敬畏的地方，如果你喜欢，你可以获得和这些食肉动物接近的机会。

罗本岛（Robben Island）

作家劳伦斯·G. 格林（Lawrence G. Green）描述罗本岛为"流放之岛"。这真是具有先见之明的评论，罗本岛在此评论之后发挥了它的主要作用，它关押了最著名的囚犯纳尔逊·曼德拉。

曼德拉在罗本岛度过了 27 年的牢狱时光。除他之外，还有大量反种族主义者领导人被关押在这里，他们中有后来的非洲人国民大会（非国大）领导人沃尔特·西苏卢（Walter Sisulu，1912—2003）以及南非前总统姆贝基的父亲加尔文·姆贝基（Govan Mbeki，1910—2001）。这些政治犯在反抗种族隔离运动中发挥了极其重要的作用。这所监狱也成了世界上反抗种族隔离政权的象征。

虽然距维多利亚和阿尔弗雷德滨水区只有大约 7 英里（12 公里）远，但是罗本岛一直无法直达。早在 1525 年，葡萄牙人就把犯人流放到这个与世隔绝的小岛上，而且历史一直在不断重复上演。在 17 世纪至 20 世纪，罗本岛上有关押罪犯和政治犯的监狱、治疗不被社会容纳的麻风病患者和有犯罪行为的精神病人的"医院"以及一所军事基地。在弟

罗本岛展览和信息中心（Robben Island Exhibition & Information Centre）

✉ 在位于维多利亚和阿尔弗雷德滨水区钟塔附近的罗本岛展览和信息中心购票。旅游团从纳尔逊·曼德拉之门（Nelson Mandela Gateway）出发

☎ 预订电话：021/413–4200

💲 旅游团：$$–$$$

www.robben-island.org.za

防波堤监狱（Breakwater Prison）

✉ Portswood Rd.　☎ 021/406–1911

www.breakwaterlodge.co.za

两洋水族馆（Two Oceans Aquarium）

✉ Victoria & Alfred Waterfront

☎ 021/418–3823　💲 $$

www.aquarium.co.za

温馨提示：

去 威 洛 比（Willoughby & Co.）品 尝纳米比亚牡蛎和小龙虾（ 请访问 www.willoughbyandco.co.za），这里位于维多利亚和阿尔弗雷德滨水区购物商店和爵士音乐俱乐部之间。

——大卫·凯斯（DAVID CASE）

美国国家地理学会作者

二次世界大战中使用的 9.2 英寸（23.3厘米）的枪依然矗立在桌湾的入口处。罗本岛上保卫级别最高的监狱今天是游客的观光地，里面的展品向人们展示了政治压迫的本质和粗鲁野蛮的种族隔离政权。它极力提醒人们任何形式的偏执都会遭到人民的反对，减少了偏执就如同减少了暴力。

但时间是最好的疗伤药。正像纳尔逊·曼德拉于 2002 年在罗本岛监狱中所著的系列书中所写："今天，我看着罗本岛，我是将其视作庆祝斗争胜利以及人类精神最优秀品质的符号，而不是将其

（下接第 72 页）

特写：沉船宝藏

　　"风暴角"这个名称真是名副其实。这个海湾面朝南部的海洋，冬天的风暴狂风肆虐，夏天这里是良好的避风港，但是当西北大风吹来时，就成了致命的背风海岸。在桌湾有史料记载的就有 350 多起沉船事故。

一幅 17 世纪桌湾外荷兰大型帆船的绘画。

　　有着高高船尾的葡萄牙笨拙的小吨位帆船和大帆船从东方满载而归，很容易栽在开普风暴的手里。满载胡椒粉、丝绸、肉桂和丁香的笨重荷兰商船，情况也好不到哪里去。但就在 1865 年 5 月 17 日一个晚上，18 艘远洋航行的大船和 30 艘小船在午夜到黎明这段时间内就沉入大海的滚滚恶浪中。

　　海洋年代记录者劳伦斯·G. 格林（Lawrence G. Green）发表了自己的观点，他认为死于开普冬天风暴的人数超过了南半球任何一个海岸。开普敦最痴迷的寻宝人，已故的乔治·奥斯丁（George Austin，一名海上救助专业人员）说据有

记录可查的估计，超过 2200 万磅的财富静静地躺在桌湾海底的沙子上。

　　以下是其中的几起沉船事故。

　　1694 年，"小黎明鱼"号被派遣到圣海伦娜湾（St. Helena Bay）去接运荷兰东印度公司往返印度的贸易船古登·拜斯（Gouden Buys）号上的财宝箱，该船搁浅，全体船员和乘客除了两个人幸存外，其余的都死于坏血病。在回来的路上，"小黎明鱼"号也在罗本岛西海岸外同样地搁浅了，16 名船员丧生。17 个财宝箱中的 8 个连同"小黎明鱼"号一起沉入了海底，并且至今还在那里。

　　1698 年 5 月 26 日，最快的新型船

只克雷斯通（Het Huijs te Crayesteijn）号，由于在大雾中航行，在坎普斯湾以南3英里（4.5公里）处通过暗礁时失事。该船所携带的16个财宝箱在事故发生后不久就被转移到了岸上。有一个箱子在事故中被撞开了，然而在登上沉船时，里面的物品被移走了，还有两个沉到了海底。这些转移出来的箱子被牛车送到了开普敦总督府。潜水运动爱好者经常游泳去瞻仰沉船。一些船上的大炮卡在了岩石中间，在其附近是用来压舱的磨盘石。海底的沙滩有时会看到炮弹和木材碎片，但是财宝依旧隐而不露。

温馨提示：

南非海岸的大白鲨，别的地方是没有的。在杭斯拜（Gansbaai）和戴尔岛（Dyer Island）之间挤进一个狭窄的通道，被称为鲨鱼巷，这是非常令人称奇的景观。

——赛里德温·多维
美国国家地理学会作者

1702年4月3日，荷兰东印度公司的一艘满载银币的货船莫瑞斯通（Meresteijn）号从阿姆斯特丹港口驶出，前往开普敦。陆地近在眼前，轮船朝着海岸线驶去。但是船长操作方法失当，轮船在贾顿岛（Jutten Island）附近失事，一百多人丧生，无一生还。偶尔被海水冲上岸的银币还可以显露这场悲剧的一些蛛丝马迹。这些银币为达克通币（一种荷兰币），很容易和西班牙的八分币混淆。银币上有菲利普四世（Philip IV）的头像和一段文字："神佑西班牙国王和西印度群岛国王。"银币在布鲁塞尔铸造，布鲁塞尔当时是西班牙－荷兰的主要城市。

1722年6月，一场冬季大风暴把五艘荷兰商船冲击到桌湾海岸并将它们打成了碎片。大部分商船都是驶往印度进行贸易并携带了大量的钱币进行公司采购。这些钱币再也没有被发现。

精彩体验：鲨笼潜水

尽管大白鲨被诸如《大白鲨》这样的电影妖魔化成残酷的杀手，但讽刺的是，经过多年的无情和不必要的捕杀，它们面临着灭绝的命运。自从它们被列为受保护的物种以来，这些难以找到的庞大生物再次繁衍开来，特别是距开普敦两小时路程的杭斯拜以"大白鲨之都"而闻名于世。像可以舒适地坐在小船上很容易地发现大白鲨，还可以选择更刺激的笼中潜水。在这样的一次短途旅行中，你的船会航行到鲨鱼巷（Shark Alley），这是一个位于戴尔岛和间歇泉群岛之间的20英尺（6米）深的海峡，你穿上潜水装备，进入到一个浮动的钢铁笼子中，然后被降到较浅的水下，小船靠近钢铁笼子，随时准备救你出来。

尽管这项活动颇受争议，有人认为这样做可能导致鲨鱼会把人视作食物。但是如果笼中潜水负责任地操作的话，这种情况是不会发生的。该旅游活动操作人员不应当喂鲨鱼红肉，也不应当嘲弄、伤害或者打扰鲨鱼。实际上，这样的旅游活动并没有导致自然资源失衡，相反还可以从这种和平的体验中获得知识并探求导致这些有意思的动物灭绝的原因。预订此旅游活动并获得详细信息，请联系海洋动力（Marine Dynamics，电话028/384-1005，www.sharkwatchsa.com）；大白鲨计划（White Shark Projects，电话021/405-4537，www.whitesharkprojects.co.za）或者无限鲨鱼潜水（Shark Diving Unlimited，电话028/384-2787，www.sharkdivingunlimited.com）。包括从开普敦来的路费总共1300兰特。

参观历史遗址罗本岛监狱。

视作残酷暴政和种族隔离政权镇压的纪念碑。罗本岛过去曾经是暗无天日的地方，这是无可争辩的。但是它已经走出了黑暗，发出耀眼的光芒，这束光芒是如此强烈以至于掩盖了监狱的阴影。"

罗本岛更多景点： 罗本岛的政治意义明显地掩盖了其他景点的光芒，但是这些景点也不应当被忽视。罗本岛是一个荷兰语的名称，它的意思是"海之岛"。在历史早期时候，罗本岛上栖息着成千上万头海豹以及企鹅、海龟等海洋哺乳动物。罗本岛周围的海域那时是一片适宜动物繁殖的安全水域。并且在几百年前，大群的鲸鱼游到这里繁殖后代。

扬·范·里贝克在 1652 年写道："看到海湾里有很多鲸鱼，特别是这个月它们如此地接近船只，以至于人们能够轻松地从船上跳到它们身上。"

但是在 19 世纪晚期，捕鲸成了一个大的产业。游到这里的南方露脊鲸数量急剧减少，直到在 1940 年商业捕鲸被叫停时，成年母鲸的数量只有 10~30 只。同样的命运也降临到海豹和企鹅身上，它们被当作商品开发利用。

1999 年，罗本岛被宣布成为世界遗产，人们做了很多工作以重建本岛的生态并保护该岛的原始生态。1991 年，罗本岛被列为南非自然遗产项目，该岛的北部被宣布成为鸟类保护区。该岛有兔子、各种小羚羊包括跳羚以及 132 种鸟类。

尽管这里的自然资源形势严峻，但是罗本岛因为不屈不挠的人类精神和人类对自由渴望的本性而被视为一个纪念之地。到该岛的一日游包括渡轮之旅（如果开普海角变幻莫测的天气许可的话）。海岛一日游包括参观囚犯工作过的石灰石采石场和监狱。由一名以前的囚犯带队游览，游览日程包括驻军教堂（Garrison Church，1841）、灯塔（lighthouse，

温馨提示:

乘坐官方提供的公交车环游罗本岛,公交车在海边停车时一定要下车。在这里你可以拍摄超棒的桌山照片。

——理查德·惠特克
美国国家地理学会撰稿人

1863)、麻风教堂(Lepers' Church, 1895)、客栈(guesthouse, 1895)以及一个神圣的穆斯林圣殿(Muslim shrine)。

最感人的是 40 个单独牢房中的"牢房故事",每个牢房都有一个在此居住的犯人的故事。

行程大约需要3.5小时,需提前预订。渡轮在维多利亚和阿尔弗雷德钟塔附近的纳尔逊·曼德拉之门定期准时离开。

运动直升机体验(Sport Helicopters)

✉ V&A Waterfront, Cape Town
☎ 021/419-5907
💲 $$$$$
www.sporthelicopters.co.za

直升机之旅

直升机之旅为你体验开普半岛和桌山景观链提供了独特的方式。你只需沿大西洋海岸线花费 20 分钟的航程,便可享受前往酒乡的休闲之旅。喜欢冒险的人可以制定一个模拟作战任务作为享受,乘坐一架越站时期的二手休伊(Huey)直升机低飞掠过海面、海滩以及开普敦北部的丘陵地带。

精彩体验:钓鱼

南非由于拥有 1860 英里(3000公里)的海岸线,成为钓鱼爱好者钟爱的梦想之地。不管你是喜欢享受在齐膝深的潟湖水域里拿着渔网捕鱼,还是喜欢在大海的中间追逐垂钓,这个国家都为你提供了机会。由于海洋生物的多样性以及钓鱼水平的不同,体验钓鱼的最好方式就是根据特定的种类选择钓鱼的方式。南非以黄鳍金枪鱼而闻名,开普角是最佳的垂钓地点。在捕鱼季节,在这个区域捕到的金枪鱼平均重达 120 磅(55 千克),并且最近流行用飞钓竿钓鱼。

在西蒙镇(Simon's Town),可联系著名的双海钓鱼运动中心(电话:082/460-8280,www.twooceanssportfishing.com)经营者,知识渊博的大卫·克里斯丁(David Christie),他有海洋生物学的荣誉学位和18年的当地垂钓经验。查阅他的网站可以得到他在该区域的最新捕鱼记录。

垂钓青枪鱼是另外一个令人兴奋的项目,纳塔尔温暖的水域为青枪鱼提供了良好的生长环境,这里的大青枪鱼重达 150 磅(68 千克)。要预订此旅游,请联系位于查卡岩(Chaka's Rock)的运动和游猎中心(电话 086/ 010-4800,www.sportnsafaris.com)。

半岛（The Peninsula）

从桌山崎岖不平的荒凉原野到遍布山野的大康士坦夏农庄的葡萄园，半岛从砂岩裸露的风景区一直延伸到非洲最西南角好望角的开普角。大西洋的海浪猛烈地拍打着半岛的西海岸，而东海岸则沐浴在祥和温暖的福尔斯湾（False Bay）的水流中。小城镇和海滩热烈地召唤着人们。

桌山国家公园的迪亚斯十字架（Dias Cross）。

海滩

开普海滩从繁忙的时尚之所一直延伸到极度荒凉之地。海滩文化也和加利福尼亚南部海滩一样由来已久，根深蒂固。碧波荡漾的海波和灿烂的阳光照耀下折射出来的光芒能够让人很容易地误认为这里就是威尼斯海滩（Venice Beach）。但是这里也有数英里人迹罕至的白色沙滩。只有信天翁和燕鸥在这里长期栖息，偶尔有渔夫投鱼竿于绿波海水中。开普海滩通常被分为"冷水区"

和"温水区"。福尔斯湾的暖流从来不会到达冷水区，温差极大。不穿紧身潜水衣站在克利夫顿海滩（Clifton Beach）的冰水中5分钟，你就会觉得寒冷刺骨。然而福尔斯湾夏天的温度为68°F~72°F（20℃~22℃）。虽然温度不是那么高，但是适合于游泳和冲浪。

位于冷水区的克利夫顿海滩是开普敦众多海滩中最具有现代风格和时尚气息的。从市中心到达这里只需10分钟的车程。实际上这里不是一个海滩而是5个，在落潮时 5 个都能相通，在涨潮时则被岩石海角隔开。每两个海滩之间的区别既极其微小又各成体系，只有老练的初学者才能加以区分（从第一个到第四个海滩，以及小摩西海滩都受到女性比基尼爱好者的青睐）。但是第一海滩被那些年轻、漂亮、脚趾甲都晒黑的南非人视为他们专用的聚会场所。没有深棕色的特别棒的身体就不要踏足于克利夫顿海滩，要不然会对你的自尊心造成极大的伤害。

坎普斯湾海滩（Camps Bay Beach）距克利夫顿海滩有 5 分钟的路程。狭长、弯曲的白色沙滩沿岸遍布棕榈树，豪华的餐馆和快餐店分布在主干道的两侧。魁梧高大的模特和他们的女朋友开着时髦的敞篷跑车到处兜风。坎普斯湾海滩的时髦常客多是墨西哥的亿万富翁、纽约对冲基金操盘手以及来度假的摇滚明星。

钓鱼镇海滩（Fish Hoek Beach）也别有一番风味。这片极其优美的半月形沙滩位于福尔斯海滩温暖的水域，绵延将近 2 英里（3 公里）。这是个家庭式的海滩，游客沐浴在温暖的印度洋中既安全又令人身心振奋。漂亮而高贵的人士也光顾这片海滩，但是他们不是你在克利夫顿和坎普斯湾见到的那种锋芒毕露的国际知名人士。沿着铺着岩石的人行道行走，有很多安全区，最知名的当属斯克利池（Skellie Pool）。在这里很多新手练习潜水，勘察海底世界。你会找到电鳐鱼（electric rays）、多刺的海胆、明亮的海葵、来回转悠的石斑鱼以及飞舞的黑尾海蝶（blacktail dassies）。

传统的钓鱼技术"拉网捕鱼"是在钓鱼镇海滩偶尔可以看到的季节性的风景。当地的渔民自幼就精于捕鱼，有时乘坐两条大船出海。他们携带适合浅滩使用的既长又干燥的折叠型的渔网，并把渔网折成半月形，将之低放进波浪线外的深水区。两条船回到大约 200 码（183 米）的海域，然后开始使劲地拽这条渔网。在这个捕鱼团队里，还有小孩子、退休人员、肌肉强健的年轻冲浪者以及对此感兴趣的旁观者来帮工。捕获到的战利品被缓缓地拽到海滩上，当渔网到达浅滩时，捕获到的海洋生物随着海浪

冒险

如果你对极限运动有需求，这里的体育用品商店能够满足你。非洲降绳（Abseil Africa，电话 021/424-4760，www.abseilafrica.co.za）专门从事桌山速降。

开普极限运动（Cape Xtreme，电话 021/422-4198，www.cape-xtreme.com）组织鲨笼潜水、骑自行车、冲浪以及攀岩等运动。

速降冒险（Downhill Adventures，电话：021/422-0388，www.downhilladventures.com）提供骑自行车、滑沙、滑翔伞、绳降、鲨笼潜水以及四轮摩托车等运动。

桌山索道（Table Mountain Cableway）

Lower Cable Station, Tafelberg Rd.
☎ 021/424-0015
💲 $$-$$$$
www.tablemountain.net

桌山国家公园（Table Mountain National Park）

见第 57 页地图
☎ 021/701-8672 或 021/465-8515
www.tablemountainpark.com
www.tmnp.co.za

坎普斯湾海滩（Camps Bay Beach）。

而波动。有美味的鲷鱼、鲻鱼（当地称为 haarders），以及鹰魟、古怪的红色罗马鱼、幼鲨，有时甚至还可以捕获到黄貂鱼，人们对收获总报以热烈的掌声。

桌山（Table Mountain）

当你从海路乘船去开普敦，你在遥远的海平面上发现的第一个目标就是高大巍峨的桌山。这座山主要由花岗岩和砂岩构成，海拔 3562 英尺（1086 米），这也激发了民间的无数传说。由于天气多变，桌山山顶常年被浮云覆盖，因此有谚语称之为"桌布"。有时登山风力又很强劲。但是天气晴好时，你可以在此轻松地漫步或者进行路程稍长的远足，也可以从平顶山（Tafelberg）路启程，乘坐桌山缆车到达平坦的桌山山顶。缆车在上升的过程中，崎岖陡峭的悬崖峭壁和远处的蓝色海洋构成的蔚为壮观的风景，让你一饱眼福。

自 1929 年缆车开通以来，已有 1600 万游客选择通过此途径抵达桌山顶部，这其中就包括英国国王乔治六世、伊丽莎白二世女王、奥普拉·温弗莉、斯汀、施特菲·格拉芙、阿诺德·施瓦辛格、玛格丽特·撒切尔、安德鲁王子和蒂娜·特纳。站在这座无与伦比的山峰顶部，当你抬头眺望大海、俯首依偎在大山怀抱中的城市时，你可以看到地球的弧线。一个咖啡馆和几个纪念品商店为这里提供了几分活力。

桌山国家公园（Table Mountain National Park）包括既有标志性又风景秀丽的桌山风景区，它从北部的信号山一直延伸到非洲南部好望角的开普角。这个国家公园的生物多样性与其他公园不同，它已被列为世界自然遗产，这里最常见的植物是高山硬叶灌木，包括四个大的生物群：山龙眼（一种开花的阔叶灌木）、石南科灌木（一种类似石楠花的植物）、帚灯草（一种类似芦苇的植物）以及地下芽植物（一种湿地球类植物）。

公园里的活动包括身心愉悦的徒步行走、山地自行车、悬挂式滑翔以及帆伞运动，这些活动将会使游客们乐此不疲。

公园门票免费，只有好望角、巨砾（Boulders）以及银矿（Silvermine）收取一定的维护费用。有几项活动需要在桌山总部办公室申请许可证。

温馨提示：

攀爬桌山时要随身携带一张详细的地图，不要走小道。天气在几分钟内会瞬息万变，无法预测。如果赶上下雨天，不要去骷髅峡谷（Skeleton Gorge）。

——图勒·赛林
美国国家地理学会研究员

康斯坦博西国家植物园

（Kirstenbosch National Botanical Garden）

位于桌山东坡的康斯坦博西国家植物园作为世界上最优美的植物园之一，再没有比之更加令人兴奋的美景了。这个风景如画的花园始建于 1913 年，展示了南非多样性的植物群。

在山坡上的一块 1300 英亩（528 公顷）的自然景区生长高山硬叶灌木群，耐寒多小叶，是开普西南部山区和海岸平原地带独有的植物；还有以阔叶为主的常青树覆盖的森林。在 8~10 月的春天，这里最漂亮。纳马夸兰雏菊以及很多其他的植物竞相开放，争奇斗艳。花园里有 20000 多种植物，据估计南非本地的植物有 6700 多种。在山坡顶端的"苏铁剧场"（Cycad Amphitheatre）里生

康斯坦博西国家植物园（Kirstenbosch National Botanical Garden）

🅰 见第 57 页地图

✉ Rhodes Dr., Newlands

☎ 021/799-8783　💲 $

www.sanbi.org/kirstenbosch

康士坦夏农庄（Groot Constantia）

🅰 见第 57 页地图

✉ 紧邻 M41 公路，Constantia Rd.

☎ 021/794-5128

💲 品尝葡萄酒：$$

www.grootconstantia.co.za

长着一种被称作"活化石"的最与众不同的植物种类。而山龙眼花园（Protea Garden）里则有大量的山龙眼、绣球花以及稀有的、濒临灭绝的银杉。

康斯坦博西公园里有一家餐馆、书店、花店以及游客中心和信息咨询台。

精彩体验：远足、骑行及其他

在桌山国家公园有很多条徒步道路，吸引了大量的游客前来。如果你是一个狂热的徒步旅行者，霍瑞克曲径（Hoerikwaggo Trail）是你的选择。由公园组织的远足是一项豪华的三日行，这项活动由专人引导、专人搬运行李以及专人提供食宿，并且把开普敦的城市风光和桌山的自然环境联系了起来。

普拉特科利普峡谷（Platteklip Gorge）徒步之旅就是一项靠你自己的运动。这条小道会带你从较低处的空中索道站点直达桌山，沿着弯曲陡峭的平顶山路在 2~3 小时内直达山顶。

到达山顶后，这里有许多通往不同观测点的舒适的徒步小道。麦克林灯塔（Maclear's Beacon）就是一条这样的小道，从普拉特科利普峡谷的顶部出发，大约需要 35 分钟的路程通过"前桌"，你可

以俯瞰整个福尔斯海湾。

从康斯坦博西公园出发，你可以徒步攀登到骷髅峡谷。从斯姆茨小道（Smuts' Track，这条小道是前布尔将军 J．C·斯姆茨走过的）开始行走，可以抵达桌山的顶部。苗圃山间小路（Nursery Ravine trail）也在康斯坦博西开始。

来回路程需耗费 5 小时。

从托凯森林（Tokai Forest）、银矿、克峪谷山脊（Kloofnek）、莫布雷岭（Mowbray Ridge）以及好望角的开普角出发，都可以抵达公园内的山地自行车小道。在这里有世界一流的攀岩路线，比如"非洲脸"（Africa Face）。要获得详细信息，请联系南非登山俱乐部（Mountain Club of South Africa，电话 021/465-3412）。

悬挂式滑翔运动和滑翔伞运动在"狮子头"（Lion's Head）和银矿指定的固定区域进行。

温馨提示:

　　从康斯坦博西出发，徒步攀登骷髅峡谷并穿过苗圃山间小路。在前者你可能会发现迷人的红色兰花，在后者你会看到一种南非本地的花——帝王花。

——瑞斯·阿尔特韦格
美国国家地理学会研究员

康士坦夏农庄（Groot Constantia）

　　偎依在康士坦夏肥沃的山谷里，康士坦夏农庄别致的开普荷兰建筑见证了过去的一个时代。该农场在 1685 年被授予总督冯·德·史戴尔（van der Stel），它于 19 世纪以生产餐后甜酒而闻名于世，严格的生产标准以及阳光、土壤和大海的有机结合，生产出了受英国王室成员、拿破仑·波拿巴（Napoleon Bonaparte）、普鲁士大帝弗雷德里克（Frederick）以及法国国王路易斯·菲利普（Louis Philippe）喜爱的甘美甜葡萄酒。2003 年，葡萄酒厂恢复生产康士坦夏餐后甜酒，这种葡萄酒最后一次生产是在 200 年前，酒厂似乎是要重新恢复它昔日的荣光。

　　克罗特家族继承了西蒙·冯·德·史戴尔的部分财产，并在 18 世纪授权委托法国设计师路易斯·米切尔·蒂博特（Louis Michel Thibault）设计建造了附属建筑。其中就有两层楼的酒窖、点缀有洛可可式风格的伽倪墨得斯灰泥浮雕像、被一群可爱的孩子环绕着给上帝斟酒的神像。

　　开普荷兰式住宅的前门通常用涡卷形的横梁，雕刻成华丽的形状。但是康士坦夏农庄的门却通常使用新古典主义风格的刻板直线形。尖顶屋两侧的山形墙却是另外一种风格，极其豪华，是普通山墙高度的两倍，在壁龛里供奉着一位女神塑像，象征着丰饶富足。这样的设计通常被认为是创作多产的安东·安瑞斯（Anton Anreith）的作品。房子的主屋保存完好，内部的摆设真实地反映了开普乔治亚时代的风格。

　　1993 年，这栋住宅被格鲁特康士坦夏信托公司购买，现在这里由南非博物馆管理，展出了大量有关南非奴隶制的展品。游客可以参观葡萄酒博物馆，享受葡萄美酒；也可以在西蒙（Simon）餐厅或约克胡斯（Jonkerhuis）餐厅就餐。两家餐厅都提供早餐、午餐以及极其丰盛的晚餐，白天甚至还可以野炊。

公园内的音乐会

　　夏天的每个星期日下午，你可以在风景优美的康斯坦博西国家植物园欣赏户外音乐会。户外音乐会从爵士乐到古典音乐，从滚石音乐到民间音乐应有尽有，现场气氛轻松友好。在此旅游的人徜徉于此，尽情地享受美妙的音乐，观赏美丽的日落风景，品尝当地的美酒。可打电话咨询详细信息和预订（电话 021/761-2866，www.sanbi.org）。

　　如果你凑巧在冬天来这个国家旅游，约翰内斯堡的沃尔特·西苏鲁国家植物园（Walter Sisulu National Botanical Garden）会用每个周日下午的爵士乐和古典音乐会来招待你。打电话咨询详细信息（电话 086/100-1278，www.sanbi.org）。

在诺特虎克海滩（Noordhoek beach）骑马。

考克湾（Kalk Bay）

考克湾是钓鱼镇海滩附近一个风景秀丽的渔港。沿着考克湾的大街行走，你会发现许多古董商店、咖啡馆、餐馆、卖艺术品和小古董的狭小商店、书店以及美食店等。许多餐馆都很受顾客青睐，这其中就包括铜钟（Brass Bell，瀑布，电话 021/788-5455）和海港小屋（Harbour House 考克湾海港，电话 021/788-4133）。你可以边品尝蒜烤龙虾或者是新鲜的海鱼，边观看满载而归的渔船缓慢地驶入海港内。在奥林匹亚咖啡馆（Olympia Café and Deli，34 Main St.，电话 021/788- 6396）喝一杯咖啡，吃过新鲜的烘烤食品后，开始你一天的美妙旅程。

西蒙镇（Simon's Town）

沿开普敦往前走不远就是西蒙镇，这是一个风景迷人的维多利亚风格的小镇，这个小镇最初是英国海军使用的基地，当时建造时，英国海军还主宰着世界的海洋，通往印度的海路需要英国军舰的不断保护。海滩就位于城镇的不远处，是一个环境温和的海滨浴场。在这里可以遥望福尔斯湾和开普悬崖（Cape Hangklip）的美景。

巨砾海滩（Boulders Beach）位于西蒙镇至开普角的路边，它之所以出名不仅因为可以在巨大卵石的遮挡下安全地游泳，还因为这里有企鹅群。这些鸟类栖息生活在巨砾海滩的多处沙滩上。这里还为喜欢冒险的人们提供了潜水的机会。

开普角和好望角（Cape Point & Cape of Good Hope）

对于许多游客而言，抵达开普角和看维多利亚瀑布几乎同样令人激动。两者内部气势宏伟的场景得到了人们普遍的赞同，都有陡峭的悬崖、崎岖不平的山路以及难以驾驭的水域。弗朗西斯·德雷克（Francis Drake，1540—1595）爵士进行了环球航行，对海洋颇为熟悉，在 1580 年来到开普角并称之为"世界上最美丽的海角"。

有很多路线通往开普角，每条线路都有独特的美丽风景。如果想体验最令人着迷的自驾游，那么可以选择诺特虎克和豪特湾之间的路线，沿着查普曼峰（Chapman's Peak）蜿蜒崎岖、令人生畏的山道驾驶。这条5英里（8公里）长、海拔几百英尺高的刀切式的山坡风景秀丽，如诗如画。你会不时地停下车来欣赏岩石海岸线的美景，还有一些小石头会从悬崖上掉入大海。多处官方指定的观景点允许游客泊车并驻足遥望美景。

或者你可以开车前往钓鱼镇海滩并沿着历史古镇西蒙镇的海岸线一直前行，就到了开普半岛国家公园。

开普半岛独特的高山硬叶灌木首先映入你的眼帘，大狒狒受惊后会跳到你的车上。

继续开车前行，地球上最壮丽的景观呈现在你的面前，长而崎岖的开普角鼻形岩石崖一直延伸进南大西洋内。这里洋流湍急又多暴风雨。流传的故事认为这里就是印度洋和大西洋的交汇点，但这只是民间传说而已。真正的交汇点是一个不怎么起眼的地方，位于此地几英里远的厄加勒斯角（Cape Agulhas）。

你可以徒步攀登到灯塔或乘坐风景区的索道来到位于老开普角灯塔附近的观景点。两辆索道缆车从停车场出发，行经780英尺（238米）到达位于灯塔下面的观景点。

开普角顶峰建造了数量众多的灯塔，就是为了警告航行在布满暗礁的危险海域中的粗心水手。而此处的灯塔就是其中一个。1857年建造的灯塔被证明是完全无用的，因为它建造得太高以至于经常被云雾笼罩。最新的灯塔被认为是整个南非海岸效用比较强大的灯塔，它的使用范围为39英里（63公里），并且每隔30秒钟就发射出一组三色光束，强度相当于1000万支蜡烛的亮度。

在两洋餐厅（Two Oceans Restaurant，电话021/ 780-9200）停下来吃顿饭，驻足于开普角的悬崖边，饱览福尔斯湾令

精彩体验：考克湾渔民社区

考克湾富有感召力和机智的渔民驾驶的颜色亮丽的小舟以及他们丰富多彩的故事，是你来此海港必不可少的文化体验。渔民对他们自己的传统感到非常自豪，因为他们认为他们是唯一成功反对种族隔离政府统治并拒绝重新安置的渔民社区。他们在这片水域捕鱼已经几个世纪了，并且现在每天拂晓之前就乘木舟外出，与那些徘徊在深海的傲慢无礼的大型拖网渔船进行抗争。

一定要在午饭时刻来港口转转，这时你会看到渔民们乘船归来，船上满载新鲜的海货，你要准备好和他们讨价还价。

你几乎花不了多少钱就可以买到一整条杖鱼（snoek）、一条鲜嫩可口的银鱼（silver fish）。银鱼素来以其锋利的牙齿而名声不是很好。直到今天，这里的捕鱼方法一直沿用代代相传的手钓捕鱼法。如果你买鱼，渔民会用报纸把鱼包起来卖给你，还附带免费传授你烹饪技巧。不要再时时想着使用柠檬黄油，试试用传统的方法来烹饪鱼。可以做一道"杏仁酱和洋葱烤杖鱼"的美食或者试试渔民告诉你的任何一种烹饪方式。

如果海洋的魅力令人向往，你可以跟随当地的渔民乘坐木舟一起出海，实地体验钓鱼的经历。

人叹为观止的美景。在海边餐厅就餐，你可能会欣赏到布氏鲸鱼或者来自深海的其他动物。或者在商店里买一份供野餐吃的食品，沿着人行道缓慢地散步。

斯卡伯勒（Scarborough）

从开普角回来的路上，在好望角自然保护区的正北方就是斯卡伯勒。开普敦的这块区域被夹在陡峭的斯朗山（Slangkop）和红山（Red Hill）之间，但这里却是一片精细的优良沙滩。多是渔民、冲浪者、帆板运动员和皮艇爱好者此游玩，游泳的人数很少。在这里游玩一定要注意湍急的洋流。冲浪者喜欢在海滩左手边的岩石上休息。在夏季，特别是在 12 月份的假期，这里的海滩人满为患。坐在一家修建在海浪之上的餐馆里吃饭，可以边吃饭边欣赏迷人的美景。

开普角灯塔。

锡特斯达尔（Citrusdal）附近布满野花的旷野。

开普敦北部寒冷的大西洋沿线，时而一片荒凉，时而环境残酷无比。但是春季的野花、葡萄酒之旅以及海滩烧烤小龙虾却享有盛名。

西海岸

介绍与地图

如果把开普敦比作一杯爽口的香槟酒，既充满活力又彰显品位。那么西海岸就是一杯朴实无华、含蓄内敛的勃艮第白葡萄酒。这个地区自有它历经岁月沉淀下来的独特之美，在每年九、十月份的春季，野花盛开，争奇斗艳。

朗厄班潟湖（Langebaan Lagoon），水上运动爱好者乐园之典范。

西海岸是南非典型的海岸。人们公认这个地区并不漂亮。然而，当你在此地度过一段时间后，你在随后的日子里总会回想起这里蔚蓝的海洋和洁白无瑕的沙滩。《走出非洲》的作者伊萨克·迪内森（Isak Dinesen）曾经这样简洁地描述非洲的海岸线："神圣、干净、荒凉的海洋风景极其美丽……"

该地区位于开普敦北部，并且从南到北绵延超过 250 英里（400 公里）。游客在这里可能会感到民风淳朴、景色荒凉。但是这里有美丽的潟湖以及无数朴实无华的小渔村，还有大片的麦田以及黑地和草地葡萄园、路易波士茶树种植园和橘子林。这里还有斯瓦特兰和奥勒芬兹河山谷葡萄酒厂、极其壮观的风景和遥远的塞德堡（Cederberg）山脉。

富饶的自然资源

从仲冬时节到春天结束这段时间，这片土地的荒凉之美一夜之间就变为了闻名世界的野花盛开的生机勃勃之美，五颜六色，姹紫嫣红，生机无限。白色的雏菊预示着新季节的到来，紧接着的是橘黄色、粉色、黄色和紫色的花朵随着开普高山硬叶灌木群落的返青而竞相开放。在达令（Darling）、朗厄班（Langebaan）、帕特诺斯特（Paternoster）、萨尔达尼亚（Saldanha）、圣海伦娜湾（St. Helena Bay）沿岸地区以及从弗里登堡（Vredenburg）和韦尔德里夫（Velddrif）到霍普菲尔德（Hopefield）的路上都可以看到各种野花保护区。

沿着海岸线从斯瓦特瑞特（Swartriet）

到帖帖斯拜（Tietiesbaai），从帕特诺斯特到司徒姆普钮斯拜（Stompneusbaai）有几条最著名的远足小径。西海岸国家公园和罗切尔班（Rocherpan）自然保护区也有可以选择的远足小径。越野爱好者可以前往圣赫勒拿湾的羚羊峡谷（Elandskloof）农场、朗厄班以及帕特诺斯特。

塞德堡荒野保护区为人类与自然界的亲密接触提供了无与伦比的机会。在这个荒野保护区内，奇形怪状的岩石、远离城市喧嚣的宁静给你的心灵带来时间和空间上的休憩之所。但如果你是一个活泼爱动的探险者，你可以参加一些富有活力的运动，比如驾驶四轮驱动越野车越野、徒步远足或者攀岩。荒野保护区内有各种不同难度的远足小径，为探险者提供了一种探索该地区的简单方式。保护区内大多数地方允许攀岩。

达令和葡萄酒乡（Darling & Its Wine Country）

从开普敦向北行驶在 27 号公路上，沿途是开普褶皱山和波光闪闪的大西洋之间的壮观风景，这无疑是你周末出行的绝佳之旅。游客可以在这个令人心旷神怡的小镇欣赏风景，游览葡萄酒厂；也可以慵懒地躺在附近的伊泽夫通（Yzerfontein）海滩消磨时光；或者沿斯瓦特兰酒乡之路旅行。

达令火车站的埃维塔·佩蓉（Evita se Perron）音乐餐厅。

达令（Darling）
🅰 见第 85 页地图
游客信息中心
☎ 022/492-3361
www.darlingtourism.co.za

在开普敦以北 47 英里（75 公里）处，达令四周是波浪起伏的葡萄园和金色的麦田。像故事书里描写的小村庄一样，这个小镇一年之中大部分时节都那么平和静谧，街道两旁绿树成荫。开普荷兰式和维多利亚时期的农舍在树丛中若隐若现。而在九、十月份的春季，上千种野花盛开，漫山遍野。很多游客纷至沓来，流连忘返。绚丽的色彩美不胜收。

由于该小镇的植物千姿百态、品种繁多，于是在 1915 年成立了"野花协会"，并在 1917 年组织了首届野花展览会。从那以后，该地的野花展览会都会在每年九月的第三个周末举办。同时，一场与众不同的兰花展也会在这里举行。

附近的几个私人自然保护区、苗圃和农场也有很多鲜花供游客参观。例如，帖尼野花保护区（Tienie Versfeld Wildflower Reserve，315 号公路，达令西 7 英里即 12 公里处）在花朵盛开的季节就格外漂亮；罗德堡自然保护区（Rondeberg Nature Reserve，27 号公路，距离达令 15 英里即 25 公里处，电话：022/492-3099，www.rondeberg.co.za，$）主要是由导游带领参观低地沙原地域的高山硬叶灌木。

大约从 1853 年起，朗厄夫通（Langefontein）农场荷兰革新群体附近的农场聚集在一起形成了现在的社区。最终根据开普敦副总督查尔斯·亨利·达令（Charles Henry Darling，1809—1870）的名字命名为达令，该城镇直到 1955 年才成为一个自治区。该镇如今依然是一个农业中心，盛产奶类制品、种

温馨提示：
在九月份的第三个周末举办的达令野花节期间，几个自然保护区为人们提供了欣赏世界上最漂亮野花和稀有鳞茎植物的良机。

——安东·波夫
美国国家地理学会研究员

植小麦、牧羊等，最近又种植葡萄。

达令乳制品厂建于 1902 年，曾经是这个小镇最重要的商业之一。在达令博物馆（Darling Museum, Pastorie St.，电话 022/492-3361）可以看到玻璃陈列柜里展览的早期制作乳制品的影像。该博物馆位于 1899 年建成的老市政厅，它向人们展示了维多利亚时期的生活、农业以及有关达令早期的其他方面。

自 2004 年 以 来，葡萄酒之旅（wine route，电话 022/492-3361，www.darlingtourism.co.za）也成为达令的支柱产业。达令镇方圆几英里范围内的葡萄酒之旅包括克卢夫酒庄（Cloof）和与之毗连的达令酒窖，格鲁特邮局酒庄（Groote Post）及其乡村餐馆，奥蒙德酒庄（Ormonde）和奥德普庄园（Oudepost Estate）。这些庄园提供品尝葡萄酒，但是需预约。

埃维塔·佩蓉音乐餐厅位于老火车站，这里的主人是特立独行、独一无二的彼得·德克厄斯（Pieter-Dirk Uys），餐厅也是他的展厅。彼得·德克

厄斯异性装扮的另一面也就是南非布尔人社会活动家、政治活动家埃维塔·贝祖丹霍特（Evita Bezuidenhout）。

该餐馆的饭菜以当地农家菜（boerekos）为主。当地有众多艺术和手工艺品市场，该餐馆附近就有一家。

艺术场面

达令满大街都是艺术和手工艺品馆，这些艺术馆富有西开普省特有的欧非交融风格。例如在 !Khwa Ttu 和工艺品商店（达令小镇西紧邻 27 号公路，电话 022/492-2998）可以找到由桑人制作的各种手工艺品（例如鸵鸟蛋项链等）。欧马的珍宝（Ouma's Treasures, Pastorie St.，电话 022/492-3361）展览小古董和当地艺术品的玻璃展列柜。沿着当地的主街道或者帕斯托瑞（Pastorie）观光，你会发现其他的艺术品。

克卢夫酒庄（Cloof）
- 🅰 见第 85 页地图
- ✉ 从 Darling Cellars 出发，左转就会看到通往 Cloof 的标志
- ☎ 022/492-2839
- 🕐 周日不营业
- www.cloof.co.za

达令酒窖（Darling Cellars）
- 🅰 见第 85 页地图
- ✉ R315，Mamre Way Station
- ☎ 022/492-2276
- www.darlingcellars.co.za

格鲁特邮局酒庄（Groote Post）
- 🅰 酒庄见第 85 页地图
- ✉ 紧邻 307 号公路 Darling Hills Rd.
- ☎ 022/492-2825
- www.grootepost.com

奥蒙德酒庄（Ormonde）
- ✉ R27，Darling 西北
- ☎ 022/492-3540
- 🕐 周日不营业
- www.ormonde.co.za

奥德普庄园（Oudepost Estate）
- ✉ R307
- ☎ 022/492-2368
- 🕐 提前预约

埃维塔·佩蓉餐厅（Evita se Perron）
- ✉ Arcadia St.
- ☎ 022/492-2831
- 🕐 周一不营业。星期五、星期六下午和晚上以及星期天下午有演出

斯瓦特兰葡萄酒之路

斯瓦特兰又名"黑色乡村",取自于当地的一种灌木（renosterbos）,这种灌木在冬天会变黑。斯瓦特兰东起达令,西至里比克西（Riebeek-West）和里比克堡（Riebeek-Kasteel）;南起马姆斯伯里（Malmesbury）,北至皮凯特山（Piketberg）。

克卢夫葡萄酒庄园（Cloof wine estate）。

由于大部分黑灌木丛林都成了麦田,使得该地区成了南非的粮仓。自1986年以来,该地区又以口感较好的西拉（Shiraz）红葡萄酒而闻名。这种葡萄藤适宜于在干燥的土壤里生长。

这里出产的葡萄虽然比普通的葡萄个头小得多,但是口感却好很多。葡萄园遍布整个风景区的山坡,远处的佩德山（Perdeberg）和卡斯特山（Kasteelberg）与之遥相呼应。葡萄园里都建有一个白色山形的开普荷兰式建筑。

从达令（见第86~87页）开车出发,向东经过315号公路和45号公路抵达马姆斯伯里,以斯瓦特兰酒庄❶（电话022/482-1134, www.swwines.co.za）为起点,开始斯瓦特兰葡萄酒之路。斯

不容错过：

斯瓦特兰酒庄·里比克堡和里比克谷
早市·海特城堡·艾力斯佛罗伦酒庄
（Allesverloren）

瓦特兰酒庄自1948年以来一直从事葡萄种植业务。

沿45号公路继续行驶,转到46号公路,你就抵达了米尔胡弗葡萄酒窖❷（Meerhof Wine Cellar,电话022/487-2524, www.meerhof.co.za）。这家酒窖过去是一片麦田和牧羊的农场,但是自1961年以来,这里的业主就专门从事葡萄酒业务。

46号公路不远处就是克鲁文伯

格酒庄 ❸（Kloovenburg Vineyards，电话 022/448-1635，www.kloovenburg.com），业主们形容其为"悬挂在卡斯特山下的燕窝"。尽管自 18 世纪中期以来，这里一直都种植葡萄，但是其繁荣的葡萄酒酿酒业务则开始于 1998 年的西拉品种。该葡萄园还向人们提供橄榄及其他橄榄制品。

拐到 311 号公路，你会看到远处的里比克堡和里比克西村庄上方浮现的白色教堂的尖塔。里比克堡的城镇广场四周满是大量的艺术馆和各种各样的餐馆、咖啡馆。每个月的第一个星期六，在里比克西村庄都会有里比克谷早市，出售新鲜的土特产和像农场制作的黄油等其他特产。

然后你会到达海特城堡（Het Vlock Casteel ❹，电话 022/448-1488，www.hetvlockcasteel.co.za），在入口处的建筑看起来像是开普敦的老城堡。这里盛产葡萄酒、橄榄和其他水果。你可以买到葡萄酒、桃子、葡萄、橘子以及当季制作的果脯系列。自圣诞节之后直到来年 3 月份，这里都会组织"3 小时葡萄之旅"。全年都有"品尝橄榄油之旅"，你可以看到保存橄榄油的现场操作表演。此项服务需要提前预约。

从 311 号公路向北行驶，就抵达了艾力斯佛罗伦酒庄 ❺（电话 022/461-2320, www.allesverloren .co.za），又名"一切尽失"，这个名字和当地的早期历史有关联。1704 年，一户移民家庭乘坐四轮的运货马车从斯泰伦博斯远行归来，发现房屋被烧为灰烬，农田尽毁。然而这家人又重新修建了农场，时至今日，艾力斯佛罗伦酒庄已然在庆祝该地酿酒 200 年的历史。

沿 311 号公路继续前行，经过 N7 公路回到马姆斯伯里，再沿 315 号公路回到达令。

▲ 见第 85 页该区地图
▶ 达令（Darling）
↔ 90 英里（145 公里）
⏱ 行程 3~4 小时，时间长短取决于你的停留时间
▶ 达令（Darling）

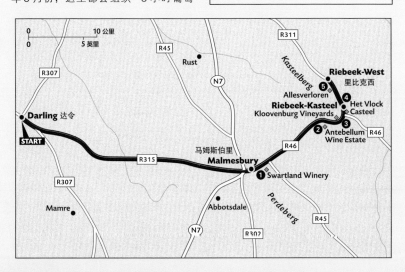

西海岸沿线

西海岸拥有长长的海岸线和简朴的渔村。成群的鸟儿在静静的潟湖上飞翔，海风吹拂的山坡为你提供了一个静谧的休憩之所。但是这里依然有很多值得去看和去做的事情。

萨尔达尼亚湾（Saldanha Bay）的港口。

西海岸国家公园（West Coast National Park）

🅰 见第 85 页地图

✉ 紧邻 R27，R315 北 7 英里 /11 公里处

☎ 022/772–2144 或 022/772–2145

💲 $

www.sanparks.org / parks/west_coast

西海岸国家公园（West Coast National Park）

西海岸国家公园位于开普敦以北 75 英里（120 公里），萨尔达尼亚湾以南。1985 年，它作为一个自然保护区和海洋保护区域而建立，其作用就是为了保护独特的生态环境。公园占地 88500 英亩（29700 公顷）。这里是全球重要的湿地保护区，因为这里是来自北极的涉水鸟的最后一站。这些涉水鸟在 9 月份抵达这里时已是精疲力竭，吃饱喝足后身体逐渐恢复，于来年 3 月份又叽叽喳喳地聚集在一起踏上归程。除了数以万计的候鸟外，每年春天这里姹紫嫣红的野花也深深地吸引着游客前来观光。

在公园附近还发现了史前生物活动的遗迹和足印，这些生物可以追溯到 12 万年以前。

在公园内部的克拉尔巴（Kraalbaai），你可以租一条游艇玩一天或更长。在基尔贝克（Geelbek）信息中心的一间茶室提供一些清淡的食品，并在离茶室几步远的地方为鸟迷们建立了一个观鸟的窗口。公园里的教堂休息所提供住宿，这

里以能观赏到众多火烈鸟在海湾里觅食而知名。

朗厄班潟湖：公园的中心是清澈、碧蓝的朗厄班潟湖，每天两次的海潮都会把这里注满，并且带来大西洋富有营养的海水。没有任何一条河流向内注入淡水，潟湖纯粹就是一个咸水湖。在湖口的小岛上，大量的企鹅、塘鹅、鸬鹚、海鸥、蛎鹬以及很多种其他的鸟类在这里繁殖生存，完全不受外界干扰。

鸟迷们来这里是为了黑脚企鹅、粉色火烈鸟、长脚猎鹰、沼泽鹞、黑翅鸢、开普鹬鸻、黑背鸥以及濒危物种非洲黑蛎鹬和白头鸟。

公园内的波斯特山（Postberg）区域从每年的8月到9月对外开放，这个时节野花盛开，一些羚羊和斑马也会出现。

潟湖与大西洋沿岸一眼望不到边的金色沙滩相毗连。但是湖水温度低。本吉拉（Benguela）洋流从大西洋带来了冰冷的海水，对于想畅游潟湖的人们来说，防寒潜水服是必备物品之一。但是这里的水上运动还是深受人们喜爱，朗厄班度假村为人们提供了多种水上运动选择，诸如滑翔伞、风帆冲浪、带导游的独木舟以及泛舟湖上之旅等。没有海浪时，平静的湖面特别适合于试图风帆冲浪的新手。

萨尔达尼亚湾：在潟湖的正北，名字源自于葡萄牙阿方索德·阿尔布克尔克（Alfonso d'Albuquerque）舰队舰长安东尼奥·德·萨尔达尼亚（Antonio de Saldanha），他于1503年到达南非。由于偏僻的地理位置及缺少淡水，这里发展缓慢。萨尔达尼亚湾是一个深水的自然海湾，也是世界上最好的自然港之一。

温馨提示：

每年春季，西海岸国家公园鲜花盛开、姹紫嫣红。特别是在波斯特山区域，每年的8月和9月，游客可以领略到壮观的野花之美。

——乔·明斯特

旅游记者

一个海军训练基地在这里训练刚招募的年轻士兵。渔船每天出外打捞贝类、牡蛎、大鳌虾（当地称为小龙虾）、鱿鱼、鳕鱼、鲻鱼以及杖鱼——南非特有的鲭鱼类银色有牙多刺鱼。

在萨尔达尼亚湾可以深海潜水探究各种沉船残骸，参加海上皮划艇活动以及捕鱼比赛，在这里可以很容易地捕到黄鳍短须石首鱼和金枪鱼。在海湾的几个小岛上，开普软毛海豹悠闲地逛来逛去。从8月到11月期间，游客可以看到来自南方的露脊鲸鱼，而布氏鲸则全年都可以看到。

雅各布湾（Jacobsbaai）

雅各布湾位于萨尔达尼亚湾和帕特诺斯特中间的位置，是一个偏僻、传统的西海岸乡村。这里地理位置偏僻，大部分路都没有铺好，然而却成为自由度假的理想之地。雅各布湾有七个小海湾：葵湾（Kwaibai）是一个良好的冲浪之所；雅各布湾、西摩湾（Smalbaai）以及默瑞（Moerie）是适宜于扬帆起航的地方；班布斯湾（Bamboesbaai）和齿岩（Toothrock）则是浮潜、深水潜水、

雅各布湾（Jacobsbaai）
🄰 见第85页地图

不列颠湾（Britannia Bay）
🄰 见第85页地图

精彩体验：钓鱼

西海岸以鱼类闻名退迹，问题是怎样把这些鱼弄出水并放到你的烧烤架上（见第96页）。除了鱼类，这个地区的小龙虾、贝类以及鲍鱼也相当有名。位于帕特诺斯特的一家当地公司（Anker，请联系 André Kleynhans，电话：083/480-4930）为你安排传统的钓鱼之旅，包括用鱼叉捕鱼、潜水打捞小龙虾或者乘船捕鱼等。

一些旅馆也提供钓鱼之旅，例如位于帕特诺斯特 Warrelklip 大街的 Blue Dolphin（电话 022/752-2001）就可以带你外出捕捞小龙虾。

还有一种古老的钓鱼方式：买一个鱼竿和一些鱼饵。

钓鱼以及捕捞小龙虾的绝佳之地。长长的海岸线则适宜于沙丘骑行和徒步旅行。

这个地方的历史则是一部从荒凉的土地上掠夺财富的血泪史。自19世纪初以来，该地区的农民就和史蒂芬兄弟公司（Stefan Brothers Company）进行贸易往来，大量负债累累的农民为了偿还该公司的债务而被迫签署了99年的土地租约。最后，公司拥有了大量的"私人"土地，并有效地阻止了其他商业的进入。1990年，开普敦事务办公室的一名雇员发现99年的租约已经到期，土地可以重新买回来了。这为该地区带来了新的发展，包括对于游客，住宿的旅馆也多了几种选择。

不列颠湾（Britannia Bay）

沿着海岸线向北远行，你会到达不列颠湾。这个小镇的名字来自于另外一艘沉船残骸"不列颠"号，该船于1826年10月22日在距离海岸3英里（5公里）的海域触礁沉没。幸运的是船员安全地游到了岸边。当地的一位农民买下了这艘失事的船只打捞出了其中一些货物，这些货物大部分是葡萄酒和铜皮。1998年在国家博物馆的监督下再次对沉船进行了打捞，还意外发现了瓷器和水晶玻璃器皿等物品。

该海域到处都是沉船残骸。据统计，仅在不列颠湾到达森岛（Dassen Island）之间就有240多艘沉船。经常有潜水者来此寻找宝物。

当地的潜水商店提供大量的潜水装置，从初级到高级，应有尽有。游客可以联系 André Kleynhans（电话：083/480-4930），他组织并带领人们前往多艘沉船处寻宝。

不列颠湾海滩吸引大量的游泳者前来，是因为冰冷的本吉拉洋流到不了这个海湾，这里的水温要稍微暖和一点。南方的露脊海鲸和座头鲸会在每年的6月到9月抵达这个海岸，黑海豚和当地的海威赛德（Heaviside）鲸会在小船周围跳跃。

帕特诺斯特（Paternoster）

沿着海岸几英里处就是具有田园风光的帕特诺斯特渔村。颜色鲜艳的木舟靠在沙滩上，粉刷成白色的小村庄修建在沙丘间的鹅卵石上。一些老房子烧木柴的火炉烟囱炫耀似地伸展到屋外面。在有百年历史的帕特诺斯特酒店（Paternoster Hotel, Main Rd., 电话022/752-2703，www.paternosterhotel.co.za）的小酒吧里，人们在黄昏时聚集在一起讨论着一天发生的事以及那些逝

位于帕特诺斯特的一家餐馆。

去的岁月。这里有 1500 名劳动力人口，渔业是其主要职业。在每年的 11 月到来年 4 月是捕捞杖鱼的黄金季节。另外，他们还潜水捕捞小龙虾和鲍鱼，在产卵地捕捞沙丁鱼和凤尾鱼。

几个由艺术家和陶瓷匠人组成的工作室制作的展品为当地的街道生活增添了几分生机，海滩餐馆和酒吧也召唤你前去享受愉悦时光。

距离帕特诺斯特 3 英里（5 公里）处是科伦拜恩角（Cape Columbine）的灯塔，它是南非西海岸最后一个有人看守的灯塔。位于沙滩上花岗岩之间的野营地为人们提供了真正的野外天然庇护之所。

这个海角的名字来源于 1829 年在此触礁而沉没的科伦拜恩舰。几个幸存的葡萄牙船员感谢上帝的祈福者帕特诺斯特（Paternoster），这个村庄据说自此得名。

帕特诺斯特（Paternoster）
🔺 见第 85 页地图

圣海伦娜湾（St. Helena Bay）

你可以站在圣海伦娜湾观看海上日出，这是西海岸独有的景象。在海湾的臂弯里镶嵌着许多渔村。整个南非出产的鱼类有一半多来自斯多普纽斯湾（Stompneus Bay），西角（West Point），桑迪角（Sandy Point）以及斯汀伯格湾（Steenberg's Cove）这几个渔村。

葡萄牙航海家瓦斯科·达·伽马（Vasco da Gama）于 1497 年 11 月 8 日在此抛锚，停留了 8 天。他在日记中写道："这个海湾非常干净，可以躲避除了来自西南方向之外的所有海风……我们给它命名为圣海伦娜"。

这个海湾平静的水面对于南方巨鲸具有吸引力，它们每年 8 月至 11 月在此产仔。座头鲸也会在 10 月和 11 月经过

圣海伦娜湾（St. Helena Bay）
🏕 见第 85 页地图

伯格河河口（Berg River Estuary）
✉ Main Rd., 通往 Piketberg（穿过 Flamingo 饭店），Velddrif
☎ 022/783-1821

罗切尔班自然保护区（Rocherpan Nature Reserve）
🏕 见第 85 页地图
✉ Velddrif 以北，途经 Dwarskersbos，朝向 Elands Bay 方向的碎石路
☎ 022/952-1727
🕐 每年 10 月至次年 3 月不营业

阿普里尔·斯奈德斯大叔（April Snyders）

　　要听当地的故事，来自斯汀伯格湾的 80 多岁的阿普里尔·斯奈德斯大叔是你要寻找的合适人选。他是这个海湾小村庄里最有传奇色彩且富有个性的人物之一。这位前造船匠拥有非凡的记忆力，他讲述的本地历史比任何的历史专著都要丰富。他能够指出任何一口早已被风沙掩盖的老井的位置，并且还能够说出孩童时期在他家附近发现鸵鸟蛋和古陶瓷碎片的事。你将不得不坐下来听他讲述捕鱼的故事。

这里，从西非迁徙至南极洲的捕食地。

伯格河河口（Berg River Estuary）

　　沿着海岸栖息的许多不同种类的水生鸟在韦尔德里夫的伯格河河口找到了另外的庇护所。在泥滩上为鸟迷们修建了一个观鸟百叶窗。在南非能够见到的所有鸟类中，这里聚集了超过四分之一的种类。在这大量的水生鸟类中，

鸟迷们可以看到斑尾塍鹬（bar-tailed godwit）、普通的杓鹬（whimbrel）、灰色千鸟（grey plover）、南非水鸭（South African shelduk）以及紫鹭（purple heron）。鸟迷们可以在当地的开普鸟类俱乐部网站 www.capebirdclub.org.za 查找特别提示。

罗切尔班自然保护区（Rocherpan Nature Reserve）

　　罗切尔班自然保护区位于韦尔德里夫（Velddrif）以北 14 英里（25 公里）处，著名的沙质草地和大西洋之间。这个自然保护区又是一个鸟迷们的天堂，有两个观鸟点和野炊地。一位游客这样描述保护区内的鸟类："一些鸟扎堆儿挤在搭建好的鸟类飞行道路上，其他一些则在地上觅食或者在芦苇丛中一飞而过。在河流中的几个小岛上挤满了埃及鹅、黄嘴鸭以及黑鸭子。然而芦苇鸬鹚和灰鹭在头顶上盘旋飞舞。一只鱼鹰像战斗机一样从栖息地一跃而起。"

　　这个保护区还是开普琵嘴鸭觅食和换毛的重要栖息地。鸟迷们在这里还会发现稀有的非洲黑蛎鹬和白鹅鹈，还有被自然保护国际组织在濒危物种红皮书上列为保护动物的大、小火烈鸟。

温馨提示：

　　在韦尔德里夫的布克姆斯（Bokkoms）巷，你会有恍如昨日的感觉。花一些时间在潟湖湖口漫步，和当地的渔民交谈吧。在这里最热闹的是工作日而非周末。不要忘记带照相机！

　　　　　　　　——萨曼莎·瑞德斯

美国国家地理学会摄影师

奥勒芬兹河山谷（Olifants River Valley）

从西海岸开始向内陆方向前进，穿过 N7 公路北面的树丛茂盛地带到达绿意盎然的奥勒芬兹河山谷，这里有许多葡萄园。在锡特勒斯达尔（Cistrusdal）附近，景色陡然转变为路易波士（rooibos）茶叶种植园和整齐的橘子树林。游客来到这里可以在塞德堡山上徒步远行，有多种路线可供选择。登山者应当绕道前往拥有奇形怪状岩石的沃尔夫堡拱门裂隙（Wolfberg Arch and Cracks），马耳他十字（Maltese Cross），平顶山（Tafelberg）以及斯尼乌山（Sneeuberg）。轻松一点的路线有马尔戈特（Maalgat）岩池和斯泰德索（Stadsaal，市政厅）岩洞，展示了附近的桑人岩画，画满了巫师和大象，也许你在河谷里漫步时曾经见到过。

黄昏时在德瓦河（Dwarsrivier）农场的塞德堡天文台（www.cederbergobs.org.za）用 16 英寸（40.6 厘米）口径的天文望远镜探究无污染的黑色夜空，是一种不错的休闲方式。但在皓月当空的

夜晚可不行，夜空太亮则观察不到任何东西。天文台在每周六对游客开放以观测南半球的夜景。从 N7 公路向北到达克兰威廉（Clanwilliam），在阿尔及利亚森林（Algeria Forest）车站（碎石路面）拐弯就可抵达天文台。路程大约有 30 英里（48 公里），在马尔戈特十字路口前行 0.6 英里（1 公里）就可抵达德瓦河农场。

附近的塞德堡酒窖（Cederberg Cellars，电话 027/482-2825，www.cederbergwine.com），是南非品质最好的葡萄园。这里的标语是"高品质葡萄酒"。游客可以在这里吃饭或饮酒，周围是风化的砂岩，构成一道奇异的风景线。

不要错过在温泉浴场（The Baths hot springs）泡温泉，可以缓解你徒步旅行的劳累或饮太多美酒而导致的醉意。

浴场（The Baths）

▲ 见第 85 页地图

✉ 沿 N7 转到 Cistrusdal，行驶 0.6 英里（1 公里）后再右转。按标示行进 10 英里（16 公里）

☎ 022/921-8026

www.thebaths.co.za

特写：海鲜天堂（Seafood Paradise）

　　整个西海岸就是一个海鲜爱好者的天堂。你期待能吃到什么美味呢？小龙虾到处都是，在兰伯特湾（Lambert's Bay）每年都有一个小龙虾节。还有肉质鲜美的鲍鱼、西海岸牡蛎、贝类、杖鱼以及让人大朵快颐的咸鱼干。要筹备或订购这些当地的美食，有几种方案可供选择。

烤兰伯特湾一天捕获的海味。

　　走进任何一家小酒馆询问酒保筹备海鲜食物的方式时，如果声音稍微有点大，几分钟内就会有无数当地人的声音回复你，这些人有渔民、律师、潜水员、家庭主妇、秘书、拖网渔船的船主，他们会争先恐后地向你讲述如何准备一顿海鲜大餐。随之而来的问题是没有任何两种答案是相同的。

　　当地人有很多种烹制小龙虾的特殊做法。厨艺精通的行家会把小龙虾用新鲜的棕色海带叶包起来放在沙滩上的烧烤架上，用木炭烧烤。当海带叶由棕变

温馨提示：

　　无论你何时光顾一家超棒的餐馆，在品尝菜肴之前不要忘记用相机记录下那些经典菜肴的特色吧！当你以后翻阅这些照片时，会忆起这些甜美的瞬间。

　　用闪光灯保留这些食物的光彩吧！

——蒂诺·索里亚诺
美国国家地理学会摄影师

绿时，小龙虾的贝壳就会红得像盛开的木棉花，肉质通过烧烤变得非常鲜嫩。还有的人只是用海水煮着吃。

　　鲍鱼（当地人称 perlemoen）也深

受食客们的喜爱，被认为是海鲜里最有海鲜味道的美食。这是一种表面光滑的单壳大贝壳鱼，在世界其他地方也比较知名，在法国菜系中被称为海耳。

还有一些美食资深人士的做法是把鲍鱼切碎，做成牛排样式，在上面打上鸡蛋，再放一些面包屑或黄油，用油快速地炸一下，最后放一片柠檬在上面。一种非常古老的开普荷兰莱式做法"柠檬鲍鱼"值得你一试。往锅里倒一杯盐水、一杯白葡萄酒、一块黄油、一点柠檬汁和少量的黑胡椒，把鲍鱼切成丝状倒入锅中。文火炖两个小时后，再放上一杯软面包屑和磨碎的肉豆蔻，一道新鲜的柠檬鲍鱼就出锅了。

只有在西海岸才能享受到牡蛎的美味。吃牡蛎要配以一点山莓醋，醋里最好再加点红洋葱或者味道温和的葱末。

西海岸的贝类和你在其他地方吃到

帕特诺斯特的渔民。

的没有什么区别，比如诺曼底的贝类。吃贝类要配以各种不同的调料酱，如大蒜黄油、奶油或青葱等。

还有一种当地美味是一种叫作咸鱼干。你可以在伯格河两岸的布克姆斯巷（Bokkums Alley）看到挂在户外太阳下晾晒的咸鱼干，但是这种味道需要你慢慢地接受。

精彩体验：海滩烧烤

任何拥有海岸线的国家都有自己的海滩烧烤方式。在南非，人们称呼烧烤为braais，他们组织一个烧烤野餐一点也不复杂，约上几个朋友，带点海洋食品，再去水里捉点海鲜即可。

有坚硬壳类的鱼在火上或炭上不容易裂开，因此要选择那些旗鱼或金枪鱼类。尽管开普小龙虾世界知名，但是对虾和小虾也是不错的选择。

你在商店里可以很容易地买到烧烤架，然而没有必要非得买一个。用石头砌个圆圈，里面放上随处都可买到的木炭。不能使用木头，因为木头不可靠，且燃烧的速度比炭快。

根据你手头的工具和天分，有几种烧烤的方法供你选择。烧烤的格栅应置

于木炭上方4~6英寸（10~15厘米）处，一串让人垂涎欲滴的肉串很容易烤熟，也可以用锡纸包起来放在炭火里烤。调料是多种多样的，最好的方式就是根据自己的口味添加。

如果感觉味道太浓，可多放些黄油或白葡萄酒。也可用橄榄油涂抹在烧烤物的表面。没有用锡纸密封的食品，涂上黄油再烧烤是很重要的。一份货真价实的烧烤调料可以用橄榄油、柠檬汁、蒜蓉和一点盐调制而成。

用蒜蓉、杏汁、酱油、柠檬汁、黑胡椒和辣椒填进虾尾可以制作出超棒的小龙虾美食。既然这个国家是葡萄酒国度，那就准备几瓶霞多丽（Chardonnay）葡萄酒或者一箱当地的啤酒。时刻记着不要乱扔垃圾。

甘果洞里的石灰岩层。

　　优美的野生动物、宏伟的葡萄架、花园大道的珍稀植物，西开普省是南非最受欢迎的旅游目的地。

西开普省

介绍与地图

西开普省沿花园大道从开普敦一直延伸到普利登堡湾（Plettenberg Bay），并攀升至地势稍高的酒乡（Winelands），这两个地区都赋予了南非无穷的魅力。

斯泰伦博斯（Stellenbosch）酒乡的葡萄园。

西开普省散发着一种古典的自然之美：层峦叠嶂的山脉，荒凉的海滩，波浪起伏的乡村，这使其成为南非毫无争议的美丽省份。

西开普省南依印度洋，西靠大西洋，其海岸线从西面的兰伯特湾一直延伸到东部的普利登堡湾。你会在这里发现备受人喜爱的开普酒乡（Cape Winelands），经过修剪的大片葡萄园中间点缀着开普荷兰式建筑的人形墙，看起来就像是一位浪漫的艺术家设计的明信片上的风景图画。风景优美的花园大道，富饶肥沃、美不胜收、绵延130英里（370公里）的海岸线从莫塞尔湾一直延伸到风暴河（Storms River），这里有绵延的山脉，荒凉的海滩，静静流淌的小河以及丰富的森林资源。你可以在这里探寻所有当下比较火的旅游乐趣，像观鲸和海豚、徒步旅行、游泳、海上冲浪等。然而大多数人还是选择开车畅游花园大道，也可以选择乘坐当今现存的蒸汽火车（Outeniqua Choo-Tjoe），在乔治（George）到克尼斯纳（Knysna）之间观光旅游。

前往西开普省北部

克莱因卡鲁（Klein Karoo）位于西开普省的北部，这里是一片半沙漠的开阔地带，还有绵延起伏的山脉。奥茨胡恩巨大的鸵鸟养殖场就位于此地，这个养殖场是20世纪早期大型羽类动物饲养狂潮时修建的。你还可以在斯瓦特山山脚下观赏到甘果洞的石灰岩，洞里既有

壮观的大厅也有狭窄的小石室。几乎无人了解的一个事实是：克林卡鲁是这个国家最东部盛产葡萄酒的地区。

你还可以探险塞德堡山。辽阔而又人迹罕至的塞德堡山多奇形怪状、美丽壮观的岩石。在晴朗的天气，站在斯奴山（Sneeuwberg）山顶可以眺望到大海。

西开普省每个季节都有自己的独特之美：野花盛开的春季，果实累累的夏日，美丽金黄颜色落叶的秋天，山顶积雪覆盖的冬季。在博兰（Boland）高地（Uplands）的，到处都是金黄色的麦浪，果园里散发着成熟果实的馨香。

需要注意的是南非的暑假开始于12月份，这个时间段游人众多。

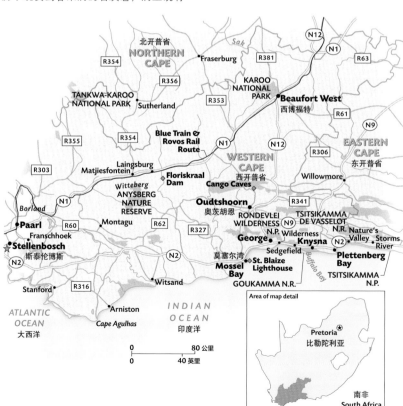

开普酒乡（Cape Winelands）

途经 N1 高速公路，向开普敦东北方向开车不到一小时，你会发现这个地区生产的葡萄美酒和它秀丽的风景一样令人心醉。

三个历史小镇——斯泰伦博斯、法兰谷和帕尔（Paarl）及其周边的山谷呈扇形环绕着开普酒乡。这里土地肥沃、山美如画，成了品酒行家的乐园。这里土地的肥沃程度惊人。据说这里的农民在同等亩数的土地上只需使用欧洲农民使用肥料的十分之一就可以达到同等的效果。

这个地区是富有历史气息的城镇和现代科技酒庄的综合体，生产各种各样的新旧两个世界风格的葡萄酒（包括招人喜爱的霞多丽和皮诺塔吉，混合了豪特卡布里尔酒，这是一种美味的粉色夏日酒，品酒行家会品出这是来自法国安

胡格诺纪念碑的雕像一手持断了的锁链，一手持《圣经》，象征着宗教自由。

茹州的玫瑰红葡萄酒）以及雪利和白兰地两个品种。这里甚至还生产一种果味酒，这种非同寻常的酒能够让游客一饱口福。最初果味酒是为了庆祝合约得到批准时饮用的（因此而得名，来源于拉丁语 ratafiatj，意思是已经完成了），但是现在配以鹅肝酱、奶酪或甜点饮用，味道更是绝佳。

除了上述的葡萄酒厂和备受赞誉的餐馆，这里还有葡萄园徒步线路以及品质上乘的高尔夫球场。当地的游客服务中心还能为你安排直升机、热气球旅行、特技飞行、双人滑翔伞活动。也可以选择活力十足的徒步旅行，穿越该地区某个特有的高山硬叶灌木林自然保护区：对于初次徒步旅行者来说，最好选择法兰谷的罗谢尔山（Mont Rochelle）自然保护区和帕尔鸟类保护区。无论你是享受骑着山地车汗流浃背地在山坡上骑行的快感，还是在宁静的小河边漫步，或者在马背上欣赏落日之美，这里都不会令你失望。

想对该地来一次悠闲的自驾之旅，请参见第 106~107 页相关内容。

温馨提示：

帕尔附近的美景酒庄（Fairview Winery，www.fairview.co.za）因口味独特的奶酪和口感绝佳的葡萄美酒值得你前往参观。

——瑞斯·阿尔特韦格
美国国家地理学会研究员

斯泰伦博斯（Stellenbosch）

斯泰伦博斯建于 1679 年，位于酒乡中央地带，是南非第二古老之城。虽然多普（Dorp）大街上漂亮的开普荷兰式建筑群看上去就像一个博物馆区，然而斯泰伦博斯（人口 10 万）却散发着生机和活力。

在古老的乡镇，乡村博物馆（Village Museum，Ryneveld St.18 号，电话 021/887-2948）包含四座已修缮的建筑，每座建筑都突出了过去 300 年来不同历史时期的风格。斯泰伦博斯也有引以为荣的公立音乐学校，它始建于 1905 年，是南非最古老的音乐学校。

一定要在以下地方停留，诸如古老的萨米·温克尔伯艾（Oom Samie se Winkel 综合商店，Dorp St，84 号，电话 021/887- 0797）；以出产 12 年历史的单罐白兰地酒闻名的范·赖恩酿酒厂和白兰地酒窖（Van Ryn Distillery and Brandy Cellar，Van Ryn Rd.，紧邻 310 号公路的市郊）；提供品酒服务和酒乡游览的伯格凯尔德（Bergkelder，Pappagaaiberg，Adam Tas Rd.，电话 021/809-8025，星期日不营业）。

在夏季，古代圆形剧场（Oude Libertas Centre，Adam Tas Rd 和 Oude Libertas Rd 之间，电话 021/809-7473）会为精彩的户外表演搭建舞台。演出之前草坪上会先来一场野炊。

博斯臣达尔酒庄（Boschendal Wine Estate）

博斯臣达尔酒庄背依德拉肯斯坦山脉（Drakenstein mountains），位于法

斯泰伦博斯（Stellenbosch）
🅰 见第 101 页地图
游客信息中心
✉ 36 Market St. 021/883-3584
www.stellenboschtourism.co.za

博斯臣达尔酒庄（Boschendal Wine Estate）
✉ 途经到达帕尔 Paarl 和 R310 的主干道，Franschhoek 以西 10 英里（16 公里）处
☎ 021/870-4210
💲 $
www.boschendal.com

精彩体验：葡萄酒品酒课程

尽管对于学习葡萄酒课程来说，南非似乎并不是最佳之选，但是该地三个世纪的酿酒工艺也使南非享誉世界。如果你有兴趣品尝本地的葡萄酒，开普葡萄酒研究院（Cape Wine Academy，电话 021/889-8844，$$$$$，www.capewineacademy.co.za）有多种短期培训班，包括一个重点讲述南非葡萄酒的课程。如果你喜欢挑战，为什么不试一门小型酿酒的课程呢？在斯泰伦博斯大学一名教授的指导下，你会品尝到一系列家庭自制的葡萄美酒，对各种葡萄栽培品种有个大致了解，学会在自己家如何制作一瓶美味的葡萄酒。登录 www.garagiste.co.nz 获得详细信息或者联系 Wessel du Toit 教授（电话 021/808-4545，e-mail: wdutoit@sun.ac.za，$$$$$）。

兰谷和斯泰伦博斯之间，出产南非最著名的葡萄酒。庄园的住宅是山形开普荷兰式建筑，始建于 1812 年，现在是一座博物馆。游客可以预订博斯臣达尔品酒之旅，领略该地的文化遗产。在葡萄园展览厅，可以漫步欣赏葡萄栽培练习技艺。

法兰谷（Franschhoek）

▲ 见第 101 页地图

游客信息中心

✉ Franschhoek Vallée Tourisme, 28 Huguenot Rd.

☎ 021/876-2861

www.franschhoek.org.za

小费尔梅餐厅（La Petite Ferme）

✉ Franschhoek Pass

☎ 021/876-3016

www.lapetiteferme.co.za

法兰谷（Franschhoek）

法兰谷作为南非的美食之都，以精美的菜肴和葡萄美酒闻名遐迩，吸引了全世界各地的美食者来此畅游。

这个小镇像楔子一样嵌入在一个富饶的山谷里面，最初是法国的胡格诺派难民于 1688 年修建的。由于成群的大象经常在此出没，这里一度被称为"大象角"或"奥勒芬兹胡克"（Olifants Hoek）。1850 年，一头母象和它的幼崽出现在山谷里，自此以后再也没有大象来过。现在这里被称为法兰谷山口（Franschhoek Pass）。

由于该地原始移民极其强烈的法国民族自豪感，这个地区的名字必然地就改为了法兰谷，也称法国角。有些人用在法国居住过的区域名字来命名新农场。如今很多农场都已成为享誉盛名的葡萄酒厂，并且大部分酒厂提供有导游服务的酒客之旅以及悠闲的品酒之旅。其中拉莫特（La Motte）、拉柯特（La Cotte）、普罗旺斯（Provence）、夏蒙尼（Chamonix）、迪厄多恩（Dieu Donné）以及拉达芬（La Dauphine）就是在此建立了首批葡萄园，大多数至今

温馨提示：

建议在小费尔梅（La Petite Ferme）餐馆预订午餐，这是一家位于法兰谷南面的小酒馆和酿酒厂，可以看到法兰谷山谷全貌。

——爱尔兰·蒙罗尼
美国国家地理学会撰稿人

依然保留了原来的农场房屋。

这个山谷的葡萄园和该地区颇有名气的烹饪美食已经吸引了很多南非手艺比较棒的厨师来到此地。南非最顶尖的 100 家餐馆中就有 8 家位于此地，这一点也不令人感到奇怪。尤其知名的是一家法国酒店卡尔捷·弗朗西斯（Le Quartier Français Hotel，Berg St. 和 Wilhelmina St. 拐角，电话 021/876-2151，www.lequartier.co.za；见第 296 页）品尝室（Tasting Room）的主厨马尔戈特（Margot Janse）做的一道获奖的创新菜系。

这里乡村的建筑样式大部分为开普荷兰式，看起来舒适且保存完好。在你选择去哪家餐馆吃饭以及吃什么之前，不妨先选择进入主大街上的许多商铺和艺术馆，里面精美的古玩、艺术品以及一些小摆设供你挑选购买。法兰谷旅游办公室提供导游服务，可乘坐四轮马车游览城镇以及郊外的某些酒庄。

对于自然爱好者来说，罗谢尔山自然保护区（Mont Rochelle Nature Reserve，电话：021/876-2861）提供的游览法兰谷山脉阴面丘陵地带的项目值得一试。

胡格诺纪念碑（Huguenot Monument）

站在法兰谷山顶可以看到纪念胡格诺派教徒对南非文化的影响的胡格诺纪念

碑。该纪念碑落成于 1948 年 4 月 7 日，是为了庆祝法国人对于南非 250 多年的文化贡献。胡格诺派教徒于 1685 年初次抵达南非，当时法国西部港口南特废止了一项法令，这激起了一波反抗新教徒的热潮。早在 1671 年就有难民来南非定居，不过大规模的难民来此是在 1688 年到 1689 年。

荷兰东印度公司在 1701 年执行了一项政策，规定学校里使用的语言必须是荷兰语，这也使说法语的胡格诺派教徒从 18 世纪中叶就失去了他们的母语。胡格诺纪念馆（距离 Lambrecht St. 上的纪念碑有两个街区，电话 021 /876-2532，www.museum.co.za）记载了首批移民的历史以及每个胡格诺农场的起源及其兴衰荣辱。

帕尔（Paarl）

帕尔不像斯泰伦博斯那么悠闲惬意，也不像法兰谷那么古老，它是一个现代化的功能性城市。

在城市的边缘矗立着南非荷兰语博物馆暨纪念馆（Afrikaans Language Museum and Monument，11 Pastorie Ave.，电话 021/872-3441，星期六和星期日闭馆），它是为了庆祝南非荷兰语成为官方语言而修建的，里面展示了与此相关的历史。

对于自然爱好者来说，帕尔山自然保护区（Paarl Mountain Nature Reserve）提供全景观光，而帕尔鸟类保护区（Paarl Bird Sanctuary，Drommendaris St.，电话 021/868-2074）展列了 140 多种不同的在湖面的 5 个小岛上飞来飞去的鸟类标本。

帕尔（Paarl）
🅰 见第 101 页地图
游客信息中心
✉ 216 Main St. 073/708-2835
www.paarlonline.com

帕尔山自然保护区（Paarl Mountain Nature）
✉ Jan Phillips Mountain Dr., Paarl
☎ 021 /872-3658

胡格诺纪念碑（Huguenot Monument）
✉ Lambrecht St., Franschhoek
☎ 021/876-2532
www.museum.co.za

精彩体验：珠饰

在祖鲁部落里，对于一个十几岁的女孩来说，手上戴一个蓝珠子的手镯，是在向远方的恋人表明，我会等你回来。黄色手镯代表嫉妒和愤怒，红色手镯则代表"我爱你"。

近几个世纪以来，祖鲁人民和其他南非部落一样，把一块块的骨头、牛角、木头或石头串起来作装饰娱乐。伴随着欧洲人的到来，他们的爱好转向了五彩缤纷的瓷珠子，再后来是塑料珠子。尽管现在工艺已经实现了现代化，但是串珠工艺仍然还是祖鲁人传统生活的一部分。欣赏小镇居民的串珠工艺不仅是美的享受，而且还可以领略到既神奇又多彩多姿的传统生活。因为每种颜色都有其独特的含义，通常都用来制作"爱情信物"，编织成错综复杂的小物件以此传达暧昧的信息。每件珠宝都代表着其主人的一个故事。在每个社区里的人都能根据一个女人佩戴的珠饰说出其年龄、婚姻状况以及孩子的性别等。

斯泰伦博斯附近卡亚曼迪（Kayamandi）的安德勒拉体验中心（Andulela Experience，电话 021/790-2592，$$$$$，www.andulela.com）提供小镇之旅，由导游带领游览小镇并最后参观社区中心的串珠加工店。

酒乡自驾游（The Winelands Drive）

酒乡距离开普敦不到 1 小时的路程，途经绿色的山谷和美不胜收的山脉，山坡上不时还有一片片的葡萄园。

法兰谷的卡尔捷·弗朗西斯餐厅。

不容错过：

斯泰伦博斯·兰则里克庄园和葡萄酒厂·拉莫特酒庄（La Motte Wine Estate）·斯托尼布鲁克酒庄（Stony Brook Vineyard）

这个地区有一些由早期欧洲殖民者种植的古老的南非葡萄园。酒庄带一个大的庄园和漂亮的花园，让人不得不惊叹它的美丽。斯泰伦博斯是斯泰伦博斯山酒庄路线（Stellenbosch Hills Wine Route, www.wineroute.co.za）的起点，方圆不到 7 英里（12 公里）的范围内有大量的酒庄。

从开普敦出发，沿 N2 公路向东行驶至 310 号公路再继续前行到达斯泰伦博斯❶（见第 103 页），这里是酒乡的中心。街道两边是一排排的橡树，粉刷成白色的开普荷兰式建筑，海尔舒特河（Eerste River）沿岸可爱的布局使这个城市犹如一本故事书，斯泰伦博斯大学的学生则为之增添了蓬勃的朝气。

这里历史悠久的庄园以出产品质优良的葡萄美酒而闻名。位于火车站以东几个街区的兰则里克庄园和葡萄酒厂（Lanzerac Manor & Winery，紧邻 Jenkershook，电话 021/887–1132，周一至周五上午 11 点和下午 3 点提供旅游服务，www.lanzerac.co.za）坐落于斯泰伦博斯市中心。它以生产世界上第一桶皮诺塔吉葡萄酒而享誉于世。尽管这片土地自 17 世纪以来就有人居住，但是直到 20 世纪 20 年代，这个庄园才生产瓶装葡萄酒。这里还提供豪华的住宿，在房间内可以俯视葡萄园。

在该市其他历史悠久的葡萄酒庄园逗留，诸如尤特威克（Uiterwyk，Kloof Rd.，电话 021/881–3711，www.uiterwyk.co.za）有限量生产的葡萄酒；埃肯达尔（Eikendal，在 44 号公路斯泰伦博斯以南 6 英里 /9.5 公里处，电话 021/885–1422，星期一至星期日提供游览服务，www.eikendal.com）则是一个桶形穹隆的酒窖。

从斯泰伦博斯出发沿 310 号公路向东北方向行驶，途经风景秀丽的海尔舒特山口（Helshoogte Pass），到达 45 号公路，经过博斯臣达尔酒庄（见第 103 页）就抵达了风景迷人的法兰谷❷（见第 104 页）。在你进入城镇之前，一定要在拉莫特酒庄（电话 021/876–8000，星期天不营业，www.la–motte.

com）停留。该酒庄的历史可以追溯到17 世纪晚期，自那时起，这个酒庄就逐步发展种植葡萄以外的业务，近来它还生产精油。并且通过拓展业务增强了员工的凝聚力，为当地社区的发展发挥了重要的作用。在拉莫特豪华的品酒间内，为公众提供尝葡萄酒和果味酒的服务。

家庭式经营的斯托尼布鲁克酒庄（Stony Brook Vineyard，电话 021/876–2182，www.stonybrook.co.za）位于胡格诺纪念碑 2.5 英里（4 公里）外的大道旁，每周一至周六上午开放，其他时间需提前预约。

从法兰谷原路返回到 45 号公路，沿路继续向北到达帕尔❸（见第 105 页）。在众多的葡萄酒厂中，位于该市的 KWV 葡萄酒王国（Kohler St，电话 021/807–3007，$，www.kwvwineemporium.co.za）是酒乡最大的葡萄园之一。在帕尔的酿酒历史上，KWV 发挥了至关重要的作用。1918 年，该公司和当地种植葡萄的农民们合作，联合与突然爆发的虫灾对抗。KWV 公司是一个国际性的贸易公司，生产近百种葡萄酒和 6 种白兰地酒。这里每天都提供酒乡之旅。

美景葡萄酒庄（Fairview Wine Estate，电话021/863– 2450，www.fairview.co.za）位于城外Suid–Agter–Paarl公路旁，是一家世袭的家族性葡萄酒企业。该酒庄坐落于帕尔山脚下，占地741英亩（300公顷）。它以生产30多种葡萄酒和几十种奶酪而知名。

这仅仅是西开普省传说中的众多酿酒厂中的一个范本。毫无疑问，你绝对会在这个美丽的乡村逗留，并详细了解本地的风土人情。

⚑ 见第 101 页该区地图
▶ 斯泰伦博斯
↔ 100 英里（160 公里）
⏱ 半天或更长时间，取决于逗留时间的长短
▶ 帕尔郊外，KWV Wine Emporium

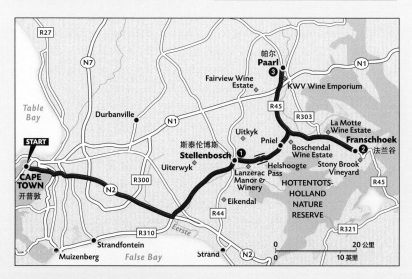

奥茨胡恩及其周边（Oudtshoorn & Around）

克莱因卡鲁（The Klein Karoo）又名小卡鲁，是一个肥沃的山谷，位于西开普省东部边缘地带。它向北一直延伸到半沙漠的大卡鲁（Great Karoo）地带。这个 18 世纪的小镇提供通往富含矿物质温泉的短途旅行以及背包徒步旅行。

奥茨胡恩及其周边地区是世界上最大的鸵鸟聚集地。

奥茨胡恩（Oudtshoorn）
🏔 见第 101 页地图
游客信息中心
✉ Baron van Reede St.
☎ 044/279–2532
www.oudtshoorn.com

奥茨胡恩（Oudtshoorn）

奥茨胡恩位于距离海岸线大约 40 英里（65 公里）的内陆地区，它以三宝闻名于世：鸵鸟养殖场（见第 109 页）、克莱因卡鲁国家艺术节以及甘果洞。

在 19 世纪和 20 世纪之交，鸵鸟羽毛成为流行的时尚，富有的鸵鸟羽毛经销商在镇上修建了一些豪宅大厦，为这个小镇留下了一丝高雅之美。

克莱因卡鲁国家艺术节（Klein Karoo National Arts Festival，电话 044/203–8600）在每年的 3 月份举办。说南非荷兰语的艺术爱好者们聚集在一起跳卡巴莱歌舞，观看电影和戏剧，弹奏古典音乐和现代音乐，排练喜剧，举办户外音乐会，讨论文学，艺术和诗歌等，大约持续一周的时间。这个艺术节现在国际上享有盛名。

甘果洞之旅

参观甘果洞，既可以平心静气地参观也可以冒险参观，随你自己选择。

你至少要早到 10 分钟，因为在真正的游览开始前 5 分钟，就要被带进洞里面。有下面两种游览方式。

标准游览方式（$$）：在前两个大厅缓慢行走，直到"南非鼓室"（African Drum Chamber）。此行包括几个阶梯路段。

冒险游览方式（$$）：这是一种挑战性的游览方式，要走几个令人兴奋的通道和窄窄的直立甬道。行程仅有 0.7 英里（1.2 公里），但是需爬 416 级台阶，需耗时大约 1.5 小时。

岩洞背面的隧道部分极具冒险性。如果你身体状况可以，那么值得一试。对于小孩子或身体超重者来说，不建议进入。

在城郊的甘果野生动物牧场，你可以面对面地和陆地上速度最快的动物猎豹亲密接触。这个超级棒的饲养基地是南半球最古老的两个保护濒临绝种的野生动物保护基地之一。当你和猎豹幼崽拥抱时，有机会留下你的影像。

精彩体验：奥茨胡恩鸵鸟养殖场
（Oudtshoorn's Ostrich Farms）

这个农场是南非首个商业鸵鸟养殖场，始建于 1860 年。到了 19 世纪与 20 世纪之交，严重的干旱影响了奥茨胡恩地区。农民们注意到他们饲养的鸵鸟在干旱的环境下能够繁殖，于是几个农场完全转向了鸵鸟养殖。今天在奥茨胡恩周边有 400 多家鸵鸟养殖场，其中三家被命名为示范性养殖场，并对公众开放。想在周密的保护下骑上鸵鸟背呢？骑上 7.8 英尺（2.4 米）高、重 220 磅（100 千克）的大鸟可是一件具有挑战性的事情。并且要警告你的是，尽管鸵鸟柔软的喙没有攻击性，但是被它啄一下还是会致命的。

在没有品尝时下流行的鸵鸟肉（极具营养价值）或者鸵鸟蛋煎蛋卷之前，不要离开。鸵鸟蛋每个重 3.3 磅（1.5 千克），你要与别人合伙才能吃完。这三家示范性的农场有：甘果鸵鸟养殖场（Cango Ostrich Farm, Cango Valley，距离 Oudtshoorn 9 英里 /14 公里，电话 044/ 272-4623, $$, www.cangoostrich.co.za）；钱得列狩猎区和鸵鸟示范农场（Chandelier Game Lodge & Ostrich Show Farm，在 N12 公路，距离 Oudtshoorn 4.3 英里 /7 公里，电话 044/272-6794, www.chandelier.co.za）；野生鸵鸟示范农场（Safari Ostrich Show Farm，在 62 号公路，距离 Oudtshoorn 4.3 英里 /7 公里，电话 044/272-7311, $$, www.safariostrich.co.za）。

甘果洞（Cango Caves）

甘果洞在奥茨胡恩以北大约 18 英里（29 公里）处，是受保护的国家级历史遗迹，由一系列多彩的石灰岩构成。仅有一个主要区域面向公众开放。在有些区域，你必须四肢并用或者匍匐前进才能抵达景观区，例如魔鬼烟囱区（Devil's Chimney，见第 108 页）。

几千年来，这个洞穴一直不为人所知。大约 1 万年前，科伊桑人使用这个地方的洞口作为帐篷；由于有一定的迷信原因，他们似乎没有进入到这个洞穴的内部。这些洞穴的入口处起初满是科伊桑人的壁画，但是日积月累，这些壁画都被破坏了。

科伊桑人在大约 500 年前离开了这里。

自 17 世纪晚期以来，这些洞穴一直都吸引着游客前来观光，1891 年正式开辟了旅游路线。多年来，越来越多的石窖和隧道被发现。甘果 2 号洞、3 号洞、4 号洞、5 号洞在 1972—1975 年间相继被发现。当下的旅游路线需走 0.7 英里（1.2 公里）进入洞穴，另一条 2.5 英里（4 公里）的路线因保护环境的原因暂不对外开放。

甘果洞里的温度为 65°F（18℃），稍微有点暖和和湿润。因此建议穿轻薄一点的衣服。洞内足够的光线使你能够轻松地行走在崎岖不平的小路和台阶上，并为你提供了绝佳的拍照机会。整个行程由知识丰富的导游带领。

甘果野生动物牧场（Cango Wildlife Ranch）

✉ 62 号公路去往甘果洞方向，奥茨胡恩外 2 英里（3 公里）处

☎ 044/272-5593　💲 $$$
www.cango.co.za

甘果洞（Cango Caves）

🅰 见第 101 页地图

✉ 沿 328 号公路行驶，奥茨胡恩以北 18 英里（29 公里）处

☎ 044/272-7410　💲 $$
www.cango-caves.co.za

花园大道（Garden Route）

花园大道从莫塞尔湾一直延伸到偏远的西开普省最东端的风暴河。它像一个楔子楔进了被成片的非洲红豆林覆盖的绵延山脉和印度洋海岸沙滩之间，风景秀丽。

乔治富有历史气息的荷兰归正之母教堂（Dutch Reformed Mother Church）。

乔治（George）
🔼 见第 101 页地图
游客信息中心
✉ 124 York St. 044/801-9295
www.cango-caves.co.za

乔治（George）

乔治镇是通往花园大道的门户，位于开普敦和伊丽莎白港中间。它也是南非高尔夫之旅（South Africa's golf route，George Golf Club，电话044/873-6116，www.georgegolfclub.co.za）的中心，这里有超级棒的高尔夫球手设计的世界级高尔夫球路线，欧拜（Oubaai）和伟大乔治（Le Grand George）就是其中两个。范考特高尔夫庄园（Fancourt Golf Estate）在 2003 年举办了"总统杯"高尔夫比赛以及其他的高级高尔夫联赛。除了高尔夫，国际一流水平的七人橄榄球队从世界各地来到奥特尼夸公园（Outeniqua Park）参加"南非国际七人橄榄球赛（the South Africa Sevens leg）"，该比赛是国际橄榄球理事会举办的系列联赛之一。

作为乔治系列历史地标之一，奥特尼夸交通博物馆（Outeniqua Transport Museum，2 Mission Rd.，电话 044/801-8288，星期天闭馆）收藏了大量的蒸汽式火车头以及古老的四轮马车。在约克大街（York Street）和希伯尼亚大街（Hibernia Street）的交界处，种植着一棵古老的英国橡树，它是由英国地方官范·科尔沃（van Kervel）在1811 年栽种的。由于一根大铁链嵌入到了树干里，这棵树也被称为"奴隶树"（Slave Tree），成了现在的国家纪念碑。在南非的殖民地建筑中，英国国王爱德华七世图书馆（King Edward VII Library）是该地爱德华七世时代建筑风格的样板。在卡拉车（Caledon）街道尽头的花园大道植物园（Garden Route Botanical Garden）展示了当地的植物品种，包括开普芦苇、雏菊以及红豆木森林（Afromontane forest）。

乔治位于距海滩大约5英里(8公里)处，游客经常乘坐交通工具来这里主要是去参观齐齐卡马国家公园（见第114页），有时也因乘坐奥特尼夸火车前来。

莫塞尔湾（Mossel Bay）

从乔治出来，沿 N2 公路上的"花园

大道"向东南方向行驶 25 英里（40 公里）就抵达了莫塞尔湾。这个海湾的名字取自于当地第一批欧洲殖民者在此发现的丰富的贝类，莫塞尔在荷兰语中就是贝类的意思。在 20 世纪 80 年代，沿海的石油钻机和天然气加工厂等工业设备的发展，破坏了这个地区天堂般的环境。但是海滩和城镇的历史中心依然值得参观。

很多探险家的船只在这个海湾抛锚上岸：巴尔托洛梅乌・迪亚斯号（Bartolomeu Dias）轮船于 1488 年在此停留，接着来到此地的是 1497 年的瓦斯科・达・伽马（Vasco da Gama）以及 1501 年的海军上将若昂・诺瓦（Admiral João da Nova）。直到 1787 年，才有移民在此地长久定居。

为了纪念迪亚斯号轮船登陆 500 周年，小镇对外开放了迪亚斯综合博物馆（Bartolomeu Dias Museum Complex），里面陈列了迪亚斯在 1488 年乘着轻快帆船环绕开普半岛时的复制模型。看到这艘船只的微缩版，你会理解他进入这片大西洋荒野之地的勇气。在这里你还会找到海事博物馆（Maritime Museum）和贝壳博物馆（Shell Museum）。海事博物馆的旧址曾经是磨坊和锯木厂，而贝壳博物馆则陈列了来自全世界的贝壳类，还有活的贝类水族箱。

开普圣布莱兹灯塔（St. Blaize Lighthouse）位于布莱兹大街，修建于 1864 年，是一个观看鲸鱼和海豚的绝佳之地。从圣布莱兹小径（St. Blaize Trail）到达纳湾（Dana Bay）的路线有 8 英里（13 公里），起点位于灯塔下面的蝙蝠洞（Bats' Cave）。

花园大道植物园（Garden Route Botanical Garden）

🅰 49 Caledon St., George 044/874-1558
💲 $
www.botanical garden, org.za

莫塞尔湾（Mossel Bay）

🅰 见第 101 页地图

迪亚斯综合博物馆（Bartolomeu Dias Museum Complex）

✉ 1 Market St., Mossel Bay
☎ 044/691-1067
www.cango-caves.co.za

精彩体验：丛林穿越

在森林的树梢之间前行需从"花园大道"的中央地带开始，风暴河探险（Stormsriver Adventures, 101 Darnell St., Storms River Village，电话 042/281-1836, www.stormsriver.com）为游客提供稀有机会去享受俯瞰齐齐卡马当地雨林的风景。

在齐齐卡马树冠之旅（Tsitsikamma Canopy Tour）中，你会在钢丝绳上滑行，该钢丝绳悬浮在离地面 98 英尺（30 米）高处。在滑行之旅中，你会对当地的树木有个大致了解，这些树木有香槐、铁树、硬梨树和臭木以及大团的蕨类植物。

你也会有机会近距离地与长尾黑颈猴亲密接触，甚至还可以见到一些害羞的鸟类，如内莉亚咬鹃（Nerina Trogon）和克尼斯纳蕉鹃（Knysna Loerie）等。

在你开始树冠之旅体验之前，要先仔细地阅读安全须知，你必须确保全身的装束结实可靠。

然后你会到达起点处，开始穿越森林的短途旅行。在大树的顶部建造了十个平台，平台之间有钢丝绳连接。在接下来的 2.5~3 小时的时间内，你将把自己挂在钢丝绳上滑行。有专业的导游协助你并告诫你要保护森林的生态环境。

塞奇菲尔德和荒原（Sedgefield & Wilderness）

位于花园大道 N2 公路乔治以东的塞奇菲尔德海边度假村和开曼斯河（Kaaimans River）附近的荒原被一连串的湖泊环绕，这些湖泊被一道窄窄的长沙丘和印度洋隔开，不远处就是森林茂密的群山。河口湾和沙滩上到处都是海洋习性和河湾习性的鸟类以及常绿类植物，其中就包括著名的克尼斯纳蕉鹃。

在塞奇菲尔德和克尼斯纳中间，你会发现水牛湾（Buffalo Bay）。这是一片适宜游泳和短距离冲浪的安全水域，该海滩是一个家庭友好型的海滩。该地区提供穿越森林或者在海滩上骑行的骑马服务，请联系谢丽骑马中心（Cherie's Riding Centre，电话 082/962-3223）的谢丽（Cherie）。葛洛弗莱（Groenvlei）是花园大道唯一的淡水湖泊，是鲈鱼垂钓者的钟爱之地，也是古卡马自然保护区（Goukamma Nature Reserve，

塞奇菲尔德（Sedgefield）
🅰 见第 101 页地图
游客信息中心
✉ 30 Main St.   ☎ 044/343-2007
www.tourismcapetown.co.za/leisure-travel/town/sedgefield

荒原（Wilderness）
🅰 见第 101 页地图
游客信息中心
✉ Beacon Rd., Milkwood Village
☎ 044/877-0045
www.tourismwilderness.co.za

克尼斯纳（Knysna）
🅰 见第 101 页地图
游客信息中心
✉ 40 Main St.   ☎ 044/382-5510
www.tourismknysna.co.za

温馨提示：

不要错过塞奇菲尔德以西、N2 公路边超棒的新鲜美食、农贸市场（Farmers Market）的农产品和 Scarab 工艺品市场的商品。

——理查德·惠特克
美国国家地理学会撰稿人

紧邻 N2，位于 Buffalo Bay，电话：044/483-0190 或 021/659-3500，www.capenature.co.za）的一部分。这个自然保护区是观鸟者和徒步旅行者的钟爱之地。这片安全的海滩适宜于游泳、钓鱼、用鱼叉叉鱼以及徒步观光，这里成了最受人们喜爱的度假胜地。

克尼斯纳（Knysna）

克尼斯纳位于花园大道 N2 公路边，塞奇菲尔德以东 15.5 英里（25 公里）处，坐落在美丽的潟湖边上，潟湖夹在两个高高的石灰岩悬崖之间，海水汹涌而入。在东岬（Eastern Head）的一个观测点可以看到附近宏伟壮观的美景。小镇上沿街有热闹非凡的酒吧、餐馆、纪念品商店和卖衣服的精品小店。

克尼斯纳小镇的历史始于 1804 年，当时一个神秘的男子来到这里，自称叫作乔治·雷克斯（George Rex），很明显这个名字很有皇家气派。他的住宅周围富丽堂皇，奢侈的生活带来了流言蜚语，人们都说他是乔治三世的私生子。他从来不否定也不肯定这些传言。雷克斯买下了潟湖边上的地块在此安家，并在克尼斯纳修建了附属建筑。

米尔伍德住宅博物馆（Millwood House Museum，Queen St.，电话 044/302-6320，星期天闭馆）展览的项目和该城镇的历史有关，包括很多乔治·雷克斯曾经使

克尼斯纳牡蛎节（Knysna Oyster Festival）

作为南非官方的牡蛎之都，克尼斯纳自然而然地每年都有自己独特的牡蛎节（www.oysterfestival.co.za）。每年7月，来自全南非的美食爱好者蜂拥至花园大道，在这里度过为期10天的牡蛎节，目的就是品尝该地的牡蛎。克尼斯纳牡蛎被认为是全世界最好吃的牡蛎。据保守估计，在每年的牡蛎节期间，大约有20多万个牡蛎被吃掉。

节日期间，为了缓解饮食过多而造成的消化不良，狂欢的人们可以报名参加多种体育活动，诸如山地自行车比赛、公路赛跑、马拉松以及钓鱼比赛等。还有一些首屈一指的项目，像威士忌和爵士舞音乐节、直升机短途观光以及许多课程和辅导班等。即使是最挑剔的游客也能找到适宜自己的项目。

用过的物品。

该地附近的克尼斯纳森林是南非最大的本地森林，有红豆木属的臭木、香槐、白梨、山毛榉；山茱萸科乔木属的黑木、铁树、白桤木以及开普栗树和高山硬叶灌木等。你可以在该地多处领略到荒原之美，这其中就包括Diepwalle森林（339号公路，克尼斯纳外10英里/16公里处，电话044/382-9762）。

克尼斯纳大象公园（Knysna Elephant Park）

克尼斯纳大象公园是一个私人公园，位于N2公路克尼斯纳以西14英里（23公里）处，1994年对外开放，是克尼斯纳最后一头大象的栖身之所，还有几头克鲁格国家公园淘汰下来的经过营救的孤象。公园占地面积148英亩（60公顷），采用可控、自由放养的生活环境，游客可以在这里和这些动物亲密接触。

普利登堡湾（Plettenberg Bay）

开车沿N2公路向东行驶20分钟的路程后就来到普利登堡湾这个漂亮的村庄。每年12月份，来自全国的度假者蜂拥而至，尽情地享受着这里的海滩。罗伯格海滩（Robberg Beach）是普利登堡湾最大的海滩，它蔓延2.6英里（4.2公里），不受外界干扰，宁静而又美丽，在两个家庭区域，有救生员防护。在夏天你也许会看到露出水面炫耀的海豚，在冬天可以看到懒洋洋地躺在浪花里的鲸鱼。走到海滩的尽头，你会来到罗伯格半岛（Robberg Peninsula），6.8英里（11公里）的徒步游览路线会让你踏上崎岖不平的海岸线，沿途可以观赏岩池和海豹群。岛上灯塔旅店（Beacon Isle Hotel，电话044/533-1120）位于中央海滩（Central beach），靠着罗勃格海滩（Robberg Beach），该酒店是普利登堡湾最为流行的明信片上的标志性画面。

克尼斯纳大象公园（Knysna Elephant Park）
🏛 N2公路，Knysna西14英里（22公里）处
☎ 044/532-7732　💲 $$$$
www.knysnaelephantpark.co.za

普利登堡湾（Plettenberg Bay）
🏛 见第101页地图
游客信息中心
🏛 Tourism Bureau, Melville's Corner Center, Main St.
☎ 044/533-4065
www.plettenbergbay.co.za

自然谷（Nature's Valley）

自然谷小村庄位于格鲁特河（Groot River）河口处，是齐齐卡马国家公园的一部分。该地森林茂密，到处都是香槐和蕨类植物。细长的海岸线拥有未被破坏的原始海滩和岩石峭壁。游客可以来这里游泳、航行、向着河口深处划独木舟，也可以寻找克尼斯纳蕉鹃。

齐齐卡马国家公园（Tsitsikamma National Park）

它是南非光顾人数排名第三位的国家公园，至于原因，很容易理解。

"齐齐卡马"是一个科伊桑人的词语，它的意思是"水源丰富之地"。这个公园位于长 50 英里（80 公里）崎岖不平的海岸线上，方圆 3 英里（5 公里），一直延伸到海洋。该公园保护潮间带生物、珊瑚礁以及深海鱼类。正是这种结合体，使它成为世界上最大的单海洋保护区（MPA），南非海岸线 11% 的温带海岸线都位于这里。该公园作为第一个海洋国家公园，于 1964 年宣告成立。

山坡上茂密的高山硬叶灌木林和常绿植物成了猴子、小羚羊、水獭以及很多鸟类的乐园。勇敢一点的游客可以通过基于树顶平台和钢丝绳的树冠游览路线进行观光（见第 111 页）。多条通往大海的岩石小路，包括距离 26 英里（42

公里）、耗时 5 天、从风暴河河口到自然山谷的一条水獭小径（Otter Trail）。公园里有很多文化遗址，从科伊桑人洞穴和岩石艺术到小渔村废墟和以前的森林遗址等。

该公园不需要导游陪同游览也很安全，但是团队游或多或少要付点费用。

更远的地区

开普敦东北部 175 英里（280 公里）处的莱恩斯堡位于半干旱的卡鲁地区。这个小镇上有个古老的石砌荷兰归正会（Dutch Reformed Church）以及图书馆大厅里的沃尔法特收藏馆（Wolfaardt Collection，Van Riebeeck St.，电话 023/551-1019）。展品主要以科伊桑人和荷兰人的古器物为主，包括乐器、农具和家具摆设等。

地质学家对这里也比较感兴趣。一个类似于石头的白色石英床从马杰斯方丹（Matjiesfontein）延伸到莱恩斯堡，并一直向前进入东开普省。科伊桑人可能把这样的硬石头劈开制成斧头。在英布战争碉堡（Anglo-Boer War Blockhouse）附近的吉尔伯克斯堡

范考特高尔夫庄园（Fancourt Golf Estate）的优美环境。

齐齐卡马国家公园（Tsitsikamma National Park）

🅰 见第 101 页地图

✉ N2 公路旁，George 以东，斯托姆河桥以西 5 英里（8 公里）处

☎ 042/281-1607　💲 $$$

www.sanparks.org/parks / garden_ route/

莱恩斯堡（Laingsburg）

🅰 见第 101 页地图

游客信息中心

✉ Laingsburg Library，Voortrekker St. 和 Meiring St. 交叉口

☎ 023/551-1868

（Geelbeksbrug）农场有一条地质学路线（geological walk），该路线发现了奇形怪状的岩石、海洋和陆地生物化石。莱恩斯堡旅游公司可以安排参观位于斯普林方丹（Springfontein）的桑人岩石艺术遗址。

途经 N1 公路，马杰斯方丹村位于莱恩斯堡以西 18 英里（30 公里）处。这个社区是在 1884 年由一名往来于开普敦和比勒陀利亚之间火车上的一名行李搬运工詹姆斯·洛根（James Logan）修建的，他发现卡鲁干燥的空气对他的肺非常有益处。他定居于此并大肆宣扬这里空气的医疗作用。这个小镇不久就成了火车线上比较繁华的站点，一些知名人士像桑给巴尔的苏丹、鲁道夫·丘吉尔勋爵（Lord Randolph Churchill，温斯顿·丘吉尔的父亲）、塞西尔·罗兹（Cecil Rhodes）、埃德加·华莱士（Edgar Wallace）以及拉迪亚德·吉卜林（Rudyard Kipling）等纷纷来到这里。

在南非战争期间（1899—1902），马杰斯方丹作为军事根据地为英国服务，高端大气的维多利亚米尔纳勋爵饭店（Lord Milner Hotel，N1 公路，Matjiesfontein，电话 023/561–3011）成为战时医院。1970 年，该村庄和饭店经过修复成为国家纪念馆。

这个国家纪念馆里有马杰斯方丹博物馆（Matjiesfontein Museum），又叫作玛丽·罗顿博物馆（Marie Rawdon Museum）。这里展出了——位名叫大卫·罗顿的收藏爱好者所有的维多利亚时代的物品，包括过去年代的精美服装和药物齐全的药房。交通博物馆（Transport Museum，位于米尔纳勋爵饭店后面，电话 023/561 3011，$）展

蹦极（Bungee Jump）

花园大道为寻求刺激的游客提供无与伦比的机会。该地区是世界上最高的商业蹦极之家，在布克朗河（Bloukrans）河面以上令人害怕的 710 英寸（216 米）高处，尽管风景美丽壮观，但是你在下降过程中或许没有注意到这些（提示：为了体验全速下降的感觉，可以保持眼睛紧盯着地面上的某个点）。不想冒险的人可以选择徒步跨过公路下方的布克朗拱形桥。沿途可以领略壮观的风景，还可以看到蹦极者跳跃的身姿。

想蹦极或者徒步过桥请联系 Face Adrenalin（电话：042/281-1458，$$$$$，www.faceadrenalin.com）。

出了二手汽车、年代虽久远但现在仍然在使用的加油站。

两辆专列在此停靠，游客可以乘火车前来游览这个小镇：豪华蓝色列车（Blue Train，电话 021/334-8459，www.bluetrain.co za，电子邮件：bluetrain@transnet.co.za）和非洲之傲列车（Rovos Rail，电话 021/323-6052，www.rovos.co.za，电子邮件：reservations @rovos.co.za）。

英布战争碉堡（Anglo-Boer War Blockhouse）
✉ 沿 N2 公路行驶，Laingsburg 以北 7.5 英里（12 公里）处
☎ 打电话给碉堡隔壁的 Die Blokhuis 旅馆，电话 023/551-1774，可预约入内

马杰斯方丹（Matjiesfontein）
🗺 见第 101 页地图
✉ 沿 N1 公路行驶，Laingsburg 以西 18 英里（30 公里）处
☎ 023/661 3011
www.matjesfontein.com

位于东伦敦市政厅外的黑人意识运动领袖史蒂夫·比科（Steve Biko）的铜雕塑。

　　东开普省或许是南非风土人情差异最大的省份，这里有荒凉的海滩、颇受欢迎的冲浪场所、体形庞大的大象和迁徙的鲸鱼，同时这里还是纳尔逊·曼德拉、史蒂夫·比科以及其他民族英雄的故乡。

东开普省

介绍与地图

东开普省的位置正卡在南非最受游客欢迎的西开普和夸祖鲁—纳塔尔省这两个省份之间，是一块未经打磨的宝石。海岸线一直从夸祖鲁—纳塔尔省的乌姆塔吾纳河（Umtamvuna River）一直延伸到西部花园大道和风暴河河口，向北延伸至莱索托（Lesotho）边境。科萨文化为主的西斯凯（Ciskei）和特兰斯凯（Transkei）是隔离时代南非黑人居住的家园，它们都在东开普省内。

如果你从开普敦一路向东，除了花园大道外，对于初次到达这片区域的你来说，会实实在在地感觉到已经身处南非荒野地带的边缘。

东开普省拥有大约 500 英里（800 公里）未经开发的原始海岸线。单就伊丽莎白港来说，就有 25 英里（40 公里）的沙质海滩，是世界上最为优良的帆船比赛场地之一。杰弗里斯湾是一个顶尖的冲浪场所，而位于东伦敦和爱德华港（Port Edward）之间的狂野海岸是这个国家最不发达的地区之一，也是一个生态园。尽管很多船只在远离海岸线的海域触礁沉没，但是这里荒凉的海滩和河口湾还是吸引着徒步旅游者和露营者来此漫游。东开普省没有疟疾，是游猎者的理想之地。

西部地区

西部地区沿着海岸线从齐齐卡马国家公园经伊丽莎白港延伸到艾尔弗雷德港（Port Alfred）。这片崎岖不平的区域自诩为南非最大的象群聚居地，尤其在阿多大象国家公园，规模稍小点的在私人的圣瓦里禁猎区（Shamwari Game Reserve）和拉利贝拉禁猎区（Lalibela Game Reserve）。

向内陆远行，延绵起伏的群山逐渐让位于干燥的卡鲁高原草地，该草原延伸到斯尼乌山脉（Sneeuberg range）的砂岩层和陡峭的悬崖。斯尼乌山脉的最高峰是罗盘山（Mount Kompas），海拔 8215 英尺（2504 米）。该山脉成了桑迪斯河（Sundays River）和大鱼河（Great Fish River）的分水岭。该地区以前称为"移民之国"，在 19 世纪 20 年代被英国殖民者用于开垦大片的农场并成了防御科萨语人的东部前线。本地区仅有利于灌溉种植。时至今日，大多数牧羊和禁猎农场也在该地有了一席之地。

东部地区

东部地区的海滩沿阳光海岸（Sunshine Coast）从圣弗朗西斯海湾延伸到东伦敦，到处都沉浸在美丽的自然光辉中。游客在整个海岸线，到处都

可以看到丰富多样的植物群系、大量的动物物种以及各种各样的野生鸟类。从东伦敦北部到爱德华港，狂野海岸沿着荒芜的海岸线一路蔓延，到处都是崎岖的悬崖和峭壁、高耸的沙丘以及未被开发的海滩。

这里几乎没有像样点的路，甚至在地图上也没有标示，但是它却是背包客们的钟爱之地。徒步旅行者沿着沙质小路一个村庄一个村庄地摸索行进。

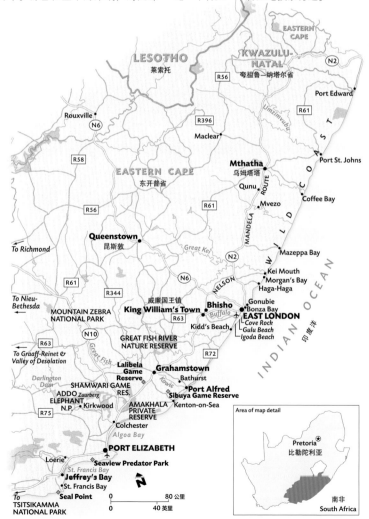

伊丽莎白港（Port Elizabeth）

伊丽莎白港即纳尔逊·曼德拉湾市，以阳光和安全的沙质海滩闻名于世。它沿着美丽的阿尔哥亚湾（Algoa Bay）舒展在南非东南部海岸，位于开普敦东部大约 500 英里（800 公里）处。1820 年，大约 4000 名英国人在伊丽莎白港定居，并建造了那个时代漂亮的房子，现如今大部分还依然矗立在市中心。从那时起，当地人就称呼这里为伊丽莎白港，现已成为南非五大城市之一。

富有传奇色彩的国王牧师普雷斯特·约翰（Prester John）和来到南非探险的葡萄牙探险家的纪念碑。

伊丽莎白港（纳尔逊·曼德拉湾市，Port Elizabeth）

🅰 见第 119 页地图

游客信息中心

✉ Donkin Reserve Lighthouse Complex, Belmont Terr.,Central

☎ 041/585-8884

www.nmbt.co.za

度假者蜂拥而至，主要是因为这里的水上运动，像深水潜水、冲浪以及风帆冲浪等。然而这里还有一些著名的景点。英国人为伊丽莎白港的城市建筑留下了难以磨灭的印记，比如绕着市中心的市场广场（Market Square）散步，几个历史性的建筑物就会不经意地呈现在你眼前。市政厅（City Hall）和其上面的钟塔坐落在市中心，该钟塔的历史可以追溯到 1858 年。在主大街（Main Street）和怀特路（Whites Road）的拐角处有一个宏伟的彩色玻璃圆顶建筑，该建筑始建于 1835 年，原来是法庭，现在则为市图书馆（City Library）。

旁边是圣乔治公园（St. George's

Park），它占地 180 英亩（73 公顷），是一个森林公园。这里有世界知名的伊丽莎白港板球俱乐部（该俱乐部承办过多次令人热血沸腾的比赛）和南非最古老的保龄球俱乐部。

七号城堡山博物馆（No. 7 Castle Hill Museum，Castle Hill Rd.）坐落于最古老且现存的殖民者山庄内，时间可以追溯至 1827 年。里面陈列了维多利亚时期的家具和室内用品。

伊丽莎白港唐金大街（Donkin Street）是一个斜坡大街，完美地保留了许多维多利亚时期的房屋。在该街道斜坡的顶端，开普代理总督卢汉·唐金勋爵（Sir Rufane Donkin）为纪念他的妻子伊丽莎白而建造了一个奇怪的纪念碑，其妻子在该城建造之前就死于印度。在石头金字塔上的一块匾额上留有这样的颂词："作为这个世界上最完美的人之一，她把她的名字留给了下面这所城市。"

城市的信息中心在 1861 年建造于老灯塔上。可以很方便地获得该城地图和游览信息，一张特殊的 3 英里（5 公里）的游览图很容易引起人们的兴趣，这就是唐金古迹步道（Donkin Heritage

圣克罗伊汽车博物馆（St. Croix Motor Museum）
- Mowbray St., Newton Park
- 083/463-5286　电话预约

Bayworld
- Beach Rd., Humewood
- 041/584-0650　$ $-$$
- www.bayworld.co.za

红地博物馆（Red Location Museum）
- Corner Olaf Palme St. 和 Singaphi St. 交叉路口，New Brighton
- 041/408-8400
- 周日闭馆　$ $
- www.freewebs.com / redlocationmuseum

Trail），该路线穿越山丘和城市中心，沿途可以欣赏到 47 个历史遗址。

在港口的入口，矗立着一座带有钟琴的钟楼（campanile），就像是卫兵在站岗一样，它是为了纪念 1820 年登陆这里的英国殖民者。游客可以攀爬 204 级台阶到达钟楼顶部鸟瞰整个城市的风光。

海滨

伊丽莎白港最受欢迎的游览地或许是位于海滨的海滨世界（Bayworld），它是南非最大也是最棒的博物馆综合体，里面有一个大型海洋水族馆、一座爬行动物公园以及一个博物馆。大型海洋水族馆是两只印度洋宽吻海豚的家园，它们两个从早晨到下午一直为人们表演。在另外两个大型水族馆里，开普海豹以

红地博物馆（Red Location Museum）

红地博物馆位于新布莱顿（New Brighton）小镇，它保存了隔离时代的历史以及著名的反隔离运动斗争的史料。该博物馆邀请游客积极参与这里的活动而不是被动地在此参观。展品被陈列在高耸的红色金属"记忆盒"中，游客选择想要观赏的展品信息之后才能进入。2006 年，该博物馆的设计荣获英国皇家建筑师协会颁发的奖项。

温馨提示：

想要了解伊丽莎白港的历史，可以参观唐金古迹步道、圣克罗伊的二手车、钟楼以及在钟楼上鸟瞰城市风光。

——卡根·H·塞克斯哥路
美国国家地理学会研究员

及身躯庞大的南部海象、珊瑚鱼类、鲨鱼和海龟在水中嬉戏畅游。

爬行动物公园允许游客边散步边安全地观赏海龟、淡水龟、蜥蜴、鬣蜥、鳄鱼和眼镜蛇等。这些动物都被圈在漂亮的木栏内。

博物馆里陈列了从史前恐龙骨头到近期发现的史前古器物以及大量的民族艺术工艺品和珠饰等。

海滩：既干净又漂亮的伊丽莎白港海滩依偎在平静温和的阿尔哥亚湾内，这里的水温全年都很温和。最有名的海滩有：国王海滩（Kings Beach）拥有1.3英里（2公里）的白色沙滩；霍比海滩（Hobie Beach）紧靠着鲨鱼岩石栈桥（Shark Rock Pier）；而休姆伍德海滩（Humewood Beach）则一直都是"蓝旗"的赢家。

适于冲浪的场所有位于伊丽莎白港北部的荒凉蓝色水湾（Bluewater Bay），还有苏斯湾（The Fence）、派普湾（The Pipe）、米勒斯点湾（Millers Point）等。

海滨世界大型海洋水族馆里的海豚及其训练员。

海景肉食动物公园（Seaview Predator Park）
🅰 见第 119 页地图
✉ 紧邻 N2，Port Elizabeth 以西
☎ 041/378-1702
💲 $$
www.seaseaviewpredatorpark.com

观看野生动物

在伊丽莎白港周围你会很容易发现几个野生动物保护区。离城最近的是海景肉食动物公园（Seaview Predator Park），位于市中心以西15英里（25公里）处。狮子、长颈鹿、斑马、羚羊、黑斑羚、小羚羊以及其他40多种动物在保护区内自由漫步。这个公园提供自助游，让你在动物的自然栖息地观察它们。

伊丽莎白港这个公园的主要项目是游客能够有机会和4~9个月大的狮子幼崽在一起玩耍。在简单地了解了如何安全地和这些幼崽接触后，你可以爱抚它们。或者在周末的时候，你可以观看喂养狮子。几头白狮子出生在这个公园内，你可以看到它们在这里自由自在地溜达。

圣瓦里私人禁猎区（Shamwari Game Reserve）位于伊丽莎白港和格雷厄姆斯敦（Grahamstown）中途，掩映在卜世曼河（Bushmans River）岸苍翠繁茂的丛林里。圣瓦里私人禁猎区以保护濒临灭绝的生物而闻名，其 62000 英亩（25000 公顷）的土地保护了南非引以为荣的 7 种生物群中的 5 种，这里还有很多种类的植物、动物和鸟类。

游客可以通过自驾的方式对禁猎区进行探险，并参观生而自由基金会中心

温馨提示：

圣瓦里禁猎区（Shamwari）、阿姆哈拉私人禁猎区（Amakhala）以及其他的禁猎区重新修葺了没有出产物的农场，重建了当地的草木并引进了当地的动物。这几个私人农场提供四日游，包括在禁猎区驾车等服务。

——约翰·西顿·卡拉汉
美国国家地理学会撰稿人

（Born Free Foundation Centers），该基金会收容受虐待的野猫。该保护区的动物以大象、狮子、豹、水牛和濒绝的黑河马这"非洲五霸"为主，还有河马、长颈鹿、黑牛羚以及猎豹等。该保护区因为对旅游工作的努力支持以及负责任的工作态度，荣获了很多国际大奖，其中连续几年获得了"世界优秀野生动物保护公司"称号。保护区内的6个度假屋为游客提供了别具一格的氛围。

　　临近的阿姆哈拉私人禁猎区（Amakhala Private Reserve）也发挥了同等重要的作用。在20世纪把农场恢复到原始自然状态，监督重新引入动物并使之自由自在地生存。该保护区提供从豪华到普通等各种类型的度假屋。

圣瓦里禁猎区（Shamwari Game Reserve）
- 见第119页地图
- ✉ N2号公路去往Grahamstown方向，Port Elizabeth东40英里（65公里）处
- ☎ 041/509-3000 或 877/354-2213（美国拨打免费）
- www.shamwari.com

阿姆哈拉私人禁猎区（Amakhala Private Reserve）
- 见第119页地图
- ✉ 途经N2公路Grahamstown方向，Port Elizabeth以东40英里（65公里）处
- ☎ 046/636-2750
- www.amakhala.co.za

精彩体验：木板路，伊丽莎白港

　　自4000名英国移民在伊丽莎白港登陆，已经过去几个世纪了，英国文化对整个城市的影响依然存在。城市的市政厅和城市图书馆让人想起常春藤和砖结构的维多利亚女王时代，而俯瞰城市魅力海滩用木板铺成的小道，则像英国布莱顿码头的步道一样雍容华丽。

　　这里的沿海地带商场风格既过时又荒诞不经，但是却颇受游客和当地人喜爱。商场古典式的红白相间的建筑物，夜间发出耀眼的光芒。这里遍布商场、餐馆、拱形的娱乐走廊以及大量孩子玩的设施。

　　在这个购物者的天堂里，商家能够满足不同消费者的需求：例如可以去比拉邦（Billabong）商店购买最新款的冲浪衣或者去伊泽玛克萨（EzamaXhosa）购买手工艺品。

　　可以去位于布鲁克斯山（Brooke's Hill）和海滩车道（Beach Drive）交界处闲逛，这里有很多小酒馆和餐馆，为游客提供意大利面条和日本寿司等美食。

　　对于想赌钱的游客来说，赌场（Casino）是他们的目的地，这里的赌场有802台老虎机和21张赌台。

　　如果你厌倦了印度洋荒凉的海岸，可以去人工湖喂鸭子。

　　记住，在这个光怪陆离的步道，你一定要多花时间散步、观光并参与这里的各种活动。

伊丽莎白港周边（Around Port Elizabeth）

东开普省位于伊丽莎白港附近，地势平坦，沿阳光海岸和沉船残骸海岸依次展开，一眼望不到边。但是向内陆走不了几英里，由于祖尔伯格（Zuurberg）山脉和桑迪斯河谷（Sundays River Valley）的原因，地势变得崎岖不平。这里的野生动物保护区远离疟疾，游客可以在这些风景优美的保护区和徒步旅行线路中选择。

阿多大象国家公园里的母象和小象。

阿多大象国家公园（Addo Elephant National Park）

⬛ 见第 119 页地图

✉ 紧邻 N2 号公路 Grahamstown 方向，Port Elizabeth 东 45 英里（72 公里）处

☎ 042/233–8600　💲 $$–$$$

www.sanparks.org/ parks/addo

阿多大象国家公园（Addo Elephant National Park）

这个公园位于森林茂密的桑迪斯河岸，占地 413000 英亩（164000 公顷）。1931 年这里仅有 11 头大象，原来的大象活动地带被重新定位成了一个国家公园。今天这个公园的大象有 480 多头，还有开普水牛、黑犀牛和多种多样的羚羊。阿多是"七大兽"之家，这"七大兽"有大象、狮子、水牛、豹子、犀牛，另加南部露脊鲸和大白鲨。

南非七大植被群落里的五种可以在这个公园里找到。在被称为"山谷灌木林"的亚热带丛林，你可以看到大象群和大量的羚羊，这些羚羊有赤狷羚、大羚羊、捻羚和南非林羚等。在大卡鲁的公园的边远地区可以发现其他的野生动物保护品种，像好望角大羚羊、黑角马、跳羚、水牛以及黑犀牛等。在祖尔伯格山脉还发现了海角山斑马、山苇羚、狒狒、蓝麂羚、红岩兔等。

对于鸟类爱好者来说，萨索尔红色主教鸟类隐蔽处（SASOL Red Bishop Bird Blind）位于主休息营地水洞的对面，为织雀、苍鹭、黑鸭以及名副其实的红主教鸟提供了栖息地。这个主要的野生动物保护区有170多种鸟类；而公园的延伸区也有450多种鸟类，所包括的类别从褐头翡翠、巨大的双领太阳鸟到德纳姆的大鸨和黑脚企鹅；这里也是南非为数不多的粉红燕鸥的繁殖地之一。

将来，阿多计划建立一个大约30万英亩（12万公顷），沿伊丽莎白港东海岸的海洋保护区。该地的近海岛屿是世界上最大的饲养开普塘鹅和第二大的饲养非洲黑脚鸭场所，现已经合并到了公园。

公园内的两个休息营地：靠近公园大门，有60多个不同类型住所的阿多休息营地（Addo Rest-Camp，电话042/233-8600，电子邮件：addo-enquiries@sanparks.org；见第311页旅行指南），活动包括白天和夜间有导游带领的禁猎区自驾游以及有导游带领的骑马游，这里设有一个游泳池、一家餐馆和一家商店等。

马特尔维尼营地（Camp Matyholweni，电话041/468-0916 or 或 041/468-0918，电子邮件 matyholweni@sanparks.org；见第311页旅行指南）是靠近N2公路旁的科尔切斯特（Colchester）的休息营地。这个营地开车很容易到达，从主要休息营地到达

阿多的私人度假屋

Darlington Lake Lodge（电话042/243-3673）位于公园内达灵顿大坝（Darlington Dam）区域，是一个殖民地风格的非洲式私人度假屋。

Gorah大象营地（Gorah Elephant Camp，电话044/501-1111）位于公园内阿多主要区，是一家五星级的豪华住所，可以边喝茶边观赏大象。

Nguni River Lodge（电话042/235-1022，www .ngunilodges.co.za）提供8个豪华套房，这些套房建在高高的山脊上，可以俯视祖尔伯格山水洞的美丽风景。

River Bend Lodge（电话042/233-8000，www.riverbendlodge.co.za）位于公园内Nyathi区，是一家五星级的住宿设施，该度假屋建在山的背面，有一个健康中心。

这里需要大约45分钟。

如何参观阿多： 你既可以沿公园铺设的碎石子道路自驾游（不必开四轮驱动的车，除非你走专门的四轮驱动车路线），也可以采取禁猎区自驾游。许多禁猎区自驾游路线都是由有资格的导游带领，乘坐敞篷路虎或卡车游览，需耗时2小时，需要提前预订（电话042/233-8621）。你可以选择日出之旅，你能看到追猎狮子、水牛等大兽；也可以选择白天驾车旅游，你无疑会看到成群的大象、斑马和鸵鸟；还可以进行夜间之旅。

还有另外一种选择就是雇佣一名当地的导游，让其搭乘你的车子并引导你穿过禁猎区。这些导游富有经验，他们

下接第128页

特写：杰弗里湾冲浪
（Surfing at Jeffrey's Bay）

冲浪在南非开始流行是在 20 世纪 60 年代，并且"海滩男孩"乐队的音乐也成了这个国家海滩文化的象征。从那时开始，冲浪运动越来越火爆，并且南非多处冲浪地点在全世界也很有名气。对于优秀的冲浪者来说，再也没有比杰弗里湾更棒的地方了。

杰弗里湾冲浪。

大多数冲浪者都听说过杰弗里湾的冲浪运动，他们会对南非的巨浪、水道以及波涛滚滚的海浪报以会心的一笑。海浪会成为巨浪，有时能达到大约 10 英尺（3 米）高，但是奇怪的是这里却以安全而闻名。冲浪者对"马格纳水道""墓地"以及"信天翁"这样有奇形怪状名字的海滩进行朝圣之旅。一些海浪能够让冲浪者们待在上面持续 3 分钟。

每年 7 月份世界著名的比拉邦冲浪职业联赛就会在名副其实的超级水道（Supertubes）海滩举行。由于鲨鱼在这片海域出没，联赛经常被迫延迟，但是这阻挡不了世界顶尖的冲浪者们对这里的向往。这里有南非最长最波涛汹涌的海浪。

没有最好，只有更好！

距超级水道海滩不远的拐角处，海滩酒店前面，马格纳水道之礁（Magnatubes' Reef）以急而快的波浪而闻名于世。要不是经常关闭不营业，

精彩体验：冲浪课程

南非史诗般的冲浪点成为 1966 年以冲浪为主题的流行电影《无尽夏日》（*Endless Summer*）的缩影，因此成为每个冲浪爱好者寻求完美海浪的梦想之地。

在大多数海边小镇都为爱好冲浪的初学者建立了冲浪学校，最古老的当属位于开普敦的格雷冲浪学校（Gary's Surf School, 34 Beach Rd., Muizenberg, Cape Town；电话 021/788-9839，两个小时课程，提供装备，$$$$$, www.garysurf.com）。

在这里你可以优先体验梅森堡相对温暖的海水，波涛滚滚的海浪就是你精美的课堂。这里也有一对一的课程，所有的冲浪装备都可以在这所学校里租到。

该学校开设一日或一周冲浪之旅。请联系格雷·克莱因汉斯 Gary Kleynhans。

如想在如诗如画般的杰弗里湾学习冲浪课程，联系 J-Bay 冲浪学校（Island Vibe Backpackers, 10 Dageraad St., Jeffrey's Bay，电话 042/293-1625，www.islandvibe.co.za，提供装备，$$$$$）。

另外在德班温暖的海域冲浪也是一种令人难以忘怀的体验。如果有胆量在德班海滨的海洋探险（Ocean Ventures）冲浪，请查阅具体信息（电话 031/332-9949，1 小时的课程，提供装备，$$$，www.oceanventures.co.za）。

这里简直就是适于冲浪的绝佳之地。

在墓地海滩（Boneyards），你必须快速地越过一堵水墙，该水墙向下延伸到超级水道的冲浪主飞区。你也可以在墓地海滩外围起飞，穿过一些令人心跳的巨浪，最后停在超级水道。墓地海滩有一些其他地方没有的 10 英尺（3 米）巨浪。信天翁海滩（Albatross）是杰弗里湾最后一个冲浪点，它允许冲浪者们可以从超级水道一直到信天翁海滩，这段航程大约有将近 1 英里。

杰弗里湾其他的冲浪地点

牡蛎湾（Oyster Bay）水域变化难测，海滩一览无遗，经常会有一股不大不小

开普敦附近大海湾海滩（Big Bay Beach）上一名形单影只的冲浪手。

的洁净海浪光顾这里。当北风或者东北风来临时，这里最适于冲浪。

海豹岬（Seal Point）有两个风格迥然不同的区域，一块大岩石把内外两个区域完全地隔开。内部除了 4—9 月份的冲浪高峰季，剩余时间和其他地方没有什么不同。内部区域是一道隔水墙，沿岩石绵延达 260~320 英尺（80~100 米）。外部的巨浪在抵达海豹岬之前要波涛汹涌地反复几次。

海上的肯顿（Kenton-on-Sea）。

供美丽的高山硬叶灌木林和无与伦比的森林风景。这条游览路线适合各级水平的骑马者。这里的游览路线有 1 小时、3 小时和 5 小时等。

远足在阿多也非常盛行，从祖尔伯格漫步到一个漂亮的水洞，可以选择 1 小时的苏铁小径（Cycad Trail），也可以选择 4 小时的多灵耐克小径（Doringnek Trail）。这条路线有清晰的标示，在位于公园主入口 10 英里（16 公里）的祖尔伯格办公室拿一份地图。如果想来一次真正的冒险，这里有一个亚历山大徒步路线（Alexandria Hiking Trail）两日游（该路线长 22 英里 / 36 公里），它穿越南半球最大的沙丘地带、海滩和森林。沿途的小屋为你提供夜间住宿。你必须通过马特尔维尼营（Camp Matyholweni）预订。最后，PPC 发现之旅（PPC Discovery Trail）是一条穿过山谷丛林的短途路线。在这条路线，你可以了解到关于本地区植物和动物更多的信息。

东开普省的海滩

东开普省的海岸线也被称为"阳光海岸"，是所有水上运动爱好者极度向往的地方，这里延续了一种繁荣的冲浪文化。位于伊丽莎白港以西，世界知名的杰弗里湾（见第 126~127 页）拥有长

会告诉你并准确地指示你找到大象的幼崽或蓝麂羚的所在位置，而这正是你特别想看的动物。另外还可以选择骑马游览。在阿多骑马游览从主营地出发前往公园的尼亚西（Nyathi）区，这里是大型的野生动物保护区，可以看见大象、开普水牛、黑犀牛、斑马和羚羊等，不用担心，这里没有狮子或土狼等凶猛的动物。骑马游览一路都需要由富有经验的导游引导。对于初次骑马者来说，可以选择上午的两个小时之旅，而对于富有经验的老手来说，可以选择下午的三个小时路线。你还可以骑马在公园的祖尔伯格（Zuurberg）区前行；尽管这里没有大型的野生动物，但是这里能为你提

长的一段原始海滩，这里有令人兴奋的海浪和波涛。每年 7 月份这个小镇都举办 比拉邦职业冲浪比赛，全世界的冲浪爱好者来到这里参加冲浪竞赛。这片安全的海滩也特别适合游泳。

杰弗里湾以西的圣弗朗西斯地区包括圣弗朗西斯港、圣弗朗西斯湾、圣弗朗西斯角以及牡蛎湾。圣弗朗西斯湾这个小镇位于圣弗朗西斯角，蜿蜒的克罗默河（Kromme）流入港湾，并且由于其人工运河和人造的水道，这里被称为"小威尼斯"。白色的沙滩为人们提供了最安全的沐浴场所以及海边垂钓之地。

伊丽莎白港以北的"海上的肯顿"（Kenton-on-Sea）有一望无际的海滩。这里的卡里埃加海滩（Kariega Beach）在 2000 年被评为南非最佳海滩。

"海上的肯顿"往东稍远一点，在 72 号公路旁就是艾尔弗雷德港，在科威河（Kowie River）河口，曾经是一个寂静的渔村，如今的艾尔弗雷德港则是一

Keryn 潜水学校

✉ 在 Outdoor Focus，Beach Rd.
☎ 082/692-6189 or 046/624-4432
www.kerynsdiveschool.com

个现代化的帆船港口，有人工岛和运河。船主既可以出海也可以沿大约 17 英里（28 公里）的本地河流畅游。海岸沿线的几个珊瑚礁提供了绝佳的跳水场所；科恩潜水学校（Keryn's Dive School）为跳水新手提供培训服务。

西伯亚禁猎区（Sibuya Game Reserve）

Sibuya 的含义是"我们会回来"，该保护区占地 5900 英亩（2400 公顷）。内有四大野生动物保护区（狮子除外），需要专门乘坐小船才能到达这里。沿途的风景可以让你忆起由亨弗莱·鲍嘉（Humphrey Bogart）和凯瑟琳·赫本（Katharine Hepburn）主演的好莱坞电影《非洲女王号》（The African Queen）里的场景。

公园里的接待处在"海上的肯顿"。你会被小船带到保护区和小河宿营地，这里位于卡里埃加港湾沿岸 7 英里（12 公里）处。在这里既可以选择住小河宿营地的豪华帐篷，该帐篷被搭建在凸起的木头甲板上；也可以选择周围有护栏的森林营地，住宿条件比小河营地稍微好一点。

该地区的东开普省山谷灌木丛生地区、草地以及沿海地区接纳了大量的动物在此栖居，诸如羚羊（包括稀有的南非白纹大羚羊和非洲侏羚）、长颈鹿、斑马以及四大兽；西伯亚也是鸟的天堂，有将近 300 种鸟类。这里有 个专门的

浅水冲浪（Skimboarding）

浅水冲浪作为一种极端的极限运动，起源于 20 世纪 20 年代的加利福尼亚，近来在南非开始流行起来。

浅水冲浪板是一种薄薄的椭圆形刷漆木板或树脂玻璃板。要站在冲浪板上，你必须有好的平衡感和一块平坦的沙质海滩。手拿冲浪板平行地跑向迎头而来的巨浪，当浪潮退下去之后，放下木板，然后跳上去。这个动作会让孩子们兴奋，当然了，除非你跌倒了。

大多数的东开普省海滩都适于浅水冲浪，但是最佳地点还是在"海上的肯顿"和杰弗里斯贝。

拉利贝拉禁猎区（Lalibela Game Reserve）里的开普水牛。

禁猎区（Sibuya Game Reserve）

🗺 见第 119 页地图

✉ Kenton-On-Sea，途经 R343，Port Elizabeth 东 80 英里（130 公里）处

☎ 046/648-1040

💲 $$$$$

www.sibuya.co.za

拉利贝拉禁猎区（Lalibela Game Reserve）

🗺 见第 119 页地图

✉ N2 号公路，Port Elizabeth 东 56 英里（90 公里）处

☎ 041/581-8170

💲 $$$$$

www.lalibela.co.za

瞭望台，可以观赏极其难觅行踪的绿颊咬鹃（Narina trogan）和稀有的横斑林鸮（bard owl）。

你可以在专业导游的帮助下开车、坐船穿越野生动物保护区或者徒步穿越灌木丛去寻觅动物的踪迹。如果想寻求休息和娱乐，你也可以游泳、划船、进行海滩行走，也可以单纯地享受风景秀丽的周边环境。

拉利贝拉禁猎区（Lalibela Game Reserve）

南非七个生态群中的五个都能在拉利贝拉禁猎区里找到，多样性的动植物群落令人惊叹。各种各样的动物在大约 18500 英亩（7500 公顷）的土地上自由闲游漫步。包括非洲五霸、黑斑鬣犬（spotted hyena）、斑马、长颈鹿、河马以及猎豹等。这里完全是私人保护区，没有公共道路穿越这个私人领地。

拉利贝拉有三个禁猎区度假屋：位于山坡上的乐恩塔巴度假屋（Lentaba Lodge）；马克营地（Mark's Camp）用石头和茅草搭建的度假屋以及树屋（Tree Tops），该营地豪华的旅行帐篷搭建在

温馨提示:

在白天最热的时候反而是观赏野生动物的好时机,你会惊奇于有这么多动物出现在炎炎烈日下,而你能随时享受阴凉。

——凯文·霍尔
美国国家地理学会研究员

高高的平台上,以便于鸟瞰整个山谷。

周边地区

作为位于距离海岸大约 37 英里(60 公里)处的一个内陆移民乡村,格雷厄姆斯敦(Grahamstown)建立于 1812 年,起初它是保护英国殖民者免遭附近科萨人攻击的军事要塞。但是科萨人对英国人农场的持续攻击使得很多居住者放弃

精彩体验:祈祷

在绰号"圣人之城"的格雷厄姆斯敦走一遭,现实世界中的游客会着迷于此地的宗教精神,并对其产生一种莫名其妙的敬畏感。在市区范围内,你会发现 40 多个做礼拜的地方,从较普通的罗马天主教堂、基督教长老会到比较鲜为人知的圣灵降临周教会和使徒教会,应有尽有。这里有科学教派(Scientologists)、摩门教派、浸礼会教派、埃塞俄比亚圣公会以及其他各种教会组织。该镇最大的教堂是拥有南非最高尖塔的圣迈克尔和圣乔治大教堂(Cathedral of St. Michael and St. George,位于 High St. Church Sq.),高度达 176 英尺(54 米)。周日做礼拜祈祷的时间是上午 7:30 到 9:30。即使你不是一名教徒,这座建于 1824 年的大教堂也无疑是一个美丽而又重要的历史纪念碑。这里和很多其他教堂大部分都是天主教堂,这些教堂不禁让人回忆起传教士时代。

了他们的土地并移居到了城市。结果,格雷厄姆斯敦的人口急剧增长。如今,这里的人口达到了 10 万人。市中心以很多维多利亚时期和爱德华七世时期的建筑物吸引游客前来观光,而来自罗兹大学(Rhodes University)的大学生们则为城市带来了无限活力。

这个城市每年都庆祝几个节日。每年 7 月份举办的国家艺术节(National Arts Festival, www.nationalarts-festival.co.za)吸引了来自全国的 5 万多名游客来到这里欣赏本国以及其他国家的艺术品。

67 号公路附近的巴瑟斯特(Bathurst)建成于 1820 年,是一个位于格雷厄姆斯敦东南 25 英里(40 公里)处的小农庄,现在已成为一个颇受艺术家喜爱的艺术天堂。该地有许多保存完好的殖民时代的建筑物,看起来依然有点像 19 世纪早期英国小城镇的风格。你可以在这里买到手工艺品和艺术品,还可以参加 12 月份的烧烤盛宴日活动。这里还是南非主要的菠萝产地。

格雷厄姆斯敦(Grahamstown)
见第 119 页地图
游客信息中心
63 High St.
046/622-3241
www.GRAHAMSTOWN.co.za

走进卡鲁（Into the Karoo）

卡鲁地势起于名副其实的荒凉谷（Valley of Desolation）和斯尼乌山之间，一直蔓延至广阔无垠、干燥的卡鲁高原。

山斑马国家公园里身材高大的大扭角林羚。

山斑马国家公园（Mountain Zebra National Park）

🏠 见第 119 页地图
✉ 途经 N10 和 R 61 公路，Port Elizabeth 以北
☎ 048/881–2427 或 048/881–3434
www.sanparks.org/ parks/mountain_ zebra

卡鲁在科伊桑语中的意思是"干渴的土地"，是南非辽阔的中部高原，这里是一片不毛之地，群山绵延起伏，天高云淡。

这里面积占了南非几乎三分之一的土地，被分为南部的克莱因卡鲁和北部的大卡鲁（Great Karoo）。过去大群的跳羚曾经在每年的迁徙中穿越卡鲁地区，而今这里处于半沙漠状况，几乎没有野生动物或牲畜在这里生存。对于游客来说，神秘的岩石艺术、古化石和世界上一流的晴朗星空都使这里成为一个迷人之地。

山斑马国家公园（Mountain Zebra National Park）

位于伊丽莎白港以北的山斑马国家公园已经成了一个急需保护的开普山斑马的保护区。在 1937 年成为国家公园之前，这里仅剩了 11 种山斑马。这些山斑马与平原斑马和布柴尔（Burchell）斑马不同，它们都有相对较窄的条纹，没有影子条纹，面部呈浅黄色。数量现在大约有 350 头。

这里还有大羚羊、黑角马、红狷羚、扭角林羚、跳羚、好望角大羚羊等哺乳动物，最近公园又引进了非洲水牛和黑犀牛。可以自己驾车游览野生动物保护区；公园还可以安排由导游陪伴的游览以及短途自然徒步之旅（此两项服务可以预订）。你可以住在客栈、度假屋或营地里面。

格拉夫—里内特（Graaff-Reinet）

格拉夫—里内特是东开普省最古老的小镇，同时也是南非四大古老小镇之一。它位于卡鲁的中心地带、桑迪斯河沿岸。它是由总督科尼利厄斯·雅各布·范·德·格拉夫（Cornelius Jacob van de Graaff）和他的妻子科尼莉亚·里内特（Cornelia Reinet）于 1786 年修建的，也是附近布尔农场的行政中心。从那至今，有 200 多幢建筑被保留了下来，现在已经被列为国家纪念馆，从带山形墙的开普荷兰式房屋、维多利亚时代的大厦到奴隶小屋，应有尽有。里内特故居（Reinet House，Naude St. 和 Murray St.，电话 049/892-3801，$）起初是一名荷兰归正派（Dutch Reformed）牧师的住宅，现在是展示早期开普生活的年代博物馆。

赫斯特—鲁珀特艺术博物馆（Hester-Rupert Art Museum，Church St.，电话 049/892-4248，$）以前是荷兰教会，现在展列了一些当代的画作和雕塑。旧图书馆（Old Library，Church St. 和 Somerset St.，电话 049/892-3801，$）的功能和博物馆一样，内有图片、岩画以及本地区的化石等。

尽管格拉夫—里内特位于沙质平原，夏天极其酷热难当，但是四周却被肯迪布公园（Camdeboo Park，电话 049/892-3453，$）的绿化带环绕。距离格拉夫—里内特5英里（8公里）远，位于 N9 公路/穆勒伯格路附近。公园内有尼维巴水坝（Nqweba Dam）和拥有奇形怪状石头的荒凉谷。你在这里徒步旅行时，可能会找到羚羊和大群的狐獴。

新贝塞斯达（Nieu-Bethesda）

新贝塞斯达位于格拉夫—里内特以北大约29英里（50公里）处的斯尼乌山山谷内，这个小村庄已成为艺术家们及富有创造力的人们的休息寓所。其中就有阿索尔·富加德（Athol Fugard，生于1932），他的戏剧《通往麦加之路》（The Road to Mecca）就是以这里为背景创作的。

很快就能游览完新贝塞斯达：它只有几条没有路灯的主大街，几家客栈和餐馆，一个酒吧以及几家艺术画廊。

主要吸引人观光的景点就是猫头鹰屋（Owl House，River St.，电话 049/841-1733），脾气古怪的隐士海伦·马丁斯（Helen Martins）在1976年去世前就一直住在这里。在库斯·马尔加斯（Koos Malgas）的帮助下，这位富有想象力的业余艺术家把这所房屋及其附属建筑改造成了一家艺术画廊，该画廊用特殊的玻璃和水泥雕塑构建而成。

南非荷兰语语言和短语

Ja	Yes	是
nee	No	不
dankie	Thank you	谢谢
asseblief	Please	请
totsiens	Good bye	再见
Gesondheid!	Cheers!	干杯！
Lekker dag!	Have a nice day!	玩得高兴！
Verskoon my!		对不起！
Jammer!	Excuse me!	打扰一下！

格拉夫—里内特（Graaff-Reinet）
🔺 见第 119 页地图
游客信息中心
✉ Church St.
☎ 049/892-4248
www.graaffreinet .co.za

新贝塞斯达（Nieu-Bethesda）
🔺 见第 119 页地图
游客信息中心
✉ Martin St.
☎ 049/841-1642
www.nieu-bethesda.com

东伦敦及其周边（East London & Around）

　　崎岖不平的海岸线和沙滩展现了西斯凯（Ciskei）和特兰斯凯（Transkei）的故国风情，这里涌现出了很多重量级的黑人领袖。

东伦敦水族馆的居民和游客。

东伦敦（East London）

🅰 见第 119 页地图

游客信息中心

✉ Shop 1 & 2 King's Entertainment Center, Esplanade

☎ 043/701-9600

www.eastlondon.org.za

东伦敦博物馆（East London Museum）

✉ 319 Oxford St.（入口在 Dawson Rd.）

☎ 043/743-0686

💲 $

www.elmuseum.za.org

东伦敦（East London）

　　东伦敦是南非唯一的内河港口，位于布法罗河（Buffalo River）沿岸，因此这里也被称为"水牛之城"。城市的中心区域有 25 万人口，现在如果整个大都市的人口都算上的话，则人口数量已经急剧膨胀到了 70 多万。

　　在英国人、荷兰人和科萨人爆发"边境战争"（Frontier Wars）期间，东伦敦是一个物资供应基地。该港口也带来了大量的新移民。例如，在 1858—1862 年期间，就有大约 3400 名德国移民抵达东伦敦并在科萨人的土地上建立了定居点。在纪念他们抵达这里百年的活动中，该市议会在东伦敦和威廉国王小镇建立了纪念碑。

如今，该城一系列保护完好的19世纪建筑就是对过去时代的见证，如建于1899年的市政厅（City Hall, Cambridge St.）以及《每日电讯报》大厦（Caxton St. 和 Cambridge St.），该大厦自1897年开始印刷报纸。

在东伦敦博物馆（East London Museum）众多的展览点中，腔棘鱼展厅颇具吸引力。这种鱼类在印度洋里已经生活了4亿年，在1938年被发现以前，人们一直以为已经绝迹了。在东伦敦港湾里捕捉到活的腔棘鱼被视作20世纪最重要的发现。其他展品包括一只渡渡鸟的蛋、化石以及早期人类的脚印等。

位于市中心西面的皇后公园植物园（Queen's Park Botanical Garden）内的一个小动物园里有大约250种动物，一头白色的狮子就住在园内。园内为孩子们提供骑小马服务。

位于海滨大道（Esplanade）的小型东伦敦水族馆（East London Aquarium）建成于1931年，自诩为南非最古老的公共水族馆，里面展出了非洲企鹅以及其他的深水动物。水族馆门厅的上方探出来一个木质栈道，该栈道位于潮间带的上方，成为游客在鲸鱼季节观赏鲸鱼的

绝佳地点。这个观鲸点属于官方MTN海角鲸鱼路线（MTN Cape Whale Route，电话083/910-1028）。每年6—11月，数以千计的露脊鲸迁徙到这里；而驼背鲸则是在5—12月来到这片海域。鲸鱼出现后观鲸点会立即插上一排蓝色的旗子，这时是观鲸的最佳时机。

东伦敦绵延漫长的沙滩吸引了游泳爱好者、日光浴爱好者特别是冲浪爱好者前来。另外，游客们可以很容易地从这里抵达其他的度假胜地，例如可以去阳光海岸（见第128~129页）和狂野海岸（见第138~139页），也可以前往内陆的阿玛托拉山（Amatola Mountains）进行短途旅游。阿玛托拉山依然拥有一些原始的红豆木（Afromontane）热带雨林。

那胡海滩（Nahoon Beach）位于那胡河口以北，这里几乎没有拥挤的人群，有的只是无污染的沙子和非常棒的海浪。这里的礁石对于技术娴熟的冲浪者富有挑战性，国家冲浪比赛和潜水比赛每年都会在这里举行。

过了水族馆，在玛丽娜·格伦（Marina Glen）的对面就是东部海滩（Eastern Beach），这里有快餐店、更衣室和适于冲浪的令人难以忘怀的海浪。这里是如此地受欢迎以至于在跨年夜有多达40万人涌到这片海岸。

温馨提示：

东伦敦是通往东开普省的门户，东开普省有大片未开发的土地。非洲腹地之旅（African Heartland Journeys，www.ahj.co.za）组织五日游，游览东开普省的青山绿水、海岸悬崖以及荒芜的海滩。

——大卫·凯斯

美国国家地理学会撰稿人

皇后公园植物园（Queen's Park Botanical Garden）
✉ Turnberry Ave., Bunkers Hill
☎ 043/705-2637

东伦敦水族馆（East London Aquarium）
✉ Esplanade
☎ 043/705-2637　💲 $
www.elaquarium.co.za

在布法罗河东岸，东方海滩（Orient Beach）以前被称为桑迪海滩（Sandy Beach），直到 1907 年俄罗斯船只"东方 SS"号搁浅在这里，才改为现在这个名字。由于海湾里的防波堤减缓了海浪的势头，所以这片海滩特别安全。游客们可以在东方码头（Orient Pier）上漫步，可以乘坐小船在水道里观光，还可以看孩子们在水中玩耍，躺在沙滩上恢复精神。

附近其他海滩： 邦扎湾（Bonza Bay）海滩位于坤纳瑞泻湖（Quinera Lagoon）附近，可以在此海滩钓鱼、捕鸟或游泳等。高高的沙丘把这个地方完美地遮掩了起来，赋予了这个海滩私人空间的感觉。这个地方不是特别适合游泳，但是布法罗河西部，沿海滨大道的湾岩（Cove Rock）海滩还是吸引了不少冲浪者和潜水者前来。颇受人瞩目的砂岩形状为海鸟的繁殖提供了庇护之所，游客们争相前来观光。这里也是钓鱼和观鲸的最佳场所。从湾岩海滩散步到泻湖山谷大约需花费 45 分钟。

古卢海滩（Gulu Beach）位于东伦敦西 2.5 英里（4 公里）处，这里的游客大部分是来此娱乐的钓鱼者，但是古卢河河口的海滩为游客打造了安全游泳区，

并配备了救生员。

位于东伦敦以西 10.5 英里（17 公里）处的艾格达（Igoda）海滩为在河岸边洗澡的游客提供了最安全的场所。这个海滩是森林覆盖的沙丘，附近的自然保护区有适于散步的徒步小道。对于来此海滩的游客，冬季海滨（Winterstrand）村庄有最安全的停车场。

威廉国王镇（King William's Town）

威廉国王镇建成于 1834 年，是伦敦传教会作为传教根据地在布法罗河边修建而成的。如今这里大部分科萨人来自前西斯凯的黑人家园。小镇大部分的建筑都可以追溯到"边境战争"时期。

阿马托勒博物馆（Amathole Museum, Alexandria Rd.）大量收集了非洲哺乳动物和科萨人文化的优秀展品。宣教博物馆（Missionary Museum, Berkeley St.）以前是个教堂和学校，南非第一批黑人领袖多是在这里受到的教育。威廉国王镇和附近的比休镇（Bhisho）与隔离时代的反抗和斗争有密切的关系，比休镇是东开普省的行政首府，同时也是西斯凯王国

威廉王镇（King William's Town）
🅰 见第 119 页地图
游客信息中心
✉ Public Library, Alexandria Rd. 034/642–3391

史蒂夫·比科纪念花园（Steve Biko Garden of Remembrance）
✉ Cathcart St.S, 左转上 1 号公路然后过桥
☎ 043/642–1177（史蒂夫·比科基金会）
www.sbf.org.za

史蒂夫·比科（Steve Biko）

史蒂夫·比科是本地最杰出的人，也是 20 世纪 60 年代至 70 年代早期"黑人觉醒运动"的黑人领袖。他于 1946 年出生在威廉国王镇附近一个叫金斯伯格（Ginsberg）的黑人小镇上。

他投身于反隔离运动和罢工中，1976 年的索韦托起义是其人生的辉煌时刻。他一生被捕数次，1977 年他又一次被捕，在被关押了 26 天后死于《南非恐怖主义法案》。

的故都。南非两位前总统纳尔逊·曼德拉和塔博·姆贝基都出生在此地。

史蒂夫·比科（见第136页）就埋葬在威廉国王镇的金斯伯格墓地，出于对其的怀念，墓地经过了修葺。

纳尔逊·曼德拉之路

作为布族（Thembu）首领的儿子，纳尔逊·曼德拉在一个传统的社区长大成人，并被培养成了部落的领袖。他是家中第一个去上学的孩子，甚至取得了法律学位，和奥利弗·坦博（Oliver Tambo）一起开办了南非首个黑人律师事务所。在大学里他就投身于政治活动，稍后他又帮助组建了非洲国民代表大会青年联盟。由于长期担任群众反抗隔离主义的领导骨干，在经过了多次逮捕后，纳尔逊·曼德拉于1964年以破坏和煽动革命罪被判处终身监禁。1990年被释放后，他继续从事反抗隔离主义的运动。1994年，在第一次完全民主的代表大会选举中，曼德拉被选为南非总统。他为政府服务到1999年退休。

他的家乡已经建起了"纳尔逊·曼德拉之路"以及和他的生活相关的网站，任何人都可以更多地了解这位伟大人物的生平信息以及出生地的风土人情。

"纳尔逊·曼德拉之路"的起点位于曼德拉就读过的黑尔堡（Fort Hare）大学，终止于他完成学业的艾丽斯（Alice）的希尔德敦学院（Healdtown Institution）。该路线也可以游览州政府所在地比休镇以及纳尔逊曼德拉博物馆的三个馆址。

纳尔逊·曼德拉博物馆（Nelson Mandela Museum）：纳尔逊·曼德拉博物馆开办于2000年2月11日，这一天也是曼德拉被释放10周年纪念日。他坚持认为该博物馆不应当是一个赞颂他个人的地方，而应当是一个促进当地社会发展的地方。

该博物馆的三个馆址是：他出生的部落村庄姆维佐（Mvezo）；他成长过程中住过的农村库努（Qunu）；位于特兰斯凯前首府乌姆塔塔（Mthatha）的宏伟建筑班戈大厦（Bhunga Building）。

在班戈大厦博物馆的展览中，概要地介绍了曼德拉的一生，正如他的自传《通往自由之路》中所说的一样，几乎没有任何差异。

乌姆塔塔的纳尔逊·曼德拉博物馆。

纳尔逊·曼德拉博物馆（Nelson Mandela Museum）
✉ Nelson Mandela Dr. 和 Owen St.，Mthatha
☎ 047/532–5110
🕐 周日闭馆
💲 捐款进入
www.nelsonmandelamuseum.org.za

狂野海岸（Wild Coast）

　　沿东开普省向北，在东伦敦和爱德华港之间就是长达约218英里（350公里）的狂野海岸。这里人烟稀少，风景秀丽，野性而自然。该海岸森林覆盖的山坡、群峰凸起的悬崖、树木繁茂的沙丘以及荒凉的海滩都吸引你冒险前来一探究竟。沿着小路行走，你会发现传统的科萨人定居点以及海边的小村庄。

在东伦敦郊区岩石嶙峋的海边钓鱼。

狂野海岸（Wild Coast）
🅰 见第119页地图
游客信息中心
☎ 043/701–9600
www.wildcoast.co.za

　　戈努比河（Gonubie River）港湾里的戈努比村位于东伦敦东北部大约5英里（8公里）处N2公路边，戈努比在科萨语里的意思是"树莓浆果"。行人可以在一条长长的木栈道上散步，这样做的目的是为了保护当地主要的沙丘免遭人类的践踏。每个月的第一个星期六和最后一个星期六在大道边上都会有一个跳蚤市场。

　　位于东伦敦北部49英里（75公里）处的哈加哈加村（Haga–Haga）四周被青山和深河峡谷环绕，地势向下一直到白色的海滩。从这里出发，徒步旅行者们可以取道地势低洼的狂野海岸小径（Wild Coast Trail）到达南部辛察（Cintsa），或取道北部到达库拉河口（Qora Mouth）。这条53英里（86公里）的风景秀美的海岸线要走6天，晚上要停下来休息。

更远的海岸线

　　沿海岸向上走，海滩度假胜地凯茅斯（Kei Mouth）位于大基河沿岸。向内陆走几英里就是摩根湾（Morgan's Bay），该村庄被陡峭的悬崖所环绕。一个自然保护区把凯茅斯和悬崖分割开来，自然保护区内有一个美丽的游泳海滩和受到保护的潟湖。一个古老的平底渡船运送徒步旅行者和驾驶自己汽车的司机到基河口游览咖啡湾或富有传奇色彩的墙洞。

　　一条37英里（60公里）长的斯特兰特卢珀小径（Strandloper Trail）需要走5天，置身于这片未受污染的海滩，可以让你充分体味孤独的感觉。这条小径起始于凯茅斯，终止于戈努比。

温馨提示：

桑瑞农场（Sunray Farm, Kei Mouth Rd., Haga-Haga，电话 043/831-1087）安排游客沿海滩骑马到达摩根湾悬崖顶部或到达凯茅斯。

——大卫·凯斯
美国国家地理学会撰稿人

距离摩根海湾 25 英里（40 公里）的马捷帕湾（Mazeppa Bay）以卓越的钓鱼环境而出名。在第一海滩，你可以穿过一个 328 英尺（100 米）高的吊桥到达马捷帕湾的小岛。

墙洞（Hole in the Wall）

这个高耸的悬崖位于咖啡湾（Coffee Bay），沿海岸线行走，大约 50 英里（80 公里）到达马捷帕湾，海浪冲击它的中心，形成了一个较大的开口大洞。科萨人称之为"打雷的地方"。暴风雨天气里，在地势较高的地方，波浪声音如此之大以至于声音穿过山谷到达很远的地方。

科萨人传说这个洞是"海人"凿制而成的，"海人"看起来像人但是却长着鳍状肢。曾经村里有一位漂亮的女孩被"海人"相中了。女孩的父亲对此坚决反对，"海人"得到一条大鱼的帮助，用头连续猛击岩壁墙，撞出了一个大洞。"海人"穿墙而过并抢走了那个女孩。

圣约翰港（Port St. Johns）

圣·约翰斯港位于咖啡湾东部 35 英里（56 公里）的海岸线上，沿乌姆兹姆乌布河（Umzimvubu River）河口的塞西格（Thesiger）和沙利文（Sullivan）山被称为是圣约翰港的门户。这个轻松悠闲的小镇像一块吸铁石深深地吸引着嬉皮士、脾性古怪的人和背包客们前来观光。这里有三个优良的海滩，拥有卓越的钓鱼环境以及丰富多彩的历史。在殖民时期这里是走私的地方，而近来这里又成为非法种植大麻之地。

圣约翰港（Port St. Johns）
见第 119 页地图
游客信息中心
在小镇的 Main road
047/564-1187
www.portstjohns.org.za

错误的预言

1856 年，一名叫作农阿悟斯（Nongqawuse）的 14 岁科萨小女孩宣称她在沐浴时看到了神灵。神灵们告诉她如果科萨人屠杀掉他们所有的耕牛，破坏掉所有的庄稼，古科萨勇士们就会在 1857 年 2 月 18 日复活，并将英国殖民者从科萨人的土地上驱逐出去。并且人们这样做后，他们就会重新获得耕牛和庄稼，并会消除疾病且延年益寿，这看起来只是一种美好的愿望。科萨人吃尽了英国殖民者的苦头。

在首长的敦促下，科萨人接受了农阿悟斯的千年预言，毁坏了所有的粮食并杀死了 40 万头耕牛。清算的日子迎来了一轮血色的太阳，但是在 2 月 18 日并没有与平常有什么两样。没有了任何粮食，也没有任何鬼战士出来帮忙的事，原本和睦相处的 25000 名到 75000 名科萨人却开始同类相食。农阿悟斯勉强逃脱，英国人将她放在了罗本岛。

一位祖鲁妇女正在编织帽子和篮子。

　　该地区拥有灿烂的祖鲁文化、繁华的城市生活（德班）、壮丽的山川、冲浪海滩和野生动植物丰富的湿地公园。

德班和夸祖鲁–纳塔尔省

介绍和地图

夸祖鲁一纳塔尔省（KwaZulu-Natal），南起东开普省，北至莫桑比克边境，是南非最靠北的东部沿海省份，当地人将其简称为KZN（夸纳省）。

德拉肯斯堡山脉北部的阶梯剧场峰。

这片亚热带天堂可以令游客体味到真正的非洲。红土、平顶金合欢树、湿热的气候，所有这一切加起来使夸纳省充满异国情调，看上去更像是一个比现实更加遥远的非洲地区（例如邻近的莫桑比克或肯尼亚）。

图盖拉河（Tugela River）和蓬戈拉河（Pongola River）之间是传统祖鲁民居的天下。放眼望去，家家住着茅草作顶的圆形茅屋，中间是牛栏，外围是木棍组成的栅栏。

该省南部印度洋沿岸的狭窄低地在北方地区变得宽阔起来，中间则是一片丘状高原，叫作纳塔尔中部地区。最引人注目的是两大山脉：西边是德拉肯斯堡山脉，北边是莱邦博山脉（Lebombo Mountains）。实际上，德拉肯斯堡山脉犹如一段锯齿形的玄武岩石墙，在南非与莱索托边境附近高达11422英尺（3482米）。莱邦博山脉则由大片的火山岩构成，由斯威士兰（Swaziland）向南延伸。

沿海地区的深谷一带生长着非洲山地森林；从千山峡谷（Valley of a Thousand Hills）地区到中部地区，森林逐渐变为潮湿的草地和连绵起伏的丘陵。该省北部是辽阔的稀树草原，德拉肯斯堡山脉地区主要由高山草原构成。

海岸地区有着潮湿的亚热带气候，越向北越接近于热带气候，直到莫桑比克边境。

游览夸纳省

该省的中心大都会德班（Durban）是南非第三大城市，也是南非最繁忙的港口之一。自种族隔离制度结束以来，来自南非各省及世界各地的人们涌入德班，将德班市中心变成了集现代建筑、棚户区、维多利亚式建筑、清真寺、神庙和集市于一体的枢纽区域。

附近有许多美丽的海滩在等待着你，

不容错过：

如威登汉姆（Widenham）、斯科特堡（Scottburgh）、拉姆斯盖特（Ramsgate）和马里纳（Marina）海滩等。千山峡谷是祖鲁人的领地，他们依然过着传统的生活。

　　稍远处，狂野非洲的味道在向你招手：乌卡兰巴—德拉肯斯堡山脉国家公园（uKhahlamba–Drakensberg National Park），包括迷人的德拉肯斯堡山脉，由于其超凡的自然之美和多样的生物栖息地，被联合国教科文组织定为世界遗产地。公园内大约 600 块岩壁和洞穴内有桑人于大约 4000 年前留下的古老岩画。赫卢赫卢韦—印姆弗鲁兹公园（Hluhluwe–iMfolozi Park）也在这里，它是南非历史最悠久的保护区之一。

沿海岸向北，伊西曼格利索湿地公园（iSimangaliso Wetland Park）涵盖数个保护区，其中包括马非拉尼自然保护区（Maphelane Nature Reserve）和戈西海湾自然保护区（Kosi Bay Nature Reserve），这里的亚热带海岸线、湿地和热带森林支撑着生物惊人的多样性。

东北沿海这个小小的保护区由于大象成群结队，得名大象海岸（Elephant Coast）。你可以在祖鲁兰东北角的姆库泽禁猎区（Mkhuze Game Reserve）和附近的坦比大象保护区（Tembe Elephant Reserve）近距离观察这些巨型动物；二者都组织游客乘车观赏野生动物。

德班（Durban）

德班之名源于19世纪英国总督本杰明·德班爵士(Sir Benjamin D'Urban)。在苏伊士运河通航前,英国船只只能远道绕行开普,对于文职人员和军官,德班是前往或离开印度的一个理想中转地。德班曾一度被戏称为"大英帝国的最后据点",从维多利亚式的城市景观可以轻而易举地看出殖民时代对德班的影响。

雄伟的德班市政厅,仿照北爱尔兰贝尔法斯特市政厅建造。

德班（Durban）

🏔 见第143页地图

游客信息中心

✉ 90 Florida Rd.

☎ 031/322-4164

www.durbanexperience.co.za

德班是南非第三大城市,人口350万,而且还在迅速扩张,向着更远的郊区延伸。该市是一个欣欣向荣的工业中心,是非洲最繁忙的海港。

德班随着现代非洲的节拍律动,许多种族的人混居在这个城市,其中许多人是在种族隔离时代的人口涌入限制被取消后才进城的。标志性文化是祖鲁文化。祖鲁武士自认为是"天堂之子",祖鲁部落长期统治着这一地区,直到19世纪后期被英军征服。如今,约63%的德班居民在家里说祖鲁语。大量印度移民也给这个城市留下了印迹,如印度教寺庙、穆斯林清真寺和集贸市场。一个多世纪前,许多印度人作为契约劳工来到这里的甘蔗田里干活。

黄金英里（Golden Mile）

德班最吸引人的地方是海滨和海滨大道,长达数英里的黄金英里（见第

146~147 页）两旁高层酒店和时尚餐厅林立。

巨大的乌沙卡海洋世界（uShaka Marine World）主题公园内的海洋世界（Sea World）位于黄金英里尽头，在这里可以先行目睹偏僻海滩上、宁静海湾中形形色色的海洋生物。展馆有海水水族馆、海豚表演馆、海豹表演馆和企鹅群栖馆。近海岩礁展（Offshore Rocky Reefs Exhibit）展现的是夸祖鲁—纳塔尔省海岸罕见的岩礁鱼类，而洛基触摸池（Rocky Touch Pool）允许游客触摸海星和海参。深水区展览（Exhibits of the Deep Zone）展示的是漆黑的深水区的生物。在海洋世界的 Xpanda 鲨笼（$$$$）里，你甚至可以近距离接触鲨鱼。

这里也有主题公园的景点，包括水滑梯和乘骑游乐设施。乡村步道（Village Walk）两旁尽是餐馆和商店。

市中心

在市中心，新巴洛克风格的市政厅（City Hall，仿照爱尔兰贝尔法斯特市政厅而建）屹立在弗朗西斯·法尔威尔广场（Francis Farewell Square）上。自然科学博物馆（Natural Science Museum，City Hall，1st fl.，Smith St.，电话：031/311-2256）也在市政厅大楼内，展示大量非洲哺乳动物、鸟类和昆虫。二楼的德班美术馆（Durban Art Gallery）除了展示安德鲁·韦斯特（Andrew Verster，生于1937）、彭妮·西奥皮斯（Penny Siopis，生于1953）等南非当代艺术家的作品，还收藏有大量祖鲁手工艺品，另外还有欧洲传统艺术作品和现代艺术作品。每周三下午1点，

市政厅的台阶上都会举行音乐和歌舞表演。

市政厅旁边是德班的旧法院博物馆（Old Court House Museum，Smith St 和 Aliwal St.，电话：031/311-2229），坐落在德班的第一座公共建筑内（1866年建）。这里的展览重点是纳塔尔地区殖民史，以及德班历史上的一些著名人物（敬请关注祖鲁国王恰卡；见第27页）。

距此仅一个街区之遥的教堂广场（Church Square）上坐落着新哥特式的圣保罗教堂（St. Paul's Church，Pine St.，电话：031/305-4666）及其教区牧师住所。教堂始建于1853年，后遭火灾，1906年重建。有许多纪念早期拓荒者的匾额。教堂也是面向海员的布道所。

维多利亚堤岸周边

维多利亚堤岸一带新开发的威尔森码头（Wilson's Wharf）上餐厅、剧院和

（下接第 148 页）

乌沙卡海洋世界（uShaka Marine World）
✉ 1 King Shaka Ave.
☎ 031/328-8000
$ $$$
www.ushakamarineworld.co.za

德班美术馆（Durban Art Gallery）
✉ City Hall, 2nd fl., Smith St.
☎ 031/311-2264/9
🕐 参观之前一周联系，以便安排参观

黄金英里（Golden Mile）

黄金英里是德班一片绚丽夺目的海滩和海滨步道，从普伦蒂湾（Bay of Plenty）和北海滩一直延伸到南海滩，与商业区平行，实际长度3.7英里（6公里）。金色的沙滩后面，一排排豪华高层酒店拔地而起。

德班的黄金英里一带灯火通明。

因葡萄牙探险者曾将这一带沿海的沙滩叫作"黄金沙滩"，故有今日"黄金英里"之称。

海滩之间有码头相隔，海滩上全年有救生员巡逻。放置在深水中的防鲨网可以阻止鲨鱼接近游泳者。黄金英里也深受冲浪爱好者欢迎，尤其是北海滩、牛奶海滩（Dairy Beach）和普伦蒂湾，而南海滩则是冲浪新手的绝佳去处。海滨一带，游泳池、儿童戏水池、喷泉、水滑梯、纪念品摊位、柜台、小摊和旋转木马比比皆是。一路走来，时不时会见到贩卖祖鲁手工艺品的摊贩。

从阿盖尔路（Argyle Road）和斯内

不容错过：

普伦蒂·下沉花园和露天剧场·乌沙卡海洋世界

尔街（Snell Parade）交叉处的纳塔尔司令部（Natal Command）❶开始漫步。斯内尔街位于黄金地带北端，南与马林街（Marine Parade）相连。

附近的迷你城镇❷（Minitown, 114 Snell Parade, Lower Marine Parade, North Beach，电话：031/337-7892，周一不开放，$）以缩微模型形式呈现出德班最有趣的建筑，模型缩小到原物一半大小，其中包括缩微版的一列火车和

祖鲁人力车

登上一辆颜色鲜艳的祖鲁人力车，由一位身着五彩服饰的车夫拉着，沿着海滨兜兜风，体验一次独一无二的旅程。

一个机场。

继续向南漫步，左手边就是普伦蒂湾，它是世界驰名的冲浪海滩，每年7月举办著名的冈斯顿冲浪大赛（Gunston Surfing Contest）；全世界唯一的夜间冲浪比赛也在这里举办。

漫步穿过北海滩花园庭院（North Beach Garden Court）至中马林街（Central Marine Parade）对面的下沉花园和露天剧场（Sunken Garden and Amphitheatre）❸。下沉花园里有美丽的鲜花、池塘和喷泉，晚上有灯光照明。幸运的话，你会赶上在露天剧场举行的音乐会。周日通常举行跳蚤市场。

老堡路（Old Fort Road）路口有一尊葡萄牙探险家巴托洛梅乌·迪亚斯（Bartolomeu Dias）的雕像；1488年，他最远航行至阿尔戈亚湾（Algoa Bay）。据说瓦斯科·达·伽马（Vasco da Gama）受到迪亚斯的启发，决定继续向前航行，于1497年圣诞节到达纳塔尔海岸。

返回下马林街（Lower Marine Parade），沿海滨继续向南漫步。

乌沙卡海洋世界❹（见第145页）位于黄金英里南端的南海滩上，它是非洲最大的海洋主题公园，这里的海洋世界展览包括一个水族馆以及其他水族展览。它还承担着一项针对受伤海洋生物的康复项目。

巴特尔艺术信托中心（Bartel Arts Trust Centre）

✉ SAS Inkonkoni Bldg., 45 Maritime Place, Small Craft Harbour, Victoria Embankment

☎ 031/332-0468

www.batccentre.co.za

德班植物园（Durban Botanic Gardens）

✉ Sydenham Rd., 紧邻 M8 in Berea

☎ 031/322-4019

www.durbanbotanicgardens.org.za

僧帽水母（Bluebottles）

在德班的黄金英里一带，要当心沙中的凝胶状物体。那可能是僧帽水母，德班人称其为"bluebottles"。这种讨厌的小型无脊椎动物并不是人们普遍认为的水母，而是一群微小的管水母的集合。

人被僧帽水母刺伤会感到剧痛，往往会丧命。由于这种生物体在潮汐时帮助前进的鳍形似古代葡萄牙大型三桅帆船的帆，所以才得了"Portuguese man-of-war"（直译为"葡萄牙军舰"）这么个奇特的名字。

商店林立，租船处比比皆是，挤满了年轻人。巴特尔艺术信托中心（Bartel Arts Trust Centre）是一个充满活力的社区艺术中心，专注于反映夸祖鲁—纳塔尔省传统文化的当地手工艺品。开放式工作室、高档艺术画廊和时尚餐厅使这里活力满满。

德班植物园（Durban Botanic Gardens）

德班植物园方圆 35.8 英亩（14.5 公顷），是一座非洲乡土植物的宝库。这个得到良好维护的植物园建于 1851 年，是德班市最古老的自然景点，也是非洲现存最古老的植物园。园内大约有 15 万种不同植物，重点是兰花、苏铁和棕榈树，还有美不胜收的凤梨，以及一个混种非洲、美洲和亚洲树木的树木园。尤其值得关注的是濒临灭绝的植物。

湖区、下沉花园、蕨类谷和茶馆使游览变成了一次宁静的享受。

植物园位于西德纳姆路（Sydenham Road）和圣托马斯希尔路（St. Thomas Hill Road）之间的伯里亚（Berea，耸立在德班高处的一座山）山脚，从市中心前往很是方便；从沃里克三角（Warwick Triangle）出发，只需步行几分钟即到。

印度社区（Indian District）

印度裔占了德班人口的将近 20%，在德班形成了亚洲之外最大的印度裔聚居区，印度社区无处不显出印度文化的影响。安息日清真寺（Juma Masjid, Grey St 和 Queen St.，电话：031/306-1774，周日不开放）高耸在热闹的街区，顶上有两座镀金的尖塔。它是南半球最大的清真寺，可容纳多达 4500 名信徒。需提前打电话预约参观。

离清真寺不远的街角，在格雷街（Grey Street）和大教堂路（Cathedral Road）之间的狭窄小巷中，拥挤的马德瑞萨阿卡德（Madressa Arcade）集市摆放着成堆的香料、五彩缤纷的布料以及其他印度商品。一些摊位也出售非洲音乐和神秘的非洲魔术道具。

格雷街两旁，有几家印度食品店专门经营一种叫作"bunnychow"的德班独有的三明治——将半个面包中间挖空，填满肉食或素食咖喱。

五光十色的维多利亚街市场（Victoria

维多利亚街市场上，商家正在仔细称量香料。

**基利·坎贝尔博物馆暨
非洲文物收藏馆（Killie
Campbell Museum &
Africana Collection）**

✉ 220 Gladys Mazibuko
Rd.（原名 Marriott
Rd.）

☎ 031/260–1722

◷ 参观故居需事先预约

$ $

http://campbell.ukzn.
ac.za

Street Market，电话：031/306–4021）
位于女王街（Queen Street）和维多利
亚街（Victoria Street）街角，160 个摊
位出售肉类、鱼类、蔬菜、水果、香料
和熏香，处处散发着浓郁的印度风味。
这里还有手工编织的篮子、木雕等南亚
商品。

德班有 20 余座印度教寺庙。宏伟
的 Shree Ambalavaanar Alayam 印度教
寺庙（Bellair Rd., Umkumbaan, Cato
Minor，电话：031/311–1111）虽然稍
稍有点超出印度社区的边界，但非常值
得一游。它建于 1883 年，是南非历史最
悠久、规模最大的印度教寺庙。

基利·坎贝尔博物馆暨非洲文物收藏馆（Killie Campbell Museum & Africana Collection）

基利·坎贝尔收藏馆为夸祖鲁—
纳塔尔省的历史和文化研究提供了三
大研究资源。收藏馆位于纳塔尔糖业
大亨兼国会议员马歇尔·坎贝尔爵
士（Sir Marshall Campbell，1848—

温馨提示：

来到印度社区一定要尝一尝 bunnychow
这种本地快餐，将咖喱装在挖空的面包里即成。

——罗伯塔·科奇
美国国家地理学会杂志撰稿人

1917）的新荷兰开普式庄园穆克勒内克
（Muckleneck）内，由基利·坎贝尔非
洲图书馆、威廉·坎贝尔家具和图片收
藏馆及摩周民族学博物馆构成。

收藏馆是由马歇尔的女儿、非洲文
物收藏家（玛格丽特）·基利·坎贝尔
（Killie Campbell）博士建立的。她的兄
弟威廉（William）捐出穆克勒内克用来
存放这些藏品，自她于 1965 年去世后，
这些藏品交由夸祖鲁—纳塔尔大学管理。

基利·坎贝尔非洲图书馆（Killie
Campbell Africana Library）的主要学科
领域大体涵盖夸祖鲁—纳塔尔省社会经
济、政治和文化史。专业领域包括非洲
早期探索和旅行、基督教布道所、英祖
战争、英布战争、1906 年巴姆巴塔起义，
以及论述祖鲁口述历史的詹姆斯·斯图
尔特档案。收藏馆供南非国内外研究人

员及公众使用。

　　威廉·坎贝尔家具和图片收藏馆（William Campbell Furniture and Picture Collection）展示的是坎贝尔一家在穆克勒内克生活时用过的家具。有些物件出自历史名人之手，因而颇有些趣味。例如，其中有一个凳子，是祖鲁王蒂尼祖鲁（Dinizulu）被拘禁在圣赫勒拿岛上时亲手雕刻的。这里收藏的开普荷兰式家具被认为是在开普之外最好的公共收藏之一。收藏的大量图片中既有阿扎里拉·姆巴塔（Azaria Mbatha，生于 1941）、特雷弗·马克胡巴（Trevor Makhoba，生于 1956）、乔治·姆西曼（George Msimang，生于 1948）等当代黑人艺术家的艺术作品，也有威廉·约翰·伯切尔（William John Burchell，1781—1863）、托马斯·贝恩斯（Thomas Baines，1820—1875）、塞缪尔·丹尼尔斯（Samuel Daniels，1775—1811）等非洲艺术家留下的 19 世纪南非动植物景观。

　　摩周民族学博物馆收藏有精美的祖鲁文物、木雕、雕塑、陶器、服饰和珠饰。艺术家芭芭拉·泰瑞尔（Barbara Tyrrell，生于 1912）进行的非洲土著服饰研究被认为是收藏馆的一大亮点。

乌木格尼河鸟类公园（Umgeni River Bird Park）

　　乌木格尼河鸟类公园距市中心仅十分钟车程，是一座世界顶级的鸟类饲养场和收容所。植被茂密的乌木格尼河沿岸、距河口约 0.7 英里（1 公里）处栖息着来自世界各地的 240 多种鸟，总共大约有 1000 只。乌木格尼河鸟类公园也从

温馨提示：

　　在德班周边能够观察到 200 余种鸟。乌木格尼河鸟类公园组织的远洋观鸟之旅为游客提供了一个轻松观鸟的机会。

　　——卡根·H. 塞克斯哥路
美国国家地理学会实地研究员

威廉·坎贝尔家具和图片收藏馆内部。

事珍稀濒危鸟类繁育工作。

公园里，一条条小径蜿蜒穿过茂密的亚热带植被，经过波光闪亮的瀑布。走在小径上，游客很容易发现蕉鹃、凤头鹦鹉等各种鹦鹉，以及其他本土鸟类。可以在步入式观鸟园和开放式围场观赏金刚鹦鹉、笑翠鸟、犀鸟、火烈鸟，以及肉垂鹤等濒危物种。鸟类自由飞行表演时（每天上午11点和下午2点），你可以观察自由飞翔的猫头鹰、鹳、犀鸟和南非兀鹫。繁殖季节，游客可以透过窗口看到"育婴室"内部，工作人员每

乌木格尼河鸟类公园（Umgeni River Bird Park）

🅰 见第143页地图
✉ 490 Riverside Rd.，紧邻M4，Durban north
☎ 031/579-4600
💲 $
www.umgemriverbirdpark.co.za

小时都要给幼鸟投食。

公园内的凤头鹦鹉（Cockatoo）咖啡馆提供早餐和便餐，客人可以一边用餐，一边欣赏一身亮丽羽毛的鸟儿，还能聆听鸟儿的相互唱和。

香料之国

19世纪，当英国人来到德班时，他们带来了一些印度劳工。与印度人一起到来的还有香料——毕竟，世界上86%的香料都是印度出产的。

历史上，德班是非洲最大的港口，它在香料贸易中理所当然地发挥了重要作用。苏伊士运河于1869年竣工，在此之前，来自欧洲的所有船舶都必须绕过非洲，在德班停泊，然后前往东印度群岛。

因此，你会惊讶地在德班发现各种香料，以及用这些香料调制而成的辛辣诱人的菜肴。其中最有名的是用红辣椒和辣椒粉做成的德班咖喱，比印度咖喱颜色更红。

如果你想购买香料，维多利亚街与女王街交叉路口的维多利亚街市场（见第149页）是个好去处。一个个户外摊位上，各种香料堆成金字塔状，散发着异国香味。有些是纯的，如藏红花粉和辣椒粉，有的则是当地人配制的混合香料，如"mother-in-law exterminator"和"honeymoon BBQ"。

如想现场品尝麻辣小吃，可以尝一尝咖喱角（用咖喱做馅的糕点）或南非三明治（bunnychow，见第148页）。

特写：水下之趣

　　南非的东海岸位于印度洋沿岸，受阿古拉斯海流的影响，气候温暖，为各种水上运动提供了理想环境。但这里的海岸和海湾多礁石和岩石，极其适合浮潜和潜水，也许夸祖鲁—纳塔尔省最出名的还是这两项运动。下面是冒险爱好者的好去处。

索德瓦纳湾（Sodwana Bay）的水肺潜水员和斑鳍蓑鲉。

　　戈西海湾（Kosi Bay，见第169页）紧邻莫桑比克边境，由四个相互联系的湖泊构成，隶属于伊西曼格利索（iSimangaliso，祖鲁语，意为"奇迹"）湿地公园。该公园原名大圣卢西亚湿地公园，是一处联合国教科文组织世界遗产地。该公园以其多样的海洋动植物而闻名，包括濒临灭绝的棱皮龟、蠵龟、鳄鱼和河马。戈西河河口的珊瑚礁适合浮潜，但可能会遇到有毒的石鱼。

　　往南不远就是索德瓦纳湾（Sodwana Bay，见第153页），它仍是伊西曼格利索的一部分。这里的珊瑚礁是非洲最靠南的珊瑚礁，根据与海滩的距离依次命名为两英里礁、三英里礁，一直到九英里礁。也许风景最优美的是七英里礁。虽说索德瓦纳湾的条件全年都很适合潜水，但尤以夏季（11月至次年5月）为佳。

　　阿利瓦尔浅滩（Aliwal Shoal，见第153页）是全世界潜水者公认的全球十佳潜水地点之一。浅滩位于德班以南的乌姆科马斯（Umkomaas）附近，从德班开车40分钟即到。浅滩是一片距海岸2.5英里（4公里）的石化沙丘。1849年，"阿利瓦尔"号轮船在此触礁搁浅（后来又有多条船只在此失事），浅滩因此得名。如今，浅滩一带暗礁、洞穴密布，潜水者会在这里发现各种海绵动物、软珊瑚、硬珊瑚、温水性岩礁鱼、冷水鱼，甚至还有沙虎鲨。

再往南，在距谢利海滩（Shelly Beach）约5英里（8公里）的近海，潜水者会发现另一处世界级潜水地点——东开普省的帝王花海岸（Protea Banks）。从82英尺（25米）的深度开始，潜水者夏季可能会发现公牛鲨、鼬鲨和双髻鲨，冬季可能会看到沙虎鲨，还有短尾真鲨、长尾鲨和大白鲨。洞穴里到处是软珊瑚和硬珊瑚。

东开普省边界的齐齐卡马国家公园（Tsitsikamma National Park，见第114页）是南非的第一个国家海洋公园。在这里，浮潜者会发现满是海星、海绵动物和软体动物的潮汐池。深水品种包括沙虎鲨和鹞鲼。

夸纳省外

开普敦终年提供极好的潜水机会，因为半岛一侧是寒冷的大西洋（夏季为佳），另一侧是较为温暖的印度洋（冬季为佳）。在较冷的一侧，潜水者会发现美丽的海草林。西海岸整体上较为寒冷（见第90~91页），唯独朗厄班潟湖（由开普敦驱车向北约1小时即到）稍微温暖一点。

在西北省的马菲肯（Mafikeng）附近，奇观洞穴（Wondergat或Wonder Cave）这个充满水的灰岩坑是一个颇受欢迎的内陆潜水地点。这个洞穴海拔约4800英尺（1460米），深达130英尺（40米）。在这里，潜水者会发现稀有的洞穴虾和一种叫作带状罗非鱼的独特物种。

奇观洞穴需要定期关闭进行清理，因此一定要事先核实好。

在南非，几乎每一家潜水中心都有潜水学校，提供日间潜水、短期课程以及设备租赁服务。

温馨提示：

最为惊险的野生动物体验是在阿利瓦尔浅滩的水下。乌姆科马斯、斯科特堡和瑞尼公园的潜水经营者组织无鲨笼潜水，可与虎鲨近距离接触。这项活动很安全，但又令人终生难忘！

——乔恩·明斯特
旅游记者

精彩体验：夸纳省的跳水"圣地"

索德瓦纳湾和阿利瓦尔浅滩为身在南非的游客提供了最刺激的潜水机会。世界各地的潜水者涌向这两个地方，体验这两个地方丰富多样的海洋生物。具体地点如下：

索德瓦纳湾七英里礁多深坑和尖礁，可以欣赏到丰富的海洋生物。这里已知的鱼类有1200余种。有望看到鲷、四齿鲀、鳐鱼和罕见的纸鱼。

安东礁（Anton's Reef，即两英里礁）附近热带鱼种类多得惊人，同时也有珊瑚。

石林（Pinnacles）有迷宫般的洞穴状珊瑚丛，适合浅水潜水。

不容错过：蠵龟和棱皮龟于夏季夜间离开大海，到海滩上筑巢。请联系大象海岸旅游局（Contact Elephant Coast tourism，电话：035/562-0353）。

阿利瓦尔浅滩大教堂（Aliwal Shoal Cathedral）犹如礁石中的竞技场，到处是鳐鱼、鳗鱼和沙虎鲨。

尼博（The Nebo）是一条失事船只残骸，大部分已被软珊瑚和海绵动物覆盖。

沙虎鲨洞（Raggies Cave）是一个沙虎鲨众多的洞穴。

要预订或了解详情，请联系阿利瓦尔潜水中心（Aliwal Dive Centre，电话：039/973-2233，www.aliwalshoal.com）或南海岸旅游局（South Coast tourism，电话：039/312-2322）。

德班周边

德班是探索四方的理想中心。德班南北坐拥数英里安宁平静的沙滩和波澜不惊的海面。德班以北是传统的祖鲁村庄和广阔的国家公园，国家公园内除了非洲五霸，还有许多独特的野生动物。

马盖特（Margate）屡获殊荣的海滩。

芙蓉海岸（Hibiscus Coast）
游客信息中心
🅜 Panorama Parade，Margate
☎ 039/312-2322
www.zulu.org.za

南海岸沙滩

南海岸从德班一直延伸到伊丽莎白港，是一片长 100 英里（160 公里）的海滩兼海滨度假胜地。过去，祖鲁人将这片海岸叫作 Ugu（意为"浩瀚水域的边缘"）。如今，这里拥有众多海滨酒店和住宅区，到处是郁郁葱葱的香蕉树、棕榈树、有刺相思树和藤本植物。远在约翰内斯堡的游客甚至也被吸引到这里的许多海滩来。

德班以南约 28 英里（45 公里）处，刚过乌姆科马斯镇（Umkomaas），就是威登汉姆（Widenham）的阴凉海滩，适合冲浪和游泳，沙滩上则是古朴的高档度假别墅。

再往南不远处是斯科特堡（Scottburgh）这个欣欣向荣的度假小镇。

这里的海滨浴场配备有救生员，并全部安装了防鲨网。海浪非常适合冲浪、帆板和俯卧式短冲浪。这个曾经的渔港如今依然是钓鱼者的天堂。

彭宁顿（Pennington）不但有宁静的海滩，还有乌姆多尼公园（Umdoni Park）、海景（Ocean View）、凯尔索（Kelso）、塞泽拉（Sezela）、贝兹利海滩（Bazely Beach）、Ifafa、极乐世界（Elysium）、马特瓦鲁姆（Mtwalume）等美丽海湾。

从希伯丁（Hibberdene）到爱德华港（Port Edward）一带被称为芙蓉海岸（Hibiscus Coast，因为当地有很多这种开花的灌木），包括谢普斯通港（Port Shepstone）、谢利海滩（Shelly Beach）、马盖特（Margate）、南布鲁姆（Southbroom）和特拉法加港（Port Trafalgar），这些地方都有美丽的海滩和设施齐全的度假胜地。

海滩度假村云集的马盖特位于谢普斯通港东南 13 英里（20 公里）处。该镇 1 英里长（1.6 公里）的滨海区被评为蓝旗海滩，跻身世界最佳海滩之列。时尚精品店和艺术气息浓郁的小商店比比皆是。日暮时分，这一带活跃起来，路边咖啡馆、餐厅、酒吧和俱乐部里最新的舞曲响起来，人潮涌动，通宵达旦的狂欢开始了。

相比之下，马盖特南面的拉姆斯盖特（Ramsgate）则是一个小村庄。这里的海滩环境优美宁静，犹如公园，是一个休假的好去处。

马里纳海滩（Marina Beach）位于该省南端的南布鲁姆（Southbroom）和圣拉梅尔（San Lameer）之间，拥有一片长长的沙滩和一个可爱的潮池。它毗邻特拉法加海洋保护区及姆攀加迪（Mpenjati）河口和潟湖，是一个非常吸引人的旅游目的地。

千山峡谷（Valley of a Thousand Hills）

千山峡谷拥有一个富于诗意的名字。它位于德班和彼得马里茨堡（Pietermaritzburg）中间层层叠叠的山脉边缘，放眼望去，群山绵延，无穷无尽。

千山峡谷（Valley of a Thousand Hills）

⚠ 见第 143 页地图

游客信息中心

✉ 47 Old Main Rd.，Botha's Hill

☎ 031/777-1874

www.1000hillstourism.com

这里的祖鲁人仍然生活在传统的村庄里。

长期以来，千山峡谷的美丽与宁静一直吸引着艺术家和工匠，如今依然有很多艺术家和工匠将他们的手艺倾注到这里，生产出陶器、皮凉鞋、手工彩绘织物、木制家具和精美的珠饰。在希尔克雷斯特（Hillcrest）和博塔斯希尔（Botha's Hill）一带，旧主路（Old Main Road）两旁的摊位销售这些手工艺

精彩体验：一杆进洞

夸祖鲁—纳塔尔省绝美的亚热带海岸线成就了南非最令人神往的高尔夫目的地之一。下面是其中最好的一些球场：

阿曼济姆托蒂（Amanzimtoti, 1 Golf Course Rd., Athlone Park，电话：031/902-1166）是习惯于侧旋球者的天堂，因为这里的很多洞偏离直线。有风时，最后三个洞很难进。

德班乡村俱乐部（Durban Country Club, 101 Walter Gilbert Rd.，电话：031/313-1777，www.dcclub.co.za）有两个球场：乡村俱乐部球场和比奇伍德（Beachwood）球场。该俱乐部在南非排名第四，两个球场都建在沙丘上，难度都很大。

克卢夫乡村俱乐部（Kloof Country Club, 26 Victory Rd., Kloof，电话：031/764-0555，www.kloofcountryclub.co.za），位于丘陵雾带，是一个远离海边湿气的度假地，很受游客青睐。

克卢夫是个漂亮的园林型球场，绿树点缀其间，集自然美景与挑战性障碍于一体。

马盖特乡村俱乐部（Margate Country Club, Wingate Rd., Margate，电话：039/317-2340，www.margatecountryclub.co.za）看上去简单，实际上极具挑战性；这是一个赏心悦目的球场，以水景为特色。这里的五个三杆洞备受推崇。

皇家德班（Royal Durban, 16 Mitchell Crest, Durban，电话：031/309-2581，www.royaldurban.co.za）很是平坦，但又是南非难度最大的球场之一。乍看上去很容易，但防风设施很少。

圣拉梅尔（San Lameer, Main Rd., Lower South Coast, San Lameer Estate, 电话：039/313-5141，www.sanlameer.co.za）的排名在南非前 30 以内。球场坐落在一个鸟兽众多的自然保护区内，以大片水景为特色。适合打保守型高尔夫。

斯科特堡（Scottburgh, Taylor St. 和 Williamson St.，电话：039/976-0041，www.scottburghgolf.co.za）起伏不平的球场后面是浩瀚的印度洋。球场右手边是狭窄的球道及界外区，左手边是沿海森林。在这里，许多高尔夫球手为风伤透了心。

乌木格尼蒸汽火车公司（Umgeni Steam Railway）

🅰 见第 143 页地图　　✉ Kloof Station
☎ 031/303-3003 或 082/353-6003
💲 $$$-$$$$
www.umgenisteamrailway.co.za

Isithumba 村

🅰 见第 143 页地图
✉ Isithumba Adventure Tourism，District，Road D1004，Botha's Hill
☎ 078/277-1348
www.durbangreencorridor.co.za

品以及新鲜的农产品。

要想在千山峡谷体验怀旧之旅——同时也是南非沿途风光最美的火车之旅，那就登上乌木格尼蒸汽火车（Umgeni Steam Railways）吧。从克卢夫（Kloof）站到因常戈（Inchanga）站的 1 小时行程中，列车要驶过南非坡度最大的铁路路段，还要穿过南非最古老的隧道之一。因常戈火车站始建于 1893 年，坐落在地势较低的中部地区，环境清幽。

千山峡谷的博塔斯希尔一带有两个祖鲁民俗村，随时欢迎游客的到来。

在 KwaXimba 部落辖下的艾斯图姆巴（Isithumba）村，经验丰富的导游带你走进祖鲁人居住的草顶圆形茅屋。品尝传统美食，与祖鲁人一起载歌载舞，看巫医（当地传统治疗师）表演（见下栏），晚上住在探险旅游中心（Adventure Tourism Center）带私人浴室的现代化度假屋里。

来村路线 过了蒙特西尔（Monteseel）后从旧主路拐下，上 D1004 区道。沿路驶入千山峡谷；探险旅游中心就在乌木格尼河（Umgeni River）河畔。

也可以前往附近的费祖鲁野生动物园（Phezulu Safari Park，5 Old Main Rd.，Botha's Hill area，电话：031/777-1000，www.phezulusafaripark.co.za），在那里可以欣赏祖鲁传统舞蹈，参观土人村社。还可以参观蛇类饲养场和鳄鱼养殖场。

精彩体验：访求巫医

设想你坐在那里，对面一个戴着串珠、饰有羽毛的男子口中念念有词，挥舞着皮鞭，朝你吹气，同时朝你扔骨头——光是想一想就够吓人的了，但毋庸置疑，这也是一种独特的文化体验。

巫医（或传统治疗师）是恩古尼文化的一个组成部分，据说巫医具有与祖灵沟通的能力，人们崇拜巫医，相信他们能够指导日常生活。为了取悦先人，恩古尼人经常举行祭祀活动，但并不总能如愿。这时就该巫医大展身手了。借助祖先之口，再加上草药医生（iNyanga）的助力，巫医便可以预测未来，诊治疾病。近年来，个别巫医行为不端，给这个传统行业带来了负面影响，但"好"巫医仍然比比皆是，当地人常常夸奖他们比西医还有效。

如果你正在寻求精神指导，以做出一个艰难的决定，或者想获得一种独特的体验，那就到中部地区的富顿水疗酒店（Fordoun Spa Hotel，Nottingham Rd.，电话：033/266-6217，$$$$$，按次收费，www.fordoun.com）预约去看埃利奥特·恩德洛武医生（Dr. Elliot Ndlovu）吧。在开普敦地区，请联系查洛旅行（Charlo's Tours，电话：021/715-6607，团队游 $$$$$，www.charlostours.co.za）。该机构组织文化游和乡镇游（半天），其中包括拜访巫医。在约翰内斯堡，请联系品味非洲旅行社（A Taste of Africa，电话：011/482-8114，$$$-$$$$$，www.tasteofafrica.co.za）。

真正的非洲

崎岖的山脉，广袤的热带稀树草原，漂亮的野生动物——原生态的非洲从这里展开。世代耕作的农民和部落居民过着简单的生活，随着大自然的节奏，日出而作，日落而息。

壮观的德拉肯斯堡山脉。

德拉肯斯堡山脉（Drakensberg）

德拉肯斯堡山脉（Drakensberg，在南非荷兰语中意为"龙之山"）这条南非东部的山脉绵延约 600 英里（965 公里）。高寒草原、森林、瀑布、河流在这里构成了绝美的荒野。这条山脉是夸祖鲁—纳塔尔省与莱索托的分界线。徒步旅行时，你可能一连数天都遇不到一个人。

山脉海拔在 4200 英尺（1720 米）到将近 11500 英尺（3500 米）之间，多样的地形造就了多样的植物群落。在海拔较高的地方，高寒地区特有的植物和濒危植物占有绝对优势；山谷地区则是普罗提亚木（山龙眼）、苏铁、树蕨、棕榈和非洲岁汉松的天下。在这里可以

看到的野生动物种类之多也令人惊异，光是羚羊就有好几种（大羚羊、短角羚、苇羚、薮羚、蓝麂羚、山羚和侏羚），还有狒狒、豺、猞猁和水獭。

在 299 种鸟类中，43 种是本地特有的，其中 10 种具有全球保护意义，包括白翅侏秧鸡、南非鹦鹉、长脚秧鸡、黄爪隼、肉垂鹤和黄胸鹀。在这里比较常见的鸟有翠鸟、鹳、蛇鹫、欧夜鹰、伯劳和织布鸟。

这里可提供的活动种类繁多，从徒

德拉肯斯堡山脉（The Drakensbery）

🅰 见第 143 页地图

游客信息中心

☎ 036/448-1557，036/448-2455，
　083/485-7808

www.drakensberg.org.za

脉的悬崖陡壁。

1993 年，原来的一些公园被合并进来，形成了更大的乌卡兰巴—德拉肯斯堡山脉国家公园，其中包括皇家纳塔尔国家公园（Royal Natal National Park）、巨人城堡禁猎区和坎贝格禁猎区。

公园有 15 个入口，但没有一条连接所有入口的公路，因此游客徒步或露营时必须选择一个特定的区域。可以在皇家纳塔尔国家公园和巨人城堡禁猎区的接待中心（Tendele）住宿过夜。

德拉肯斯堡山区的岩画： 德拉斯堡山脉也是南非最重要的考古区之一，这里有20000 年前人类居住留下的遗迹。从石器时代晚期开始，桑人就生活在这里的洞穴等遮蔽处，在过去的 4000 年间留下了大约 600 处岩画遗址，共有约 35000 幅图像。

这是撒哈拉以南非洲最密集的岩画群。这些图像具有很高的艺术价值。这些岩画对人和动物的传神描绘说明桑人与自然之间有着复杂的联系，其中有些作品似乎与桑人的宗教有联系。并非所有的岩画都是史前作品，距今最近的岩画创作于 19 世纪，有些描绘的是桑人与持枪的早期殖民者之间的冲突。

可以到皇家纳塔尔国家公园、巨人城堡禁猎区（至少有 50 处遗址）和坎贝格禁猎区参观岩画遗址。有些岩画遗址就在徒步路径附近，可以自行前往参观，有些则只能跟团前去。

坎贝格桑人岩画小径暨解说中心（Kamberg San Rock Art Trail and Interpretative Centre）可以安排这种团队游，由经过培训的当地向导带队。正是在这里，考古学家发现了桑人的"罗

乌卡兰巴—德拉肯斯堡山脉国家公园（uKhalamba–Drakensberg National Park）

- 🅰 见第 143 页地图
- ☎ 033/845-1000
- 💲 $-$$$$$
- www.kznwildlife.com

坎贝格禁猎区（Kamberg Game Reserve）

- 🅰 见第 143 页地图
- ✉ 在 Giant's Castle 出口下紧邻 N3，Central Berg
- ☎ 033/845-1000

巨人城堡的秃鹫餐厅（Vulture Restaurant at Giant's Castle）

- ✉ Lammergeyer Hide
- ☎ 联系 Giant's Castle
- 💲 $$$$$（含至隐蔽处的交通费用）

温馨提示：

巨人城堡的秃鹫餐厅（Vulture Restaurant）是一个奇妙的地方，在这里可以近距离观察雄壮英发、正在下降中的秃鹫。要知道你在这里的消费有助于保护秃鹫哦，尽情欣赏、赞叹它们吧！

——卡根·H. 塞克斯哥路
美国国家地理学会实地研究员

步到飞蝇钓、观鸟、骑马、攀岩，一应俱全，应有尽有。在德拉肯斯堡山脉南部的蒂凡德尔（Tiffindell，位于东开普省），从 5 月末到 9 月初甚至可以滑雪。

乌卡兰巴—德拉肯斯堡山脉国家公园（uKhalamba–Drakensberg National Park）

乌卡兰巴—德拉肯斯堡山脉国家公园方圆 60 万英亩（243000 公顷），大部由德拉肯斯堡山脉及周边地区构成。

2000 年，德拉肯斯堡山脉被联合国教科文组织列为世界遗产，公园成立。祖鲁人将这片广大山脉称为"乌卡兰巴"，意为"万矛高举的屏障"，这个名字极为传神地描绘出这里附近大片玄武岩山

塞塔石碑"（Rosetta Stone），即考古学家解开岩画的精神内容之象征意义的钥匙，使考古学家能够理解桑族猎人为什么相信他们可以从猎物身上获得神奇的力量。可以在该中心观看关于桑人世界的纪录片，还能接触到仍然生活在该地区的桑人后代。

皇家纳塔尔国家公园（Royal Natal National Park）：德拉肯斯堡山脉北部最显著的地理特征之一便是皇家纳塔尔国家公园内的阶梯剧场峰(Amphitheatre)，其崖面大得惊人，是世界上最艰险最刺激的登山目的地之一。还是在这里，图盖拉河一落 3000 英尺（914 米），形成了五级瀑布，它们一起构成了南非最长的瀑布——图盖拉瀑布（Tugela Falls）。这里有一条颇受欢迎的步道蜿蜒穿过图盖拉河谷。

皇家纳塔尔国家公园（Royal Natal National Park）

- 见第 143 页地图
- N. Berg Rd.，距 R74 8 英里（19 公里）
- 036/438-6310　$ $

巨人城堡禁猎区（Giant's Castle Game Reserve）

- 见第 143 页地图
- 在 N3 Giant's Castle 出口下，Central Berg
- 036/353-3718
- 洞穴游：$　隐蔽处游：$$$$$

巨人城堡禁猎区（Giant's Castle Game Reserve）：巨大的山峰、凉风习习的草原和精妙的桑人岩画——这一切都吸引着游客来到修道士斗篷峰南面这片 85000 英亩（34398 公顷）的禁猎区。

公园通行证：可在彼得马里茨堡的 KwaZulu-Natal Wildlife（电话：033/845-1000）、德拉肯斯堡山脉中部信息中

精彩体验：在德拉肯斯堡山区骑马

在德拉肯斯堡山区骑马是一种独一无二的体验。作为世界遗产地的德拉肯斯堡山脉有如诗如画的山间风光、壮观的多级瀑布和开阔的空间，马背上的骑手可以骑马穿越附近的野生动物保护区，时不能瞥见长颈鹿、犀牛以及无数种雄性动物。

如果对历史感兴趣，可以跨上马跟着导游一路小跑，穿过曾经的战场，参观血河之役（Battle of Blood River）等战役遗址（1838 年，布尔移民先驱在血河击败了祖鲁人）。

该地区不但有 600 余处桑人岩画遗址（最早的已有 4000 年历史），也不乏带你"穿越"回有趣的桑族猎人时代的徒步小径。

骑马团队游还将带你到现代祖鲁村庄，了解南非农村的生活方式。你甚至可以花点时间见一见执业巫医（传统治疗师；见第 156 页）。

整个山区都可以骑马通行，新手和老手都能找到适合自己的骑马小径。这里既有适合小个子的小马骑乘路径，也有骑马需要两小时才能跑完的山区风景小径。至于配备厨师和导游的多日骑乘活动，几乎德拉肯斯堡山区的所有度假村都可以安排。

要体验另类旅行，徒步旅行者可以租大羊驼来运送露营装备及其他行李。大羊驼可载重 88 磅（40 千克）。

如需预订，请联系所在的度假村，或尝试下列地点：科索马道（Khotso Horse Trails，电话：033/701-1502，www.khotsotrails.co.za）；北马（The Northern Horse，电话：082/337-8770，www.drakensberg-houseriding.co.za）；或森格尼马道（Sengani Horse Trails，电话：036/352-1595）。

金门高地国家公园（Golden Gate Highlands National Park）

见第 143 页地图

Johannesburg 以南 165 英里／265 公里处

058/255–0012；电子邮件：goldengate@sanparks.org

www.sanparks.org/parks/golden_gate

心（电话：036/488–1207，www.cdic.co.za）、德拉肯斯堡山脉旅游协会（电话：036/448–1557，www.drakensberg.org.za）或德拉肯斯堡山脉南部旅游中心（电话：033/701–1471，www.drakensberg.org）办理通行证。

金门高地国家公园（Golden Gate Highlands National Park）

　　作为自由邦省唯一的保护区，金门高地国家公园犹如一根楔子插在夸祖鲁—纳塔尔省西北边界与莱索托之间。公园内山脉高耸，风光秀丽，值得一游（这些山脉仍然属于德拉肯斯堡山脉）。公园的最高峰是瑞布克普（Ribbokkop），高达 9281 英尺（2829 米）。小卡利登

犀牛行动

　　犀牛行动是一项旨在拯救濒危物种——白犀牛的行动。该行动于 20 世纪 60 年代始于赫卢赫卢韦—印姆弗鲁兹。拯救行动小组在南非等国成功捕获并重新安置了许多白犀牛。

　　行动卓有成效，1960 年时南非只有 500 头白犀牛，现已增长了 11 倍，达到 6000 头左右。

　　如今，公园也关注拯救濒临灭绝的黑犀牛，在过去的 10 年中其数量已经从 14000 头减少至 2550 头。目前，世界上至少五分之一的黑犀牛和白犀牛生活在该公园内。

河（Little Caledon River）构成了公园的南部边界。高原生态环境包括 28700 英亩（11600 公顷）受到独特保护的环境，包括高地草原和山地草原植被、非洲山地森林和高海拔南部非洲高山草原。Ouhout（Leucosidea sericea）是一种常绿树种，是公园中最常见的树种。这里有 140 种鸟，是观鸟者的天堂，其中包括南非兀鹫、胡兀鹫、秃鹳、猛雕、髯鹫和岩隼。野生动物包括白尾角马、短角羚、跳羚、麂羚、石羚、侏羚、山苇羚、麋羚、大羚羊、白面大羚羊和斑马。这一地区化石也很多。迄今为止发现的最古老的恐龙胚胎化石源于三叠纪（2.2 亿~1.95 亿年前），是 1978 年在该公园内发现的。

　　公园内的巴索托民俗村（Basotho Cultural Village）小巧玲珑，展示着巴索托传统生活的方方面面。这里可供选择的活动很多，如徒步参观岩画遗址，在导游的带领下探索药用植物，乃至更耗费体力的徒步前往多个山峰和瞭望台（为期两天）。

　　公园内的住宿选择包括金门普罗提亚酒店（Protea Hotel Golden Gate）旗下的戈林瑞恩营地（Glen Reenen Rest Camp，www.proteahotels.com/goldengate）；金门酒店（Golden Gate Hotel）旗下的高山度假中心（Highland Mountain Retreat）；以及夸夸营地（Qwa Qwa Rest Camp）。要预订或了解上述住宿选择，请拨打 012/428–9111 或 082/233–9111。

赫卢赫卢韦—印姆弗鲁兹公园（Hluhluwe-iMfolozi Park）

　　祖鲁兰北部与大象海岸之间是壮观

的赫卢赫卢韦—印姆弗鲁兹野生动物公园。保护区因赫卢赫卢韦河和印姆弗鲁兹河而得名。它始建于 1895 年，是南非最古老的保护区，占地 230000 英亩（96000 公顷）。

该地区既有云雾缭绕的山脉，又有生长着金合欢树（Acacia xanthophloea）和伞形洋槐树（Acacia tortillis）、赤日炎炎的稀树草原。这里多样的地形、众多祖鲁传统村庄和甘蔗种植园，仿佛一张张完美的风景明信片。

这里既有非洲五霸——大象、狮子、花豹、水牛和犀牛（见第 160 页），又有尼罗鳄、河马、猎豹、鬣狗、斑纹角马、豺、长颈鹿、斑马、水羚、安氏林羚、大羚羊、大捻角羚、黑斑羚、麂羚、苇羚、疣猪、薮猪、猫鼬和狒狒。

观鸟： 该公园是南非的主要观鸟地之一；有记录的鸟类有 300 余种。在南非，可以同时见到黄喉长爪鹡鸰、粉喉长爪鹡鸰和橙喉长爪鹡鸰的地方并不多，赫卢赫卢韦河漫滩就是其中一个。公园中其他值得关注的鸟类品种还有非洲鳍脚鸥、德氏鸽、非洲鸽、白耳拟鴷、黄翼斑斗鹑、拉氏娇莺、黄嘴牛椋鸟和红嘴牛椋鸟。

观赏野生动物： 山顶营地（Hilltop Camp，电话：035/562-0848）组织游客乘车观赏野生动物，早晨和傍晚都有。山顶营地是一个比较新的营地，位于公园的赫卢赫卢韦部分，高踞在一个丛林密布的陡峻斜坡边缘，可欣赏祖鲁兰丘陵和山谷之美。姆皮拉营地（Mpila Camp，电话：035/550-8477）位于印姆弗鲁兹部分的中心，只组织游客傍晚乘车观赏野生动物。

在赫卢赫卢韦—印姆弗鲁兹公园徒步。

公园内道路纵横交错，四通八达，状态良好，隔段距离就有休息站，很是方便，允许游客自驾游览。此外，公园内有两条自由徒步路径，一条在山顶营地，另一条在印姆弗鲁兹部分，可供游客安全地欣赏公园内的野生动物。

也可以在一位训练有素、持有武器的公园管理员的带领下漫步。这些短途日间漫步从姆皮拉营地和山顶营地出发，耗时大约两小时。如想参加，可到任意一处营地的前台预约。

赫卢赫卢韦—印姆弗鲁兹公园崎岖的荒野小径（Wilderness Trails）也很有名。荒野小径是由伊恩·普莱耶（Ian Player，高尔夫球运动员加里·普莱耶的兄弟）于 20 世纪 50 年代开辟的。这些徒步路径构成了一个复杂系统，有四条

（下接第164页）

赫卢赫卢韦—印姆弗鲁兹公园（Hluhluwe-iMfolozi Park）

🗺 见第 143 页地图

✉ 在 N2 赫卢赫卢韦出口下；横穿高速公路，沿路行驶 9 英里（14 公里）至公园入口处

☎ 033/845-1000

注意： 赫卢赫卢韦—印姆弗鲁兹公园属于疟疾流行区；有必要采取抗疟预防措施。

马洛蒂山脉之旅（Maloti Mountains Drive）

该旅程带你沿着南非与莱索托边境，穿越自由邦省东部的迷人风光。

金门高地国家公园。

这条路线多次跨越小卡利登河，旅途中大部分时间你可以欣赏到田园风光，左手边则是莱索托经常白雪皑皑的马洛蒂山脉。

途中可以看到壮观的砂岩地貌，随着光线变换呈现黄色、金色、棕色、粉红色和灰色；可以看到茂密的灰杨和高耸的箭杆杨；春夏季节田里是翠绿的玉米和小麦，冬季田野则呈棕褐色。你也可以顺便去参观一下精美的桑人岩画。

从金门高地国家公园❶（见第160~161页）出发，开车驶出公园时，可以看到左右两边高耸入云的壮丽的砂岩峭壁。

沿R712行驶11英里（18公里），穿越高低起伏的乡村，到达克拉伦斯❷（Clarens）小镇。老德兰士瓦共和国流亡总统保罗·克鲁格（Paul Kruger）于1904年在瑞士的克拉伦斯去世，这个小镇由此得名。克拉伦斯位于低山丘陵区，

不容错过：

金门高地国家公园·克拉伦斯·斯卡普拉兹（Schaapplaats）农场·富里斯堡（Fouriesburg）

在过去几十年中迅速发展成了一个旅游目的地，周末时人满为患。镇中心是一个绿草如茵的广场，广场四周有画廊、餐厅、咖啡馆、酒吧和商店。克拉伦斯旅游中心（Clarens Destinations, Shop 8, Market St.，电话：058/250-1189）在广场的一个角落里，可以提供与小镇和本地区相关的信息。如果打算去斯卡普拉兹（Schaapplaats）参观桑人岩画（见下文），可以在此预约（$），还可以打听一下碎石路的路况。

按原路离开克拉伦斯，右转上R711，朝富里斯堡方向行驶。1.2英里（2公里）后，会看到对面有一个大牌子指向克古伯兹瓦纳（Kgubetswana），附近还有一些较小的指示牌指向斯卡普拉兹，左转。沿路行驶10分钟（4英里/6公里，刚开始是柏油路，但更多的是碎石路）即可到达斯卡普拉兹农场❸（电话：058/256-1176，www.ashgarhorses.co.za）。可在农舍咨询桑人岩画详情。在导游带领下，沿峡谷向上步行10分钟，到达一个巨大的悬空洞穴。在这里，可以看到精美的岩画，有些已有数千年历史，描绘的是羚羊和奇怪的巫师（身裹兽皮、长着动物脑袋）。应当给导游

5~10 兰特小费。

返回 R711，继续向左朝富里斯堡行驶。再次跨过小卡利登河后，驶上一座陡山，你会看到山顶上方有一块指示牌指向投降山❹（Surrender Hill）。停车，步行上坡。一块铜匾记载着该地的历史：1900 年 7 月，正值南非战争（1899—1902）期间，4300 多名布尔人在这里向英军投降，这是布尔一方在这次战争中遭遇的最大失败。

再走 1 英里，左侧有一个观察点，可以纵览小卡利登河谷的壮丽景色，远眺莱索托和马洛蒂山脉。

在距克拉伦斯 22 英里（36 公里）处，右转进入富里斯堡❺（Fouriesburg）。一到小镇，首先映入眼帘的是左手边的 Matsoho 工艺品店（电话：072/230-3206），销售上好的当地工艺品。花几分钟时间驱车在富里斯堡转一转。这是一个典型的自由邦省东部小镇，镇上有一所学校，有市政大楼，还有一座用当地的金褐色砂岩建造的教堂。老旧的富里斯堡乡村酒店（Fouriesburg Country Inn，Reitz St. 和 Theron St.，电话：058/223-0207）是一个吃午餐的好地方，天花板为冲压钢板，后面是用砂岩建造的低矮客房。

▲ 另见第 143 页该区地图
▶ 金门高地国家公园
↔ 34 英里（54 公里）
⊘ 半日游，含停车游览时间
▶ 富里斯堡

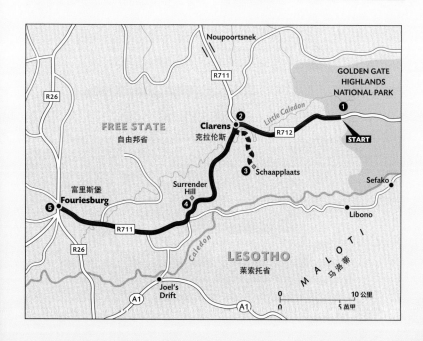

伊西曼格利索湿地公园（iSimangaliso Wetland Park）

见第 143 页地图
游客信息中心

✉ 从 Mtubatuba 出发走 R618 前往游客中心。过桥后，在环岛处右转，沿 McKenzie St. 前往 St. Lucia tourist center 和公园门口。

☎ 035/590-1633

www.isimangaliso.com

徒步路线（带导游，为期 2~5 天）可供徒步旅行者选择。

住宿 埃泽姆维洛·夸祖鲁—纳塔尔野生动植物组织（Ezemvelo KwaZulu–Natal Wildlife，负责管理夸祖鲁—纳塔尔省的生物多样性和自然资源的机构）在赫卢赫卢韦部分的 Mthwazi 营地、山顶营地、Muntulu 营地和 Munyawaneni 营地提供度假屋或自炊式旅舍。在印姆弗鲁兹部分，该机构则在 Masinda 营地、姆皮拉营地、Sontuli 营地、Gqoyeni 营地和 Hlathikhulu 营地提供类似住宿。公园内不允许露营。

伊西曼格利索湿地公园

（iSimangaliso Wetland Park）

这个原始生态系统是南非第三大保护区，也是南非第一个世界遗产地，以前叫作大圣卢西亚湿地公园，现更名为伊西曼格利索（"iSimangaliso" 在祖鲁语中意为"奇迹"）湿地公园。保护区占地 81 万英亩（328000 公顷），漫长的海岸线北起莫桑比克边境，南至圣卢西亚河口以南的马非拉尼（Maphelane），长达 125 英里（200 公里）。

公园集多个知名目的地于一体，包括马非拉尼自然保护区（Maphelane Nature Reserve）、圣卢西亚海洋保护区（St. Lucia Marine Reserve）、维达尔角（Cape Vidal）、姆库泽禁猎区（Mkuze Game Reserve）、索德瓦纳湾（Sodwana Bay）、西巴雅湖（Lake Sibaya）、石尾湾（Rocktail Bay）和戈西海湾自然保护区（Kosi Bay Nature Reserve），为

在圣卢西亚河口期待河马。

公园内的所有生物创造了一个广阔而又安全的环境。

这个联合公园内有五种既相互独立又相互依存的生态系统：印度洋的海洋生态系统；由较高的细长沙丘（上有植被）、亚热带森林、海岸草原和湿地构成的海岸沙丘系统；圣卢西亚湖和戈西海湾（之间有河口相连）及四个淡水湖：西巴雅湖、蒙格贝泽莱尼湖、北彭格格兹湖和南彭格兹湖）；姆库泽沼泽和印姆弗鲁兹沼泽及面积广阔的芦苇沼泽和纸莎草沼泽；以及西岸——海岸阶地和干旱的热带稀树草原林地。

真正使这个公园脱颖而出的是这里兼有亚热带海岸线、湿地和热带森林，使这里的物种比一些更大的保护区（如克鲁格国家公园或博茨瓦纳的奥卡万戈三角洲）更为多样，而且该地受到的人类干预很少。除了花豹、粗尾丛猴、白唇青长尾猴、豺、鬣狗、牛羚、黑斑羚、苇羚、水牛、野狗、猎豹、斑马、鳄鱼、白犀牛和黑犀牛，公园内的河马数量更是居南非之首。仅圣卢西亚湖就有800多只河马和1200多条鳄鱼。2001年，大象重返公园。

鸟类品种繁多，多达521种。约有200种水鸟在岸边筑巢和觅食。

祖鲁族握手法

和当地祖鲁人握手无疑是一种获取对方好感的方式。握手分三步：开始是传统的握手，然后变成掰手腕的姿势，最后再回到最初的握手。三个步骤一气呵成，传达出的含义相当于我们平时的问候："你好！""你好吗？""我很好。"

公园索德瓦纳湾（Sodwana Bay）以北部分不仅有海滩，还有近海珊瑚礁（公园近海皆有）。

冬季（6~11月），座头鲸沿整个夸祖鲁—纳塔尔省海岸洄游。夏季（11月至次年3月），巨大的棱皮龟和蠵龟在海滩上产卵。

这里还发现了一种珍贵物种——腔棘鱼（coelacanth），它是科学家们从化石记录中了解到的一种水生物种，原本以为已经灭绝。然而，2000年11月，人们在海洋保护区内索德瓦纳湾附近离岸不远的一个海底峡谷内发现并拍摄到三条腔棘鱼。

伊西曼格利索湿地公园有9个不同的入口门。公园内活动多多，如荒野徒步、在导游带领下散步、沿路观赏野生动物、观鲸、观龟、乘船游和划皮划艇等。

圣卢西亚镇附近的鳄鱼中心（Crocodile Center）某种程度上相当于一家解说服务中心，帮助游客了解非洲仅有的三种鳄鱼：尼罗鳄、长吻鳄和侏儒鳄。

住宿场所遍布园区，经营者各不相同。可以通过www.elephantcoast.kzn.org.za预订住处。

圣卢西亚（St. Lucia）：圣卢西亚镇是一个度假小镇，湿地公园最靠南的入口就在镇上，自1822年以来一直是著名的观赏野生动物和捕鱼目的地，1895年被划为保护区。游客可以在这里稍事休整，做好去丛林、草原、河口和潮池游览的准备。作为一个旅游中心，一到旅游旺季，小镇上的餐厅和纪念品商店就热闹起来，尽管如此，小镇气氛依旧轻松休闲，时不时能见到猴子或河马在

一个聪加族女孩。

圣卢西亚（St. Lucia）
🏔 见第 143 页地图
游客信息中心
☎ 083/584–7473
www.stluciasouthafrica.co.za

马非拉尼自然保护区（Maphelane Nature Reserve）
🏔 见第 143 页地图
✉ iSimangaliso Wetland Park 南缘
☎ 033/845–1000

维达尔角（Cape Vidal）
🏔 见第 143 页地图
✉ St. Lucia 以北
☎ 035/590–9012 或 082/841–5953；
　预约电话：033/845–1000；
　电子邮箱：info@ kznwildlife.com
💲 $$

小镇仅有的一条主街上漫步。游客来这里参加陆上和海上游钓，包船体验先捕后放的快乐。

可以乘船畅游方圆 86000 英亩（36000 公顷）的圣卢西亚湖（St. Lucia Lake，KZN Wildlife Office, St. Lucia，电话：035/590–1259；需预约）南部，即湖峡（Narrows）。在这里可以近距离接触鱼鹰、鹈鹕、火烈鸟、琵鹭、苍鹭、翠鸟以及其他涉禽和水禽。在原生态的岸边可以见到泡在水中的鳄鱼和河马。

马非拉尼自然保护区（Maphelane Nature Reserve）： 伊西曼格利索的马非拉尼部分位于圣卢西亚河口对面，紧靠印姆弗鲁兹河南岸河流入海处。这个自然保护区地处偏远，这里的森林和灌木丛非常适合徒步。在海滩一带，激浪投钓活动也很受欢迎。马非拉尼营地（Maphelane Camp）有 10 座设施齐全的小木屋，每座木屋有两间卧室以及卫生间、厨房和用餐区。这里还有 45 处拖车式活动房屋和露营地，提供现代化卫浴设施。也有更加高档的旅馆。

维达尔角（Cape Vidal）：维达尔角是一个超棒的沿海营地，位于圣卢西亚北边的一个避风港内。维达尔角拥有浅水池和岩礁（适合浮潜）、草木丛生的沙丘和优良的海滩，是伊西曼格利索湿地公园内一处理想的度假胜地。

捕鱼皮艇、捕鱼摩托艇和深海捕鱼船从维达尔角的营地出发。钓鱼者经常能钓到枪鱼、旗鱼、鲣鱼、剑鱼等鱼类。营地有加油站、纪念品商店和小杂货店。提供自炊式住宿（包括小木屋和渔家小屋）和露营地。

姆库泽禁猎区（Mkhuze Game

Reserve）：姆库泽位于祖鲁兰东北角，西邻莱邦山脉，东濒印度洋，北接莫桑比克。该地区与莫桑比克的边境两边都生活着尚迦纳人。姆库泽也是伊西曼格利索的一部分，生态环境具有惊人的多样性，包括高山、生长着金合欢树的大片热带草原、沼泽、各种林地和河域森林，其中包括一种罕见的沙地森林。

地形的多样性造就了栖息在公园内的动物品种的多样性，包括黑犀牛、白犀牛、大象、长颈鹿、安氏林羚（一种长着螺旋形角的羚羊）、斑纹角马、疣猪、河马、黑斑羚和大捻角羚。猎豹、鬣狗、花豹和野狗则比较少见。

有记录的鸟约有 420 种。库布比盆地、卡马辛加盆地和夸马黎巴拉盆地附近设有三个隐蔽处，便于观赏野生动物。在冬季的几个月里，在有水坑的地方可以见到大群的野生动物。尼龙莱拉（Nhlonhlela）盆地和尼苏默（Nsumo）盆地风景优美，栖息着河马、鳄鱼、粉红背鹈鹕、白鹈鹕、野鸭和雁。

禁猎区内有 60 英里（86 公里）长的公路，适合驾车或乘车寻找野生动物。可以通过曼图玛营地（Mantuma，电话：033/845-1000）的经理安排日间徒步和夜间乘车之旅。该营地提供自炊式游猎帐篷和度假屋。

索德瓦纳湾（Sodwana Bay）：索德瓦纳湾是南非伊西曼格利索湿地公园

姆库泽禁猎区（Mkuzhe Game Reserve）

Ⓐ 见第 143 页地图

✉ iSimangaliso Wetland Park

☎ 035/590-1633

$ $$-$$$$$

索德瓦纳湾（Sodwana Bay）

Ⓐ 见第 143 页地图

游客信息中心

✉ 在 N2 赫卢赫卢韦出口下，在通往 Mbazwana 的 SDI 公路上行驶 50 英里（80 公里）

☎ 035/590-1633

内名副其实的偏远地带，这里最受欢迎的活动是游钓、水肺潜水和浮潜。在海湾可以体验近岸深水速降，欣赏海洋动植物构成的瑰丽的水下海景，包括枝珊瑚、桌面珊瑚、盘珊瑚、漂亮的悬岩以及典型的蕈状岩。

潜水者和浮潜者会发现丰富的热带鱼、硬珊瑚、软珊瑚、海绵动物、海鳗、大群中上层鱼类、黑斑石斑鱼、玳瑁龟、蠵龟、绿甲海龟、棱皮龟等；如果时间合适，还能发现南方露脊鲸、座头鲸、鲸鲨和海豚。

这里有一条长 3 英里（5 公里）的自由步道通往蒙格博塞莱尼（Mgoboseleni）湖，原生态的环境保证远足者和鸟类爱好者可以安静地在沙丘上散步。11 月至次年 3 月，这里也组织观龟之旅（有导游）。

住宿有木屋和游猎帐篷，可在珊瑚潜水（Coral Divers，电话：033/345-6531，www.coraldiver.sco.za）预订。珊瑚潜水的旅馆有一所潜水学校，出租水肺潜水和浮潜设备。

索德瓦纳湾国家公园（电话：035/571-0051，www.mseni.co.za）内的

姆斯尼旅馆（Mseni Lodge）出租小木屋。

埃泽姆维洛 KZN 野生世界（Ezemvelo KZN Wildlife，www.kznwildlife.com） 提供 20 间 5 人及 8 人自炊式原木小屋。

沿海岸驾驶必须开四轮驱动汽车。有必要采取预防疟疾的措施。

西巴雅湖（Lake Sibaya）：西巴雅湖是南非最大的淡水湖，紧靠北部海岸，多沙质海滩和高高的沙丘。湖边是白色沙滩和沼泽地，不远处就是毗邻公园的密林和农田，农田上矗立着一座座传统农庄住宅。

该湖为鸟类、哺乳动物和水生生物提供了栖息地，是夸祖鲁—纳塔尔省第二大河马及鳄鱼聚集地。其他品种还有白尾獴、沼泽獴、苇羚、白唇青长尾猴、红麂羚和蓝麂羚。

这里为 279 种有记录的鸟类提供了避风港，包括红喉鸱鹕、白喉鸱鹕、斑鱼狗、大鱼狗冠翠鸟、鱼鹰、苍鹭、蛇鹈和白鹭。

松加海滩旅馆（Thonga Beach Lodge，紧邻 N2，距 Lake Sibaya 3 英里 /10 公里，电话：035/475-6000，只适合四驱车，提前打电话安排两驱皮卡）位于离西巴雅湖不远的马比比，掩映在美丽的海滨沙丘森林中，下面的海滩风光一览无余。茅顶丛林套房私密性极好。

石尾湾（Rocktail Bay）：作为一处高档海滩度假胜地，石尾湾涵盖索德瓦纳湾和戈西海湾自然保护区中间的一连串湖泊、沼泽、珊瑚礁和幽静的海滩。

石尾湾拥有原生态海岸线 25 英里

温馨提示：

如果嫌索德瓦纳游人太多，可以北上到戈西海湾体验南非最好的浮潜和潜水场所。

——凯特·帕尔
美国国家地理学会实地研究员

戈西海湾

（40公里），给人一种极其私密的海滩体验。温暖的大海吸引着多种海洋生物，包括棱皮龟和蠵龟，夏季它们将卵产在柔软的沙滩里。沙虎鲨群集在岩礁附近，宽吻海豚在海浪中嬉戏。鲸鲨经常接近船只，座头鲸冬季洄游时经过这里。

岩尾湾旅馆（Rocktail Bay Lodge, 电话：011/257-5111，www.rocktailbay.com）位于索德瓦纳湾和戈西海湾中间，建在长满草木的沙丘之上，森林冠层之下。

戈西海湾自然保护区（Kosi Bay Nature Reserve）：戈西海湾地处夸祖鲁—纳塔尔省最北端，由一系列水质清澈、相互连通的深湖构成，占地56平方英里（37平方公里），中间有芦苇地相隔。一条狭窄的河道在戈西河口汇入海洋。这些湖泊里有鳄鱼、河马等野生动物，湖泊与大海之间有高高的草木丛生的沙丘相隔。

作为伊西曼格利索湿地公园的一部分，这里有沼泽地和红树林沼泽、椰枣树、棕榈树以及西克莫无花果林，生活着250种鸟类。对于其中许多鸟类来说，

戈西海湾自然保护区（Kosi Bay Nature Reserve）

🅰 见第143页地图

✉ 在Hluhluwe下N2，上R22，朝Sodwana Bay前进至戈西海湾的主要城镇KwaNgwanase

☎ 035/592-0236

坦比大象保护区（Tembe Elephant Reserve）

🅰 见第143页地图

游客信息中心

✉ 过Mkuze后在岔路口下N2，一条柏油公路通向入口大门

☎ 031/267-0144

www.tembe.co.za

这里是它们在地球上最靠南的栖息地，其中包括侏秧鸡、棕榈鹫、白背夜鹭和紫苇翠鸟。

戈西海湾的近海珊瑚礁有大批颜色鲜艳的热带鱼，是捕鱼和浮潜的好地方。森林是薮羚、麂羚和猴子的领地。住宿可到戈西森林旅馆（Kosi Forest Lodge，电话：035/474-1473或072/227-5860），这家豪华旅馆提供茅顶丛林套房、露营地和自炊式原木小屋，由埃泽姆维洛KZN野生世界经营。从每幢度假小屋里都能俯瞰戈西湖群（由四个湖组成）的第三个湖。预订时，一定要在营地拿一份详细的地图，以免找不到去戈西森林旅馆的路。建议使用四轮驱动车。还要注意，戈西海湾处于疟疾流行区，需要采取特别预防措施。

坦比大象保护区（Tembe Elephant Reserve）

坦比大象保护区位于南非与莫桑比克边境，成立于1983年，为的是保护那些曾经能够在夸祖鲁—纳塔尔省和莫桑比克南部之间自由穿梭的大象。在莫桑

甜得过头

乘机飞越夸祖鲁—纳塔尔省上空时，可别错过农村地区大片绿色的甘蔗地哦。制糖业是该地区的一大产业，每年能创造42亿兰特的收入。虽然制糖业提供了数千个工作岗位，但它对环境的破坏也很大，导致滥伐森林，造成水土流失。据估计，几年前生产一磅糖需耗水68~114加仑（257~432升）。但最近该行业已在环保方面取得了很大进展。

精彩体验：Inselo!

虽然有人冲你喊"Inselo!"的可能性不大，但要知道，这是祖鲁人在邀请对方进行棍子比武（一种仪式性的对抗赛），说明马上就有好戏看了。

尽管祖鲁人的棍子比武至少自18世纪80年代就已经存在了（口头传颂的历史只能追溯到这时候），但多年来，它已经从一种战争游戏发展成了一种象征性的文化活动。棍子比武是几种庆祝仪式的重头戏，如Thomba（男性青春期仪式）和Umgangela（有组织的部族间比赛），当然还要身着华美服饰。它也被广泛应用于解决争端。交战双方各持两根木棍，一根用于进攻，一根用于防守。不允许戳人，一旦有人流血，战斗即告结束。随后，为了确保双方不会反目成仇，胜利者要帮失败者包扎伤口。

最近，当地正在争取将有组织的棍子格斗升级为一项专业体育运动。纳尔逊·曼德拉本人年轻时也练习过棍子比武。在游览任何一个真正的祖鲁村庄时，都可能见到貌似正常、实则恶意的打斗。

比克内战期间，大象因偷猎受到严重损害，而建立坦比大象保护区就是为了保护这些大象。公园于1991年向公众开放。如今，公园占地190平方英里（300平方公里），园内有大约220头巨大的大象。

坦比拥有多种栖息地，包括沙质草原密林、林地、草地和沼泽地，这些为大象及其他许多物种提供了理想的生息场所。有记录的鸟类有340余种，包括

温馨提示：

在美丽的坦比保护区，你可能会看到大象，它们的象牙长得都拖到了地上。马哈瑟拉（Mahlasela）隐蔽处常年有水，因此即使在冬季也能在这里看到大象。

——加布里埃拉·弗拉克
美国国家地理学会实地研究员

坦比大象保护区的度假屋。

稀有的拉氏娇莺、棕腹池鹭和灰头蓬背鹟。

2002 年，公园重新引入了狮子。除了"非洲五霸"，游客还会见到河马、薮猫、鬣狗、长颈鹿、豺、丛猴和羚羊。

一进入公园，你就应当把车停在会议中心。会有一辆敞篷四驱车将你接到坦比的小型豪华帐篷营地。每套帐篷都搭在灌木丛中，晚上与众人一起围坐在篝火旁，你会感受到真实的非洲。

上午和下午，训练有素的导游会带领游客乘坐敞篷四驱车观赏野生动物。下午出游时，由于要在隐蔽处停下观察大象，游猎往往一直持续到黄昏。马哈瑟拉（Mahlasela）隐蔽处尤其令人受益匪浅。彭维尼（Ponweni）隐蔽处可俯瞰穆兹沼泽内的一个盆地。为安全起见，曼奴谷（Manungu）的一个野餐区和一条徒步小径设有电篱笆，以防止大型动物进入。公园的古瓦尼尼区（Gowanini）有一座观景塔，在塔上可以纵览保护区全景。

南非某禁猎区内的猎豹家庭。

该省拥有南非最知名的一些明星景点，其中又以克鲁格国家公园为最。

克鲁格和普马兰加省

介绍与地图

普马兰加省旅游资源丰富，有很多景点值得游客观赏，尤其是四大景点足堪列入南非前20：克鲁格国家公园、布莱德河峡谷、朝圣者休息地和该省的众多私人禁猎区。

毋庸置疑，克鲁格国家公园是全世界最适合观赏野生动物的地方之一。作为南非首屈一指的国家公园，这里最具代表性的非洲游猎活动保证能让你见到"非洲五霸"——狮子、花豹、非洲水牛、大象和犀牛。但在这里可做的事情还有很多，如丛林漫步、天文观测之旅、丛林烧烤等；更妙的是，只需轻轻松松地待在豪华旅馆里，舒舒服服地坐在椅子上，一动不动就能看到大型野生动物哦。

克鲁格西北方向的布莱德河峡谷（Blyde River Canyon，最近更名为 Motlatse）为世界第三深谷（仅次于美国西部的大峡谷和纳米比亚的鱼鹰河谷），景色壮美。悬崖峭壁高耸于河床之上，十分壮观，移步换景，步步是景。

由峡谷往南便是朝圣者休息地（Pilgrim's Rest），这里的基调为之一变，游人恍如置身于19世纪70年代在这个边陲小镇发现黄金之时。现如今，村中大部分原有建筑依然保存完好，整个村庄已被划为国家级博物馆。你可以参加全国淘金锦标赛，也可以淘把金试试运气。

地貌

德拉肯斯堡山脉将普马兰加省一分为二，分成了东西两个部分——西半部（主要是高海拔草原）和东半部（低海拔亚热带低地草原／灌木草原），以热带稀树草原为主。东面的莱邦博山脉（Lebombo Mountains）构成了南非与莫桑比克的边界。地势较低的沃特堡（Waterberg）山区是联合国教科文组织确定的生物圈保护区，游客可以在这里观赏"非洲五霸"而不用担心感染疟疾。

干燥的高地草原和潮湿的低地草原出产玉米、小麦、高粱、大麦、葵花籽、大豆、花生、甘蔗、蔬菜、咖啡、茶叶、棉花、烟草以及柑橘等亚热带落叶水果。最北边的萨比（Sabie）周边以林业为主。在普马兰加省，自然放牧是一大产业，主要产品有牛肉、羊肉、羊毛、家禽和奶制品。采矿业也很重要，本地矿产包括金、铂、硅石、铬铁矿、钒磁铁矿、银锌矿、锑、钴、铜、铁、锰、锡、煤、红柱石、温石棉、硅藻土、石灰石、滑石和页岩。

普马兰加省首府内尔斯普雷特（Nelspruit）坐落在草木茂盛的鳄鱼河

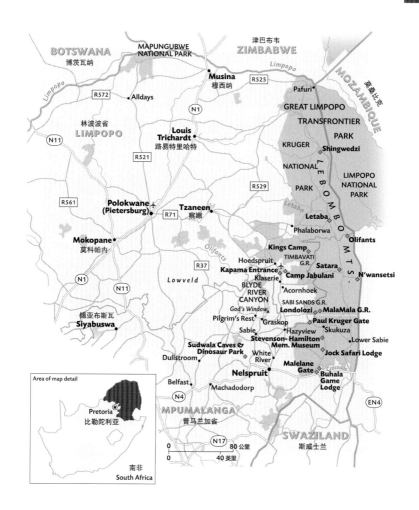

（Crocodile River）谷中。该镇地处低地草原，位于约翰内斯堡以东约225英里（360公里）处。春季和初夏，五颜六色的紫荆花和叶子花点亮小镇，是一年中游览内尔斯普雷特的最佳时间。景点包括南非低地国家植物园（Lowveld National Botanical Garden）和相邻的鳄鱼农场（Crocodile Farm）。植物园位于鳄鱼河沿岸，森林密布，瀑布水流翻滚。

马蓬古布韦王国（Kingdom of Mapungubwe）

偏远的马蓬古布韦王国是一个不容错过的景点。1932年，人们发现了这处古代社会遗迹。它曾是铁器时代一个繁华的大都市，近一千年前由一位非洲国王统治。现在此处是一个国家公园，被联合国教科文组织列为世界遗产地。在这里，游人仿佛能够穿越时空，深入了解另一个时代的生活。

克鲁格国家公园（Kruger National Park）

　　在低地草原的中心地带坐落着南非最大的野生动物保护区——克鲁格国家公园。克鲁格南起鳄鱼河，北至林波波河（Limpopo River），沿莫桑比克边境绵延220英里（352公里），宽为40英里（64公里），面积约为7700平方英里（2万平方公里），拥有近480万英亩（200万公顷）荒野。

克鲁格国家公园内低地草原上的大型野生动物。

克鲁格国家公园（Kruger National Park）

🗺 见第175页地图

✉ 有9个不同的入口，从Johannesburg出发走N1或N4约为255~375英里（410~600公里）

☎ 012/428-9111 或 082/233-9111

www.sanparks.org/parks/kruger

　　许多人认为，克鲁格是南非最好的国家公园。在非洲的147个野生动物保护区中，这里的哺乳动物种类最多，据报道是地球上生物物种最丰富的地区。克鲁格基础设施优良，有野餐场地、休养营地、水坑、隐蔽处等。

　　在这里，可以感受到神秘和寂静的非洲魅力。你会亲眼看见曾令早期狩猎者和探险家如痴如醉的原生态之美。这里山上云雾缭绕，地上生长着零星的树木——金合欢树、荆棘、绿色金鸡纳树，而在较为干燥的北方，还有可乐豆木和高大的猴面包树。足够幸运的话，你会在它们的自然栖息地看到所有的"非洲五霸"——大象、狮子、花豹、水牛和犀牛。也可能见到所谓的"非洲五小"——豹纹陆龟、象鼩、牛文鸟、犀牛甲虫和蚁狮。如果你热爱观鸟，你很可能会看到鸟类"六大"——地犀鸟、灰颈鹭鸨、皱脸秃鹫、猛雕、横斑渔鸮和凹嘴鹳。

　　今天的克鲁格国家公园仍然非常接

近原生态。但早期的时候并非如此。19世纪，法治还没有延伸到荒野地区；人们无所顾忌地任意狩猎，肆无忌惮地偷猎象牙，在今天的克鲁格地区活动的许多大型野生动物被射杀。1902 年，第二次布尔战争后，詹姆斯·史蒂文森—汉密尔顿少校被任命为该地的第一任守护官。英国人在与布尔人的战争中击败了保罗·克鲁格政权。1926 年，为与布尔人和解，英国人以保罗·克鲁格的名字命名了这些保护区，克鲁格成为南非的第一个国家公园。

参观公园

公园有 9 个入口大门，其中帕拉博鲁瓦（Phalaborwa）是游览公园北部的最佳入口，奥彭门（Orpen Gate）是进入公园中部的理想入口，保罗·克鲁格门（Paul Kruger Gate）和马莱拉内门（Malelane Gate）是进入公园南部的最佳入口。

游览公园的方式很多，其中最受欢迎的是乘车于丛林车道和步行于丛林步道（见下栏）。你可以自驾穿越克鲁格，也可以选择一家专门的旅游公司。国家公园里路网纵横交错，四通八达，长达 1615 英里（2600 公里），其中 435 英里（697 公里）铺有沥青。

休养营地数量不少，大部分坐落在公园各个风景优美之处，提供舒适（往往也很豪华）的夜间住宿（注意：公园内只允许在日出之后至日落之前游览）。干燥的冬季是观赏野生动物的最佳时期。此时草较低，而且乔木和灌木大都落叶了。由于很少下雨，早晨和傍晚很容易看到口渴的动物到水坑边饮水。

斯库库扎（Skukuza）

斯库库扎是克鲁格最大的营地，设施齐全，有餐厅、自动柜员机、商店、网吧、加油站和图书馆。

（下接第 181 页）

精采体验：饱览克鲁格之精华

大多数营地提供下列活动，一定要体验一番哦。或联系公园办公室（park office，电话：012/428-9111，www.krugerpark.co.za，电子邮件：reservations@sanparks.org）。

探险小径：克鲁格为那些不走寻常路的游客提供了四条四驱车小径。

丛林烤肉：乘车观赏完野生动物，回到灯火通明的营地，一边聆听不时传来的野兽的叫声，一边尽情享受美味的烤肉吧！

乘车观赏野生动物：上午、下午晚些时候以及夜间乘车穿越丛林。

徒步导览游：清晨或傍晚，携带武器的导游一边陪你徒步，一边分享他们的专业知识（见第 185 页）。

莱邦博陆上小径（Lebombo Overland Trail）：这条长 310 英里（500 公里）的生态游猎路线跨越整个公园。要获得最佳体验，最好参加为期 5 天的四驱车之旅。这条小径由于沿途动植物多样，被评为南部非洲最佳小径。

奥勒芬兹观星之旅（Olifants Stargazing）：奥勒芬兹营地组织游猎观星之旅，包括观察南方星空、用望远镜观星，在返回途中还要体验夜间乘车观赏野生动物。

夜宿荒野小径：即使对于最爱冒险的游客来说，这些小径也称得上既偏僻又宁静。游客可以徒步穿越丛林，夜宿简朴、原始的营地。

特写："非洲五霸"

"非洲五霸"指的是狮子、花豹、大象、犀牛和水牛。这些动物被逼入绝境时的凶残，以及它们的力量与勇气，为它们赢得了早期狩猎者的尊敬。于是，他们给这些动物取了这么个响亮的绰号。

花豹喜欢在树上睡觉，也喜欢在树上吃东西。

"非洲五霸"之美也十分令人倾倒。只有当你在自然栖息地看到它们时，你才能彻底理解这些美丽的动物的魅力。黄昏时分看到河畔一棵无花果树上有一只花豹，偶然见到狮群分食猎物，抑或目睹成队的象群傲然穿行在稀树草原上，这些珍贵的经历将令你终生难忘。

毫无疑问，非洲象（African elephant/Loxodonta africana）是最大的陆生哺乳动物。面对这些敏感而又富于同情心的动物，看到它们之间亲密的家庭关系，你会不由得心生敬畏，惊叹于其力量和优雅。

大象肩高为10~15英尺（3~4.5米），体重为8000~13200磅（3630~5990千克）。大象步行时速度为每小时4英里（6公里），但发怒或受惊时速度可达每小时25英里（40公里）。你跑不过一头狂奔的大象！大象智商很高，能够利用次声频率的地面震动进行远距离通信。

由于消化系统效率极其低下，大象平均每天要吃掉100磅（45千克）植物。随着时间的推移，大象的臼齿逐渐磨损，一套新的臼齿前移，取代旧的臼齿。最后一套牙齿会一直使用到大象65~70岁时。当这一套牙齿也磨损完时，大象就会饿死。

象群由有血缘关系的母象及幼象构成。所有决策均由象群中的"女族长"（最年长的母象）做出。公象有时也会陪伴家族象群，但大部分上了年纪的公象离群独居，只有交配时才加入象群。22个月后，母象产下一头幼象，幼象高为 35 英寸（90 厘米），重约为 45 磅（20 千克）。出生几天后，小象便能够跟随象群行走。

狮子（Lion/Panthera leo）是一种大型食肉猫科动物，皮毛呈棕褐色。雄狮颈部和肩部有浓密的鬃毛，颜色较深。众所周知，人类尊重并敬畏狮子：人类的祖先在非洲平原上游荡时，他们很容易成为这些强大"猎手"的猎物。毫无疑问，我们对狮子（和豹）的复杂情感源于祖先的经历，深锁在我们的灵魂深处。

狮子可活 10~14 年，栖息在热带稀树草原和草地上。狮群由若干有血缘关系的母狮及其后代以及居于统治地位的少量雄狮构成。狮子两岁时开始狩猎。其猎物主要有角马、黑斑羚、斑马、水牛、疣猪、大捻角羚、麋羚、好望角大羚羊和大羚羊。雌狮常聚在一起捕猎，将一群猎物围在中间，攻击离狮群最近的猎物。攻击短暂而又迅速，狮群一跃而上，一举结束战斗。

雌狮两岁左右开始繁殖，每胎生 1~4 只幼崽。妊娠期为 105 天左右。狮妈妈们共同抚养幼崽，只要母狮愿意，幼崽可以吮吸任何一头母狮的乳汁。在野外，摄食竞争异常激烈——所有幼狮中，超过四分之三活不到两岁。

花豹（Leopard/Panthera pardus）大概是所有陆生食肉动物中最有效率的，拥有一套可怕的"大杀器"：强健的肌肉、锋利的爪子和有力的弧形犬齿。

花豹动作敏捷，姿态优雅，黄褐色的毛皮上有深色玫瑰形斑点，栖息地多样，可栖息于雨林、沙漠等多种环境中。有的甚至生活在现代都市的郊区！花豹肩高为 17~31 英寸（42~79 厘米）。与雌豹相比，雄豹个头大得多，重达 74~198 磅（34~90 千克）。花豹善于隐蔽，喜夜间捕食，它们先悄悄接近猎物，最后急速猛冲，一口咬住猎物的喉咙，用强有力的颌骨使猎物窒息。

虽然有花豹攻击人类的记录，但它们通常避免与人接触。尽管如此，非洲的农村人仍然惧怕它们。这些动物极为强健，目睹花豹叼着角马等硕大的猎物尸体蹿到树上（以防被食腐动物吃掉），实在是一次既兴奋又震撼的经历。难怪花豹被称为"黑暗王子"和"无声杀手"。

非洲水牛（Cape buffalo / Syncerus caffer）被认为是"非洲五霸"中最危险的动物——当被猎人不小心伤到时。

小说家罗伯特·鲁阿克（Robert Ruark）曾说过，水牛看你的眼神就好像你欠它们钱似的。他说得太对了！昂着头，目露凶光，小眼睛透出凶恶和不信任，两只角乌黑发亮，坚硬的皮毛呈炭

白犀牛（Ceratotherium simum）。

克鲁格国家公园附近一家私人禁猎区内的大象。

黑色——水牛就这样盯着你，目光中透着非难和怀疑。不过，它们身躯庞大，体格健壮，有如钢铁，霸气外露。水牛是一种强大的野兽。甚至连狮子也敬它们三分，它们的其他天敌很少。狮子的确能捕杀并吃掉水牛，但一头狮子单枪匹马是不可能放倒一只大水牛的。

水牛群由若干雌水牛及其后代组成。单身的雄水牛也成群结队，上了年纪的雄水牛（kakulis 或 dagga boys）通常独自生活。经过 11.5 个月的妊娠，雌水牛 5 岁时产下第一头幼崽。水牛妈妈将新生幼崽藏在灌木丛中，长大些后才允许它们加入水牛群。为了保护小水牛，成年水牛会将它们围在牛群中心。两年后，雄性水牛离开母亲，加入"老光棍儿们"的队伍。

非洲生活着两种犀牛——黑犀牛（Diceros bicornis）和白犀牛（Ceratotherium simum）。所谓黑白不是指颜色，而是指鼻子和嘴的宽度。黑犀牛喜食高处的树叶，唇部狭窄且能伸缩卷曲；白犀牛则吃地面上的草，口宽（"宽"的南非荷兰语单词是"wyd"，与英语中的"white"发音相似，因此在英语中被误称为"白"犀牛）。两种犀牛口鼻部均有一对角，身高相似，肩高约为 5.5 英尺（1.6 米），但白犀牛的体重可以达到黑犀牛的两倍。

过去，非法狩猎差点令非洲犀牛绝种。它们的角非常珍贵。黑犀牛角在中东被用于制作骨矛手柄，在远东则作为催情药物使用。

据说黑犀牛攻击性强，但它们发动攻击往往只是因为视力不佳。据说，它们甚至会冲击树干。成年犀牛喜独居，只有交配时才聚到一起。交配没有季节性，但雌犀牛通常在雨季快要结束时产仔。

雌犀牛的妊娠期为 15~16 个月，多为单胎。幼犀出生时重 75~110 磅（35~50 千克），仅 3 天之后，幼犀就会跟着妈妈跑来跑去。母犀和小犀牛会在一起生活两三年，直到下一只幼犀出生。

斯库库扎（字面意为"打扫干净者"）原是聪加人给詹姆斯·史蒂文森·汉密尔顿少校起的绰号，因为他是克鲁格第一任守护官，公园成立之初他将许多当地人转移安置到了别处。史蒂文森·汉密尔顿纪念馆（Stevenson-Hamilton Memorial Museum）收藏着一些有趣的历史文物，其中有一把鞘刀。1903 年，公园管理员哈利·伍尔胡特用这把鞘刀独自一人杀死了一头袭击他的狮子。

除了伍尔胡特的刀，被他杀死的那头狮子的皮也是博物馆最有趣的展品之一。

莱塔巴大象馆（Letaba Elephant Hall）

同样引人入胜的是莱塔巴休养营地的大象博物馆。30 年前，人们经常能看到 7 头体型硕大的公象［象牙重达 100 多磅（45 千克）］悠闲地在克鲁格漫步。当时的首席守护官决定利用这 7 头大象来宣传园区出色的保护工作。他给每头公象取了一个名字，合称"七雄"（Magnificent Seven）。

这些大象死后，它们的长牙和头骨被找回，现在陈列在莱塔巴大象馆内。这

斯库库扎（Skukuza）
🅰 见第 175 页地图
✉ 经 Paul Kruger 门
☎ 013/735-4265 或 082/802-1204
www.sanparks.org/parks/kruger/camps/skukuza

史蒂文森—汉密尔顿纪念馆（Stevenson-Hamilton Memorial Museum）
🅰 见第 175 页地图
✉ Sabie River 南岸 Skukuza Rest Camp
www.sanparks.org/parks/kruger/camps/skukuza

莱塔巴大象馆（Letaba Elephant Hall）
✉ 距 Phalaborwa 入口门 30 英里（48 公里），Kruger National Park 北部，Letaba Rest Camp
☎ 013/735-6636
www.sanparks.org/parks/kruger/elephants

克鲁格附近的尚迦纳民俗村（Shangana Cultural Village），旨在保护当地尚迦纳人的文化遗产。

些象牙反映了非洲大象被偷猎摧毁之前的时代，令人叹为观止。Dzombo、Joao、Kambaku、Mafunyane、Ndlulamithi、Shawu 和 Shingwedzi 不会被人们遗忘。

克鲁格的私人度假屋

克鲁格国家公园有许多私人度假屋，集五星级豪华与野生动物观赏于一体。其中最棒的是辛吉塔林波波（Singita Lebombo）和辛吉塔斯维尼（Singita Sweni，见第 326 页旅行指南）。

这两家旅馆之中，高踞在山坡上的林波波规模较大，拥有设计出色的玻璃和钢结构的住房，周围立有窄木杆，与周围

萨比森私人禁猎区（Sabi Sands Private Game Reserve）

🄰 见第 175 页地图

✉ 经 Paul Kruger 门

www.sabisands.co.za

辛吉塔·莱邦博（Singita Lebombo）

✉ 紧邻 Kruger 东边界，距 Paul Kruger 门 75 英里（120 公里）

☎ 021 /683-3424

www.singita.com

Singita Sweni

✉ 紧邻 Kruger 东边界，距 Paul Kruger 门 75 英里（120 公里）

☎ 021 /683-3424

www.singita.com

Singita Ebony

✉ 从 Sabi Sands reserve 的 Newington 门出发，沿路标到 Singita（约 17 英里 /28 公里）

☎ 021/683-3424

www.singita.com

Singita Boulders

✉ 从 Sabi Sands reserve 的 Newington 门出发，沿路标到 Singita（约 17 英里 /28 公里）

☎ 021/683-3424

www.singita.com

温馨提示：

入住萨比森的埃克塞特河旅馆（Exeter River Lodge），可以俯瞰桑德河（Sand River）。在户外乘车观赏野生动物时，你将看到"非洲五霸"，也可以在木制防兽栅栏内品尝卡鲁羔羊，还可以在个人专享瀑布潭中游泳。

——埃林·蒙罗尼

美国国家地理学会撰稿人

的灌木丛浑然一体。斯维尼规模较小，客房较少，位置离河更近，给人一种更加舒适怡人的感觉。在这两家旅馆，你都可以在自己房间的阳台上尽情观赏野生动物。

早晨和傍晚有专家级动物保护巡逻员带你乘车到野外观赏野生动物；也可以跟随导游徒步（甚至骑山地自行车）穿越丛林。与克鲁格官方组织的游猎活动不同，在租借地范围内允许观赏野生动物的车辆离开大路，因此可以近距离跟随象群或狮群。更多选择请参考第 325 页旅行指南。

萨比森的野营酒店

萨比森私人禁猎区（Sabi Sands Private Game Reserve）位于克鲁格的西南边界，占地 160000 英亩（65000 公顷），是南非最高档的私人禁猎区。萨比森拥有南非最好的一些野营酒店，其中包括辛吉塔黑檀（Singita Ebony，见第 325 页旅行指南）和辛吉塔大岩石（Singita Boulders，见第 325 页旅行指南）。前者掩映在高大的黑檀树丛中，有 9 套豪华套房；后者位于桑德河沿岸，拥有 12 套豪华套房。

伦多洛兹（Londolozi）是萨比森禁猎区内一家名副其实的知名游猎旅馆，据说能够提供整个南部非洲最好的观赏

野生动物体验。这里的动物对四驱车已经司空见惯了，你见到"非洲五霸"的概率很大（包括通常难得一见的花豹）。令观鸟爱好者欣喜若狂的是，伦多洛兹拥有 40 多种猛禽，桑德河沿岸有绶带鸟、白眉歌鸥、环颈直嘴太阳鸟和绿鸠。

在此入住期间，可以在月光下享受露天就餐的快乐，在丛林中品尝定制早餐，跟随向导去观星，还可以深夜在停机坪上品一杯沃特酒。

伦多洛兹可供选择的住处包括：俯瞰桑德河的树顶营地（Tree Camp）；隐在桑德河畔茂密森林中的创始人营地（Founder's Camp）；以及笼罩在伦多洛兹往日的光环中、新近整修过的先锋营地（Pioneer Camp）。

马拉马拉禁猎区（MalaMala Game Reserve）

国际知名、屡获殊荣的马拉马拉禁猎区是该地区设立最早的私人保护区之一。马拉马拉的特点是无比注重细节而又不露痕迹，浑然天成的优雅。

一大早，在马拉马拉知名导游的陪同下，乘坐敞篷四轮驱动汽车观赏野生动物，回来后，你可以在游泳池里放松身心，或到观景甲板上消磨时光，直到午饭时间。

马拉马拉的厨师们令每一餐都变成了一种诱惑，你会被非洲鼓点吸引，来到星空下芦苇组成的防兽栅栏内就餐。马拉马拉提供专业的摄影之旅、夜间观星之旅以及日间和夜间观赏野生动物之旅。也可以根据顾客要求安排徒步游猎，由一名携带武器的护林员陪同。

有三个不同的帐篷营地可供住宿：马拉马拉主营（MalaMala Main Camp）

Londolozi

🅰 Paul Kruger 门以西 22 英里（36 公里）处，在碎石路右转，行驶 17 英里（28 公里）

☎ 013/735-5653

www.londolozi.com

马拉马拉禁猎区（MalaMala Game Reserve）

🅰 见第 175 页地图

✉ Paul Kruger 门向西行 23 英里（37 公里），至 MalaMala 指示牌，在碎石路右转行驶 18 英里（29 公里）

☎ 013/735-9200

www.malamala.com

Rattray's on MalaMala

✉ MalaMala Game Reserve，从主营出发向 Sand River 下游前行 2.4 英里（4 公里）

☎ 013/735-3000

www.malamala.com/rattrays

Camp Jabulani

🅰 见第 175 页地图

✉ Kapama Game Reserve

☎ 012/460-5605

www.campjabulani.com

德斯普瑞特濒危物种中心（Hoedspruit Endangered Species Centre）

✉ Klaserie 和 Hoedspruit 之间的 R40

☎ 015/793-1633

💲 $$$

www.wildlifecentre.co.za

与克鲁格毗邻的私人禁猎区之一。

堤姆巴伐堤禁猎区（Timbavati Game Reserve）

⛰ 见第 175 页地图

✉ 从 Hoedspruit 出发，沿 R40 行驶 5 英里（8 公里），在 Timbavati 指示牌处左转，至大门处，在 Kings Camp 指示牌处右转；沿路行驶 4 英里至保护区

☎ 015/793–2436

💲 $$$

www.timbavati.com

Kurisa Moya 自然小屋旅馆

✉ N1 至 R71 Univ. of Limpopo 方向，在旅馆指示牌处左转。16 英里（26 公里）后公路变土路，右手边即是旅馆入口

☎ 015/276–1131

www.krm.co.za

风格传统质朴，景色壮美，堪称首选；拉特雷之家（Rattray's）舒适怡人，主建筑上设有一个观景台，上有望远镜和一个气氛活跃的酒吧区；奢华的黑貂营地（Sable Camp，电话：013/735–9200，www.malamala.com/sable）位于马拉马拉主营南头。

亚布拉尼营地（Jabulani Camp）

亚布拉尼营地集豪华住宿与难忘的野生动物体验于一体。营地设在一个"非洲五霸"保护区内，包括德斯普瑞特濒

客人们在家族经营的伦多洛兹，它是开创生态旅游产业的旅馆之一。

温馨提示：

玛格拜斯科鲁夫（Magoebaskloof）森林保护区内的库萨摩亚天然旅馆（Kurisa Moya Nature Lodge）环境清幽，提供超棒的热带雨林体验，实为观鸟爱好者、户外运动迷和追求健康生活者必去之地。

——卡根·H.塞克斯哥路
美国国家地理学会实地研究员

危物种中心（Hoedspruit Endangered Species Centre），因其对野生动物保护的贡献闻名遐迩，在那里你可以近距离接触猎豹及其他濒危物种。

你可以骑着大象漫游保护区，甚至可以在夜间骑大象漫游（亚布拉尼是唯一一个提供这种夜间游猎之旅的营地），保证令你终生难忘！亚布拉尼的大象都是获救并复健的非洲象，夜间你有机会将它们赶进象棚。其他活动还有乘车观赏野生动物和乘坐热气球飞行。回到营地后，可以在摆放着时尚非洲家具的主餐饮区放松身心。

堤姆巴伐堤禁猎区（Timbavati Game Reserve）

这家私人禁猎区毗邻克鲁格，位于萨比森北面，为观赏"非洲五霸"（共有 40 种哺乳动物）提供了一个超棒的机会。这里的王者营地（Kings Camp，见第 326 页旅行指南）提供殖民时期风格的住宿。营地正对着一个水坑，一天 24 小时都有许多种动物前来饮水。

吃过早饭，如果愿意，营地可以组织漫步穿越丛林之旅，这是深入细致体验灌木草原的最佳方式。

精彩体验：丛林徒步

要体验非洲丛林的景色和味道，最佳方式便是徒步穿越。乘车观赏野生动物最重要的是视觉参与，而丛林漫步则需要调动你的所有五种感官。

徒步过程中较少看到体型较大的动物，因为人一走近，它们便会隐藏到灌木丛和高高的草丛中。然而，专业护林员能够指出你乘车观赏野生动物时可能会错过的各种细节，例如食肉动物和各类羚羊特有的足印：大象的圆形足印、犀牛的三趾足印和河马的四趾足印。护林员会教给你，混乱的足印、折断的灌木和洒落的血迹表明夜间在此处发生过殊死搏斗，而犄角和累累白骨则是秃鹫和鬣狗的杰作。

漫步丛林，你有机会了解鸟类、昆虫及小型爬行动物，以及生长在灌木草原上的许多种灌木、乔木、匍匐植物和花草，还能探索乡土植物的妙用——如何利用银叶榄仁成条的树皮编成结实的绳子，哪些植物能治疗头痛或胃痛。

稍具危险性是丛林漫步令人兴奋的原因之一。如果丛林里有食肉动物和大型哺乳动物，则携带武器的护林员将全程陪同。然而和护林员聊过之后，你会了解到，他们很少，甚至从来没有在这种情况下开过枪。但是，你必须严格遵守他们的指令，如漫步时的行为规范，遇到危险动物时应该如何应对等。

要想充分体验丛林，可以参加为期数日的徒步之旅。斯亚伯纳旅行（Siyabona Travel，电话：021/424-1037，www.siyabona.com）提供各种丛林漫步，范围涵盖克鲁格和本地区的私人野生动物保护区，时

辛吉塔·莱邦博提供近距离、个性化的丛林漫步之旅（配有导游）。

间 2~5 天不等。

入住克鲁格国家公园内的豪华旅馆辛吉塔林波波和辛吉塔斯维尼（见第182 页），护林员将带你进行一个或几个小时的丛林漫步，而且可以根据你的愿望量身定制。

克鲁格国家公园内的大多数营地都组织上午和下午徒步，奥勒芬兹营地则安排各种荒野徒步之旅（在荒野中度过三个夜晚）和山地骑行之旅。欲了解详情，获取有用的建议（例如丛林漫步需要的装备和服装），请打开南非国家公园网站 www.sanparks.org，点击克鲁格国家公园页面上的"活动"（Activities）。

克鲁格之外（Beyond Kruger）

在克鲁格之外还有无限的非洲景观等你去发现：大型动物随着心情不同，或全速奔跑，或摇摆前行；土地或干燥空旷，或草木繁茂；雾气氤氲中，历史城镇见证了一段段已成过往的历史。

约有 2.4 亿年历史的桑德瓦拉洞是世界上最古老的洞穴。

桑德瓦拉洞（Sudwala Caves）

🏔 见第 175 页地图

✉ 先沿 N4 Pretoria 方向行驶，在 R539（ Sabie ）出口下 N4，朝 Sudwala Caves 行驶 5 英里（ 8 公里）。下 R539 后，横穿 Houtboschloop River，向山上走 1 英里（1.6 公里）。

☎ 013/733-4152

💲 $

www.sudwalacaves.com

桑德瓦拉洞（Sudwala Caves）

桑德瓦拉洞形成于大约 2.4 亿年前，是世界上已知的最古老洞穴。是谁发现了这些洞穴？这至今仍然是一个谜。迄今为止，人们已在这里发现石器时代早期、中期、晚期的工具，这表明几千年前人类就在这些洞穴里居住。时光飞逝，大约 200 年前，国王索布扎一世的一个儿子萨姆库巴为了躲避兄弟姆斯瓦蒂的追杀，率领斯威士人来到这些洞穴避难。

人们已经勘测了桑德瓦拉大约 3.5 英里（5.5 公里）的洞穴通道，并将继续进行勘测。目前仅 650 码（594 米）向游人开放。最大的洞室是圆形的欧文大厅（Owen Hall），高 19 码（18 米），直径 71 码（65 米）。开发者欧文对这些洞穴进行开发，并于 1965 年将洞穴辟为旅游景点，欧文大厅因此得名。

洞穴中还有一些钙化结构，人们将之戏称为低地火箭、参孙之柱、尖叫的怪物等。欧文大厅犹如天然空调，而且该洞具有非凡的音响效果，因此是一个极佳的舞台表演场地。在这里欣赏一场歌剧或戏剧实在是一种令人振奋的体验。

桑德瓦拉洞为私人所有，只能在导游带领下参观。穿越地下世界之旅耗时 1 小时，每日数次。

每月的第一个星期六，这里组织长达 5 小时的水晶之旅（Crystal Tour）。在水晶光芒的引领下，热爱冒险的游客在洞穴穿行超过 1 英里（1.6 公里），来到壮观的水晶宫（Crystal Chamber），欣赏这里的霰石晶体。在洞室中，有时必须爬行通过狭窄的隧道，有时隧道内还有水。

毗邻洞穴的桑德瓦拉恐龙公园（Sudwala Dinosaur Park）采用经过科学家准确还原、与实物一样大小的史前动物模型（如古代两栖爬行动物、似哺乳类爬行动物、恐龙、已灭绝的哺乳动物、史前人类等），生动形象而又引人入胜地描绘了一部地球生命进化史。对全家人来说，这都不失为一次充满乐趣的"寓

温馨提示：

参观桑德瓦拉洞时需要结实的鞋和衣服。

要游览世界上最古老的洞穴，应提前两周报名，而且必须年满 16 周岁。

——贾斯廷·卡瓦纳

美国《国家地理》杂志国际版编辑

教于乐"活动。

杜尔史顿（Dullstroom）

驾车由约翰内斯堡出发，朝克鲁格方向行驶仅 3 小时就到了杜尔史顿。这里田园诗般的乡村、无数的古玩店、古雅的酒吧和咖啡厅以及悠闲友好的气氛使它成为旅游者的天堂。但小镇最出名的依然是飞蝇钓——这里是南非首屈一指的飞蝇钓目的地。一到周末，无论是专业人士还是业余爱好者都涌到这里度假，你会发现，镇上的无数鳟鱼大坝附近都聚集着大批垂钓者，慵懒地在那里消磨时光。

布尔战争（Boer War）

第二次布尔战争（1899—1902）期间，英军实施焦土行动，杜尔史顿被英军摧毁。幸存下来的男人转入地下，准备实施游击战，对抗装备更好的英军。妇女和儿童的处境更加悲惨，他们被关入附近的贝尔法斯特镇上的集中营，很多人死在里面。如今，镇上有一座为纪念死难者而建的雕像和花园。寒冷的早晨（杜尔史顿海拔 6446 英尺 /1964 米），步行穿过镇子，聆听鞋子踩在布尔士兵曾经走过的地上，嘎吱作响。

桑德瓦拉恐龙公园（Sudwala Dinosaur Park）

⛰ 见第 175 页地图

✉ 毗邻 Sudwala Caves 停车场

☎ 013/733-4152

💲 $

杜尔史顿（Dullstroom）

⛰ 见第 175 页地图

朝圣者休息地（Pilgrim's Rest）

🏔 见第 175 页地图

游客信息中心

✉ Main St.

☎ 013/768-1060

www.pilgrims-rest.co.za

朝圣者休息地（Pilgrim's Rest）

整个朝圣者休息地小镇都被划为国家级保护区。从某种意义上说，朝圣者休息地犹如一块活化石——置身小镇，就像是回到了过去老德兰士瓦的淘金热时代。

身穿恩德贝勒传统服装、戴着恩德贝勒传统珠饰的年轻女子。

据说镇名的来历还有一段故事。相传 1873 年一位名叫亚历克·帕特森（Alec Patterson）的淘金者来到该地区附近的山区淘金。在一个叫作朝圣溪（Pilgrim's Creek）的地方，他透过清澈的溪水，看到大块大块闪闪发光的金块。他高兴地大声喊道："朝圣者终于可以休息了！"

消息传开，结果可想而知。朝圣者休息地的冲积金矿竟然是南非最好的。世界各地的淘金者蜂拥而至。但金子淘光后，镇子又冷清起来。1972 年，南非政府将这片居民区买下，划为国家保护区。通过对旧建筑的彻底修复和翻新，朝圣者休息地的特质得以保留，包括小镇特色鲜明的铁皮屋顶小屋。

原有的建筑中有许多用波形金属薄板和木材建成，至今仍然屹立在主街上，其中有商店、博物馆，以及南非最著名的酒店之一——维多利亚时代晚期的皇家酒店（Royal Hotel，电话：013/768-1100）。游客可以参观这里的房屋，如阿兰格拉德（Alanglade，$）陈设着 20 世纪 20 年代的优质家具，德兰士瓦金矿资产公司经理曾在这里居住。

住宅博物馆（House Museum，$）是一座典型的朝圣休息地建筑，展示了维多利亚时代晚期典型的室内陈设和装饰风格。战争纪念碑（War Memorial，Main St.）纪念的是来自朝圣者休息地及周边地区、在两次世界大战中战死的士兵。

在信息中心 (Main St.) 可以获取小册子和地图，也可以购买小镇游和博物馆的票。这里陈列着地质标本、照片，以及与朝圣者休息地黄金开采有关的物品；工作人员会告诉你怎么淘金，快来碰碰运气吧（见 189 页）。

精彩体验：我为金狂

虽说朝圣者休息地不无魅力，但面对这么一个偏远的前哨，人们不禁要问："为什么？"到底是什么将人们吸引到这个尘土飞扬的偏僻之处？

答案在泥土中。自 1873 年发现黄金以来，几乎一切都是围绕着这种难以寻找的元素展开的。9~10 月，镇上举办南非淘金锦标赛（South African Gold Panning Championships，www.sagoldpanning.co.za）。你可以到矿区房屋博物馆（Diggings Museum，R533，小镇南面 1 英里 /2 公里处，$）淘金，也可以自助淘金。淘金时，拿着淘金盘放到缓慢流淌的溪水中（水不能流得太快，也不能是死水）约 6 英寸（15 厘米）深处。在淘金盘中放满沙砾，转着圈在水中摇晃，不断用手拣出苔藓和泥土，只留下细粉砂。金比多数沉积物都重，因此会沉到淘金盘底部。在盘底仔细寻找黄金吧！虽然淘金不太可能令你一夜暴富，但这项活动确实非常有趣。

布莱德河峡谷（Blyde River Canyon）

布莱德河峡谷（最近更名为 Motlatse）是非洲大陆奇景之一，更是游客必看景点。这里的自然美景难得一见，远远望去，景色美不胜收，令人惊叹。

峡谷长约 31 英里（50 公里），为非洲第二大峡谷，同时也是世界第三大峡谷，仅次于美国的大峡谷和纳米比亚的鱼鹰河谷。峡谷形成于大约 2 亿年前。当时，冈瓦纳古大陆这块古代超级大陆分裂，马达加斯加和南极洲在构造力的作用下与非洲分裂开来，当时浩瀚的浅海一直延伸到今天的比勒陀利亚以西，然后慢慢从大陆破碎的边缘倾斜下去，从而形成了这个峡谷。

R532 与峡谷风景最优美的部分相伴相随，有清晰的指示路牌。R532 从原生态的德拉肯斯堡山脉北部地区穿过，是南非最美的大道之一，人称全景大道（Panorama Route）。

这条公路起自格拉斯科普镇（Graskop），途经伯克幸运壶穴（Bourke's Luck Potholes）、上帝之窗（God's Window）和三茅屋峰（Three Rondavels）。在湍急的布莱德河与奥里赫斯塔德河（Ohrigstad River）交汇处，注重环保的工程师们在汇流点下游狭窄处修建了布莱德大坝（Blyde Dam）。大坝与环境犹如一体，浑然天成。峡谷附近野生动物很多。在谷口附近的低地平原上，可留心观赏斑马、斑纹角马、水羚和大捻角羚。在由布莱德大坝形成的湖中，有鳄鱼和河马出没，山苇羚生活在悬崖峭壁上，而蹄兔则在峡谷岩壁附近飞跑。

峡谷沿线有不少观景点，还有无数适合远足、骑马和骑山地自行车的小径。要找到最佳的瞭望点，发现最奇特的森林植物，热衷冒险的游客应避开人群，徒步穿云破雾进入雾气笼罩的热带雨林。徒步时要随身携带便餐，因为该地区非常潮湿，而且要经过一段极其陡峻难行的路才能到达热带雨林。一旦到达那里，你就会为眼前美丽的风景和森林

布莱德河峡谷（Blyde River Canyon）

🔺 见第 175 页地图

✉ Vaalhoek 以东，紧邻 R532

伯克幸运壶穴，在布莱德河峡谷起点上。

而欣喜若狂。

格拉斯科普以北仅几英里处，一小段环路通向上帝之窗（名字取得很恰当），这里风景之壮美堪称世界之最。因为在这里可以全景式欣赏下面绵延3000英尺（900米）的灌木草原，景色极为壮观，故名。稀有的原生林生长在山沟两侧，陡峻的高崖几乎直上直下地耸立在低地草原和广阔的野生动物保护区上。

伯克幸运壶穴（Graskop以北22英里/35公里处，紧邻R532，电话013/767–1211）之名源于19世纪的一位淘金者——汤姆·伯克（Tom Bourke）。伯克预言

这一带金矿储量丰富，因此他在附近立下地桩为界。虽然他的预测很对，但却没能给他带来收益。

伯克幸运游客中心（R532，电话：031/761–6019）详细介绍了这个地区有趣的自然和社会历史。从中心出发轻松步行750码（685米）即到壶穴。

这些壶穴费了数千年时间才得以形成。特罗河（Treur River）急速汇入布莱德河，在汇流处形成旋涡，旋涡携裹着水、沙子和石块，在河底基石上磨出巨大的圆柱形壶穴。小径和人行大桥纵横交错，方便游客探索壶穴，有的深达18英尺（5.5米）。游客中心有一条150码长（136米）的环形小径（残障人士也可以使用），陈列着在该地区发现的地衣。

三茅屋峰（Three Rondavels）位于伯克幸运壶穴以北9英里（14公里）处，坐落在布莱德河畔，风景如画，深受游客青睐。巨大的圆形山石静静地站在这里，像哨兵一样守卫着此处的壮美风景，看上去极像原住民的圆形茅屋（rondavels）。

布莱德河峡谷位于普马兰加省北部，前往的最佳方式是：先乘飞机到帕拉博鲁瓦（Phalaborwa），然后开车或乘车前去。如果能再自驾游览一下克鲁格就更好了（从帕拉博鲁瓦之门离开克鲁格，先去米卡，再到欧里格斯塔，经亚伯伊

温馨提示：

布莱德河从红色的岩石间流过，而红色岩石将德拉肯斯堡山脉与低地草原丛林分开。乘筏顺着III级至IV级湍流漂流，欣赏壮观的圆形凹地和翠绿的山崖。

——塞里德温·多维
美国国家地理学会撰稿人

拉兹马斯小道，然后在 R532 岔路口前往格拉斯科普）。

锡亚布斯瓦（Siyabuswa）

小镇始建于 20 世纪 70 年代，坐落在普马兰加省的文化中心地带。对于仍然奉行传统生活方式的恩德贝勒人来说，小镇至今仍具有重要意义。恩德贝勒的三个族群生活在南非北部以及津巴布韦境内。恩德贝勒人热情好客，因善于运用多彩图案而闻名，这不但体现在他们的房屋和服装上，也体现在他们出色的手工艺品上。

在锡亚布斯瓦，你会发现许多地道的恩德贝勒村庄和出售工艺品的商店。这里也提供帮助游客了解当地文化的团队游，其中包括参观王室村社。

马蓬古布韦王国国家公园
（Kingdom of Mapungubwe National Park）

马蓬古布韦位于南非最北端，林波波省与津巴布韦和博茨瓦纳交界处。广阔的平原上长满了高大的猴面包树（其中不乏已有数百年树龄者），还有很多高耸的砂岩孤山。其中一座孤山最顶端就是马蓬古布韦王国，它是南非最重要的考古和文化遗址之一。马蓬古布韦于 2001 年被列为国家遗产地，又于 2003 年被列入世界遗产名录。

公元 1000~1300 年之间，马蓬古布韦是印度洋阿拉伯独桅帆船贸易中的关键一环。来自津巴布韦的莫诺莫塔帕帝国的冲积砂金走陆路经马蓬古布韦运到索法拉附近海岸，卖给来自波斯湾的阿拉伯商人。

在马蓬古布韦于 14 世纪的某个时候

锡亚布斯瓦（Siyabuswa）
🄰 见第 175 页地图
游客信息中心
✉ Marble Hall 以东 6 英里（10 公里）处

马蓬古布韦王国国家公园（Kingdom of Mapungubwe National Park）
🄰 见第 175 页地图
✉ 在 Musina 由 N1 转向 R572，行驶 42 英里（68 公里）至入口处
☎ 012/428-9111
💲 $$
www.sanparks.org/parks/mapungubwe

被遗弃之前，它已经发展成撒哈拉以南非洲最大的王国。后来，气候变化迫使人们迁移到大津巴布韦。宫殿遗址和整个居民区以及两处更早的遗址，几乎是原封不动地保留至今。出土的珍贵文物（包括著名的金犀牛，见第 192 页）美得令人窒息，而且历史意义重大。当年考古人员发现马蓬古布韦后，最初对其准确位置秘而不宣，以防这里丰富的黄金饰品被人洗劫一空。

马蓬古布韦遗址出土的文物可以追溯到独桅帆船贸易时期，其中还有陶器、玻璃贸易珠、中国的青瓷、陶俑、生物遗骸、精心制作的象牙制品和骨制品，以及精炼铜和精炼铁。

马蓬古布韦的发现证实，早在西方殖民以前，非洲就有繁荣的文明。考古证据表明，马蓬古布韦人口约为 5000 人，

温馨提示：

古王国大道（Route of Lost Kingdoms, www.openafrica.org/route/route-of-lost-kingdoms）起自克鲁格国家公园内，穿过马蓬古布韦，最后到阿里迪斯小镇，是一条充满神话色彩的路线。驾车出发吧！

——贾斯廷·卡瓦纳
美国《国家地理》杂志国际版编辑

马蓬古布韦的金犀牛

在马蓬古布韦的所有文物中，最有名的是金犀牛。在制作金犀牛时，人们用极小的针将金箔固定到下面制作精巧的木制模型或模板上。如今，人们普遍将其视作马蓬古布韦文明的代表。南非新设立的国家级勋章之一——马蓬古布韦勋章上就有金犀牛的图案。

金犀牛制作精美，艺术家极其灵巧地表现出了犀牛之大之重。这件艺术品看上去具有惊人的现代感，可到比勒陀利亚大学的马蓬古布韦博物馆（Mapungubwe Museum, Old Arts Bldg., Lynwood Rd., Pretoria，电话：012/420-3146）观看。在马蓬古布韦发现金犀牛的同一墓穴中还发现了金碗和黄金权杖，也采用了同样的技术。

通过对附近的一座古代垃圾场（叫作K2）进行分析，考古学家相当详细地了解了马蓬古布韦居民的饮食和生活方式。

短腿、独角的金犀牛于1933年被发现。

依靠卓有成效的农业生产生存，而且该地一定与遥远的印度、中国等地有贸易联系。它是南部非洲最早出现阶级分化的社会之一，贫富差距巨大，穷人和富人居住在遗址的不同区域。

马蓬古布韦于1932年被发现，至今仍在发掘，出土的大量用黄金等材料制成的文物现藏于比勒陀利亚大学。

迄今为止，考古学家已经发掘了23座墓穴，在其中一些墓穴中发现了阶级分化的证据。有三具尸体坐姿正直，面朝西方，似乎是王室成员，其陪葬品是奢侈的铜制品和黄金制品以及进口的玻璃珠。这些发现还表明，南部非洲很早就开始进行黄金开采和冶炼了。在马蓬古布韦地区和附近的K2遗址出土的文物属于铁器时代。工匠们用陶、木、象牙、骨、鸵鸟蛋、蜗牛壳、河蚌壳、铁、铜、金等材料创造出了很多物品，用于贸易和装饰。

参观马蓬古布韦：马蓬古布韦坐落在野生动物丰富的国家公园内，自炊式空调套房提供优良的住宿条件。马蓬古布韦的主营地——里欧科维（Leokwe）营地位于公园东部，所在之处曾是天然石块围成的王室牛栏（国王的牛就曾关在这里）。

一家不错的游客中心为游人提供马蓬古布韦的详细信息。知识渊博的导游可以带游客到马蓬古布韦所在的砂岩孤山，还能介绍考古发掘知识。沿木台阶攀登上去相当费力。

公园还提供乘车观赏野生动物之旅和树顶漫步之旅（到一个隐蔽处）。公园另有一个野餐地点，位于沙希河（Shashe River）和林波波河交汇处，同时也是南非、博茨瓦纳和津巴布韦交界处。

莱塞迪民俗村一位身着传统服装的居民。

快节奏的大都市约翰内斯堡和安宁古朴的南非首都比勒陀利亚,与原生态的广袤内地形成了鲜明对比。

约翰内斯堡及内陆地区

介绍与地图

豪登省（Gauteng，索托语，意为"黄金之地"）省会约翰内斯堡是全球最大的40个大都市之一。周边地区的各种场所——从索韦托镇区到野生动物丰富的国家公园，再到购物天堂，再到质朴的乡村小镇——无不吸引着游客前来游览南非的内陆地区。

过去的约翰内斯堡建立在一夜暴富的梦想之上，即便是今天，由于19世纪发现黄金而激发的贪欲仍然驱动着这个非洲最贪婪的城市。约翰内斯堡的残酷不仅体现在无情的高层次商业交易中，还体现在极高的犯罪率上。如今，豪登省是南非最富有的省份，经济总量居撒哈拉以南非洲之冠。

约翰内斯堡是一个国际化非洲大都市，上年纪的白人喜欢叫它"约堡"（Jo'burg），黑人和充满活力的年轻白人则称之为"Egoli"或"Jozi"。1994年非国大上台后，南非向非洲其他地区开放，来自非洲大陆各地（尼日利亚、马里、科特迪瓦、喀麦隆、中非共和国、刚果）的移民涌向约翰内斯堡，梦想发财致富。随着市中心的改变，大企业为了避开城市衰败带来的混乱，颇具前瞻性地由原来的中央商务区迁到了北部郊区。如今，市中心正逐渐恢复活力，将来一定会再次蓬勃发展起来。多文化并存的纽顿文化院（Newtown Cultural District）与市场剧院（Market Theatre）和非洲博物馆（MuseuMAfrika）一起，担当着城市复兴的先锋。

如果你想购物，请带上银行卡直奔约翰内斯堡最大的购物中心——桑顿城（Sandton City）。或许附近的海德公园（Hyde Park）名气更大。这两处有很多超级奢侈品牌的专卖店。

内陆地区

离约翰内斯堡不远就是索韦托镇（Soweto）。这里原本是种族隔离时代为流动工人划定的居住区，政府强迫他们在此居住，现在却成了一个充满活力的文化中心。南非行政首都兼正式首都比勒陀利亚（Pretoria）有艺术博物馆、自然史博物馆、赫伯特·贝克爵士（Sir Herbert Baker）设计建造的优美建筑以及优雅的餐厅，沿着一条现代化公路行驶仅40分钟即到。

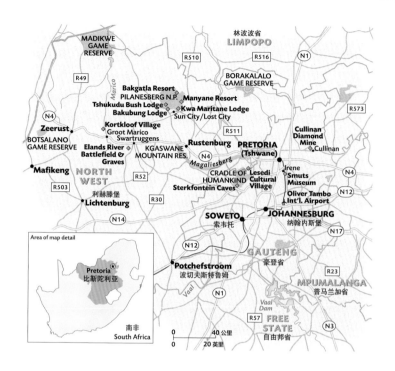

约翰内斯堡离人类摇篮（Cradle of Humankind）也不远，在那里你可以探究人类起源——最令世人震惊的一些古生物就是在这里出土的——也可以游览质朴而又美丽的马加利斯堡（Magaliesberg）地区。

富丽堂皇的太阳城距约翰内斯堡两小时车程。这处度假胜地有酒店、餐馆、赌场和高尔夫球场。距此不远便是匹林斯堡国家公园（Pilanesberg National Park）和莱塞迪民俗村（Lesedi Cultural Village）。前者是一座死火山，火山中间有一个湖，"非洲五霸"常常光顾；在民俗村你可以了解并欣赏南非各部落间细微的文化差异。

要想彻底换换口味，不妨去格鲁特马里科镇（Groot Marico）和济勒斯特镇（Zeerust），安静的小镇上尘土飞扬，

往昔韵味十足。

友情提醒

遗憾的是，约翰内斯堡因犯罪率高而出名；一定要时刻注意周围环境。至于去哪里，要认真听取别人的建议。在中央治理区（CID），几乎每一个角落都有身着黄绿制服的安保人员。即便如此，要游览约翰内斯堡市中心，最好还是跟团去。别让人一眼就看出你是个游客（例如，不要在街角翻找地图）。远离希尔布罗（Hillbrow）、伯里亚（Berea）、约维尔（Yeoville）等地。这里劫车事件频发，而车祸更加普遍；开车时要关闭车窗，锁好车门，谨慎驾驶。绝不要让任何人搭车。在停车等红灯时，如果有人跑向你的车，那么宁肯违反一两项交通法规也要尽快离开。

约翰内斯堡（Johannesburg）

约翰内斯堡坐落在海拔 5700 英尺（1737 米）的高地草原上，是南非变化最快的城市。在这个南非最大的城市（人口 600 万），各种语言和文化熔为一炉。种族隔离制度废除后，移民和难民大量涌入，现在正努力摘掉犯罪和危险的帽子。

市中心一栋写字楼的平板玻璃上映出的中央商务区。

约翰内斯堡（Johannesburg）

见第 197 页地图

游客信息中心

✉ 195 Jan Smuts Ave., Parktown North

☎ 011/214–0700

www.joburgtourism.com

中央商务区

约翰内斯堡有两个中央商务区：位于市中心的旧中央商务区和正常运转的新中央商务区。后者位于约翰内斯堡北郊的桑顿（Sandton，约翰内斯堡最富裕的郊区之一）。

这种拥有两个中央商务区的奇怪现象是目前正席卷南非的巨大社会变革的结果。在种族隔离制度下，旧中央商务区被归为白人专属区，这意味着黑人可以在城里工作，但不允许住在城里。1991 年，《族群住区法》被废除，穷困的黑人涌入市中心，常常占领整幢建筑。许多新来者没有工作，生活极度贫困，这种状况几乎不可避免地导致犯罪率上升。

过去，旧中央商务区及周边地区曾经一房难求，但由于大量商贸企业从旧中央商务区迁到北部郊区，再加上犯罪率飙升，交通拥堵严重，以及公共交通落后，这里的房价降了下来。

豪登省政府设在旧中央商务区，政府正努力恢复这里的繁荣。约翰内斯堡市政当局在这里安装了很多监控摄像头，据说这些无声监视者的存在使犯罪率大幅下降——但并不是说消灭了犯罪。有些历史建筑被改建成了公寓，开发商希望这样可以吸引更加富裕的新居民入住。住宅街美化及重建工作也在进行中。

尽管中央商务区历经沉浮，约翰内斯堡仍是南非的广播电视中心，一些报纸和杂志编辑部仍在市中心或市中心附近办公。但是，一些电台或电视台已经北迁或正在北迁。南非广播公司（SABC）的总部就在约翰内斯堡中央商务区外的奥克兰公园（Auckland Park）内。

旧中央商务区活力四射，极具非洲魅力，令游客体验到各种相互冲突、有时甚至是离奇怪诞的矛盾之处。装有玻璃幕墙的摩天大楼赫然耸立在芬芳的印度集市上，空气中弥漫着葫芦巴和小豆蔻的香甜。非洲药店里，传统治疗师诊治、开方、抓药，有时甚至开出珍贵的狒狒爪子。旁边却是兜售俗气服装的零售商店，顾客盈门。街边小贩在叫卖新鲜水果，一股浓烈的"俄罗斯"（一种肥腻的辣香肠，在当地很受欢迎）的气味从炭火盆上弥散到空气中，各国的喷气式飞机正在翱翔，从奥利弗·坦博国际机场（Oliver Tambo International Airport）飞往非洲及世界各地。

戴格诺街（Diagonal Street，见第206页）和纽顿文化院（Newtown Cultural Precinct，见第205页）将现存的多民族文化精华与乐观向上、面向未来的态度融为一体，多种文化并存，很是丰富多彩。

精彩体验：观看橄榄球比赛

1995 年 6 月 24 日，纳尔逊·曼德拉身着跳羚队橄榄球衫，将橄榄球世界杯奖杯颁给南非队，这是令南非最为骄傲的时刻之一。南非是第一个独立承办这项赛事的国家，并喜获世界冠军，这个新生的民主国家终于团结在一起，举国欢庆，庆祝这项多年来仅限白人参加的运动。橄榄球无疑是南非文化的重要组成部分，在著名的埃利斯公园体育场（Ellis Park Stadium，1995 年世界杯决赛就在这里举行）看一场现场比赛，对每一位球迷来说都是一次终生难忘的经历。要查看比赛日程，获取票务信息，请访问 www.ellispark.co.za。埃利斯公园位于约翰内斯堡多恩方廷区卡里街与斯泰博街交叉路口。有大型比赛时，为避免交通堵塞，这里提供免费存车换乘设施，保证让你准时到达观赛地点。体育场内有一些食品饮料摊位，还有 8 家特许酒吧，方便观众购买食物和饮料。

正是这种出人意料的相邻性——超自然与超时尚相伴相依——令旧中央商务区成了一个真正独一无二的景点。尽管城市环境恶化，这里仍拥有非洲最密集的摩天大楼——卡尔顿中心（Carlton Centre）高达 730 英尺（223 米）仍是非洲大陆最高的建筑，在顶部的非洲之巅（Top of Africa）观景台可以全景式欣赏约翰内斯堡的美妙景色。要想换换口味，可以到卡尔顿中心的标准银行画廊（Standard Bank Gallery）欣赏当代南非艺术之精华：伊尔玛·斯特恩（Irma Stern）、杰拉德·塞科托（Gerard Sekoto）和赛晋瑞安·什拉克（Cyprian

卡尔顿中心（Carlton Centre）

✉ 50 Commissioner St.

☎ 011/308–1331

💲 $

标准银行画廊（Standard Bank Gallery）

✉ Simmondse St. 和 Frederick St.

☎ 011/631–4467

🚫 周日不开放

www.standardbankarts.com/gallery

Shilakoe）都曾在这里办过展览。

桑顿和罗斯班克（Sandton & Rosebank）

新中央商务区位于高档的桑顿，是大量新贵的地盘，也是一个活力四射、充满乐趣、野心勃勃、以一掷千金为乐的超现代化国际化商务区。毫无疑问，大约翰内斯堡北部这个企业、商户、住宅云集的地区繁华程度堪比欧美，被公认为非洲大陆的经济中心，是非洲"最富有的一平方英里土地"。几年前，约翰内斯堡证券交易所迁至桑顿，随后许多金融机构及 IT 公司纷纷效仿，将总部迁到了这里。在桑顿，仅仅一个下午就

温馨提示：

千万别错过帕克赫斯特（Parkhurst）古雅的第四大道（Fourth Avenue）。漫步街上，随处可见不拘一格的古董商店和各式餐馆。一定要到尼斯餐厅（Nice）吃顿早餐或午餐。每逢周日，我最喜欢来这里品尝鸡蛋篮子（egg basket）。

——罗伯塔·科奇

美国国家地理学会撰稿人

可能让你发家致富，也可能令你血本无归。

桑顿光彩夺目，魅力无穷。这里拥有豪华酒店（例如米开朗基岁酒店，见第 327 页旅行指南）、雅致的餐厅和熠熠生辉的购物中心（桑顿城和海德公园）。各式餐厅能够迎合各种口味，从泰国菜、法式经典菜到广东菜、旁遮普菜，应有尽有。购物中心则为那些有着五星级品味、喜好奢侈品的人准备好了一切。

桑顿也不乏夜总会、音乐表演场地、水疗中心、书店、画廊、古董店和豪华汽车展厅（展示阿斯顿·马丁和劳斯莱斯的最新款汽车）。在附近绿树成荫的静谧郊区，如海德公园，新建豪宅及精

约翰内斯堡天际线，其中最高的是希尔布罗塔（Hillbrow Tower）。

心修剪的花园安全地隐藏在高高的安全墙后面，车道两旁尽是熠熠生辉的豪华汽车。

附近的罗斯班克也很热闹，虽然与桑顿同属北部郊区，但作为一个供游人参观和当地人做生意的地方，这里给人一种文化更加多元的感觉。

这个成功的商务区为人们提供了令人愉悦的工作、购物和娱乐环境。在紧凑的罗斯班克，一切都近在咫尺，无论是游客、居民还是职员都可以步行往返。

罗斯班克不仅是一个商业场所，而且提供多种休闲娱乐设施：路边咖啡馆、超棒的餐厅、夜店、艺术画廊、电影院、豪华酒店（包括格蕾丝酒店）和商场。商场每周举办一次跳蚤市场。在这里还能看到哑剧演员和街头艺人的表演。这里有一个绝妙的非洲工艺品市场（African Crafts Market，Baker St. 和 Craddock Ave.），市场上既有糟糕透顶的旅游垃圾，也有来自马里和塞内加尔的古玩真品。Zone@Rosebank（177 Oxford St.，电话：011/788-1130，www.thezoneatrosebank.co.za）是北部郊区最好的商场之一，内有一家大型影院以及一些出售各色奢侈品的高档商店。

罗斯班克总是人声鼎沸。无论你喜欢什么——是想在南非最好的画廊中欣赏艺术，还是选购名牌服装，抑或是观看外语影片，又或者仅仅是想在绿树成荫的街上散散步——罗斯班克都能令你如愿以偿。

这一郊区原本有许多出色的装饰派艺术风格的建筑，遗憾的是，为了重建，其中一些精品已被拆除，但依然能瞥见这些建筑正面端庄的线条，令人惊喜。

约翰内斯堡艺术画廊
（Johannesburg Art Gallery）

约翰内斯堡艺术画廊（JAG）坐落在旧中央商务区边缘的朱伯特公园（Joubert Park）。虽然艺术画廊附近地区并不理想，但附近有一个安全的停车场。

艺术画廊的收藏发起人是敏锐的鉴赏家兼艺术收藏家弗洛伦丝·菲利普斯夫人（Lady Florence Phillips）。她是房东兼矿业巨头莱昂内尔·菲利普斯（Lionel Phillips）的妻子，大家都叫她弗洛丽（Florrie）。20世纪初，她与丈夫住在约翰内斯堡的阿卡迪亚庄园（Arcadia estate），她大力推广当地的手工艺品和文化，而且乐于帮助著名艺术家和努力上进的艺术家。为了创建约翰内斯堡艺术画廊，她不辞辛劳，四处奔走，终于在1916年梦想成真。利用丈夫捐赠的资金，她购置了博物馆的第一批藏品。

参观画廊：这座优雅的三层建筑由爱德华·勒琴斯爵士（Sir Edward Lutyens）设计，共有15个展厅可供选择。画廊的藏品数量惊人，每次只能展示其十分之一，但即便是这么小一部分也足够你在室内看几个小时了——除非你待在雕塑园里。

（下接第204页）

尼斯餐厅（Nice）
- 14th St. & 4th Ave., Parkhurst
- 011/788-6286
- 提供早餐和午餐，周一不营业

约翰内斯堡艺术画廊（Johannesburg Art Gallery）
- Klein St., Joubert Park
- 011/725-3130
- 周一不开放
- www.joburgculture.co.za

特写：约翰内斯堡音乐

今天活跃在约翰内斯堡的音乐传统之丰富前所未有。非洲地域广阔，文化丰富多彩，非洲多数音乐形式都能在这里找到。在任何一家饭店外面，都可能听到桑给巴尔街头艺人伴着印度洋岛屿的韵律，滔滔不绝地即兴咏唱复杂的吉他乐段；沿着同一条街继续信步前行，你会发现源自肯尼亚、尼日利亚或马里的乐声主宰着整个夜晚。

乌西·马拉塞拉（Vusi Mahlasela）的非洲民间音乐鼓舞了很多反种族隔离运动斗士。

在约翰内斯堡，有许多地方可以欣赏到现场音乐、乡土迪斯科和轻快的kwaito 音乐（当地一种激情洋溢的黑人镇区嘻哈乐）。

卡尔法克斯（Carfax, 39 Pim St., Newtown，电话：011/834-9187）如磁铁般吸引着约翰内斯堡的文化和艺术先锋派。这家俱乐部展现出万花筒般丰富生动的音乐风格和艺术形式，这证明对于当今的各类艺术家来说，约翰内斯堡将是未来非洲最热门的地方。卡尔法克斯的意义不仅在于音乐，它还是更为广阔的南非文化革命的代表。它完全可以自居为南非最进步的艺术场所。

从卡尔法克斯出发仅 10 分钟车程便是纽顿文化区（见第 204~205 页）的低音线（Bassline, 10 Henry Nxumalo St.，电话：011/838-9145），它被誉为非洲的文化中心。Bassline 的口号是"我们相信音乐"，正是这种对于好音乐和敬业的音乐家品质的信仰，才使它历久不衰。Bassline 的核心价值观之一是坚信旋律、歌词和作曲所具有的团结、抚慰和激励的力量。大多数夜晚，在这里你可以听到嘻哈音乐、kwaito 音乐或其他任何一种混合音乐流派。

Catz Pyjamas（12 Main Rd., Melville，电话：011/726-8596，www.catzpyjamas.co.za）位于波西米亚式的梅尔维尔（Melville），这里每周 7 天、每天 24 小时开放。该地区的很多音乐表演场地开业不久即宣告倒闭，Catz Pyjamas 却一直经营良好。距此不远就是约翰内斯堡大学，也就是说，这里的顾客来自世界各地，主要是学生和二三十岁的年轻人。这家餐厅布置成超酷的新工业化风格，在这里你可以尽情享受各种音乐，从古典音乐到爵士音乐，再到现代音乐，无所不包。场地定期推出现场音乐表演，偶尔还有栋笃笑（stand-up comedy，单口喜剧）。说真的，这里的创意食品非常美味可口。

如果你更钟情于当代音乐，那就到约翰内斯堡北郊的弗维斯（Fourways）寻找 Tanz Cafe（Shop 77，The Buzz Shopping Centre, Witkoppen Rd. 和 Nerine Rd. 交叉路口，Fourways，电话：011/658-0277）吧。Tanz Café 深受当地有钱人欢迎，是公认的本市最佳现场音乐表演场地。这里的气氛欢快向上，环境舒适宜人，一切设计皆为音乐而生。餐厅里，餐桌与宽敞的音乐舞台相互垂直，这样布置是为了获得最佳声学效果。侧面的柱子支撑着一个夹层楼面，上面视野极好，能清楚地看到正在表演的音乐家。人们涌向 Tanz Café 首先是为了听到南非最好的独奏（独唱）、二重奏（二重唱），以及演奏原声吉他、爵士、民谣、蓝调和好听的老摇滚乐队演奏的音乐。

温馨提示：

Oppikoppi 音乐节（每年 8 月举行，距约翰内斯堡仅两小时车程）是体验南非各种音乐的最佳场所。这是一次真正地道的南非文化体验。

——萨曼莎·赖因德斯
美国国家地理学会摄影师

约翰内斯堡的热门音乐场所 Bassline 及其音乐信条。

约翰内斯堡艺术画廊内展出的非洲艺术家的作品。

博物馆的非洲艺术收藏馆无与伦比，有19世纪到当代的绘画、雕塑、摄影、版画、新媒体、视频和装置。你会发现杰拉德·赛克特（Gerard Sekoto，1913—1993，城市黑色艺术的先驱）、亚历克西斯·普雷勒尔（Alexis Preller，1911—1975，其作品弥漫着斯威士兰和扎伊尔的非洲艺术超现实主义）和雕塑家兼画家悉德尼·库马洛（Sydney Kumalo，1935—1988，深受亨利·摩尔、马里诺·马里尼以及非洲传统的启发）的代表作。

在这里，你还会发现种类繁多的传统物品，包括布伦赫斯特（Brenthurst）收藏馆和雅克收藏馆（Jacques Collections）的头枕、棍棒、珠饰和鼻

市场剧院（Market Theatre）

纽顿文化区的亮点之一便是市场剧院，在那里你可以欣赏到南非最棒的戏剧、舞蹈和音乐。市场剧院所在的大楼原本是一个出售印度新鲜农产品的室内市场，故名。一群坚定的演员募集资金，希望能挽救这栋拥有别致的爱德华时代风格双塔门楼的旧建筑。1975年，修复工作开始了，但大多数修复工作都是他们自己完成的。

这个综合体包括主剧院、巴尼西蒙剧院（Barney Simon Theatre）和车阵剧院（Laager Theater）。在反种族隔离斗争年代，这里经常上演"抗议戏剧"，许多伟大人物都曾光顾这里，例如阿瑟尔·富加德（Athol Fugard）、穆博格尼·恩格玛（Mbogeni Ngema，《萨拉菲娜》的作者）、巴尼·西蒙（Barney Simon）、约翰·卡尼（John Kani）、温斯顿·恩特肖纳（Winston Ntshona）、彼得—德克·厄伊斯（Pieter-Dirk Uys）。

要参观市场剧院，需提前预约。

烟容器。在殖民地时代和种族隔离时代，由于占统治地位的是狭隘的"高雅艺术"，这些作品都被忽略了。

你还会发现大量欧洲人的作品，令人印象深刻：如毕加索、德加、毕沙罗、莫奈等。这里还曾有一件埃尔·格列柯的作品，但在 2002 年被盗了。这里有 17 世纪的荷兰绘画作品、18 世纪和 19 世纪的欧洲和英国作品、19 世纪和当代的南非艺术作品以及 20 世纪世界各国艺术的代表作品。

纽顿文化院（Newtown Cultural Precinct）

纽顿文化院（也称纽顿管理区）坐落在一片原本萧条破败的地方，如今正逐渐发展成一个勇敢而又时尚的文化中心，活力与横溢的艺术才华结成一个独特的非洲"组合"，使纽顿的脉搏保持跳动。它见证了非洲中心主义的强势复兴，展示了以非洲为中心的艺术、手工艺、戏剧和一系列混合艺术形式。在英文中还没有一个集合名词能概括所有这些混合艺术形式，恐怕最接近的就是"街头艺术"一词了。

市场剧院旁有一个非洲味儿十足的丰富多彩的跳蚤市场，每到周六就热闹起来。摊主们出售工艺品、古玩、服装、古董、印花织物、雕塑和珠饰。

纽顿文化院涵盖的区域北起铁路编组站和铁路线，南至 M2 公路，东起韦斯特街（West Street），西至奎恩街（Quinn Street）。记住，要时刻注意人身安全，避免饮酒过度，晚上不要在街上独行。

非洲博物馆（MuseuMAfrica）：非

市场剧院（Market Theatre）
🅰 56 Margaret Mcingana St.
☎ 011/832−1641
www.markettheatre.co.za

非洲博物馆
🅰 121 Bree St.
☎ 011/833−5624
🅘 周一不开放

洲博物馆毗邻市场剧院综合体，原本是一个蔬菜水果市场，现在则是首屈一指的历史和文化博物馆。它集中展示了南非复杂的地质、社会、政治和经济史，包括地质标本，还有茅屋、工具、工艺品的复制品，以及南非各民族和部落的服饰。这里有一个名为"叛国罪审判"（1956—1961）的常设展览，通过电台广播、报纸标题和视频访谈带你重历那些将纳尔逊·曼德拉等人送进罗本岛监狱的著名审判（见第 69 页、第 72~73 页）。另一个展览"约翰内斯堡的嬗变"包括一座可以步行通过的棚屋、一间矿工宿舍以及 20 世纪 50 年代的一家非法酒吧。

本苏珊摄影博物馆（Bensusan Museum of Photography）和南非岩画博物馆（Museum of South Africa Rock Art）也在这里；前者重点关注摄影行业的进步，后者则帮助人们深入了解桑人岩画。

唐人街（Chinatown）

正如约翰内斯堡有两个中央商务区，约翰内斯堡也有两个唐人街：一个在旧中央商务区附近的行政大街（Commissioner Street），另一个在西罗町（Cyrildene）的德里克大道（Derrick

Avenue）。

20世纪初，"第一个唐人街"在行政大街西头发展起来，来自中国广东的移民在那里生活，经营商店、洗衣店、蔬菜水果店、茶馆和餐馆，其中一些在约翰·沃斯特广场（John Vorster Square）警察局的庇护下至今仍生意兴隆。

目前这里还有一些超棒的餐馆和商店，但由于城市衰败（尽管当地政府正尽一切努力复兴中央商务区），华人社区已逐步搬迁到西罗町的"第二个唐人街"。

西罗町原本以犹太人为主，但汉语早已取代意第绪语成为街头巷尾的交际语，德里克大道两旁涌现出成片的中餐馆和具有异国情调的商店。大道两侧挤满了美容院、录像带出租店、传统中药店、亚洲食品商店以及略显简陋的正宗小吃店。你可以品尝到来自广州和上海的美味佳肴，还有中式点心及脆皮煎鸭胸、辣炒猪肉片、各式拌面以及令人垂涎的各式虾类和鱼类菜肴。

吃在唐人街： 在西罗町唐人街的小吃店中，有一家著名的 Long Men

温馨提示：

一定要去德里克大道28号（28 Derrick Avenue）一家叫作"中国茶叶"（Chinese Tea）的专业茶叶店，在那里可以买到独一无二的礼物，还可以品一杯新茶放松一下。

——罗伯塔·科奇
美国《国家地理》杂志撰稿人

人与科学博物馆（Museum of Man&Science）
🅰 14 Diagonal St.
☎ 011/836-4470
🅒 周日不开放

（41 Derrick Ave., Cyrildene, 电话：011/622-6861），这里基本以粤菜为主，每天都采用不同的新鲜食材。建议尝尝这里的中式点心。在德里克大道南头，有两家专门做蒸饺的优秀餐厅：Shun Deck（23 Derrick Ave., Cyrildene，电话：011/615-7168）和北方饺子馆（Chinese Northern Foods，Derrick Ave. 南头）。

戴格诺街和福德斯堡（Diagonal Street & Fordsburg）

中央商务区的戴格诺街只有非洲才有。旧约翰内斯堡证券交易所（Johannesburg Stock Exchange）是一座漂亮的玻璃加钢架结构的蓝色现代建筑，高耸在老街的低层住宅之上。这座大楼附近杂乱无章地分布着许多非洲草药店。在购买之前，你可以浏览一下店里的商品——干瘪蜥皮、角、块状药用树皮、头骨、骨头、珠子以及"神奇的"腕套和脚镯。这些传统药材据说（店主保证）是治疗哮喘、肺结核等诸多疾病的特效药品，"保证"药到病除。店里甚至可能会有巫医（传统治疗师）坐镇，保证可以通过"扔骨头"帮你预测未来。而这一切就发生在21世纪的城市街道上。

在这一带，人与科学博物馆（Museum of Man & Science）颇具代表性——实际上根本不是什么博物馆，只不过是一家光线昏暗、混合着香味和霉味的商店，自称是"草药疗法及顺势疗法之王"。这个"博物馆"时常有游客光顾，不过他们是来挑选手杖等珍奇小物件的，而不是来购买晒干的黑长尾猴皮的。

福德斯堡区已成为南亚文化的一个

重要中心。如果你喜欢巴基斯坦的咖喱料理，那就来这里品尝正宗的清真食品吧。印度风味的素食菜肴也同样出色。在东方广场（Oriental Plaza，位于 Bree St.、Malherbe St.、Lilian St. 和 Main St. 之间，电话：011/838-6752）。这个综合体内有约 300 家商铺，所售商品从正宗的 Sperry 船鞋到来自远东的便宜货，应有尽有。在这里你可以淘到正宗名牌商品，价格却比罗斯班克或桑顿的商场低 30% 到 40%。广场的布料久负盛名，棉布、色彩艳丽的合成面料以及真正的丝绸一应俱全。所有标价仅供参考——在广场购物，顾客必须讨价还价，这早已是人尽皆知的"秘密"。

走在广场上，你的嗅觉会受到各种美味的挑逗。香料店（特别推荐 Akhakwaya Masala Centre；S263 号商铺，电话：011/836-9280）出售刚刚磨制出来的新鲜咖喱配料，盛装在大格子

东方广场（Oriental Plaza）

- ✉ Bree St. 和 High St., Fordsburg
- ☎ 011/838-6752
- 🕐 周日不开放
- **www.orientalplaza.co.za**

金矿之城（Gold Reef City）

- ✉ Shaft 14, Northern Pkwy., Ormonde
- ☎ 011/248-6800
- 🕐 周一至周二不营业
- 💲 $$$
- **www.goldreefcity.co.za**

箱里。

吃在福德斯堡：福德斯堡和广场上还有许多各种档次的饭馆。广场上最棒的两家是 Al Makka（50 Central Rd.，电话：011/838-2545）和 World of Samoosas（Oriental Plaza186/7 号铺，电话：011/833-1139）。Bismillah（78 Mint Rd.，电话：011/838-6429）深受印度菜行家的青睐。

福德斯堡聚集着许多南亚杂货店和食品店。

金矿之城（Gold Reef City）

金矿之城（很像太阳城著名的失落之城；见第 233 和第 236 页）距市中心 3 英里（5 公里），位于北园道路旁，实际上是一家主题公园。诚然，它的确是在一座旧金矿（王冠金矿 4 号矿井）的原址上重建起来的；所有街道完全按照原样重建，矿工住房也按照原样布置。甚至连员工们都穿着 19 世纪初的地道服饰。但与活生生的历史相比，其迪士尼式的戏剧化风格太过卖弄，不够真实。

这里引人人胜的景点很多。儿童和肾上腺素分泌旺盛的人们可以体验蟒蛇（Anaconda）、火石（Flintstones）、矿工复仇（Miners' Revenge）和金环路

艺术商品

出于经济原因，非洲大陆各地的人们被吸引到约翰内斯堡。他们带来了丰富多样的手工艺品，有许多人以制造和销售手工艺品为生。你可以在城市附近的市场和商店淘到面具、串珠娃娃、铁丝篮和木雕等珍品。

可以逛逛布鲁玛（Bruma）巨大的跳蚤市场（周一不开放）。市场剧院周六的跳蚤市场（见第 205 页）被认为是最早的跳蚤市场。还有周日罗斯班克商场的天台市场（Rooftop Market），当地人和游客都经常光顾。然而，这些都只是为新手准备的……

种族隔离博物馆（Apartheid Museum）

✉ Gold Reef City, Northern Pkwy. & Gold Reef Rd., Ormonde

☎ 011/309 4700

🕐 周一闭馆

💲 $

www.apartheidmuseum.org

（Golden Loop）等过山车。如果你想了解如何开采黄金，可以亲自下到全市最深的矿井之一内部观看。或者在老矿井中观看含金矿脉，看看如何将黄金倒入锭模。这里还有一家赌场、一家 4D 影院以及种族隔离博物馆，还可以乘坐蒸汽火车，体验怀旧之旅。

种族隔离博物馆（Apartheid Museum）

如果你不能清楚地认识种族隔离对整个国家产生的影响，你就不可能正确地理解今天的南非。这也正是设立种族隔离博物馆的初衷。

博物馆坐落在金矿之城内，占地 17 英亩（7 公顷），于 2001 年正式对外开放。博物馆由多名建筑师联合设计，展览则由策展人、电影制片人、历史学家和设计师组成的跨学科小组设计。它坐落在一个花园内，花园布景犹如南非原始丛林。

游客一进入大楼，博物馆的工作人员就开始按种族和肤色对所有游客进行分类，令游客亲身体验到现实中的种族隔离。这个过程的确令人略感不安，但也确实能启人心智。当参观者从震惊中"恢复"过来之后，他们便可以欣赏馆内的纪录片片断、照片、文字、历史文

温馨提示：

要想深入了解约翰内斯堡曲折坎坷的历史，请参加城市遗产信托（Parktown Heritage Trust, www.parktownheritage. co.za）组织的历史徒步游，保证令你陶醉其中。路线不同，涵盖的区域也不尽相同。

——罗伯塔·科奇

美国国家地理学会撰稿人

物以及个人对旧南非生活的讲述了。博物馆对这些素材的运用娴熟而又巧妙。

这些展览分布在 22 个展区，描绘了种族隔离时代的日常生活场景，同时电视屏幕上播放着反种族隔离"斗争"的图像。展览引领游客踏上一条感人肺腑的情感之旅，讲述了这个国家的种族压迫制度的故事。最后一部分展示了后种族隔离时代的南非。

其中有一个展览特别震撼，但见从屋顶垂下 131 条绞索，每条绞索代表一位在种族隔离时代被绞死或者"拘留致死"的政治犯。其他展览回顾了种族隔离历史上的标志性事件：臭名昭著的沙佩维尔大屠杀、里沃尼亚叛国罪审判、索韦托起义和第六区被夷为平地。展览还讲述了流落异国的反种族隔离运动及全世界广泛抵制南非参加国际体育赛事的故事。

关键人物无一遗漏："种族大隔离法"的设计者 H.F. 维沃尔德，南非"强人"B. J. 沃斯特和 P.W. 博塔以及德斯蒙德·图图、F.W. 德克勒克、烈士史蒂夫·比科，当然，还有纳尔逊·曼德拉。

博物馆体验的高潮是 1994 年一个新的民主国家的诞生和曼德拉的就职典礼——"从囚犯到总统"。真的不容错过。

博物馆之旅：官方组织的博物馆之游历时 4 小时，每周二、三、四、五启程，全年无休，可以到你在约翰内斯堡入住的酒店或其他指定地点接你。

种族隔离博物馆的一个展区。

精彩体验：帮助抗击艾滋病

　　非洲正面临着一个可怕的强敌，即艾滋病毒／艾滋病的肆虐。这种灾难性的疾病犹如一个贪得无厌的杀手，尽管人们在努力防止其蔓延，但艾滋病毒感染率在许多非洲国家仍处于上升趋势。在这片大陆许多地区，贫困和营养不良问题肆虐已久，艾滋病更如雪上加霜，致使许多国家的经济和生活陷入瘫痪，南非也不例外。

　　艾滋病正使数以百万计的儿童变成孤儿，在南非以儿童为户主的家庭数量不断增多，令政府日益忧心。目前根本没有足够的资源给予这些儿童所需的照顾和教育。更重要的是，与北美和欧洲不同，南非的艾滋病人往往无法获得足以让他们过上相对比较健康、正常的生活的药物。

　　南非面临的最大困难之一是缺乏一支足以应对这种流行病的技艺精湛的医疗队伍。这主要是由艾滋病本身的性质所致。艾滋病夺走了许多训练有素的医务人员的生命，同时吓跑了他们身体依然健康的同事。近年来，南非医生大规模外流。在非洲许多国家，由于医疗保健和经济发展的负面影响，现在的平均预期寿命还不到 40 岁。

　　另一个挑战是教育。政府一直在努力增强人们对于艾滋病感染风险的意识和预防感染方式的认识。但这还远远不够，需要做的工作还有很多。艾滋病感染率仍然很高。

　　在南非，在抗击艾滋病的斗争中，个人的作用至关重要。志愿者可以在医疗保健、教育、儿童看护等很多方面贡献力量。许多项目通过派遣志愿者进社区、进学校，帮助人们了解这种流行病，进而提高公众的认识。在这个过程中的任何阶段，从制作海报到面向社区人群演讲，个人志愿者都可以提供帮助。

　　另一种提供帮助的方式是直接帮助那些受艾滋病影响的家庭。志愿者可以给这些家庭送衣送食，跟家庭成员探讨保持健康的方法，并提供急需的精神支持。尤其急需医疗专业人士帮忙对患者进行治疗，还需要具有科学背景的积极分子在实验室帮忙。

　　此外，也有许多项目向南非数以百万计的艾滋病致孤儿童提供教育、医疗保健和社会福利，以及为成年人提供艾滋病毒检测和咨询服务。志愿者要想在这些方面提供帮助，不需要有任何特殊技能或资格，但他们必须富有爱心、耐心和灵活性。许多艾滋病感染者需要关怀和鼓励，以帮助他们面对困境，取得进步。

　　如想了解参与方式，请联系纳尔逊·曼德拉基金会（Nelson Mandela Foundation，电话：011/547-5600，www.nelsonmandela.org）、治疗行动运动（Treatment Action Campaign，电话：021/422-1700，www.tac.org.za）或更好南非（Greater Good South Africa，电话：021/685-9780，www.myggsa.co.za）。

温馨提示：

　　艾滋病是南非的一个现实问题，特别是在异性关系方面。因此请牢记"A-B-C 原则"：节制性生活（Abstain）——保持忠贞（Be faithful）——使用安全套（Condomize）。

——理查德·惠特克
美国国家地理学会撰稿人

索韦托（Soweto）

虽然"索韦托"听起来像是一个非洲词，但它实际上是西南镇区（South Western Townships）的缩写。索韦托位于约翰内斯堡以南，是种族隔离政府于 20 世纪 50 年代为黑人流动工人设计建造的郊外居住区，因为该市在很大程度上依赖于他们的劳动。

索韦托新兴中产阶级精心修剪的家园。

索韦托一经设立，便毫无规划地逐步发展成了一个庞大的黑人镇区集合。尽管政府试图努力制止，但赤贫的黑人劳动者为了找工作仍不断涌入约翰内斯堡——有的来自前景黯淡的农村地区（"黑人家园"），有的来自所谓的班图斯坦（经济上没发展），有的甚至来自非洲邻国。

如今的索韦托本身就是一个真正的城市，有居民两百多万，是非洲大陆最大的黑人聚居城镇。索韦托拥有南非唯一一家黑人所有的私人诊所；索韦托的公立医院 Chris Hani Baragwanath 是非

索韦托（Soweto）
见第 197 页地图
游客信息中心
Walter Sisulu Square of Dedication, Kliptown
011/342-4316
www.joburgtourism.com

洲最大的医院。索韦托的夜生活也声誉日隆，有摇滚（The Rock）、密室（Back Room）等爵士乐和 kwaito 音乐（索韦托风格的嘻哈音乐）表演场地。

在索韦托，各式住宅并存，从用波纹薄铁皮建造的棚屋到暴发户的奢华豪

宅，一应俱全。黑人打工者原本住在极小的、有四个房间的"火柴盒房"中，现在这种房子仍随处可见。索韦托也有中产阶级居住的富庶区，如紧邻奥兰多西区（Orlando West）的狄普克鲁夫（Diepkloof）和毗邻的狄普克鲁夫新区（Diepkloof Extension）。这些地方维护良好的道路两旁绿树成荫，还有高质量的学校和幼儿园。

一个不幸的社会现实是，在黑人镇区周边逐渐形成了棚户区（文明点儿的说法叫作"非正式居住区"）。可悲的是，许多南非人依然贫穷、失业、别无选择，只能在这些临时住所中艰难求生。

反种族隔离斗争

大多数人参观索韦托的目的是了解黑人镇区过去的政治斗争及取得的胜利。作为抵制种族隔离政权的政治发源地，索韦托有一段值得骄傲的历史。柯利普城（Kliptown）和自由广场（Freedom Square, Union St. and Boundary Rd. 附近，Kliptown）与自由斗争有着紧密联系。联合大会（Congress Alliance）在这里通过了《自由宪章》（Freedom Charter，一些志同道合的组织于1955年召开联合大会，为南非全体人民描绘了未来的蓝图）。后来，《自由宪章》成了南非非洲人国民大会（非国大）的斗争纲领。

另一个具有重大历史意义的机构是里贾纳芒迪教堂（Regina Mundi Church, 1149 Khumalo St., Rockville, 电话：011/986-2546，周末不开放，捐赠入场）。人们曾在教堂围墙之内举行

精彩体验：地下酒吧

对大多数南非人来说，地下酒吧（黑人镇区无照经营的传统酒吧）是光荣而又神奇的地方。地下酒吧是力量、团结、反抗的象征，当然也是美好夜晚的象征。种族隔离政府妄图将南非黑人排除出所有独立的经济活动，但黑人镇区足智多谋的男男女女（后者被亲切地称为"地下酒吧女王"）利用自家的房子，向社区供应在后院酿造的各种酒水。

政府颁布禁令的本意是控制和羞辱乡民，结果却催生出一种新的文化。地下酒吧成了热闹的去处，人们在这里举办通宵派对，召开政治会议，米瑞安·马卡贝（Miriam Makeba）等传奇歌手的演唱生涯也是从这里开始的。然而，开地下酒吧的风险也不小——警方经常进行突击检查，一旦查到，警方就会没收酒水，还常常逮人。但地下酒吧的老板们并没有被吓倒，一出警局就立刻重操旧业。

1984年，种族隔离政府意识到地下酒吧是一支不可忽视的力量，并颁发了27张经营执照。目前，南非全国有数百家有执照的"地下酒吧"。但我们听说，无照经营的地下酒吧仍占绝对多数。

要体验真正的地下酒吧，请前往Wandie's Place（618 Makhalenele St., Dube Village，电话：011/982-2796，www.wandies.co.za），了解其成长历程。1981年，万迪·恩达巴（Wandi Ndaba）开了这家地下酒吧，却经常遭到警方突击检查。万迪忍受了整整十年，终于在1991年拿到了执照。万迪现在能够合法地打理生意，为顾客提供了完整的餐厅和酒吧体验，一定不要错过哦。

大多数黑人镇区旅游团都提供地下酒吧游；详见第213页。

精彩体验：黑人镇区游

在种族隔离时代，黑人（以及印度人等有色人种）被迫住在市郊的黑人镇区。很大一部分城市人口仍住在这些单独划定的黑人镇区中，很多人的住处缺乏电力及其他基础设施。许多游客可能在南非游玩了一个月都没有踏足过任何一个黑人镇区。而黑人镇区游为游客提供了了解南非现实的机会，使其可以亲眼见到大多数南非人的生活状况。

你的时间将被各种活动占满。无论是逛草药店，在地下酒吧畅饮，在家庭杂货店购物，聆听现场音乐，抑或只是与当地居民聊天，黑人镇区游必定会令你深入了解一种不同的文化。

滕巴一日游（Themba Day Tours & Safaris，联系 Pat Duxbury，电话：011/463-3306，电子邮件：info@sowetotour.com，www.sowetotour.co.za）是组织索威托一日游的一家老牌公司。该公司会带你来到非洲最大、最有活力的黑人镇区，刷新你对它的了解和看法。

欲了解约翰内斯堡地区的其他团队游，请联系索威托旅行社（Soweto Tours，电话 011/315-1534，www.soweto.co.za）或胡普旅行社（Vhupo Tours，电话：011/936-0411，www.vhupo-tours.com）。

欲了解普敦的相关团队游，请联系凯米萨旅行社（Camissa Travel and Tours，电话：083/392-8588，www.gocamissa.co.za）或茵库鲁勒科（Inkululeko，电话：021/433-2322，www.inkululekotours.co.za）。

团队游价格在 300~800 兰特之间。

过很多抗议集会和反种族隔离积极分子的碰头会，也为被害的抵抗运动领导人办理葬礼。

奥兰多西区是世界上唯一一个被两位诺贝尔和平奖获得者称为故乡的地方：纳尔逊·曼德拉和圣公会大主教德斯蒙德·图图（Desmond Tutu）。

纳尔逊·曼德拉的第一栋房子（Vilakazi St., Orlando West，电话：011/936-7754，$），里面有他的个人物品，包括各种荣誉学位。这位未来的总统在 1962 年被捕之前住在这里。附近就是德斯蒙德·图图的住所（Vilakazi St., Orlando West，不对公众开放），

温馨提示：

在里贾纳芒迪教堂，注意找寻 1976 年大屠杀留下的遗迹——破碎的大理石圣坛、天花板上的弹孔以及受损的基督雕像。

——贾斯廷·卡瓦纳
美国《国家地理》杂志国际版编辑

靠近他的故乡教区圣十字教堂（Holy Cross Church）。

索韦托最令人沉痛的景点之一是海克特·彼特森遗址暨博物馆（Hector Pieterson Memorial Site & Museum，Khumalo St. 和 Pela St.，Orlando West，电话：011/536-0611，$），位于圣十字教堂对面。1976 年 6 月 16 日，索韦托的许多学生集会抗议政府强制黑人镇区学校的老师优先使用南非荷兰语作为教学语言。种族隔离政权出动大批警力，就在孩子们开始唱被禁的非国大歌曲《天佑非洲》时，警方向他们开火了。20 名孩子被射杀，其中有 12 岁的海克特·彼得森。这一惨案引起了声势浩大的抵抗运动，最终使种族隔离制度走向终结。

纪念碑暨博物馆建于 2002 年，位于小海克特被射杀处附近。纪念碑是一块刻了字的石板，博物馆内有照片和影像资料。

索韦托最古老的住宅区柯利普城（Kliptown）的一处"非正式居住区"（棚户区）。

　　索韦托是一个充满活力、混乱不堪、声音刺耳、缺乏规划、无限扩张的地方，有时很难找到出去的路。鉴于此，再加上安全性堪忧，参观这里的最佳方式是在导游的带领下游览，通常为半日游或一日游。也提供特殊兴趣游，包括专注于艺术、餐馆或者传统医学的旅游。

茨瓦内，比勒陀利亚（Pretoria, Tshwane）

从约翰内斯堡出发，仅需半小时车程即可抵达优雅宁静的比勒陀利亚，即茨瓦内市，是南非官方的行政首都和事实上的国家首都。比勒陀利亚坐落在一个小山环抱的肥沃山谷中，被亲切地称为蓝花楹之城（Jacaranda City），因为夏季街道两旁的蓝花楹树开花时一片紫色，遮天蔽日，犹如紫色的云朵。

矗立在比勒陀利亚市中心教堂广场上的保罗·克鲁格雕像。

十有八九，恩德贝勒人最早来到比勒陀利亚所在的山谷定居。后来，沙卡在今天的夸祖鲁—纳塔尔省内及附近地区发动了姆法肯战争（mfecane，指祖鲁人对敌对部落的"征服"），许多难民逃到这里。比勒陀利亚镇始建于1855年，以著名的布尔移民先驱领袖、血河之役（1838年）的英雄——安德烈斯·比勒陀利乌斯（Andries Pretorius）的名字命名。

比勒陀利亚是一个特别美丽的城市，宽阔的街道两旁是成排的蓝花楹，气氛宁静详和。作为南非的行政首都，这里

比勒陀利亚（Pretoria）
见第197页地图
游客信息中心
Old Nederlandsche Bank Bldg., Church St.
012/358-1430
www.gopretoria.co.za

有许多外国使领馆，平添了几分温文尔雅的国际范儿。这里有多所高等教育机构——比勒陀利亚大学、南非大学（函授）、茨瓦内科技大学和科学与工业研究理事会——因此，它也是南非的非官方学术首都。众多学生的存在使该市洋溢着青春与活力，尤其是在哈特菲尔德

拉马德莱娜（La Madeleine）

名流、外交官和美食爱好者纷纷涌向拉马德莱娜（122 Priory Rd., Lynnwood Ridge，电话：012/361-3667，周日不营业，午餐需预约），为的是品尝这里出色的法式美食和当地美食，欣赏这里的法国乡村式装潢。丹尼尔·洛伊施和卡琳·洛伊施是比勒陀利亚这家餐厅的厨师兼老板，在过去的20年中，他们的烹饪获奖无数。菜品不多，却经常变化，你可能品尝到用波尔特葡萄酒酱汁和松露汁调味的去骨鹌鹑，或搭配蔓越莓酱的上好牛里脊、蜂蜜红酒煮梨等。不要错过哦。

（Hatfield）等时尚酒吧、迪斯科舞厅和古怪餐馆云集之地。

游览比勒陀利亚

由于两市相隔不远，比勒陀利亚的远郊与约翰内斯堡的远郊似乎没有多大区别。但是，一旦进入市中心，就会发现两市环境大不相同。比勒陀利亚中心（Pretoria Central）居于该市的中心地带，分布着一些重要历史建筑。总统保罗·克鲁格的雕像矗立在漂亮的教堂广场（Paul Kruger St. 和 Church St. 交界处）上。

南非国家剧院（South African State Theatre）
✉ 320 Pretorius St.
☎ 012/392-4000
www.statetheatre.co.za

保罗·克鲁格博物馆（Paul Kruger Museum）
✉ 60 Church St.
☎ 012/326-9172
$ $
www.ditsong.org.za

教堂广场是比勒陀利亚的活动中心，周边分布着旧议会大厦（Old Raadsaal）、司法宫（Palace of Justice）及其他雄伟庄严的建筑。

比勒陀利乌斯街（Pretorius Street）上壮观的南非国家剧院（South African State Theatre）综合体有六个表演场地和一个巨大的公共广场。综合体提供高品质的戏剧、芭蕾、歌剧、卡巴莱歌舞表演和交响音乐会。在 Momentum 可以欣赏前途无量的新制片人、导演和演员的作品。歌剧院（Opera House）可以容纳1300人，而规模较小的密室（Intimate）和约会（Rendezvous）是专为卡巴莱歌舞表演和时事讽刺歌舞剧设计的。戏剧院（Drama Theatre）有640个座位，所有座位均在同一个平面上。第三大表演场地是 Arena。

附近的伯格斯公园（Burgers Park, Jacob Maré St.，在 van der Walt St. 和 Andires St. 之间）是一个漂亮的维多利亚风格的园林。园中玫瑰成行，还有一座维多利亚式房屋，现是一家餐厅。

朴实无华的维多利亚式保罗·克鲁格博物馆始建于1884年，位于教堂广场的另一侧，几乎完全保持着当年保罗·克鲁格住在这里时的原样。保罗·克鲁格于1883—1902年担任德兰士瓦共和国总统，是布尔人反抗英帝国主义的领袖。

温馨提示：

想找个有趣有生气的地方消遣？那就去比勒陀利亚大学附近的哈特菲尔德吧。那里有很多吃喝玩乐跳舞唱歌的地方，轻轻松松就可以打发掉一个晚上的时光。

——凯特·帕尔
美国国家地理学会实地研究者

保罗·克鲁格博物馆内，布尔抵抗运动伟大领袖克鲁格的半身像。

1886 年在威特沃特斯兰德发现黄金后，英国对德兰士瓦共和国越来越感兴趣，这直接导致了南非战争（1899—1902）的爆发。在英国人设立的集中营里，数以千计的布尔男人、女人和儿童死亡，连他们的非洲工人也未能幸免。

故居博物馆内有过去的家具、照片和个人物品。注意游廊上的两尊石狮子，那是矿业巨头巴尼·巴尔纳托（Barney Barnato）于 1896 年献给总统克鲁格的生日礼物。相邻的博物馆的展览追溯了克鲁格的一生。

南非许多伟大的政治家和名人都埋在附近的教堂街公墓的英雄墓地（Heroes' Acre, Church St 和 D. F. Malan Dr.）。19 世纪种植的树木遮蔽着舒适宜人的人行道。

虽然比勒陀利亚相对安全，而且步行游览也不成问题，但距离较远时有必要开车或乘坐出租车前往。

国家自然历史博物馆（National Museum of Natural History）

🅰 432 Paul Kruger St.
☎ 012/322-7632
💲 $
www.ditsong.org.za

国家自然历史博物馆（National Museum of Natural History）

该博物馆始建于 1892 年，位于比勒陀利亚市中心。入口外安放着巨大的鲸鱼和恐龙骨骼，令人印象深刻。宽敞通风的展厅附近使用了传统的砂岩内饰。

展品包括从世界遗产人类摇篮发掘出的重要原始人类化石（见第 226~231 页）及相关化石动物群的信息。博物馆还收藏着：从卡鲁（Karoo）发现的两栖类、鱼类、爬行动物和植物化石；二叠纪晚期向哺乳类过渡的爬行动物（也是在卡鲁发现的）；以及大量立体哺乳动物、鸟类、爬行动物和无脊椎动物，尤其是甲虫和蝴蝶。

但博物馆中最有名的展品是"普莱斯夫人"（Mrs. Ples，词源 Plesianthropus，意为"几乎是人类"；见第 228~229 页）头骨的铸型复制品。"普莱斯夫人"是记者给"她"起的绰号。头骨是博物馆的罗伯特·布鲁姆（Robert Broom，见第 23 页）于 1947 年在附近的斯泰克方丹岩洞发掘出来的。

今人认为，普莱斯夫人脑容量小，直立行走，属于非洲南方古猿，是人类的远祖之一。该物种和其他个体的残骸在西北省的汤恩（Taung）和北开普省的马卡潘斯盖（Makapansgat）也有发现。与梅芙·利基（Maeve Leakey）发现的化石一样，发现这些化石的意义重大。梅芙·利基发现了距今约 350 万年的肯尼亚平脸人（Kenyanthropos platyops）的化石骨骼和牙齿，他们可能是人类祖先的一个全新种属；威特沃特斯兰德大学的罗恩·克拉克博士（Dr. Ron Clarke）、斯蒂芬·莫苏米和夸瓦纳·莫勒菲在斯泰克方丹岩洞发现了一具人类最古老的类人猿祖先的完整化石骨架，距今至少有 350 万年，甚至很可能有 400 万年。

参观博物馆： 这里的展览设计得引人入胜，将过去栩栩如生、生动逼真地展现在人们面前。博物馆为国内外学生（所有年龄段）和游客提供各种活动项目和导览游。在探索中心（Discovery Centre，$，需预约），小游客们可以亲自动手，调动五官亲身体验自然历史的奇妙。探索中心有一件明星展品——一只恐爪龙的复制品，它是电影《侏罗纪公园》中的"明星"之一。

奶酪

虽然南非的奶酪业由来已久，但在过去的几年中，奶酪制作者数量一直在上升。尽管南非约一半奶酪产自西开普省一带（受欧洲影响，加之气候温和），但全国各地都有奶酪制作者，比勒陀利亚也不例外。淡味干酪是传统食品，但最近味道较重的各式独创混合奶酪开始大量涌入。建议尝尝 Bokmakiri，这是一种涂有辣椒和大蒜的羊奶软质奶酪。

走在国家自然历史博物馆里，亲眼看见自然造之复杂与神奇，心中不禁充满敬畏之情。观看常设展览时，这种感觉愈加强烈，例如一楼的"创世纪一：生命大厅"（Genesis I: Hall of Life）。该展览讲述了我们这个星球上生命起源和发展的非凡故事——从 35 亿年前最早的蓝绿藻一直到今天令人惊叹的生物多样性。

哺乳动物厅（Mammal Hall） 侧重展示哺乳动物的进化史，但这里也有恐龙展和卡鲁的似哺乳类爬行动物展。这里陈列着原始人类头盖骨的复制品，包括非洲南方古猿（普莱斯夫人）。展览清楚地表明，基于现有的复杂的人类化石证据，很难清晰地勾勒出现代人同原始祖先之间的清晰的关系图谱。

奥斯汀·罗伯茨鸟类厅（Austin Roberts Bird Hall） 集中展示了将近 870 种南部非洲鸟类。奥斯汀·罗伯茨是南非最有名的鸟类图书（首次出版于 1940 年，至今还在出版）的作者，曾担任该博物馆董事，故名。在阁楼展示的数百种鸟就运用了罗伯茨在《南部非洲鸟类》

国家博物馆内令人印象深刻的自然历史藏品。

一书中提出的编号方式进行识别。

地球科学博物馆（Geoscience Museum）：地球科学博物馆位于自然历史博物馆内。踏进这宝石和准宝石的迷人世界，你内心的"寻宝者"一定会欢欣雀跃起来。该博物馆汇集了来自南非全国各地众多地质遗址的精品。

除了引人入胜的展览，这里还有易于理解的解说词，揭示钻石、晶洞玉石、化石、陨石背后的科学。这里也有Tswaing陨石坑的相关信息，该陨石坑距此仅25英里（40公里）。

比勒陀利亚艺术博物馆（Pretoria Art Museum）

该馆位于比勒陀利亚市东部的阿卡迪亚公园（Arcadia Park）内。这里的藏品反映了南非艺术的不断变化。收藏重点是那些被称作绘画大师的作品，即彼得·温宁（Pieter Wenning）、J. H. 皮尔尼夫（J. H. Pierneef）、弗朗斯·奥德（Frans Oerder）、安东·凡沃乌（Anton van Wouw）、雨果·诺德（Hugo Naudé）、伊尔玛·斯特恩（Irma Stern）和玛吉·洛布塞尔（Maggie Loubser）的作品。这里的国际艺术作品以欧洲和美国的图形版画为主。这里提供导览游。

联合大厦（Union Buildings）

只要你观看过南非总统纳尔逊·曼德拉的就职演说，就一定瞥见过矗立在他身后的联合大厦（原本打算在他发表就职演说的地方立一座曼德拉的雕像，但后来立在了桑顿的曼德拉广场）。

经测量，联合大厦长900英尺（286米），是英国建筑师赫伯特·贝克爵士（1862—1946）的代表作。南非的许多公共建筑都是他设计的。大厦位于阿卡迪亚（Arcadia）区，坐落在比勒陀利亚一座俯瞰全城的小山（Meintjies Kop）上。大厦是用悦目的金黄色砂岩建造的。中心建筑弧形的柱廊围绕着一个圆形露天广场（曼德拉就站在这里）。中心建筑令人印象深刻的两翼分别象征 1910 年南非联邦成立时的两种官方语言——英语和南非荷兰语，但这种象征意义不适用于新南非，因为现在南非有 11 种官方语言。

中央柱廊的两端各有一座圆顶塔，露天广场内及周边有观赏水池、喷泉、雕塑和栏杆，联合大厦显得低调、宁静而又信心十足。

综合体于联邦成立前后开始建造，三年后竣工。从那时起，联合大厦就是政府行政部门的办公地点，至今依然如此。共和国总统的办公室也在这里。

这里不允许公众进入参观，但中午

温馨提示：
在比勒陀利亚动物园，近距离观赏非洲野生动物和一些濒危物种不啻为参加游猎之旅以前熟悉野生动物的好办法。
——卡根·H. 塞克斯哥路
美国国家地理学会实地研究者

比勒陀利亚艺术博物馆（Pretoria Art Museum）
✉ Schoeman St. 和 Wessels St., Arcadia
☎ 012/344-1807
🕐 周一闭馆
💲 $

南非国家动物园（National Zoological Gardens of South Africa）
✉ 232 Boom St.
☎ 012/328-3265
💲 $$（含水族馆和爬行动物园）
www.nzg.ac.za

可以在整齐漂亮的花园内野餐。

南非国家动物园（National Zoological Gardens of South Africa）

又称比勒陀利亚动物园，它是南非最大的动物园，也是唯一一个国家级动物园。动物园于 1899 年开始收集动物，当时动物品种少得可怜，仅有 46 种，包括一只薮猫、两只沼狸、一只鼓蝰巨蝰和两只灰色的榛睡鼠。对于一个如今占地 210 英亩（85 公顷）并得到国际认可的综合体来说，当初的确算得上始于毫末。

如今的国家动物园日益发展壮大，现有来自几乎世界各大洲的动物，总计 9000 多只——包括 202 种鸟类、93 种爬行动物、209 种哺乳动物、4 种无脊椎动物和 7 种两栖类动物。有趣的是：世界上第一只在动物园出生的白犀牛就诞生在这里。

在广阔的园区里，你会遇到"非洲五霸"以及四川羚牛、科迪亚克棕熊、会唱歌的长臂猿、羚羊和孟加拉虎。当然这些只是动物园国际动物明星阵容的一小部分。约 8 英里（13 公里）长的人行道蜿蜒穿行于动物园中；精力不济或身体残疾者可以租一辆高尔夫球车，在动物身旁安然驶过。或者也可以登上缆车，鸟瞰动物园。

可以参加夜间游（$$$$）探索夜行动物的行为；导游将分享他对猫头鹰、大象、狮子和小熊猫的深刻见解。也提供露营游（$$$），让你可以在非洲丛林之王——狮子的吼声中醒来。

动物园还拥有全国最大的内陆水族馆，在那里你可以近距离观察沙虎鲨、电鳗、食人鲳和水母。绕着五颜六色的

比勒陀利亚动物园里的火烈鸟。

卫星动物园（Satellite Zoos）

　　该动物园下辖三个卫星动物园：西北省的利赫滕堡（Lichtenburg）、林波波省的莫科帕内（Mokopane）和范德拜尔帕克（Vanderbijlpark）的翡翠动物世界工厂（Emerald Animal World Facility）。这些动物园总面积达779英亩（7600公顷），是众多本土和外来动物的繁育中心。

珊瑚礁急速游动的热带鱼一直很受欢迎。也可以夜间参观水族馆。

　　动物园拥有一个爬行动物园（注意看王者鳄）、一个农家场院（儿童的最爱），以及南非排名第三的外来植物园。

　　这里有一家餐厅，猿猴河（Apies River）河畔还有一处烧烤设施齐备的野餐区。

克拉卜科堡和军事博物馆（Klapperkop Fort & Military Museum）

　　在南非战争爆发之前的十年间，内乱频仍，发生了詹姆森袭击和约翰内斯堡骚乱。为防止类似事件再次发生，人们决定修筑克拉卜科堡。它高高耸立，俯瞰着它要保护的城市——比勒陀利亚（但据说在这个堡垒中从来没有因为这个目的而开过一次火）。堡垒于1896年12月开始修建，一年后竣工。登上小山，来到克拉卜科堡，你会感觉不虚此行。这里的博物馆陈列着与众不同的稀有物件，你还可以欣赏到比勒陀利亚市及附近乡村的壮丽景色。

先民纪念馆和博物馆（Voortrekker Monument & Museum）

　　先民纪念馆矗立在比勒陀利亚郊外

一座小山的顶上，1949 年落成。它是南非阿非利卡人的民族标志。纪念馆向成千上万的移民先驱致敬。1834—1854 年间，他们离开开普殖民地，以摆脱英国统治，谋求独立，史称"大迁徙"（Great Trek，见第 26 页）。1836—1845 年布尔农民因反对英帝国主义的政策从开普殖民地出发进行的一次大迁徙，非洲布尔人反抗英国殖民政策的迁移运动——译者注）。

温馨提示：

先民纪念馆的纪念塔礼堂设计巧妙，每年的 12 月 16 日，阳光都会透过穹顶照射到纪念塔上，照亮上面的词句"Ons vir jou, Suid-Afrika"，直译为"我们为你——南非"。

——萨曼莎·赖因德斯
美国国家地理学会摄影师

克拉卜科堡和军事博物馆（Klapperkop Fort & Military Museum）

- ✉ Johann Rissik Dr.
- ☎ 012/346–7703
- 🕐 周一闭馆

先民纪念馆和博物馆（Voortrekker Monument & Museum）

- ✉ Voortrekker Monument Heritage Site, Eeufees Rd., Groenkloof
- ☎ 012/326–6770 或 012/323–0682
- 💲 $$$
- www.voortrekkermon.org.za

斯穆茨博物馆（Smuts House Museum）

- ✉ Jan Smuts Ave., Irene
- ☎ 012/667–1176
- 🕐 周一闭馆
- 💲 $

卡利南钻石矿（Cullinan Diamond Mine）

- ☎ 012/734–0081
- 💲 $$$（2 小时地表游）/$$$$$（5 小时地下游）
- www.diamondtourscullinan.co.za

在这座建筑物外围，花岗岩墙体上刻着用锁链连在一起的 64 辆牛车，代表移民先驱与祖鲁人之间的血河之役。

在宽敞的英雄大厅（Hall of Heroes）里，27 块浅浮雕嵌板组成了巨大的中楣，长 100 码（91 米），描绘了大迁徙的场景以及移民先驱和祖鲁人的日常生活。虽然上面对南非土著人的描述明显有失偏颇，不够准确，但中楣本身给人留下了深刻印象。

在纪念塔礼堂，你会发现博物馆的中心聚焦点，即纪念彼得·勒蒂大及其他所有在大迁徙中牺牲的移民先驱们的衣冠冢。礼堂内悬挂着移民先驱建立的各个共和国的国旗，展示柜里有许多当时的文物，包括武器和生活用品。

尽管纪念馆有其意识形态上的局限性，但它仍具有重要历史意义。为此，纳尔逊·曼德拉顶着来自右翼阿非利卡人抵抗运动（AWB）的威胁，于 2002 年参观了该纪念馆。据说要在这里建一个遗产中心，只关注移民先驱运动的历史，而忽略其政治含义。

比勒陀利亚附近：斯穆茨博物馆（Smuts Museum）

比勒陀利亚东南有个田园诗般闲适恬静的艾琳（Irene）村。村中的多恩克卢夫有一座农舍，前总理扬·斯穆茨（Jan

温馨提示：

要想体验真正特别的旅行，可以通过卡利南的 Life Ballooning（www.lifeballooning.co.za）预订一次热气球观景之旅，并可搭配卡利南钻石矿之旅。

——罗伯塔·科奇
美国国家地理学会撰稿人

Smuts，1870—1950）退休后在此居住。博物馆的庭院宽敞而又宁静，令人愉悦，旅客可以暂时停下匆匆的脚步，在此稍事休息。馆内收藏着各种物品，从历史文物到主人心爱之物，应有尽有。斯穆茨酷爱植物学，这里也有这方面的收藏。

卡利南钻石矿（Cullinan Diamond Mine）

这个正常运转的矿井位于古朴的矿业城镇卡利南，是南非排名第三的富钻矿，比金伯利钻石矿坑（Big Hole）还要大4倍，提供地表游和地下游。你还可以欣赏在此发现的著名钻石（包括泰勒—波顿钻石）的复制品。维多利亚式的橡树屋（Oak House, 103 Oak Ave.，电话：012/734-1857）曾是前采矿主管的房屋，现已改造成一家客栈兼露天茶馆。

卡利南钻石

作为世界上唯一一个出产蓝色钻石的矿区，第一钻石矿（Premier Diamond Mine）位于比勒陀利亚以东25英里（40公里）处，1902年开业。运营不到3年，人们就在这里开掘出了卡利南钻石，重达3106.75克拉（621.35克），是迄今为止发现的最大的宝石级金刚石。100年后，为了纪念在这里发现的这颗著名钻石，第一钻石矿最终更名为卡利南钻石矿。除了96块较小的钻石，还从原来的卡利南钻石上切割出9块大宝石，其中最大的一块被称为"非洲之星"。现在，所有这些钻石都收藏于英国王室，有一些镶嵌在王冠上。

精彩体验：志愿服务与野生生物保护

　　南非以其丰富多样的野生动物而闻名，但与世界上的其他地方一样，现代生活方式已对自然造成了严重破坏。尽管该国有许多自然保护区和野生动物保护区，人们仍要为本土物种的生存而持续努力——南非人民热诚期待志愿者加入其中。

克鲁格国家公园里的狒狒。

　　如果你愿意参与保护工作，愿意到南非的野生生物部门当一名志愿者，有很多项目供你选择。从跟踪大象到标记大白鲨，从给企鹅做保洁到监测狮子，这里从不缺乏有目的的冒险。

　　一般来讲，志愿者项目需要自筹经费，即你需要支付一定数额的食宿费用，并要服从安排，按期轮班。官方项目往往持续1~12周，时长不等，但许多组织，尤其是城市里的组织，可以接受几小时的志愿服务。参与志愿服务大多需要进行一定程度的训练，对于旅行者来说，这种体验一定会令人获益匪浅——通过这种奇妙的活动，旅行者既获得了关于自然的第一手资料，同时又为保护生态做出了贡献。

　　恩克悉尼的卡里埃加禁猎区（Kariega Game Reserve）项目就是这样。该项目为期两周、三周或四周。项目会通过丛林漫步、露营、日间和夜间乘车巡视野生动物等手段对志愿者进行保护生物和丛林生存方面的训练。在这个真正的实践项目中，志愿者们（或曰"生物保护理事"）有机会在"非洲五霸"中间工作。可以让你监视狮子捕猎，跟踪鬣狗，或对农场中的某个物种进行调查研究。

同时，项目以社区为本，志愿者每周要拿出一天时间在当地一所经费不足的农场学校教学。住宿类型取决于工作类型。如果你决定在沙漠中追踪大象，那就准备露营吧；如果你在开普敦与企鹅"共事"，那你晚上可以回酒店住。多数项目都提供标准的合住房间，包括像样的淋浴设施和食品。

至于涉及的工作类型，选择范围非常宽——从清洁动物圈舍和围护结构，到跟踪和监控动物、进行调查研究，甚至把你关进鲨笼与大白鲨一起潜水。

对于各国游客来说，最简单的参与方式是通过组织参与，这个组织会帮你预订住宿，安排行程，并提供符合你要求的项目。此类组织有：恩克悉尼生态体验（Enkosini Eco Experience，电子邮件：info@enkosini.com，www.enkosiniecoexperience.com）或阿维娃野生生物保护和社区项目（Aviva Wildlife Conservation and Community Projects，电话：021/557-4312，www.aviva-sa.com）。由于项目类型和时间长短不同，价格差异很大。

人类摇篮（Cradle of Humankind）

　　在豪登省西部的焦土之下，复杂的白云质石灰岩洞中留存着人类祖先的化石遗迹。从地质的角度看，该地十分有趣，而从谱系的角度看，这里则是令人惊叹的。

人类摇篮的展览，世界上最重要的一些古人类遗迹就是在这里发现的。

人类摇篮（Cradle of Humankind）
✉ 下 R563 Hekpoort Rd. 后，沿 R400 前进至
　Johannesburg 以西 25 英里（40 公里）处
☎ 014/577-9000
💲 $$~$$$
www.maropeng.co.za

　　了解我们来自何处，是了解我们是谁的关键。清楚地了解我们最早的家园环境，把握迫使我们成为智人而非黑猩猩的进化压力，将帮助我们定义"人类"的本质。定义将以经验事实为依据：化石证据、齿列、脑容量和生理机能。这就是为什么人类摇篮——在茨瓦纳语中叫作玛罗彭（Maropeng），意为"我们曾经住过的地方"——如此重要。这是理解我们是谁、我们是什么的中心课题。

　　约翰内斯堡以西 25 英里（40 公里）处有一片 117000 英亩（47000 公顷）的山谷。景观平淡无奇：有刺相思树、杂乱的灌木丛、露出地面的石头、低矮的孤山。无论冬夏，太阳炙烤着大地。你可能会想，这是一个暴露在风中，几乎寸草不生的地方，与伊甸园没有一丝一毫相似之处。然而，这一地区——斯泰克方丹（Sterkfontein）和人类摇篮——却是非洲原始人类化石最丰富的地区之

一。山谷中至少有 40 处化石遗址，已经发掘的仅有 13 个。

在斯泰克方丹发现的化石告诉我们，人类最早的祖先在这片山谷里面及周边生活了大约 300 万年。人类祖先中的"普罗米修斯"在此繁衍生息：在附近的斯瓦特克朗斯（Swartkrans），有证据表明，人类用火的历史最早可以追溯到 130 万年前。在非洲现有的所有原始人类化石中，超过 40% 出自斯泰克方丹及其附近——总计 500 多件人类化石，还有数以千计的石制工具。

这一地区包括：伯特农场（Bolt's Farm），疑似恐猫（剑齿猫）的化石证据就是在这里发现的；海斯盖特（Haasgat），在这里发现了原始树栖猴的化石证据，距今 130 万年；以及贡多林（Gondolin），在这里发现了许多物种的化石标本，共 9000 件。该地区化石之多令人难以置信，无怪乎这里会被列入世界遗产名录（1999 年）。6 年后，经联合国教科文组织世界遗产委员会第 29 次会议批准，将地理位置不同但在古生物学上相互关联的汤恩（位于西北省）并入该世界遗产地。

然而，斯泰克方丹能够脱颖而出，不只是因为化石数量众多或种类丰富。真正的原因是，史上最重要的三大原始人类化石发现都出自人类摇篮。一是"汤恩幼儿"（Taung Child），它是 1924 年北方石灰公司（Northern Lime Company）的采石工人在汤恩发现的一个石化头骨，其重要性首先得到了雷蒙德·达特教授的认定（他认为这是一个新物种）。二是"普莱斯夫人"（根据德兰士瓦博物馆的弗朗西斯·撒克里博

温馨提示：

野餐是体验人类摇篮的好办法。收拾好自己的东西，找一个风景优美的地方，或者也可以让人类摇篮的餐厅为你准备野餐篮及侍应服务。

——罗伯塔·科奇
美国国家地理学会撰稿人

士的最新研究，也可能是普莱斯先生；见第 218 页），其历史可追溯至 250 万年前，是罗伯特·布鲁姆于 1947 年在斯泰克方丹发现的。三是"小脚"化石，是罗恩·克拉克博士和菲利普·托拜厄斯于 1995 年在斯泰克方丹发现的。了解这些发现的性质和重要性，将帮助你了解人类摇篮的重大意义。

汤恩幼儿（Taung Child）

达特教授对汤恩幼儿的研究取得了重大突破，他将其命名为非洲南方古猿。在此之前，人们曾认为人类起源于亚洲，而不是非洲。大众之所以会有这种看法，依据之一是在英国发现了一个叫作"皮尔当人"（Piltdown Man）的头盖骨，脑腔大，但面部特征像猿。人类起源于非洲的观点曾被视为对古生物学的亵渎。达特的惊世假说——再加上皮尔当人被证明是一个精心组装的伪造品——改变了这一切。

达特认为，汤恩幼儿代表了一类身材矮小、直立行走的原始人，生活在 260 万至 250 万年前。这种认识无异于一场革命。他断言，两足直立行走和精密工具的使用先于脑容量的增长，这一理论颠覆了所有已被接受的人类进化理论。

普莱斯夫人（Mrs. Ples）

普莱斯夫人保存得非常完好，无怪

斯泰克方丹古老的洞穴系统，被联合国教科文组织列为世界遗产。

乎当初发现这个头盖骨的消息一经公布立刻轰动世界。在斯泰克方丹的断代方面，一直存在着一些问题，例如，与东非的原始人化石断代不同，由于南非不是火山区，这里的原始人化石要根据地层证据及断代明确的相关动物遗迹确定年代。尽管如此，普莱斯夫人似乎于大约250万年前生活在这里。当时，该地区有林地、森林和正在步步进逼的草地。

虽然头盖骨的发现者布鲁姆博士起初为这一发现创造了一个新属——迩人（Plesianthropus），但今人认为它是非洲南方古猿（与汤恩幼儿相同）最完整的头盖骨，而非洲南方古猿可能是人类共同的祖先。后来，人们决定将斯泰克方丹的所有化石进行重新分类，归为非洲南方古猿德兰士瓦种（仍然与汤恩化石同属同种，但属于一个不同的亚种）。这一发现非常重要，因为它提供了更多的化石证据，证实了达特之前的论断，南方古猿早于其他所有人类化石（直立猿人、尼安德特人），而且几乎可以肯定，它就是中新世原始人类（能人）与现代人之间直接"缺失的一环"。

"小脚"化石（Little Foot）

这么多古生物学发现似乎既有纯粹的偶然性，又有方向性——卡尔·荣格称之为"共时性"。第三块化石的发现就是这样。20世纪70年代，罗恩·克拉克——"小脚"化石的发现者——在研究多年前从斯泰克方丹出土的化石时，偶然发现了一些足骨。在他看来，这些化石上清晰的裂痕表明足骨的其余部分可能仍会在斯泰克方丹发现。1998年，事实证明他是对的。接着，人们从石灰质角砾岩中发现了一具古人类骨骼：现已发掘出一个完整的头骨，以及上肢骨、

精彩体验：考古发掘

鉴于南非化石相当丰富，安排行程时绝对应当优先考虑去南非参观正在进行发掘的考古遗址。尽管观看公开展示的珍贵化石（如著名的普莱斯夫人）也是一种令人难忘的体验，但恐比不上现场见证发掘历史的过程来得兴奋。

要想观察和参与考古发掘，有几种选择：位于人类摇篮的玛罗彭先前不对公众开放，现在提供私人徒步团队游，前往著名的斯瓦特克朗斯人类化石遗址。正在现场进行发掘的科学家将带领旅游团亲眼看见正在进行的考古发掘，这种机会实在难得。斯瓦特克朗斯出土的南方古猿粗壮种的化石最多，这个物种于几乎100万年前灭绝。另外，这里还因发现了人类用火的最早证据而闻名全球。

简单介绍过后，徒步团队游出发了，从斯泰克方丹前往斯瓦特克朗斯。在那里，科学家们带领游客穿过发掘现场，同时给游客介绍斯瓦特克朗斯的历史概况并解释目前的发掘情况。最后在一个绿草如茵的大围谷中，来一顿超棒的野餐，团队游结束，返回斯泰克方丹。

请联系玛罗彭（电话：014/577-9000，www.maropeng.co.za）。每月组织两次团队游（$$$$$），限12人参加。

足骨和腿骨的碎片；目前正在小心翼翼地发掘骨骼残骸的其他部分。"小脚"化石是迄今为止发现的最完整的南方古猿化石。最初科学家认为其年代为距今350万年前至300万年前，但最近研究表明，"小脚"化石可能距今已有400多万年。它是已知最古老的南方古猿化石之一，并且是南非最古老的南方古猿化石。

目前普遍认为，"小脚"化石的发现可与达特发现的汤恩幼儿、唐纳德·约翰松发现的"露西"原人（南方古猿阿法种）、玛丽·利基发现的莱托利（Laetoli）脚印，以及1984年在肯尼亚的纳利奥克托米（Nariokotome）发现的"图尔卡纳男孩"（直立人）骨骼等量齐观。

参观摇篮

摇篮的玛罗彭游客中心（Maropeng Visitor Centre）本身就是一座绝妙的建筑，曾获得英国旅行作家协会（British Guild of Travel Writers）颁发的世界最佳新旅游项目奖。这里有互动展览、餐厅，还有一个商场和一个定期举行文化表演的露天剧场。

游客中心看上去就像是一个低矮的土堆，周围一片平地，门前的人行道两旁生长着天然灌木丛。入口处设计成古墓形状，取名"Tumulus"（意为"古墓"）。

一进入"古墓"，你就像是踏上了时光倒流之旅——不只是回顾人类发展历程，而是回到地球上尚无生命的时代。你可以乘船游览一个地下湖，泛舟湖上，时光穿梭，仿佛将你带回到40亿年前地球刚刚形成之时。

旅程继续，强大的视听展示、声音效果、顶尖的主题公园技术和戏剧化展示使展览栩栩如生。中心展示了斯泰

玛罗彭游客中心（Maropeng Visitor Centre）

✉ D400 旁，紧邻 R563，N14 与 R563 交叉口北邻

☎ 014/577–9000

💲 $$$

www.maropeng.co.za

联合国教科文组织世界遗产

南非拥有 8 处联合国教科文组织世界遗产，数量居非洲各国之首。联合国教科文组织，即联合国教育、科学及文化组织，旨在承认并保护有益于人类的各个遗产。全世界有 878 处世界遗产，多数在欧洲。

南非的人类摇篮、罗本岛（Robben Island）、马蓬古布韦和理查德斯维德（Richtersveld）被视为重要文化遗产。

伊西曼格利索湿地公园、开普植物王国和弗里德堡陨石坑（Vredefort Dome）是重要的自然遗产。乌卡兰巴—德拉肯斯堡山脉国家公园是重要的自然及文化遗产。

伊西曼格利索湿地公园于 1999 年被列入世界遗产，是南非第一个世界遗产。理查德斯维德最近（2007 年）才被列为世界遗产。这些各具特色的遗产赋予一个幸运的国度以强烈的美和文化意义。

克方丹岩洞的形成过程，并通过五个原始人模型说明了人类进化的过程。"古墓"出口有个叫作"儿童考古发掘"（Children's Dig）的仿真化石层，很受儿童喜爱。

从解说中心出来，沿路一直走，就是斯泰克方丹岩洞。它是摇篮最有名的遗址，普莱斯夫人、汤恩幼儿和"小脚"化石就是在那里发现的。导览游从地面上开始，带你深入到地球深处，时长 1 小时左右。展览中心再现了一个已发掘的洞穴，详细介绍了洞穴形成、地质、哺乳动物化石和人类化石等故事。

奇观洞穴（Wonder Cave）

🅰 见第 197 页地图
✉ Kromdraai Conservancy, 紧邻 Kromdraai/ Broederstroom Rd.
☎ 011/957-0106
💲 $$

旧克罗姆德拉伊金矿（Old Kromdraai Gold Mine）

🅰 见第 197 页地图
✉ 在 M47 出口和 R563 出口之间右转下 N14
☎ 082/259-2162
💲 $$

除此之外，在摇篮另外一个（也是唯一一个）向公众开放的洞穴叫作奇观洞穴（Wonder Cav）。其巨大的洞室内有着美丽的滴水石——有的石笋和钟乳石高达 50 英尺（15 米）——据信已有 220 万年历史。可乘电梯下来，喜欢冒险的人也可以顺着绳索下来。还可以在夜间游览。洞内常住着一些蝙蝠，夜间是遇见它们的最佳时机。

除了洞穴以外

除了洞穴以外，人类摇篮还提供了很多东西——包括许多野生动物养殖场、工艺品商店、餐馆和宾馆。犀牛和狮子自然保护区（Rhino and Lion Nature Reserve）为私人所有，内有 600 头野生动物，包括白犀牛、狮子、猎豹和南非野犬。

你还可以参观旧克罗姆德拉伊金矿（Old Kromdraai Gold Mine）。它是约翰内斯堡地区最早的矿山之一，1881 年在这里发现了黄金。在 1 小时的游览过程中，你要进入山坡上的一个大洞，穿过粗糙的隧道进入山的内部。头上戴着头盔，你会切身感受到 20 世纪初矿工的生活状态。

玛罗彭游客中心讲述人类起源的故事。

　　手工艺品爱好者可以走一走鳄鱼漫游路线（Crocodile Ramble，电话：014/577-9323，www.theramble.co.za）。这条自驾路线位于附近的鳄鱼河沿岸，途经人类摇篮和哈特比斯普特大坝（Hartbeespoort Dam）。沿途有工作室、画廊、工艺品摊位，也有住处和小型动物农场。

向内地进发

　　远离城市去旅游，你将进入一个历史和虚无盘踞的地方。南非的内地是一片原始粗犷的土地，一片属于过去的土地。你尽可展开想象的翅膀，构思一首凝练的人类起源之诗，但别忘了涂防晒霜哦。

莱塞迪民俗村的一位舞者。

莱塞迪民俗村（Lesedi Cultural Village）

🅰 见第 197 页地图
✉ 位于通往太阳城的 R512 旁，Lanseria 机场以北 6 英里（10 公里）处
☎ 012/205-1394
💲 $$$$$
www.lesedi.com

莱塞迪民俗村（Lesedi Cultural Village）

　　对于时间有限又想体验南非土著文化的游客来说，去莱塞迪村（塞索托语，意为"光"）不失为一种快速而有效的办法。这个文化多元的"鲜活"村庄是五个民族（祖鲁族、恩德贝勒族、科萨族、佩迪族和巴索托族）共同的传统家园。每一个民族的家庭都永久居住在莱塞迪属于自己民族的部分。

　　想来村中游览的客人，可以白天来，也可以在此过夜。日间游于上午 11:30 或下午 4:30 开始。上午的游览持续约 3

小时，下午的旅程往往更长一点，而且更生动有趣。当夜幕降临到莱塞迪，随着鼓声咚咚，和着传统的歌谣，夜活跃起来，火将舞者的影子投在灌木丛上。

上午和下午的日间游都包括观看视听节目以及在导游带领下游览祖鲁、巴索托、科萨和佩迪家园，还包括到拥有 200 个座位的亚玛可玛（Nyama Choma，"最丰盛的非洲宴"）餐厅品尝一顿"泛非宴"。餐厅内部装饰成地道的非洲风格，分为南非、东非和北非三个区域。最近，这种纯粹非洲主题再次得到拓展，将北非也包括了进来——这家餐厅又在莱塞迪新开了一间尼罗河室（Nile Room），供应北非美食——蒸粗麦粉和用薄荷调味的菜肴，散发着莳萝和芫荽的芳香。用餐后，如果你喜欢，可以抽袋水烟放松一下。水烟壶里的烟雾经过水的冷却，再吸入口中。

温馨提示：

如果你打算淘一些物美价廉的古董，那么比勒陀利亚附近的哈特比斯普特大坝的绝大多数摊位提供了绝佳的机会！

——凯特·帕尔
美国国家地理学会实地研究者

过夜：如果你选择留在莱塞迪过夜，你会发现，非洲人的好客之风无处不在，传统礼仪无可挑剔，令人倍感温暖。你一到，农庄主人一家就会来向你致意，欢迎你的到来。建造的客房使你既能在非洲传统农家做客，又能享受到客房内配备的所有现代居家用品，包括独立浴室，这种机会实在难得。你在村期间，房子的主人将是你的私人陪同、导游兼导师，愿意回答你提出的任何问题。

精彩体验：乘坐热气球

在这个地区游玩时，别将所有时间都花在游览太阳城的人造美景上，也要记得坐一下热气球哦。南非内地气候炎热干燥，是乘坐热气球飞上蓝天的最佳地点之一。不妨体验一下比尔哈罗普原始气球之旅（Bill Harrop's Original Ballon Safaris, www.balloon.co.za）。

滑翔伞运动也很流行，最好的起飞场地之一是哈特比斯普特大坝；请联系南非滑翔翼和滑翔伞协会（South African Hang Gliding and Paragliding Association，电话：012/668-3186, www.sahpa.co.za）。

喜欢安静的游客可以乘坐哈特比斯普特空中索道（Hartbeespoort Cableway，电话：072/241-2654, www.hartiescableway.co.za）俯瞰哈特比斯普特大坝的壮丽景色。

太阳城（Sun City）

由约翰内斯堡向西北方向驱车两小时，就到了太阳城。光鲜亮丽的它深藏在荒凉的匹林斯堡山区，是一处拉斯维加斯式的娱乐、度假综合体。它是由南非酒店大亨索尔·科兹纳（Sol Kerzner）开发的。他想在当时的博普塔茨瓦纳班图斯坦（Bantustan of Bophuthatswane）建一个赌场。由于这个地区在种族隔离时期划给了黑人，所以不受南非严格的禁赌法律的影响。太阳城于 1979 年正式开业，英美的音乐家

（下接第236页）

太阳城（Sun City）

🔼 见第 197 页地图

✉ Johannesburg 西北 118 英里（190 公里）处

☎ 014/557-1000

特写：豪华列车

与豪华的海上旅行相似，在豪华列车的世界里，占主导地位的是怀旧之情，怀恋旅行的黄金时代——晶莹闪亮的水晶、嘎吱作响的红木镶板，日落时分，品尝着精致的美食，品一杯上等的鸡尾酒，何其快哉！

蓝色列车穿越开普敦外的桌山。

在南非，登上"非洲之傲"列车或"蓝色列车"，你仍然可以体验到往昔的魅力与奢华。

"非洲之傲"列车（Rovos Rail）

短短25年间，非洲之傲就从它的创造者、商人罗恩·沃斯（Rohan Vos）头脑中的一个点子，发展成了非洲最棒的豪华铁路服务。1989年起步时，公司仅有13节车厢，由一台古董蒸汽机车牵引；如今，公司运营着3列多节火车，由电动机车或柴油机车牵引。非洲之傲为乘客提供了安全舒适的旅行环境，同时让乘客欣赏到南非优美的风景。

非洲之傲的与众不同之处在于其五星级的豪华风格。"乘坐非洲之傲旅行就像是踏进了时间隧道。"老板罗恩·沃斯如是说，"我们一直在努力重塑20世纪初英式乡村俱乐部的氛围，但同时又关注现代舒适设施。"客人一到达非洲之傲在比勒陀利亚的专用车站——首都公园（Capital Park），就会立刻感受到这种氛围。两层式休息室内配有吊扇和皮扶手椅，摆放着盆栽棕榈树。

火车上的所有客房都装有空调，并提供两张单人床或一张双人床、衣橱、独立浴室。小冰箱里摆放着你要的饮料。有的套房内还有写字台、沙发，甚至维多利亚式爪足浴缸。每列火车都有一个观景休息室，内有红木吧台和小隔间，还有书籍、杂志以及打印好的当日新闻。扶手椅成组摆放，方便你与同车乘客互动交流。天气温暖时，不妨在列车后部的露天甲板上找个座位坐下来，一边享用饮料，一边欣赏眼前变换的风景。

　　在所有设施中，最优雅的就是餐车了。餐车内装饰着帷幔、漂亮的"笛子型"柱和木镶板，恍如置身于英王爱德华时代的高档餐厅。两名大厨为客人准备饭菜，客人还可以品尝南非最好的葡萄园出产的各种葡萄酒。旅客如有特殊饮食需求，一经提出列车上必定会做出妥善安排。

　　非洲之傲的三条主要路线分别是比勒陀利亚与开普敦之间、比勒陀利亚与德班之间以及比勒陀利亚与津巴布韦的维多利亚瀑布之间。这三条路线都可以在任一方向乘坐，乘客将在火车上度过两个晚上，沿途游览一个禁猎区或一处旅游景点，如金伯利的钻石矿坑或夸祖鲁－纳塔尔省中部地区的阿德莫尔陶瓷（Ardmore Ceramics）。非洲之傲也组织频率较低的火车旅行，到纳米比亚的达累斯萨拉姆和南非境内一流的高尔夫度假村（请至官网了解详情）。请联系非洲之傲（电话：012/315-8242，电子邮件：reservations@rovos.co.za，www.rovos.com）。

非洲之傲的餐车和休息室。

蓝色列车（Blue Train）

　　迄今为止，南非共有两家豪华列车运营商，蓝色列车是其中较老的一家。公司因其著名的蓝色车厢而得名，定期提供开普敦至比勒陀利亚和比勒陀利亚至开普敦的夜间之旅。

　　在蓝色列车上，每个套间都有空调，白天是舒适的起居室，晚上管家将藏在墙里的床拉出来就变成了卧室。所有房间都配有独立淋浴室，一些豪华套房甚至配有浴缸。

　　休息车厢里摆放着皮扶手椅，供应传统的傍晚茶点。

　　在俱乐部车厢里，乘客可以吸烟，也可以在酒吧小酌。旧式的餐车是用餐地点，供应优质的当地产葡萄酒。

　　请联系蓝色列车（电话：021/449-2672 或 012/334-8459，电子邮件：info@bluetrain.co.za，www.bluetrain.co.za）。

　　最后，需要注意的是：南非的豪华列车在国家铁路系统上运行，由于现在的铁轨已经很旧，所以可能会有延误，偶尔还会颠簸和摇晃。

打破抵制，来这里演出，太阳城成了全世界反种族隔离情绪的象征。

如今，太阳城设有老虎机、摇滚音乐会、赤裸上身的时事讽刺歌舞、由格雷·普雷尔（Gary Player）设计的两个18洞的高尔夫球场，以及你能想到的其他所有盛大场面。

太阳城酒店（Sun City Hotel）
✉ Sun City Resort
☎ 014/557-5370
www.suninternational.com

卡巴纳斯酒店（The Cabanas）
✉ Sun City Resort
☎ 014/557-1580
www.suninternational.com

瀑布酒店（The Cascades）
✉ Sun City Resort
☎ 014/557-5420
www.suninternational.com

失落之城皇宫酒店（Palace of the Lost City）
✉ Sun City Resort
☎ 014/557-4301
www.suninternational.com

四家酒店风格各异，各具魅力（见第334~335页旅行指南）：太阳城酒店（Sun City Hotel）富丽堂皇；瀑布酒店（Cascades）时尚精致，有草木葱茏的花园，处处水花四溅；卡巴纳斯酒店（Cabanas）非常适合悠闲的家庭度假；童话般的失落之城皇宫酒店（Palace of the Lost City）魅力非凡，以描绘各种动物和南非各族文化的壁画和手绘天花板作装饰，再现了H.莱特·哈葛德（H. Rider Haggard）的幻境。

在太阳城，还可以在波浪之谷（Valley of the Waves）人工波浪公园戏浪，在训练有素的教练的监督下射箭或飞碟射击，沿野生生物小径骑四轮摩托车，或在附近的匹林斯堡国家公园骑大象。

匹林斯堡国家公园（Pilanesberg National Park）

匹林斯堡国家公园位于一座死火山的火山口内，面积137000英亩（55000公顷），有树木茂盛的峡谷、典型的灌

在富丽堂皇的失落之城皇宫酒店。

犀牛保卫战（Rhino Wars）

1979 年，创世计划（Operation Genesis）发起了匹林斯堡国家公园的野生动物围栏封育活动，重新引进了许多消失已久的物种。园区现有 7000 多只动物，包括许多黑犀牛（Diceros bicornis）和白犀牛（Ceratotherium simum simum）。然而，尽管有匹林斯堡和马蒂克维禁猎区（Madikwe Game Reserve，公园北面一个原生态的保护区）等"庇护所"，2008—2012 年间南非仍因为偷猎损失了超过 1600 头犀牛。尽管公园和保护区加强了保护，但仅 2012 年，南非就有 668 头犀牛被非法猎杀，以获取犀牛角。近年来，由于犀牛角市场利润丰厚——特别是在亚洲，组团猎杀取代小规模的零星盗猎，对犀牛构成了更大的威胁。在南非，一名公园管理员要负责巡视数千平方英里土地，对犀牛的保护不足显而易见，但 Stop Rhino Poaching（www.stoprhinopoaching.com）和 Save the Rhino（www.savetherhino.org）等组织力图通过发动当地社区及鼓动对犀牛栖息地实行直接管理来阻止猎杀犀牛。请访问他们的网站，看看在保护南非犀牛方面你怎样才能帮得上忙。

木草原和绵延起伏的草原。曼科威湖（Mankwe Lake）坐落在火山的中央通道上。公园正处在一片过渡带上，东面是降水较多的低地草原，西面是干旱的卡拉哈里沙漠，这使得这里的植物、哺乳动物和鸟类出现了极不寻常的并存现象。来自潮湿地区的物种（如开普栗树和黑眼夜莺）与来自干旱地区的物种（如红眼夜莺、骆驼刺和褐鬣狗）并存。尤其是黑斑羚和跳羚并存，这种现象极其罕见，因为黑斑羚喜欢湿润的地方，而跳羚则更喜欢干旱地区。

匹林斯堡禁猎区又称匹林斯堡公园，1979 年开放，受惠于南非有史以来最大规模的野生动物重新安置运动之一（涉及整个南部非洲的动物）。今天，树木繁茂的河谷和茂密的灌木丛里生活着约 10000 只食肉动物、食腐动物和食草动物。"非洲五霸"——狮子、花豹、黑犀牛及白犀牛（见上栏）、大象和非洲水牛——在这里繁衍生息。其他物种还有褐鬣狗、猎豹、紫貂、长颈鹿、斑马、河马、鳄鱼等。

这里有将近 125 英里（200 公里）的公路，路况良好，既可以自驾，也可以跟随专业导游进行团队游；还有许多隐蔽处和景点，累了可以下车伸伸腿，也可以在荒野中野餐。无数石器时代和铁器时代遗址散布在园区各处，有些可以安排参观。

由于环境的过渡性，匹林斯堡是观鸟的好地方，这里已经观察到 300 余种鸟。在公园东部的曼亚尼（Manyane），

温馨提示：

从约翰内斯堡向西约两小时车程即是匹林斯堡禁猎区，这里大型野生动物众多，又不像克鲁格那么拥挤，工作日特别宁静。

——卡根·塞克斯哥路
美国国家地理学会实地研究者

匹林斯堡国家公园（Pilanesberg National Park）

🔺 见第 197 页地图
✉ 太阳城对面
☎ 014/555-1600
💲 $-$$
www.pilanesberg-game-reserve.co.za

匹林斯堡国家公园是野生动物的天堂。

斯瓦特勒亨斯（Swartruggens）

⚠ 见第 197 页地图

你可以走进巨大的步入式鸟舍，近距离观察大约 80 种不同的本土鸟类。在曼亚尼综合体的步行区（Manyane Complex's Walking Area），你可以在小径上自由走动，并能学到很多与环境有关的知识。

　　要享受匹林斯堡的自然美景，还有很多种方式。比如你可以参加象背游猎之旅（Elephant Back Safari），骑在大象背上穿过公园，时长 1 小时。你也可以乘坐热气球，在空中鸟瞰野生动物。留宿在伯格特拉度假村或曼亚尼的游客可以在夜间、清晨或傍晚参加乘车观赏野生动物之旅。

　　园区有三家豪华旅馆和两个度假村。楚库杜丛林旅馆（Tshukudu Bush Lodge，电话：014/552–6255，www.legacyhotels.co.za）位于匹林斯堡的中心地带，在乡间的质朴简约和必要的奢华之间找到了合理的平衡，为顾客提供良好的住宿环境。白库邦旅馆（Bakubung Lodge，电话：014/552–6000，www.legacyhotels.co.za）离太阳城不远，拥有专属的河马池，提供酒店式的舒适和宁静。在豪华的夸玛瑞坦旅馆（Kwa Maritane Lodge，电话：014/552–5100，www.legacyhotels.co.za），你可以远眺匹林斯堡的广阔平原。一进匹林斯堡的大门就是家庭风格的曼亚尼度假村（Manyane Resort，电话：014/555–1000，www.goldenleopardresorts.co.za），以非洲风格的茅草小屋为特色。最后，伯格特拉度假村（Bakgatla Resort，电话：014/555–1000，www.goldenleopardresorts.co.za）干净整洁的草坪上有高档游猎帐篷，还有殖民地风格的度假屋，以及可容纳 250 人的会议设施。

斯瓦特勒亨斯及周边
（Swartruggens & Around）

　　这个古老而迷人的城镇始建于 1875 年，建在斯彻伯斯瑞农场和布瑞克方丹农场上。它隶属于马里科区（Marico District），位于格鲁特马里科（Groot Marico）以东约 25 英里（40 公里）处（见第 239 页）。

　　不会说南非荷兰语的人几乎不可能把"Swartruggens"这个单词准确无误地读出来。这个名字的意思是"黑色山脊"。由于俯瞰该镇的小山外观呈黑色，故名。如今的斯瓦特勒亨斯是一个典型的灌木草原居住区，该地区的主要经济活动是牧牛、小麦、烟草和野生动物公园。胆大的人可以到非洲野生动物与艺术鸵鸟养殖场（African Game and Art ostrich farm）骑鸵鸟；生性谨慎者则可以去古玩店逛逛。

早在1932年人们就在该地发现了钻石，至今这里仍有一些正在开采的钻石矿。若想去钻石矿场参观，请向旅游局咨询。

或者也可以参观埃兰兹河战场遗

温馨提示：

一定要参观一下美丽宜人的格鲁特马里科——著名传奇故事作家赫尔曼·查尔斯·博斯曼（Herman Charles Bosman）的故乡。

——凯特·帕尔
美国国家地理学会实地研究者

址和墓葬（Elands River Battlefield and Graves）。南非战争期间，1900年8月4日至16日在这里发生了一场激烈的战斗。

另一个非常值得一游的原生态旅游景点，尤其适合徒步旅行者，是卡斯瓦尼山林（Kgaswane Mountain Reserve）保护区，位于勒斯滕堡（Rustenburg）西面的马格马加利斯堡山（Magaliesberg）北坡。一个广阔的山谷依偎在两座山脊之间，构成了公园的中心地带。公园里野生动物种类繁多，园内有许多超棒的徒步小径，最适合观赏动物。这里有两条夜间徒步路线和两条较短的小径可供选择。令观鸟者欣喜的是，保护区内有记录的鸟类多达250种，而自然资源保护主义者会很高兴地看到南非兀鹫的繁殖中心。

格鲁特马里科（Groot Marico）

格鲁特马里科位于斯瓦特勒亨斯和济勒斯特（Zeerust）之间的4号公路旁，与美国西部一样，是生活模仿艺术的范例。南非大作家赫尔曼·查尔斯·博斯曼曾在这里的一所南非荷兰语学校当老师。在很多方面，该地区都是他的作品的化身。在《重回马里科》（Marico Revisited）一书中，他写道："据我所知，没有哪个地方像这里一样有情调，没有哪个地方像这里带有如此真实的南非印记，鲜活、奇妙而又阴郁。"

每一个对南非（尤其是马里科地区）感兴趣的人都必须读一读博斯曼的佳作。这些书离奇曲折而又令人感动，引人发笑但又往往阴暗沉郁，光怪陆离，令人啼笑皆非。

在南非荷兰语中，"Groot Marico"意为"大马里科"，但这个名字取得并不恰当，因为它实际上是一个极小的小镇，几乎完全保留着19世纪末的风貌。格鲁特马里科也许不大，但它在这个地区的历史和文化中具有重大意义。

这个镇是布尔人的移民先驱于19世纪50年代建立的。该地区有早期的桑人

Kgaswane 山保护区
🅰 见第197页地图
✉ Rustenburg 以西
☎ 014/533-2050
💲 $-$$$$$
www.tourismnorthwest.co.za

格鲁特马里科（Groot Marico）
🅰 见第197页地图
游客信息中心
✉ Main St.
☎ 083/272-2958
www.marico.co.za

精彩体验：树冠之旅

不可思议的是，马加利斯堡山脉已有24亿年历史，是世界上最古老的山脉之一。历史学家做梦都想来这里——在该地区发现了最早的类人物种，这里还有19世纪的一些战斗遗址等待探索。但该地区的历史价值常常被马加利斯堡山脉非凡的美景所掩盖。山脉北边是地势较低的灌木草原区，南边是气温较低的高地草原区，作为二者之间的屏障，这里是截然不同的物种的天然交会点。除了鸟瞰，难道还有更好的方式来探索这一切吗？Ysterhout Kloof是山脉风景最优美的峡谷之一，马加利斯堡山树冠之旅就在这个峡谷中间进行。树冠之旅的

创意源自在哥斯达黎加热带雨林工作的生物学家，游客借助一套缆索系统"滑行"穿过树林冠层，从而欣赏到平时难得一见的动植物。在两个半小时的时间内，你要穿上护具，吊在缆索上"飞过"峡谷。一路上，专业导游将会为你深入介绍该地区的历史和生态环境。这绝对是一次终生难忘的生态体验！请联系马加利斯堡山树冠之旅（Magaliesberg Canopy Tour，电话：014/535-0150，$$$$$，www.magaliescanopytour.co.za）。

花园大道上的齐齐卡马森林（Tsitsikamma Forest，电话：042/281-1836，www.canopytours.co.za）和夸祖鲁—纳塔尔省的Karkloof（电话：033/330-3415，$$$$$）也经营树冠之旅。

留下的岩画。在玛波塔萨，你还会发现戴维·利文斯通（David Livingstone）建立的第一座宣教教堂的遗迹。然而，这并不是来格鲁特马里科旅游的目的。来格鲁特马里科旅游为的是体验农村阿非利卡人的生活，了解他们的饮食、言谈和热情好客。

这样的话就要在这一地区找家简朴的客栈小住。也许其中最好的是博茨沙伯路客栈（Botshabelo Guesthouse，马里科河畔，距格鲁特马里科1.5英里/2.5公里，电话：014/503-0085）。客栈有5个漂亮的套间，带独立浴室。另一个不错的选择是安吉拉格鲁特马里科客栈（Angela's Groot Marico Guest House，Fakkel St.和Houkoers St.，电话：014/503-0082）。客栈有两个双人间和两个家庭间，所有房间均带独立浴室。要体验原汁原味的马里科，不妨试试寂静河畔农场（Riverstill Guestfarm）。它

位于马里科河畔，距小镇5英里（8公里），这里有自炊式小屋，但也可以让老板为客人准备饭菜（需事先预约）。

格鲁特马里科的其他活动还有：在马里科博斯韦德大坝（Marico Bosveld Dam，电话：083/272-2958）来一场日落巡游，以及品尝三脚铁锅炖菜（potjiekos）。虽然菜名听起来不怎么样（potjiekos直译为"锅里的食物"），但它其实是一种美味的炖菜，将食物放在传统的三脚铁锅中，以荆棘木柴火上煨制而成。

镇上的游客信息中心可以组织 H. C. 博斯曼生活博物馆（H. C. Bosman Living Museum，Paul Kruger St.，电话：083/272-2958）的导览游。作家曾于1926年在当地一所学校任教，后人重建了这所学校，并在学校中设立了博物馆。在这里，户外的炉灶上一边炖着三脚铁锅炖菜，一边烤制面包，大家围着篝火听故事，看表演，听朗诵，欣赏音

格鲁特马里科附近的马里科河沿岸。

乐剧。当地每年 10 月举办赫尔曼·查尔斯·博斯曼节（Herman Charles Bosman Festival），全年经常举办迷你博斯曼周末。

济勒斯特及周边（Zeerust & Around）

济勒斯特是该地区的一个商业中心。它坐落在约翰内斯堡西北约 150 英里（240 公里）处的马里科谷（Marico Valley）内，位于 4 号公路（南非与博茨瓦纳之间的主要公路）沿线。该镇因卡斯珀·库切（Casper Coetzee）而得名。19 世纪 60 年代中期，库切立志要在这里建造一个堡垒和一座教堂。他英年早逝之后，这个在旧农场上发展起来的小镇得名"Coetzee se Rust"（意为"库切的安息地"），后缩写成"Zeerust"。

尽管如今的济勒斯特是一个尘土飞

济勒斯特（Zeerust）

🅰 见第 197 页地图
游客信息中心
✉ Public Library
☎ 018/642-3713

扬、略显破败的小镇，但当年赫尔曼·查尔斯·博斯曼在格鲁特马里科教书时，它曾是一个热闹的大都市。博斯曼的故

科特克卢夫民俗村（Kortkloof Village）

格鲁特马里科地区的土著语言是茨瓦纳语，茨瓦纳部落是科特克卢夫民俗村（隶属于格鲁特马里科区，电话：083/272-2958）的主人。这里的工作人员制作茨瓦纳传统工艺品，包括用漂亮的本土树种制作木制家具和木雕。其他手工艺品还有刺绣、陶器和珠饰。在这里还可以品尝到正宗的传统食品。

Botsalano 禁猎区

⊠ 见第 197 页地图

✉ Botswana 边境，Mafikeng 以北 31 英里（50 公里）处

☎ 018/386-8900

$ $-$$$$

事中经常提到 Mampoer，这是当地人用蒸馏法从桃子中提取出来的一种烈性酒，其酒精含量约为 64%。当地可以安排 Mampoer 之旅，请电话联系格鲁特马里科游客信息中心（见第 239 页）。在 Mampoer 之旅中，不但能品尝到这种趁棒的烈性酒，更能细细品味当地的生活。

济勒斯特的历史景点包括施洗者圣约翰教堂（Church of St. John the Baptist）和路德教会布道所（Lutheran Dinokana Mission Lehurutshe）。前者建于 1873 年，属于国家级历史文物；后者于 1889 年奠基，教堂内有一幅 1889 年的基督像。

若想继续访古探幽，济勒斯特以北约 30 英里（50 公里）处有一个铁器时代的居民点——马鲁拉岗（Marula Kop）。在那里，你会发现一段罕见的石墙和炼铁、修筑梯田的证据。

离开济勒斯特之前，一定要去 Ouma se Kombuis（祖母的厨房）品尝一下地道的南非荷兰人家常菜，体味一份浓浓的怀旧魅力。鲜奶蛋挞和自酿姜汁啤酒实在是人间罕有的美味。这里还展出古时的厨具和农具。请联系格鲁特马里科游客信息中心（电话：014/503-0085，电子邮件：info@marico.co.za，www.marico.co.za）。

济勒斯特以南不远就是马菲肯（Mafikeng）地区。那里是观鸟者的天

温馨提示：

要检验当地 Mampoer 酒的真伪，最好的办法是用火柴点燃它：如果燃烧时火焰不是蓝色的，那就不是真品。

——理查德·惠特克
美国国家地理学会撰稿人

堂，现已发现 400 多种鸟（比匹林斯堡更多）。在 Botsalano 禁猎区可以观察到其中的许多种鸟。禁猎区位于马菲肯以北 31 英里（50 公里）处，紧邻博茨瓦纳边境。一个繁育白犀牛和黑犀牛的项目已在 Botsalano 实施多年，取得了不俗的成绩。这个禁猎区面积不大，但宁静怡人，朴实无华，游人不多，可以尽情品味未染世尘的非洲味道，机会难得。这里有大量大型食草动物：非洲水牛、长颈鹿、麋羚、大羚羊、大捻角羚等，而且道路四通八达，路况很好，游人可以舒适地观赏野生动物。

济勒斯特附近适合观赏野生动物的地方还有：质朴自然的济勒斯特帐篷营地（Moretele Tented Camp，紧邻 R511，电话：012/252-0131）位于

马里科之眼喷泉（Marico Eye Fountain）

这眼喷泉深 56 英尺（17 米），清澈的泉水汩汩而出。泉水来自马里科河。在这片干旱地区，马里科河是为数不多的终年流淌的河流之一。水质十分纯净，能见度达 60 英尺（18 米）左右，因此马里科之眼深受内陆水肺潜水爱好者青睐。夜间潜水很受欢迎，潜水者浮出水面之后争相描述自己在水下看到的令人难以置信的美景。潜水爱好者在马里科之眼附近的灌木丛中露营。

Moretele 河畔，河中盛产黄花鱼，客人可以体验到一流的飞蝇钓。该地区（无疟疾感染地区）有记录的鸟类有 350 余种。Moretele 营地有 10 顶游猎帐篷可供住宿。露营地没有电，以确保你获得所希望的真实体验。再次提醒：游猎露营时，一定要穿暖和一点，因为这里夜间气温很低。

马蒂克维禁猎区（Madikwe Game Reserve）

马蒂克维禁猎区的存在应当归功于一项名为"凤凰行动"（Operation Phoenix）的野生动物保护倡议。1993 年，这个易地保护项目给这个公园带来了超过 8000 头野生动物。3 年后，食肉动物被引进公园——先是猎豹，然后是野狗，再后来是鬣狗，最后是狮子。它们来自埃托沙国家公园和匹林斯堡国家公园。同年，180 头大象被从津巴布韦的戈纳雷若（Gonarezhou）迁到这里。这些来自津巴布韦的庞然大物的繁殖行为未受影响：目前大象总数保持在 250 头。

大约 12000 只动物在马蒂克维安家。这里除了有食肉动物，还有黑犀牛、白犀牛、非洲水牛、长颈鹿、斑马和健康的羚羊种群。有记录的鸟有 350 余种。地形以开阔的草地和灌木丛生的平原为主，点缀着露出地面的岩石和孤山。在这里，游客可以乘坐敞篷游猎车辆观赏野生动物，有熟练的专业人士全程引导。

马蒂克维的住宿非常出色，完全符合坦桑尼亚北环线（Tanzanian Northern Circuit）旅馆的高标准。可供选择的有：Jaci's Safari Lodge（电话：083/700-2071，www.madikwe. com）位于马里科河畔，俯瞰一个水坑；五星级的 Buffalo Ridge Safari Lodge（电话：018/365-9908，www. buffaloridgesafari.com）高踞在山脊上，北面是平原，视野广阔；Jaci's Tree Lodge（电话：083/700-2071，www. madikwe.com）有 8 座围着巨大的风车子树和螺穗树建造的"树屋"，离地约 13 英尺（4 米）。

马蒂克维禁猎区（Madikwe Game Reserve）
✉ 从 Zeerust 出发沿 R49 前进 62 英里（100 公里）
☎ 018/350-9931 或 018/350-9932
$ $~$$
www.madikwe-game-reserve.co.za

马里科之眼喷泉（Marico Eye Fountain）
✉ Source of Marico River
☎ 083/272-2958

鲜花盛开的格格普自然保护区（Goegap Nature Reserve）。

该省是自然奇观的王国：白色的沙丘、清澈的泉水、人类祖先居住过的洞穴，以及赏心悦目的大片野花。

北开普省

介绍与地图

北开普省是南非面积最大但人口最少的省份。北开普省北至加利普河（奥兰治河），西濒寒冷的大西洋。大西洋的冷水使该省大部成为干旱贫瘠、灌木丛生的半沙漠和沙漠地带（包括卡拉哈里沙漠、纳马夸兰和理查德斯维德），点缀着低矮的石山。这个地区气候对比鲜明：夏季炎热，冬季寒冷。

卡拉哈里沙漠里的骆驼——沙漠旅行最原始的"越野"交通工具。

在人们的记忆中，这个地区有着广阔无垠的天空和无穷无尽的风景——骆驼刺（Acacia erioloba）高耸入云，巨大的群织雀巢显得杂乱无章，精瘦的卡拉哈里狮发出阵阵吼声，国家公园给人以独特的荒野体验，一年一度的野花展美不胜收。

北开普省最早的居民——桑人被欧洲移民和迁移的非洲部落逐步排挤出该地区。如今，仍有为数不多的真正的桑人住在这里。整个地区，特别是加利普河（Gariep River）和瓦尔河（Vaal River）沿岸一带，保留着大量桑人石刻。该省的化石资源也很丰富。

采矿一直是该地区的重要产业。自19世纪在金伯利（该省省会）发现钻石以来，地区经济迅速发展，人口大量增加。北开普省的景点包括：亚历山大湾（Alexander Bay）和金伯利周围地区的钻石开采；卡格拉格帝跨壕公园（Kgalagadi Transfrontier Park）横跨南非与博茨瓦纳边界，是一个面积广阔的禁猎区；库鲁曼镇（Kuruman）泉水清澈丰沛，此地的布道所更是戴维·利文斯通（David Livingstone）与他未来的妻子玛丽·莫法特（Mary Moffatt）初次邂逅之地。然而，最美丽壮观的当属纳马夸兰（Namaqualand）的春天（8月下旬至9月）——如果冬季雨水充足，一到春天，数以百万计的雏菊和多肉植物竞相绽放，有黄的、白的、紫的、红的，将乡野打扮得美不胜收。

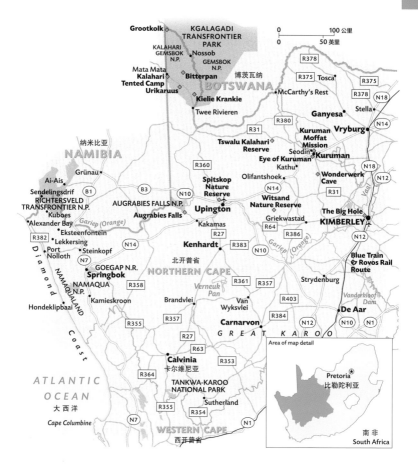

北开普省气候干旱，除了加利普河水灌溉的北部狭窄地带——特别是卡卡马斯（Kakamas）和阿平顿（Upington）一带——几乎无法发展农业。主要农产品是葡萄，晾干以后制成无子葡萄干和提子干，当然也作为水果直接食用；如今，该地区出产的佐餐葡萄酒质量上乘，产量也越来越大。

北部主要是卡拉哈里沙漠，这里生活着体型硕大的卡拉哈里跳羚和剑角大羚羊，最具代表性的景观是波涛般绵延起伏的红色沙丘和干旱的金合欢树大草原。

该省只有极少数地区年降雨量超过

16英寸（40厘米）。该省西部多在冬季降雨，东部则以剧烈的夏末雷雨为主。许多地方酷热难耐，有个小镇甚至得名霍塔泽尔（Hotazel，意为"地狱般炙热"）。据记载，南非最高气温出现在南非与纳米比亚交界地带。夏季最高气温有时可达110°F（40℃）。萨瑟兰（Sutherland）则是南非最冷的地方，经常出现14°F（−10℃）以下的低温。寒冷、晴朗的气候条件使萨瑟兰成了重要的天文学中心，这里有许多重要的天文观测站。通常，北开普省冬季的天气寒冷晴朗，南部地区寒冷刺骨。

金伯利（Kimberley）

金伯利位于北开普省一个干燥多尘的地区。虽然当年的盛况早已不复存在，但它依然保留着过去作为世界钻石之都的神秘感。

1866年，一个十几岁的男孩在霍普敦（Hopetown）附近的加利普河岸边玩耍时，发现了一块闪闪发光的鹅卵石，后来证实是一颗钻石。1871年，在附近地区发现了更多钻石，这引起了一股钻石发掘潮，成千上万的矿工和劳工涌入该地区。两年后，他们居住的窝棚和小屋连成一片，成了一个小镇。镇名则取自当时英国殖民地事务大臣金伯利伯爵约翰·沃德豪斯（John Wodehouse）。

该镇迅速发展成为南非内陆最大的城市。多年来，金伯利创造了许多个"第一"——1882年，它成为南半球第一个使用电气路灯照明的城市；1896年，南非第一所矿业学校在此设立；1913年，这里又开设了南非第一所飞行学校。

金伯利迷人的旧火车站位于市中心附近的佛罗伦萨大街（Florence Street）上，"非洲之傲"和"蓝色列车"经营的豪华列车在此停靠（见第234~235页）。

"巨洞"与金伯利矿业博物馆（The Big Hole & Kimberley Mine Museum）

金伯利最大的矿井叫作"巨洞"（Big Hole），是一个令人惊叹的景点。"巨洞"实际深度为2624英尺（800米），虽然内部积水深达571英尺（174米），但它仍然是人工挖掘出的世界第二大洞穴。"巨洞"自1871年开始挖掘，一直持续到1914年，历经43年时间，出产了5996磅（2720千克）钻石，数目足以震惊世人。其表面面积达32英亩（13公顷）。

位于"巨洞"边缘的许多景点彼此相连，构成了一家博物馆兼游客中心，包括观景平台、历史展览以及保存完好的旧金伯利纹薄铁皮建筑。置身于这个钻石挖掘者的城镇，犹如登上时空穿梭机，回到巴尼·巴尔纳托（Barney

"巨洞"，旁边是因"巨洞"而诞生的城市——金伯利。

温馨提示:

在观鸟圈,最近在金伯利发现的金伯利鹨名气很大。该鸟最能考察观鸟者的眼力,只有进行过专门研究的人才能将它与其他鹨属鸟类区别开。

——卡根·H.塞克斯哥路
(CAGAN H. SEKERCIOGLU)
美国国家地理学会实地研究员

Barnato,1852—1897)和塞西尔·约翰·罗得斯(Cecil John Rhodes,1853—1902)为王、钻石随便开采的时代。

在重建的旧街道上,你可以参观一些建筑,如巴尼·巴尔纳托的拳击学院、烟草商店、银行、教堂以及正常运营的酒吧和餐馆。戴比尔斯联合矿业公司(De Beers Consolidated Mines)出资修建和翻新了这里的大部分建筑,还展出了老戴比尔斯公司董事们的私人火车车厢以及一栋典型旧式农民住宅的复制品。如果你愿意,你也可以筛选含金刚石的沙砾,兴许还能找到一颗属于自己的无价宝石呢。这里的亮点是一个悬空平台(与19世纪的矿工所使用的平台大小完全相同),游客可以从上面直接看到“巨洞”的深处。

在钻石穹顶(Diamond Vault)展出的是数千颗真正的钻石,其中包括“616钻石”和“尤里卡钻石”。前者重616克拉,是世界上最大的未切割的八面体钻石,而尤里卡(希腊语,意为“我发现了”)则是1866年某位少年所发现的钻石。

游客可以搭乘一辆经过修复的有百年历史的旧有轨电车,优雅地往返于市政厅和“巨洞”之间。电车运行时间为每天上午9:00至下午4:15。

矿业之外(Beyond the Mine)

欧内斯特·奥本海默纪念花园(Ernest Oppenheimer Memorial Gardens, Jan Smuts Blvd.)位于市政中心对面,纪念的是著名的钻石大亨欧内斯特·奥本海默爵士(1880—1957)。他一手缔造了庞大的奥本海默采矿和商业帝国。他也是金伯利第一位民选市长。奥本海默的半身像俯瞰矿工纪念碑(Miners Memorial),又名矿工喷泉(Diggers Fountain)。雕塑展现的是5名矿工高举双臂,撑起一个巨大的筛子(用于将钻石从碎石中筛分出来)的场景。

附近的达根克罗宁画廊(Duggan-Cronin Photo Gallery)陈列着爱尔兰摄影师、戴比尔斯员工阿尔弗雷德·达根—克罗宁(Alfred Duggan-Cronin,1874—1954)的作品。1919—1939年间,他用照片记录了许多从南部非洲各地来到金伯利钻石矿工作的工人。达根—克罗宁还去这些工人的家乡拍照。画廊存有他收集的超过6000幅作品。这些作

金伯利(Kimberley)

🅰 见第247页地图
游客信息中心
✉ Diamantveld Visitor Centre, 121 Bulfontein Rd.
☎ 053/830-4426　🕐 周日不开放

巨洞/金伯利矿业博物馆(The Big Hole/Kimberley Mine Museum)

✉ Tucker St.
☎ 053/830-4417
www.thebighole.co.za

达根克罗宁画廊(Duggan-Cronin Photo Gallery)

✉ Egerton Rd.
☎ 053/839-2722
🕐 周一至周五开放,周末需预约
Ⓢ 捐款进入

麦格雷戈博物馆（McGregor Museum）

✉ Atlas St.

☎ 053/839-2722

🕐 周日上午闭馆

💲 $

www.museumsnc.co.za

航空先驱博物馆（Pioneers of Aviation Museum）

✉ Gen. Kan ver der Spuy Dr.

☎ 053/839-2722

🕐 法定假日闭馆

💲 捐款进入

金伯利非洲图书馆（Kimberley Africana Library）

✉ 63-65 Du Toitspan Rd.

☎ 053/830-6247

🕐 周六至周日闭馆

Wildebeest Kuil 岩石艺术中心

✉ 位于 Kimberley 和 Barkley West 的 R31

☎ 053/830-4417

💲 $

www.museumsnc.co.za

它仍然很大

长期以来，金伯利的"巨洞"一直被誉为地球上人工挖掘出的最大洞穴。但 2005 年，当地历史学家史蒂夫·伦德施泰特（Steve Lunderstedt）发现，亚赫斯方丹（Jagersfontein）的矿井，人工挖掘至 660 英尺（200 米）深，比"巨洞"还要深。他指责金伯利从未对其旅游手册进行过事实核查，而且直到最近，还没有人对此提出过质疑。

品详细记录了该地区原住民千差万别的服装、面部标记和发型。由于这些文化标记有许多已经改变或消失，因此达根—克罗宁的照片具有极大的历史意义。

麦格雷戈博物馆（McGregor Museum）设在塞西尔·罗得斯于 1897 年建立的一座疗养院内。这栋醒目的建筑先是作为酒店使用，后来又当作校舍使用，1976 年才作为博物馆正式开放。许多房间依然保留着 1900 年的装饰。麦格雷戈博物馆及其卫星博物馆重点展示当地历史和自然历史。展品涵盖史前时期、钻石狂潮、南非战争期间的金伯利之围（1899—1902）以及该地区的动植物群落。

航空先驱博物馆（Pioneers of Aviation Museum）隶属于麦格雷戈博物馆，设在金伯利过去的飞行学校的旧址上。博物馆以历史照片的形式再现了南非航空最初的历史，馆内还有一架第一批飞行员训练使用的康普顿—帕特森双翼飞机的复制品。

邓卢斯（Dunluce，先前叫作 Lillianville）豪华古宅是维多利亚时代晚期民居建筑的典范。1975 年邓卢斯被捐给麦格雷戈博物馆。想参观邓卢斯，游客必须参加博物馆组织的导览游。

金伯利非洲图书馆（Kimberley Africana Library）收藏了大量与南部非洲有关的书籍和文献，书籍爱好者一定要去。其中的珍宝之一是传教士罗伯特·莫法特（Robert Moffatt，戴维·利文斯通的岳父）根据钦定版《圣经》翻译的茨瓦纳语《圣经》。

金伯利西北部约 9 英里（14 公里）处，角马山岩画艺术中心（Wildebeest Kuil Rock Art Centre）展示的是布须曼人（南部非洲原住民，旧称桑人）的石刻。游客可以先观看 25 分钟的简介影片，然后步行半英里（0.8 公里），来到一座"圣山"上，山上散布着 400 多处石刻。这里提供导览游。

卡拉哈里沙漠（The Kalahari）

　　卡拉哈里沙漠位于南非与纳米比亚边境，漫延无际，环境恶劣，严酷无情。树木颤然高耸，犹如剪影，一些桑人部落在此以游牧为生。"卡拉哈里"这个名字源于茨瓦纳语"kgala"一词（意为"干渴"）。若你亲眼看见这里一望无际的红色沙丘，沙丘上稀疏地点缀着一些灌木，你马上就会明白这个名字起得多么恰当！

在茨瓦卢卡拉哈里保护区（Tswalu Kalahari Reserve）。

库鲁曼（Kuruman）

　　库鲁曼（人口 216000）为卡拉哈里地区重镇。它位于约翰内斯堡和阿平顿之间，紧邻 14 号公路。库鲁曼的存在要归功于一个泉眼，叫作 Gasegonyane（意为"小水葫芦"或"库鲁曼之眼"（The Eye），每天这个泉眼会涌出 520 万加仑（2000 万升）清澈纯净的水，着实令人惊叹。当地经济的基础是农业（泉眼使农业成为可能）和采矿业（出产锰、铁等矿产）。

　　在距库鲁曼不远的马瑞平（Maruping），伦敦传道会（London Missionary Society）于 1816 年设立了一个布道所。1820 年后不久，在该地区生活的大约 10000 名博茨瓦纳人的首领莫吉比（Mothibi）允许苏格兰传教士罗伯特·莫法特及其妻

库鲁曼（Kuruman）
🅰 见第 247 页地图
游客信息中心
✉ Main St.
www.visitkuruman.co.za

库鲁曼莫法特布道所（Kuruman Moffat Mission）

✉ 从 Hotazel Rd. 出发沿路标前进，至 Moffat Ln.

☎ 053/712-2645

万德沃克洞穴（Wonderwerk Cave）

✉ Kuruman 以南 27 英里（43 公里），R31 Daniëlskuil–Kimberley Rd. 旁，位于 Wonderwerk farm

☎ 087/310-4356

www.museumsnc.co.za

玛丽将布道所搬迁到现在的地址，即索沃迪（Seodin，也在库鲁曼附近）。

在索沃迪，莫法特学会了茨瓦纳语，在助手们的帮助下承担起将钦定版《圣经》翻译成茨瓦纳语的艰巨任务。但在此之前，他必须先开发一套茨瓦纳语拼写系统。完成的作品于 1857 年排版印刷，当年使用的那台手动印刷机今天依然能用。莫法特版《圣经》是非洲大陆出版的第一本完整的《圣经》。

在库鲁曼莫法特布道所（Kuruman Moffat Mission），罗伯特·莫法特在罗伯特·汉密尔顿（Robert Hamilton）和许多当地人的帮助下，建起了一座巨大的石头教堂，多年来它一直是高地草原上最大的建筑。很多人造访过该布道所及教堂，其中最著名的一位是曾担任过传教士的探险家戴维·利文斯通。在这里，他邂逅了罗伯特和玛丽·莫法特夫妇的女儿——名字也叫玛丽，后来二人结为伉俪。据说，利文斯通一看到这座新教堂，就称赞其坚固程度足以"抵抗炮击"。

由库鲁曼莫法特布道所信托基金会（Kuruman Moffat Mission Trust）修复的教堂和原来的旧布道所不仅是历史的遗迹，如今，这个综合体还是普世教会运动的中心，供社区组织使用，同时供库鲁曼地区的南非联合公理会（United Congregational Church of South Africa）使用。

精彩体验：骑骆驼

若想在距纳米比亚边境仅 25 英里（40 公里）的地方体验骑骆驼骑乘，请联系考皮斯卡勒接待农场（Koppieskraal Guest Farm）的纳斯（Thinus）或兰达（Landa Conradie，电话：084/564-4613 或 082/336-9110，电子邮件：koppieskraal@gmail.com）。当初，兰达的祖父从阿平顿警方那里购买了一批骆驼。如今，兰达和丈夫利用那批骆驼的后代，组织骆驼骑乘活动，分为 30 分钟和两小时两种。这里还组织夜间露营游猎活动。

万德沃克洞穴（Wonderwerk Cave）

这里的山坡上有一个历史悠久的幽深洞穴，多年来人们一直在对它进行发掘和研究。考古证据表明，数万年来洞穴内一直有人类居住，几乎一直持续到今天。参观者可以通过附近的一个小博物馆了解万德沃克洞穴及其环境。该洞穴允许游客参观，并提供导游服务。

若想留宿，这里有三座自炊式度假屋可供选择，中间还有一个烹饪和烧烤区。

维萨德自然保护区（Witsand Nature Reserve）

卡拉哈里沙漠的沙子呈红色，远远望去，红沙如海，茫茫无际。但就在这片"红色海洋"中，有一个面积达 1000 英亩（2500 公顷）的白沙岛屿熠熠生辉，格外显眼。

在维萨德自然保护区体验"吼沙"。

地质学家认为，这个非凡的白色绿洲是由于沙丘下面的石英盆地形成了一个天然水库。卡拉哈里沙漠之所以呈红褐色，是由于沙中含有一种红褐色的氧化物。卡拉哈里沙漠的红沙被盛行风吹入盆地。由于雨水的冲刷，加之石英盆地中的地下水位较高，天长日久，红褐色的氧化物被从沙中浸出，只剩下最细的二氧化硅颗粒，从而形成了这种耀眼的纯洁白沙。

这片沙丘长约 6 英里（10 公里），宽约 3 英里（5 公里）。这里有著名的"卡拉哈里吼沙"。据可靠人员证实，沙丘在受到人或风扰动时会发出可怕的吼叫声（尤其是天气干热时）。民间传说，沙丘只在包含字母"R"的月份（9 月至次年 4 月）吼叫。然而，一般沙子只有在温暖干燥时才会发声，但这里的沙子在冬季也会吼叫。这种奇异的自然现象当然值得一听。

维萨德（Witsand，意为"白沙"）自然保护区不但有异乎寻常的白沙和吼沙，它还是一个自然风景优美、鸟类丰富的公园。这里已发现的鸟类有 170 余种，包括纳马夸沙鸡、群织雀和非洲最小的猛禽——非洲侏隼。公园内有一个僻静的水坑，水坑附近有一个低洼的隐蔽观鸟处，观鸟者和摄影师在这里可以平视前来喝水的鸟类（以及野生动物）。保护区中好望角大羚羊、狷羚、跳羚、麂羚和石羚数量众多，还有一小群大捻角羚在此安身。

不要错过适合自助游览的植物曲径（Botanical Meander）。这条 2.8 英里

维萨德自然保护区（Witsand Nature Reserve）

🅐 见第 247 页地图

✉ Kimberley 西北 170 英里（275 公里）处，经 R64、Groblershoop 碎石路和通向 Witsand 的支路（碎石路）

☎ 053/313-1061 或 083/234-7573

💰 $~$$$$$

www.witsandkalahari.co.za

肯哈特（Kenhardt）

🅰 见第 247 页地图

游客信息中心

✉ Park St.，镇政府

☎ 054/651-0022

阿平顿（Upington）

🅰 见第 247 页地图

游客信息中心

✉ Mutual St.，镇图书馆楼

☎ 054/338-7151

（3.3 公里）长的小径带你穿过与众不同的卡拉哈里草原，了解四十余种植物品种，每个品种都有编号。这条小径上还有一个小小的户外博物馆和一个阴凉的野餐地点。

在信息中心，你将看到当地考古和自然历史展览以及相关书籍、音像制品和杂志。一家小商店出售最基本的食品。这里还提供沙丘冲浪和骑自行车等活动。附近的一条四驱车路线（由维萨德管理，但不在保护区内）将极大地考验你的沙漠越野技能。

这里的设施包括 10 栋自炊式茅顶度假屋（四星级）、大篷车和露营地、背包客营地，以及供游客日间使用的野餐区。这里没有餐馆，但可事先要求安排餐饮。

要前往保护区，可从金伯利出发，沿 R64 朝阿平顿方向行驶，穿过格里夸敦（Griquatown），在格里夸敦拐弯，朝格鲁伯斯普（Groblershoop）方向继续行驶 50 英里（80 公里），然后在维萨德（Witsand）指示牌处右转，走碎石路。按路标指示行驶 28 英里（45 公里），即是维萨德保护区。

弗纳克盐沼（Verneuk Pan）

在长达数百年的时间里，卡拉哈里沙漠曾是南非最早居民——布须曼人（桑人）的中心地带。在这种恶劣的环境中，他们靠着采集可食植物和狩猎得以生存。至今仍有小群布须曼人生活在卡格拉格帝跨境公园一带，你可以在比特普茨农场弗纳克盐沼内的肯哈特镇（Kenhardt）附近参观布须曼人永久定居点遗迹。

1929 年，马尔科姆·坎贝尔爵士（Sir Malcolm Campbell）来到弗纳克盐沼，试图打破世界陆地速度纪录。遗憾的是，他并未成功。

阿平顿（Upington）

阿平顿镇位于加利普河（奥兰治河）河畔，始建于 1884 年，以开普总检察长托马斯·阿平顿爵士（Sir Thomas Upington）的名字命名。它是北开普省的非官方省会。

1875 年，这里建起了一个布道所，后来逐渐发展成一个城镇。在布道所原址上，矗立着卡拉哈里·奥兰耶博物馆综合体（Kalahari Oranje Museum Complex，4 Schröder St.，电话 054/332-5333，周六至周日闭馆，捐款进入），提供与原住民及该地区历史相关的信息。

阿平顿有两尊动物雕像，代表着它的过去——一尊是驴的雕像（位于 Schröder St. 尽头的综合博物馆内），赞扬这种温

温馨提示：

在弗纳克盐沼，多多关注驴车人（karretjiemense）。他们以驴车作为交通工具，在当地各个农场帮工。停下来与他们聊聊天，这样可以真正了解该地区。

——萨曼莎·赖因德斯
美国国家地理学会摄影师

顺的家畜在城镇早期发展中的作用；另一尊是一只骆驼和骑骆驼者的雕像（位于 Schröder St. 入口，警察局前面），回顾的是越野车发明之前，要进入环境恶劣的卡拉哈里沙漠，只能靠骆驼。

在该镇边缘，南非干果合作社（South African Dried Fruit Co-operative，32 Industrial Rd.，电话：054/337-8800）是世界第二大该类合作社，以其小葡萄干而闻名。阿平顿冬季温暖，且有良好的住宿、餐馆和商店。对于前往奥赫拉比斯瀑布、北开普省各禁猎区、卡拉哈里沙漠、纳米比亚和鱼鹰河谷的旅客来说，这里是一个极好的歇脚点。

在离开之前，一定要顺便到奥兰治河酒窖（Orange River Wine Cellars，32 Industrial Rd.，电话：054/337-8800，周一歇业，www.orangeriverwines.com）一游，品尝一下加利普河沿岸的灌溉葡萄园中出产的各种葡萄酒。它是南非最大的合作社，合作社多种葡萄酒出口到美国和欧洲。

斯珀茨山自然保护区（Spitskop Nature Reserve）

这个优良的自然保护区位于阿平顿以北，占地 14000 英亩（5641 公顷），其中 7500 英亩（3000 公顷）面向游客开放。因保护区内有一座壮观的花岗岩平顶山——斯珀茨山，故名。

体验该保护区的方式很多。一是沿着路况良好的碎石路舒适地驾车行驶大约 23 英里（37 公里），最后到达斯珀茨山山顶的掩蔽观景点，在那里用望远镜观赏野生动物。另外，保护区内有三条徒步路径，长度各不相同；如果你感

觉精力充沛，可以选择其中一条或多条进行远足。如果选择较长的路径，徒步者需要在远足木屋中过夜。

游客来此主要是为了探寻栖息在这个多岩石和沙地平原的半干旱地区的各种动物，以及欣赏夏季雨后绽放的各色野花。这里是真正的卡拉哈里沙漠：气候干旱，天空呈浅蓝色，平坦的沙地一望无际。

在天气晴朗的日子里，可以在 25 英

（下接第 258 页）

斯珀茨山自然保护区（Spitskop Nature Reserve）

🗺 见第 247 页地图
✉ Upington 至 Kgalagadi Transfrontier Park 一线，阿平顿以北 8 英里（13 公里）处
☎ 054/332-1336

斯珀茨山自然保护区内的同名石山——斯珀茨山。

特写：科伊桑布须曼人（Khoisan Bushmen）

布须曼人（桑人或科伊桑人）已在今南非西北部地区生活了几千年。生理及骨骼证据表明，他们今天的后代与古老的桑戈人具有明显的相似之处。桑戈人自旧石器时代早期便开始在非洲大陆南部过着狩猎采集的生活。

安德里斯瓦尔小镇（Andriesvale）的当代岩画。

据说，布须曼人就像是遗传学上的"亚当"，因为他们的DNA中带有迄今为止在人类中发现的最古老的遗传标记。从遗传的角度来讲，在全世界所有人类群体中，布须曼人的变化似乎是最小的。

由于他们原有的狩猎采集地严重减少，如今许多布须曼人生活在定居点。但卡拉哈里地区的一些营居群仍然按照他们两万年来一直奉行的生活方式生活——寻找可食用的植物、根、浆果和昆虫，并用弓箭猎捕野生动物。他们利用鸵鸟蛋壳存放物品。沙漠中的瓜类以

及某些植物的根和球茎是水的主要来源。布须曼人使用的语言十分独特，特点是多用吸气音（许多吸气音已被一些非洲地方语言吸收）。

传统上，布须曼人是一个游牧民族，但考古证据表明，他们也会在食物丰富的地方长时间定居。多雨的春季，他们住在遮风挡雨的简陋遮蔽处；旱季，他们则在永久水源附近建造更加坚固的定居点。干旱季节，野生动物经常来到永久性水坑饮水，布须曼人趁机锻炼出高超的狩猎能力。丰水季节，他们则以女

性采集到的可食性植物为食。由于经常搬家，布须曼人几乎没什么财产。个人也许会携带用于挖掘的棍子、若干木柴、鸵鸟蛋壳，或婴儿背带；他们也可能携带武器，如兽皮吊索、弓箭和毯子（兼作食品袋）。

布须曼人的艺术

布须曼人以其非凡的艺术闻名于世。在非洲南半部的许多洞穴和悬岩处，都能发现古老的桑人绘画和石刻。一见之后，终生难忘。他们描绘的动物、猎人和半人半兽的生物（据信描绘的是巫医、巫师或医者）非常生动。桑人岩画美得惊人，展现了精湛的艺术技法，证明了桑人与动物之间神秘的亲近感。他们以这些动物为食，依靠这些动物生存下来。

桑人早已停止创作岩画，但卡拉哈里地区有些桑人群体仍然保留着一些仪式，使人联想到那些珍贵岩画中的形象。在这些持续通宵的仪式上，女人们拍手歌唱，男人们则围着篝火跳着传统舞蹈，越跳越快。与此同时，一位巫师痛苦地弓着身子，好似灵魂出窍，努力进入神灵的世界。有时，他还会将自己"变为"某种动物，借助其神秘的力量治病、求雨，甚或辅助狩猎。桑人岩画中的一些形象被赋予不规则的非人类头颅，其实是以超现实手法暗示了巫师这种变异的存在状态。

与桑人岩画有关的文献很多。最近出版的《洞穴中的心灵》（*The Mind in the Cave*）一书非常有趣，作者是威特沃特斯兰德大学岩画艺术研究所高级导师戴维·刘易斯—威廉姆斯（David Lewis-Williams）。这是一部很有深度的学术性作品，非常值得一读。

桑人社区的传统手工艺品。

加利普河漂流。

里（40千米）远的地方眺望到高耸的斯珀茨山山峰。在使用牛拉车的年代，据说斯珀茨山就已经成了很多游客的会合地和休息点。

在斯珀茨山可以见到几种羚羊：脊椎大羚羊、红猂羚、小岩羚以及数量可观的卡拉哈里跳羚。其他的哺乳动物包括斑马和身材矮小一点的猫鼬、沼狸和地松鼠，还有一些爬行动物，像鼓腹毒蛇、开普眼镜蛇以及乌龟等。这里还有大量的鸟类。主要以纳马夸沙鸡、领伯劳、苍鹰、灰颈鹭鸨以及鸵鸟为主。

卡拉哈里莫纳特度假屋（Kalahari Monate Lodge，Theuns 和 Truia Botha，斯珀茨山自然保护区的管理者，电话054/332–1336，电子邮件：teuns@intekom.co.za.）有超棒的现代化设施，位于自然保护区入口处的对面。

加利普河（Gariep River）

加利普河又称奥兰治河，发源于德拉肯斯堡山脉的莱索托，是南非最长的河流。该河从莱索托经南非一直流向西北部，全长1367英里（2187公里）。在金伯利附近汇入其主要的支流瓦尔河后继续流经北开普光秃的半沙漠卡拉哈里和纳马夸兰。最后在注入亚历山大湾之前形成了奥赫拉比斯瀑布（见第259页）。

当然，在加利普河上漂流和划船是极其受欢迎的活动，特别是在三四月份的雨后，水流速度快且场面令人兴奋。在这些备受人喜爱的活动中有：在河上进行一个几天的漂流探险，蜿蜒曲折地通过埃–埃斯·理查德斯维德跨境国家公园（见第268~269页），可以领略这里宏伟壮观的山地荒漠风景。而奥赫拉比在奥赫拉比斯瀑布国家公园寻找当地的奥赫拉比斯扁平蜥蜴。雄性蜥蜴有明亮的红尾巴、蓝色的脑袋和躯体以及黄色的前肢。

——瑞斯·阿尔特韦格
美国国家地理学会研究员

斯瀑布的湍流则为你提供了相反的体验，在这里漂流你会心跳加速、汗毛倒竖（见下栏）。

奥赫拉比斯瀑布国家公园
（Augrabies Falls National Park）

凭借着其引人入胜的峡谷和巨大的花岗岩岩石层，奥赫拉比斯瀑布国家公园在一年之中风景都极其壮观。但是当加利普河处于洪水期，183英尺（56米）高的主瀑布发出的轰隆声，的确令人感到畏惧。奥赫拉比斯在科伊语中是"巨大噪声之地"的意思，对于这里的瀑布来说，这个名字真是恰如其分。

然而在这个公园里还有很多事情要做，你出行计划表的第一项应当是实地观看瀑布。在日落时分去观看，有点凉爽，并且暗淡的光映在周围岩石上，展现出微妙的颜色。有几个角度能突出展现岩石和峡谷与众不同的形状。爬到月亮岩的顶部可以观看整个公园的全景。

奥赫拉比斯是一个温度很极端的地方。在烈日炎炎的白天，树荫是一种奢侈。小动物们躲在石檐和树下或者地洞里。

瀑布之外： 然而相对小的奥赫拉比斯瀑布国家公园（占地36000英亩/55000公顷）里有相当多的种类不同的动植物群。在这里你可以看到跳羚、脊椎大羚羊、山羚、捻羚、小岩羚以及好望角大羚羊等。食肉动物和食腐动物包括狞猫、非洲野猫、蝙蝠耳狐、黑背豺以及豹子。高度濒危的黑犀牛也栖息在这里。由于

奥赫拉比斯瀑布国家公园（Augrabies Falls National Park）
见第247页地图
Kakamas西北部25英里（40公里）处
054/452-9200
$$
www.sanparks.org/parks/augrabies.co.za

精彩体验：加利普河漂流

加利普河全长1367英里（2187公里），在这里可以享受到无与伦比的冒险体验。该河发源于德拉肯斯堡山脉，穿过理查德斯维德沙漠，一路流向大西洋的亚历山大湾，沿途风景极其壮观。加利普河沿岸到处都是半宝石和壮观的岩石层，并且大量的小动物和灵长类动物在此游逛，这里的鸟类也很特别。因为河里没有河马和鳄鱼，这里成了悠闲泛舟和白水漂流的理想之地。

这里可提供商业旅游，并且最流行的是4~7天的背包旅游，随身携带提供的食物和设备。这种旅游，你会在25 100英里（40~160公里）的区域内旅游，至于你能游览的具体里程，这取决于水位和环境，以及你选择的天数。大多数操作者使用两人划可充气式独木舟。该商业旅游还提供一种既别致又具有冒险性的活动，游客有机会参加游泳、徒步旅行、沐浴、观鸟、观赏野生动物，当然还可以以自己的方式漂流。

要预订此商业服务，请联系Umkulu Safari & Canoe Trails（电话：021/853-7952，www.umkulu.co.za）或者联系Felix Unite（电话：021/702-9400，www.felixunite.com）

为期6天的旅行大约需要花费你3000~3700兰特。

精彩体验：奥赫拉比斯瀑布

在公园内你不需要导游，而这会增长你的经验。强烈推荐"加利普河3人一组冒险"，旅行者乘木筏沿着蜿蜒曲折的河流顺流而下2英里（3公里），乘独木舟行进2.5英里（4公里）后，再骑山地自行车7英里（12公里）后回到宿营地。

更刺激的是克利普斯普林格徒步路径（Klipspringer Hiking Trail）。该路径需花费3天时间（在木屋住宿2晚），一名导游带领你环公园徒步行进24.5英里（39.5公里）。

预订这两种类型的游览项目可致电012/428-9111，或登录网站www.sanparks.org/tourism/reservations。

天气过度炎热的原因，奥赫拉比斯的长颈鹿比其他地区长颈鹿的毛皮颜色变淡了一些。在这里还发现了小型的哺乳动物，即非洲蹄兔和黄猫鼬、细长猫鼬这两种猫鼬。

加利普河及其附近的荒野地区是野鸟观察者的天堂。当地的鸟类有玫瑰色面颊的情侣鹦鹉、非洲芦苇水雉、食蜂鸟、友善的黑脸织雀和鸬鹚；也能观看到巨大灰色黑头顶的苍鹭、鱼鹰和黑鹰；还能看到颜色斑驳的大孔雀石翠鸟、岩石红隼、埃及鹅、非洲黑鸭以及非洲壳鸭等。

渔民会盼望捕获大嘴和小嘴的黄花鱼、鲶鱼、泥鳅以及鲤科鱼。

在你划独木舟或者激流泛舟之旅中，你很有可能看见黄狒狒、长尾黑颚猴、非洲丛林野兔、地松鼠、豹子、狞猫、非洲野兔、蝙蝠耳狐、好望角狐狸、豺以及好望角小爪水獭等。

纳马人（Nama）是这一地区的原住居民，并且现在有一些纳马人依然寻求传统的生活方式。密切注意他们独特风格的圆顶房屋watjieshuise，又称席子房，这样的房屋是把草席垫子放置在一个框架上搭建而成，而这特别适合纳马人早期的游牧生活方式和当地的环境。冬天把草席子上的芦苇铺展开以遮挡风雨，夏天折叠起来以便让微风徐徐而入。

在公园附近分散有几个露营地、度假屋以及家庭度假小屋。通过公园的官方网站预订（www.sanparks.org/parks/augrabies）。像所有的预订一样，拖延从来就不是一种美德，特别是在旅游旺季的月份。

茨瓦卢·卡拉哈里保护区
（Tswalu Kalahari Reserve）

豪华的茨瓦卢·卡拉哈里保护区属于奥本海默（Oppenheimer）家族所有，是南非最大的拥有私人特许权的保护区，它满足了那些独具慧眼旅行者的需要。茨瓦卢的明确目标是"恢复卡拉哈里本来的面貌"并且重新为保护区引入猎豹和野狗，其因"濒危物种最佳保护区"而赢得了"世界野生动物基金"奖。

茨瓦卢是真正的豪华：客人的数量被限制在30人，并且所有的客人都能受到细心职员的关照。当然，茨瓦卢也以其顶尖豪华的住宿为豪。motse在茨瓦纳语中的意思是"村庄"，被设计成悄然融入进周围的环境，它包括8个宽敞、装饰精美、指定的legaes（茨瓦纳语为"家"）。里面豪华的配置包括一个独特的酒窖和一位制作精美饭菜的私人厨师。

在茨瓦卢红色的卡拉哈里沙漠的沙丘间，可以看到很多种动物，有非洲大

在茨瓦卢·卡拉哈里保护区中的斑马。

何时去

　　参观茨瓦卢的最佳时节在冬天（4~8月），这个时节既温和又阳光充足。

羚羊、转角牛羚、捻羚、脊椎大羚羊、水牛、斑马、角马、猎豹、豹子、狮子、土狼以及黑犀牛和白犀牛等。参观野生动物保护区有很多种方式供选择：骑马、乘坐旅行车或者在向导的引领下徒步穿过灌木林。

　　位于茨瓦卢保护区的一些重点保护对象有重新引进的纯种卡拉哈里狮子、猎豹、濒临绝种的野狗，还有极度濒危的沙漠黑犀牛（世界上三分之一的沙漠黑犀牛栖息在该保护区）。

　　此外还有70多种哺乳动物也栖息在该保护区，有黑貂、马羚以及大羚羊、跳羚、有趣的狐獴等卡拉哈里动物物种（见第263页）。茨瓦卢也提供壮观的

茨瓦卢·卡拉哈里保护区（Tswalu Kalahari Reserve）

🏔 见第247页地图
✉ Kimberley西北部185英里（300公里）处
☎ 053/781-9331
💲 $$$$$
www.tswalu.com

夜间野生动物观光，可以看到土豚、土狼、豪猪、棕鬣狗和很多其他的习惯夜间活动的动物。

　　茨瓦卢·卡拉哈里自然保护区也以其超级棒的鸟类观察而闻名于世。200多种鸟类被记录在案，尽管缺少树，很少有大鸟会出现在该地区，但还是看到过鹰以及白背和面部下垂的秃鹫。你可能还会看到浅唱低吟的苍鹰、斑雕鸮和红胸黑鹎。

卡格拉格帝跨境公园（Kgalagadi Transfrontier Park）

　　卡格拉格帝跨境公园占地890万英亩（300万公顷），位于博茨瓦纳和南

卡格拉格帝跨境公园（Kgalagadi Transfrontier Park）

🏔 见第 247 页地图

✉ 沿 360 号公路行驶，Upington 以北 160 英里（260 公里）处

☎ 054/561–2000

💲 $$$~$$$$$

www.sanparks.org/parks/kgalagadi

温馨提示：

　　卡格拉格帝跨境公园是摄影爱好者心驰神往之地。一大早第一个站在公园的门口，透过大群跳羚踢起的尘土去捕捉晨曦的朝霞。

——萨曼莎·瑞德斯
美国国家地理学会摄影师

非边境的两侧。1999 年，两国同意建立这个巨大的自然保护区。这也是非洲大陆南部第一个跨境公园，它是由博茨瓦纳的好望角大羚羊国家公园和南非的卡拉哈里好望角大羚羊国家公园合并而成的。两国共同治理整个保护区，游客在保护区内可以自由地穿越边境，但是这里的地形需要你驾驶四轮驱动的越野车观光。

　　尽管这里的环境恶劣（"卡格拉格帝"这个词来自于"卡拉哈里"，意为"干渴之地"），但是大量的不同种类的动物还是栖息在这里，有一些已适应了沙漠的环境，比如好望角大羚羊和黑鬃的卡拉哈里狮子。规模巨大的公园允许大群的大羚羊、红狷羚、跳羚和蓝角马的季节性迁从。蛇鹫、秃鹰、鹰和秃鹫只是出现在这个公园内 200 多种鸟类中的几种。除了狮子，其他的食肉动物包括豹子、猎豹和土狼。

　　在公园的南非境内建有马塔马塔（Mata Mata）、特维里维伦（Twee Rivieren）和诺索布（Nossob）宿营地，这些宿营地提供木屋和度假屋住宿。也

卡格拉格帝跨境公园里的当地动物好望角大羚羊。

卖燃料和食物（特维里维伦有自己的餐馆），并提供夜间动物观赏自驾之旅。也提供很多高档的私人灌木丛营地。比特潘灌木丛营地（Bitterpan Bush Camp）位于四轮驱动越野车的路线上，卡拉哈里帐篷（Kalahari Tented）营地位于马塔马塔附近。

狐獴（Meerkats）的奇异生活习性

关于狐獴最令人惊诧的事情是它们古怪的名字，在南非荷兰语中是"湖猫"的意思。根据记载，这些小哺乳动物是属于猫鼬家族的一员，并不特别喜爱湖，况且在它们栖息的干旱的卡拉哈里沙漠也没有多少湖。但是这种名义上不合逻辑的推论却适合于这种奇怪的小哺乳动物。

狐獴是极其群居化的动物。它们大约20只一群居住在一起，并且它们日常出来觅食也是环绕在一起。尽管它们主要食虫，但是也吃其他任何东西。它们的栖息地有点像蚂蚁山，大部分时间都待在地下坑道里，它们看起来并不可爱，有时欺骗配偶并吃掉幼子。当与其他的雌性竞争的时候，会杀掉其他狐獴的幼子。把这些令人恶心的方面放在一边，它们是一种能够合作的物种，会指定"护士"和"保姆"照顾成群的幼兽。之后，成年的狐獴教它们的孩子很多生存技能，包括如何吃蝎子（首先去掉刺）。

我们对狐獴了解这么多，要归功于卡拉哈里狐獴项目。自1993年以来，此项目在库鲁曼河启动，长期致力于研究狐獴奇异的群居生活方式。狐獴的生命周期在12~14年之间，因此连续、长期研究此物种的生活习性是很有必要的。访问www.kalahari-meerkats.com网站获取更为详细的信息。

纳马夸兰（Namaqualand）

　　纳马夸兰地理位置偏僻、土地贫瘠，但是在其短暂的花季依然吸引了大量的游客前来观光。在天气晴朗的日子里，鲜花盛开的乡村到处色彩亮丽、生机勃勃。这片风景秀丽之地也以其更为短暂的景观而闻名于世，像铜脉矿山、沉静广阔的平原以及奇异的矿业小镇等。

花季的格格普自然保护区。

斯普林博克（Springbok）
🅰 见第 247 页地图
游客信息中心
✉ Voortrekker St.
☎ 027/712–8035

斯普林博克（Springbok）

　　斯普林博克镇这个纳马夸兰的主要城市，就像和它重名的跳羚一样充满活力。1850 年就已经有人在此居住，当时正值采矿热，自此以后它就成了该地区的临时首府。当另一个新兴都市随着煤矿的关闭而日趋势落之时，斯普林博克凭着其坚韧和运气，已转型到了旅游产业并且多年以来保持繁荣和兴盛。

　　这个小镇蜷缩在一个山谷里，山谷两边是克莱因·考克伯格（Klein

Koperberge，其意义是"小铜山"）花岗岩驼峰。远离7号公路，斯普林博克位于纳米比亚边境以南75英里（120公里），开普敦以北375英里（600公里）。该镇有各种各样的商店、餐馆和住宿旅馆。在8、9月份的花季高峰期，游客蜂拥而至，建议提前预订。

如果你需要在花香袭人的环境中透口气，当然还有其他的景点。蓝矿（Blue Mine，Voortreekker Rd，Agenbag 加油站对过，电话：027/744-1000，应Okiep 乡村旅馆的要求而开放）创立于1852年，长久以来一直关闭，它的蓝色烟囱吸引了很多游客慕名而来。该城的纳马夸兰博物馆（Namaqualand Museum，Monument St.，电话027/718-8100，周六至周日不营业。每年10月至来年6月接受捐赠）也很知名。该博物馆坐落在一所年代久远的犹太教堂内，展览了具有当地自然和历史原形的古董。

从该镇向东5英里（8公里），过64号公路就是西蒙·范德施特尔矿井（Simon van der Stel Mine，应纳马夸地区旅游办公室的需要开放旅游，

Agenbag 加油站对过，Voortreekker Rd，电话027/712-8035），这里是前总督在1685年开采铜矿的地方。近距离仔细观察，你能看到其所属党派的涂鸦。

格格普自然保护区（Goegap Nature Reserve）

格格普自然保护区距斯普林博克大约10英里（16公里），占地37000英亩（15000公顷），其沙质平原上散布着一些花岗石岩层。格格普农场于1990年被合并到了保护区内，这为其增加了相当大的面积。整个纳马夸地区最主要的景观就是每年春天五颜六色的野花铺就的"花毯"，还有"花毯"上郁郁葱葱的581种植物。你也会看到一群群的野生动物，包括蜥蜴、乌龟以及昆虫和身材矮小的哺乳动物。该地区已记载了94种鸟类，包括鸵鸟、海角雕鸮、相思斑巨嘴鸟、黑雕以及身上有斑纹的石鸰。

格格普自然保护区（Goegap Nature Reserve）

✉ Springbok 东10英里（16公里）处
☎ 027/718-9906
$ $-$$$$$

精彩体验：观赏野花

如果在纳马夸兰野花时节，你足够幸运地待在南非，一定不要错过去北开普参观。不过需要提醒的是，这里的野花不是那么轻易能找到的。野花的开放季节极其短暂，而这完全依赖于冬天的雨水，它们在7-10月随时会凋谢。最好的办法就是事先给公园或该地区的某一家旅馆打电话，以便得到一份关于当地鲜花开放的预测，当然这份预测的时间范围有点广。

观赏野花开放的最简单方式就是坐飞机前往阿平顿或开普敦，从这两个地区你可以开车围绕着各种花卉中心欣赏鲜花。要了解更详细的信息，可以致电纳马夸国家公园（见第266页）。为什么不骑马观赏野花呢？纳马夸骑马路径之旅（Namaqua Horse Trails，N7 Springbok以南，请联系David 或Anne Barnes，电话027/718-3583，www.namaquahorsetrails.co.za），在特别漂亮的野花时节，有专业的导游带领骑马游览。

纳马夸国家公园（Namaqua National Park）

⛰ 见第 247 页地图

✉ 斯普林博克南 42 英里（67 公里）处，通往 NT 公路

☎ 027/672-1948

$ $-$$

sanparks.org/parks/namaqua

洪德克勒普拜（Hondeklipbaai）

⛰ 见第 247 页地图

　　游客们应当注意野花盛开的时间是会变化的。野花只在暖和的晴朗天气才会开放。最好的观赏时间是在中午前后，大约是从上午 11 点到下午 3 点。野花向着太阳光生长，你一定要确保在阳光充足时观赏，以免错过时间。

　　信息中心提供纳马夸植物的进一步信息，而在赫斯特·马伦野花花园（Hester Malan Wildflower Garden）可以观赏到大量的茎叶肥厚的植物。你可以以多种方式在保护区内观光，可以沿四驱越野车路线游览，也可以选择坐小轿车环绕10.5 英里（17 公里）游览，或步行通过两个短途自然之旅，或者选择该保护区的山地自行车路线。在这里你可能会看到小岩羚、跳羚、山羚、好望角大羚羊、哈特曼山斑马以及蝙蝠耳狐等。

　　纳马夸国家公园位于斯普林博克以南大约 42 英里（67 公里）处，这个国家公园近期对外开放，建立的目的是为了保护纳马夸日益受农场威胁的动植物

温馨提示：

在夏季或秋季预订格格普自然保护区内旅馆的房间，这两个时节游客很少，也可以早晨时在保护区漫步享受美丽的风景。

——卡斯滕·施雷汀
美国国家地理学会研究员

群。在这个保护区内，你可以徒步、开车，也可以野餐。参观本地区其他风景的最佳时节则是在每年的 8、9 月份，此间正是参观蓬勃盛开野花的时节。

　　公园在野花盛开的时节每天从上午 8 点到下午 5 点营业，斯基尔帕德野营地提供 4 个度假屋，每个度假屋能睡 3~4 人。公园本身并不提供住宿。在公园入口处的一个小摊点出售零食和清淡的食物。

洪德克勒普拜（Hondeklipbaai）

　　洪德克勒普拜作为一个港口城市，起源于 1846 年。在斯普林博克附近的欧吉普开采的铜矿石通过海运运往欧洲。起初，用牛拉车艰难地把铜矿石从铜矿运至 65 英里（105 公里）外的海边。然而，许多运铜的货船在浓雾中迷失航向，并且这片海域波涛汹涌。因此在 19 世纪 70 年代建造了一条铁路线，用来把铜从铜矿运往诺洛斯港。洪德克勒普拜失去了它最初存在的价值。

　　时至今日，这个小镇成了渔船和在海岸线附近寻找钻石的挖泥船离港的基地。也成了从内陆来此度假的农民的度假胜地。鱼类，特别是小龙虾是该镇最

名字有什么含义？

　　没有人知道洪德克勒普拜（狗岩湾）会有这样一个奇怪的名字。一个传说是愤怒的小镇居民在一块岩石旁杀死了一群威胁他们的野狗，因此得到了这个奇怪的绰号。另一个传说说在警察局的旁边过去有一块石头，后来被一道闪电击中而毁掉了，形状看起来像一尊坐着的狗。这两个故事似乎只是都市传说而已。

纳马夸国家公园里的春天。

主要的经济支柱。这里严格禁止潜水捕捞小龙虾，但是如果你想试试运气的话，或许在斯普林博克会得到许可。

在8月和9月，这里野花盛开，特别适合于在该镇附近的风景路线上开车欣赏风光，7号公路线延伸出来的环形路线是最佳观景之地。1945年的阿瑞斯提（Aristea）船只残骸就位于该镇南部海域，这里也是观看日出的绝佳之地。

钻石海岸（Diamond Coast）

直到最近，南非西北部海岸的一部分都还是禁区，这里蕴藏有丰富的钻石资源，禁止除了钻石矿主和管理者之外的所有人进入。现在，尽管在这里的活动受到限制，并且需要许可证，但是钻石海岸的部分地区是对公众开放的。

诺洛斯港（Port Nolloth）

诺洛斯港始建于1854年，这里是用牛拉车（后来修了铁路）运输铜矿到海边的目的地，也是小船只停泊的港口。今天，这个小镇是钻石海岸沿线唯一真正的度假胜地。

你可以在诺洛斯港享受日光浴或者在一尘不染的海滩上漫步，也可以在海边抛竿钓鱼，试试手气。在该镇市政厅隔壁的诺洛斯港旅游办公室可以申请钓鱼的权限。如果你不能钓到黄金鲅鱼或杖鱼，也可以从当地渔民那里买到（视情况而定）。除了旅游，该地的主要经济产业就是加工小龙虾和从海里打捞钻石。

你可以通过当地人的非正式机构"斯扎米勒"（Sizamile）提供的文化之旅

诺洛斯港（Port Nolloth）

见第247页地图
游客信息中心
✉ town hall 隔壁
☎ 027/851-1111
www.portnolloth.co.za

精彩体验：游览钻石海岸

钻石海岸大部分区域依然还是禁区。然而现在，游客可以前往海岸的一些延伸区域。下面就是一些可供游客选择的旅游方式。

沉船残骸路线（Shipwreck Route，每天上午9点从 Koingnaas Caravan Park 或 Noup 出发）：

此路线长约23英里（37公里），位于钻石开采区的禁区内，沿途是雪白的沙滩和崎岖不平的海岸线。你可以参观几艘沉船残骸，如5000吨的巴西轮船普扣提尼（Piratiny）号，10050吨的塞浦路斯货船罗萨号以及285吨的英国内燃机船边境号（这些沉船没有造成人员伤亡，但是边境号轮船在1947年搁浅沉没时，运送货物的驴子倒是淹死了不少）。你在沿路还会看到几个石器时代晚期的贝丘，甚至还会发现一种濒临灭绝的鸟类——蛎鹬。像第二条推荐的路线一样，沉船残骸路线需耗时4小时。

斯特兰德维尔德路线（SStrandveld Route，每天上午9点从 Koingnaas Caravan Park 或 Noup 出发）：

这条路线也位于禁区内，选择此路线的参与者们可以乘车在壮观的黄色沙丘间穿行。这里沙丘的形成要么是风携带沙子在河边沉积下来，要么是过去冰河时代的海平面下降而裸露出来的河床。在这些沙丘间没有生命存在，因此当驾车在此行驶时，车辆不会被植物或动物剐蹭。并且在此路线游览时，你在这片74000英亩（3000公顷）的私人保护区内可以看到小羚羊、大批的跳羚以及沼狸和蝙蝠耳狐等身躯矮小的哺乳动物。另外这个保护区内还种植有鳞茎类、茎叶肥厚类（当地称作"福基斯"的植物）以及一些低叶多肉等种类繁多的植物。导游会为你指出几种当地特有的植物品种，比如瓦尔福基斯（Vaalvygies）和斯特兰德福基斯（Strandvygies）等。

关于这两条路线的详细信息请联系 De Beers（电话027/877-0028，www.coastofdiamonds.co.za）。

埃-埃斯·理查德斯维德跨境国家公园（Ai-Ais Richtersveld Transfrontier National Park）

⛰ 见第247页地图

✉ 从7号公路出发，在 Steinkopf 拐弯，途经 Port Nolloth 和 Alexander Bay，最后再前行49英里（80公里）的土路后即可到达

☎ 027/831-1506

$ $-$$$$$

www.sanparks.org/parks/richtersveld

参观他们的棚屋和家园。导游会带你了解该地的最新发展状况，诸如其文化、历史以及所面临的挑战等。你也会看到小型的经济活动，诸如日托中心、蔬菜园艺、养鸡等，还可以在当地的廉价酒吧里痛饮纳马夸兰威士忌。获取旅游信息请联系诺洛斯港旅游办公室。

位于诺洛斯港东北部382号公路上的莱克星（Lekkersing）——一个社区团体，展示了当地纳马工艺样品——如何制作生牛皮的鞋子、皮革座椅以及当地流行的帽子和席子顶的房子。

埃-埃斯·理查德斯维德跨境国家公园（Ai-Ais Richtersveld Transfrontier National Park）

南非国家公园和当地的纳马人（在经过一次具有里程碑式的法院判决后）共同管理埃-埃斯·理查德斯维德跨境国家公园。这是一个极其干旱、恶劣的环境，主要水分来源于大多数早晨由大西洋的冰水所悄然形成的浓雾。本地区一些独特种类的植物已经适应了这里的特殊环境。除此之外，这里还有一些令人吃惊的身躯矮小的哺乳动物、爬行动物、鸟类以及在公园内生长的植物。

在此公园内旅游，尽管这里允许开小客车和其他的高底盘车辆，但是还是建议你最好驾驶四驱越野车。在这个地区你只能在森德伊灵漂移（Sendelingsdrift）的一家经销商（周六至周日不营业）买

温馨提示：

埃-埃斯·理查斯维德跨境国家公园提供一条无与伦比的 472 英里（760 公里）的四驱越野车路线，是掀起沙漠风暴的理想之地。从 4 月到 9 月，可以选择有导游引导的路径，该路径都有清晰的指路牌，确保你自己开车在此不会迷路。

——罗伯塔·科奇
美国国家地理学会撰稿人

到供应物资和燃料。

在理查德斯维德宿营主要在 5 个设施齐全的旅馆中选择一个。这 5 个宿营地是：里希特斯堡、德·胡普、科克博姆克卢夫、伯特斯普瑞姆和塔塔斯伯格与加纳科瑞普荒野营地。然而，这里的艾瑞伯旅馆也提供豪华住宿，有 10 张床、5 个卧室和 2 个浴室。

驾驶四驱越野车在钻石海岸沿线的山丘间穿行。

旅行指南

在匹林斯堡禁猎区乘坐热气球。

旅程规划

何时去

何时去南非取决于你想去哪些地方以及你想做什么。学校放假期间（6月下旬至7月、12月上旬至1月中旬），各旅游景点大多人满为患。夏季（12月至次年3月），克鲁格国家公园及普马兰加省和夸祖鲁—纳塔尔省的禁猎区气候湿热，因此最佳游览时间是春季（9月至10月，可以看到动物幼崽）或冬季（6月至8月，植被较少，能见度更好）。3月至4月是西开普省和花园大道最美的时候，但如果想去海滩度夏，那就1月至2月去。要去干燥的北开普省，最佳时间是冬季；夏季那里炎热难耐。去西部和西北沿海地区的游客通常于8月下旬和9月野花盛开时前往。夏季，夸祖鲁—纳塔尔省的海滩和海滨度假村又热又挤，秋季（4—5月）和春季（9—10月）则温和宜人。

气候

南非大部分地区夏季降雨较多。唯一的例外是西南开普，这里是地中海气候，冬季潮湿，夏季炎热干燥。在高地草原地区，夏季炎热，下午常有雷暴；冬季气候干燥，阳光明媚，夜晚有时有霜冻。低地草原和东北沿海地区是湿热的亚热带气候，夏季常有强降雨，冬季则温暖干燥。在卡鲁和北部内陆，冬季非常干燥，阳光明媚，白天凉爽，晚上寒冷。

不同气候区域城市的平均日最高气温、平均日最低气温和平均月降水量如下（数据来自南非气象局）：

开普敦（地中海气候）

1月：79°F/26℃~61°F/16℃，0.6英寸/15毫米

7月：64°F/18℃~45°F/7℃，3.2英寸/82毫米

德班（亚热带气候）

1月：82°F/28℃~70°F/21℃，5.2英寸/134毫米

7月：73°F/23℃~52°F/11℃，1.5英寸/39毫米

约翰内斯堡（高地草原气候）

1月：79°F/26℃~59°F/15℃，5英寸/125毫米

7月：63°F/17℃~39°F/4℃，0.15英寸/4毫米

金伯利（卡鲁，内陆高原气候）

1月：91°F/33℃~64°F/18℃，2.2英寸/57毫米

7月：66°F/19℃~37°F/3℃，0.27英寸/7毫米

内尔斯普雷特（低地草原气候）

1月：84°F/29℃~66°F/19℃，5英寸/127毫米

7月：73°F/23℃~43°F/6℃，0.4英寸/10毫米

欲了解天气详情，获得城市和地区天气预报，请登录 www.weathersa.co.za。

需带物品

在南非的城市里，游客能够买到或租到所需要的一切——服装、药品、露营装备、徒步装备、相机及配件、车辆等。建议带一条可存放现金的腰带（最好是可以藏在衣服下面的那种，用于保护现金及贵重物品）和一个轻便的旅行背包。在南非，要求必须穿正装的组织机构极少，因此不需要准备高跟鞋、长礼服、西装、领带等。如果你打算去南非较为偏远的地区游猎，请务必带好丛林漫步所需的棕色、橄榄绿色或卡其色的合身衣物、双筒望远镜、徒步靴、背包、水瓶、遮阳帽、防晒霜和你需要的处方药（去低地草原和东北沿海偏远地区时需要携带抗疟药物）。

保险

请在原籍国购买旅程延误或取消险、现金财物丢失或被盗险以及疾病或伤害险。如果你忘记在原籍国购买保险，那也没关系，你可以轻而易举地在南非找一家大型保险公司购买保险。一旦财物丢失、被盗或遇到违法犯罪现象，请立即向当地警察局报警。警方将给你作笔录，并给你一个案件编号，申请保险理赔时需要提供该编号。请保留好可能需要索赔的商品的发票或收据。

入境手续

必须携带护照方可进入南非，从你抵达南非之日算起，护照有效期至少应在6个月以上。持澳大利亚、加拿大、欧盟和美国护照者在没有签证的情况下最长可以在南非旅游90天。来自其他国家的旅行者应在出发日期前尽早咨询离自己最近的南非领事馆。

进入南非前，不要求你接种任何疫苗，除非你来自黄热病疫区；在这种情况下，你需要提供一张证明书证明你已接种了黄热病疫苗。虽然不要求接种疫苗，但如果你打算前往偏远地区旅游，建议接种甲肝疫苗和伤寒疫苗。

18岁或以上者可免税携带以下物品进入南非：

1.6液量盎司（50毫升）瓶装香水和8.4液量盎司（250毫升）瓶装花露水；0.26加仑（1升）白酒或烈性酒和0.52加仑（2升）葡萄酒；200支香烟、20支雪茄和0.55磅（250克）烟草制品；价值在3000兰特以内的其他物品——超出3000兰特、低于12000兰特的物品需缴纳20%的税。不得携带毒品进入南非。

带入或带出南非的现金不得超过5000兰特。

节日

为了吸引游客，越来越多的南非城市和城镇纷纷设立艺术节或美食节。可查阅当地新闻了解详情。影响较大的主要节庆活动如下：对于舞蹈爱好者来说，"伞之舞"舞蹈节（Dance Umbrella，约翰内斯堡，2月中旬至3月中旬，www.danceumbrella.co.za）是一场长达一个月的南非舞蹈和表演盛会，在好几个场地举办。每逢复活节，盛大的兰特展会（Rand Show，纳斯瑞克，约翰内斯堡南，www.randshow.co.za）便拉开了帷幕，涵盖商品交易展览会、游乐活动、动物表演和流行音乐会。国家艺术节（National Arts Festival，格拉罕镇，6月最后一周至7月第一周，www.nafest.co.za）是南非一年一度最盛大

的音乐、戏剧、舞蹈和美术活动。斯泰伦博斯葡萄酒节（Stellenbosch Wine Festival，8月第一周，www.wineroute.co.za/festival.asp）允许游客品尝当地的各种葡萄酒。当鲸鱼返回西南开普繁殖时，赫曼努斯鲸鱼节（Hermanus Whale Festival，9月下旬/10月上旬，www.whalefestival.co.za）便以音乐、工艺品市场和生态活动进行庆祝。

www.southafrica.info/travel/cultural/festivals.htm 提供全面的南非节日表，按月份列出。

补充阅读

在去南非旅游之前或在南非旅行期间，有很多书可资阅读，以体味南非风情，了解其历史、民族和文化。史蒂夫·比科（Steve Biko）的《写我所爱》（*I Write What I Like*）和纳尔逊·曼德拉的自传《漫漫自由路》（*Long Walk to Freedom*）使读者可以深入了解南非这两位伟大领袖的思想。如果你想了解南非式幽默，就一定要读一读赫尔曼·查尔斯·博斯曼（Herman Charles Bosman）的短篇小说（版本很多）。南非的优秀作品还有很多，下面仅择其优者聊举几例：J. M. 库切（J. M. Coetzee）著《等待野蛮人》（*Waiting for the Barbarians*）和《耻》（*Disgrace*）；奥利芙·席莱纳（Olive Schreiner）著《非洲农场的故事》（*Story of an African Farm*）。

如何前往南非

几乎所有外国游客都乘飞机进入南非，但有些游客也可能从邻国开车进入南非。几乎没有游客乘船来南非，乘游

轮环游世界者除外。

乘飞机

南非的主要航空旅行枢纽是约翰内斯堡的坦博国际机场（O. R. Tambo International Airport），但国际客机也飞往开普敦国际机场和德班国际机场。许多大型航空公司——包括南非航空公司、英国航空公司、澳大利亚航空公司（Qantas）、法国航空公司、荷兰皇家航空公司和德国汉莎航空公司——都有直飞南非的航班。从中国北京起飞到约翰内斯堡约需14小时，从美国起飞到约翰内斯堡约需17小时，从英国和欧洲出发约需11小时，从澳大利亚出发需13~16小时。

南非所有国际机场均由ACSA（南非机场公司）运营，该公司在国际和国内航班抵达处设有资讯亭。建议旅客只使用带有ACSA标志或持有ACSA许可证的行李搬运工、班车接送服务和出租车。为举办2010年国际足联世界杯，约翰内斯堡和开普敦的国际机场进行了全面升级，现在的设施已达世界一流水平。德班的机场已从市南迁至市北，并更名为沙卡国王国际机场（King Shaka International Airport）。

所有大机场都有获得ACSA认可的出租车和班车接送服务；请在资讯亭咨询。神奇巴士（Magic Bus，电话：011-548-0822，www.magicbus.co.za）在三个国际机场及相应的市中心之间提供客运服务，值得信赖。

约翰内斯堡和开普敦的机场提供行李寄存设施。

参考网站：

南非机场公司：www.acsa.co.za

中国国际航空公司：
www.airchina.com.cn

法国航空公司：
www.airfrance.com

英国航空公司：www.ba.com

国泰航空公司：
www.cathaypacific.com

荷兰皇家航空公司：www.klm.com

德国汉莎航空公司：
www.lufthansa.com

澳大利亚航空公司：
www.antas.com.au

南非航空公司：www.flysaa.com

乘小汽车

有的游客可以从纳米比亚、博茨瓦纳、莫桑比克、斯威士兰或津巴布韦等邻国乘小汽车进入南非。欲查询边境检查站一览表（含电话号码及开放和关闭时间），请访问www.aa.co.za/travel/into-africa。

当地交通

乘飞机

南非国土辽阔，对于时间紧张的游客来说，乘飞机旅行是个不错的选择。作为国家航空公司，南非航空公司（SAA）的航班覆盖南非所有城市和较大城镇。其旗下的空联航空（Airlink）和南非快运航空（South African Express）则以小型客机服务于许多地区性目的地，包括克鲁格国家公园附近的城镇（如内尔斯普雷特、帕拉博鲁瓦和德斯普瑞特）、地处花园大道中心地带的乔治、夸祖鲁—

纳塔尔省南海岸的马盖特以及卡格拉格帝跨境公园或加利普河（奥兰治河）探险之旅的起点阿平顿。

近年来，南非小型独立航空公司有所增加（有些已倒闭），它们与南非航空公司在开普敦、约翰内斯堡和德班之间的主要航线上展开竞争。与其他国家的同类航空公司一样，它们通过向乘客收取机上饮料和茶点费来降低成本。其中有些航空公司还有飞往伊丽莎白港、乔治、东伦敦和内尔斯普雷特的航班。这些小型航空公司中最好的老牌航空公司包括库鲁拉航空（Kulula）、第一时间航空（1Time）和英国航空（在南非由Comair经营）。

如果你尽早提前在线预订非高峰时间（如周日、凌晨或深夜）航班，价格非常优惠。

乘坐南非国内航班时，乘客需在预定起飞时间前一小时到达机场。

南非的航空业管理规范，所有飞机都有严格的检修计划，安全记录良好。

参考网站：
第一时间航空：www.1time.aero
英国航空/Comair：www.ba.co.za
库鲁拉航空：www.kulula.com
南非航空：www.flysaa.com

开车

南非大多数城市没有安全高效、适合游客的公共交通服务。因此，许多游客选择租车在南非国内城市之间或市内旅行。在南非，车辆靠左行驶。只要是以英语印刷并附有持证人签名和照片的有效驾照均可使用。非英语驾照持有人应在抵达南非前获得国际驾驶执照。

南非的公路网络为柏油路和碎石路，路况良好，许多地方的路况甚至达到优秀级别。主要干道称作国道，在路标和地图上以N1、N2、N3等表示。地区性公路与国道相通或连接一个地区内的各个城市，以R43、R62、R306等表示。一般来讲，"N"字头的公路较宽，"R"字头的公路较窄，但也不能一概而论。南非汽车协会网站的"旅行和路线"部分每周公布南非道路施工和路面状况的全面报告。

在南非驾驶乐趣多多，其中之一便是离开大路，行驶在该国纵横交错的支线公路和二级公路，所到之处经常会有令人陶醉的自然美景。另外，游客完全可以驾驶自己的或租来的车辆在南非的国立和私人禁猎区内游玩。大多数禁猎区普通轿车即可通行，但有些禁猎区只有四驱车才能通行。

南非有许多国际汽车租赁公司，如阿维斯（Avis）、巴吉（Budget）、赫兹（Hertz）等，在国际机场和大城市设有办事处。驾驶者还可以从当地的汽车租赁公司（如Tempest和Imperial）租车，价格更优惠。

由于南非幅员辽阔，城镇之间距离很远，因此租车时最好选择不限里程。取车时，一定要仔细检查车辆是否有凹痕或划痕。如有发现，应在租车表上注明，以免日后让你买单。如果需要在粗糙的未铺设道路（如禁猎区内的路）上长途行驶，请提前了解清楚租车合同在这方面是否有限制。

请小心驾驶。有些南非驾驶员无视交通规则，对车辆的道路适应性的要求也比许多西方国家宽松。在许多地区，特别是在乡村小道上，路两旁的围栏时有破损，可能会有野生动物或家养动物突然跑到路上来。鉴于此，同时基于安全考虑，夜间最好不要长途行驶。绝不要让任何人搭车。不要停车，即便是看似遇到了紧急情况；犯罪分子有时故意"演戏"给旅行者看，以伺机抢劫。

参考网站：

南非汽车协会：www.aa.co.za
阿维斯租车公司：www.avis.co.za
巴吉租车公司：www.budget.co.za
赫兹租车公司：www.hertz.co.za
帝国租车公司：
www.imperialcarrental.co.za
风暴租车公司：
www.tempestcarhire.co.za

乘坐公共交通工具

在南非，相邻城市之间拥有可供游客使用的地铁或地下交通系统的，是开普敦的市郊铁路（suburban railway）和豪登省最近竣工的豪登高速铁路（Gautrain Rapid Rail Link，连接约翰内斯堡和比勒陀利亚）。二者当中，只有豪登高速铁路需在地下运行相当一段距离。

开普敦的铁路系统由地下铁路（Metrorail）经营，连接开普敦各郊区和周边城镇。地下铁路网站（www.capemetrorail.co.za）提供地图、时刻表、站点信息、列车延误消息和联系方式。大多数车站都出售单程票和往返票。游客最有可能使用的铁路线是贯穿整个开普半岛的铁路——从开普敦市中心到西蒙镇（Simon's Town），在中间每个郊区都有停靠站点。借助这条线路可前往纽兰兹（Newlands）的橄榄球场和板球场；或前往梅森堡（Muizenberg）、圣詹姆斯（St. James）、考克湾（Kalk Bay）、菲什胡克（Fish Hoek）、克洛韦利（Clovelly）和西蒙斯敦的福尔斯湾（False Bay）海滩和潮池，很是方便。通过这条线路去博尔德（Boulders，过了西蒙斯敦即是）看企鹅也很方便。从梅森堡到西蒙斯敦路段特别值得一看，因为这段轨道就在水边，可欣赏海景。

游客最好购买一等车厢票，因为一等车厢不太拥挤，而且更加安全。请注意，地下铁路系统过去出现过安全问题，如今火车上有警卫来回巡逻。虽然你遇到问题的可能性不大，但依然应当谨记，铁路系统并非百分百安全。

另一条地下铁路线路游客可能也会感兴趣，即连接开普敦和酒乡中心斯泰伦博斯（Stellenbosch）的铁路。

豪登高速铁路（www.gautrain.co.za）连接约翰内斯堡市中心、桑顿、坦博国际机场和比勒陀利亚。约翰内斯堡—桑顿段在地下运行，其他路段有几段在高架桥上。这是南非最现代、最安全高效的公共交通设施，列车车次较多，而且准时。从机场到桑顿只需 15 分钟，从约翰内斯堡到比勒陀利亚约需 40 分钟。

乘公共汽车

城市之间及大小城镇之间的公共汽车服务良好，车次较多。对于游客来说，这是一个相当经济的选择。然而，由于许多南非城镇之间距离较远，乘坐公共汽车可能比较耗时。相较之下，乘坐公共汽车出行时，长途旅行一般比相邻城镇之间的短途旅行更划算。如果你没有自己的交通工具，但希望独立旅行，那么公共汽车也许是前往较为偏远的一些目的地的唯一途径。

南非主要的城际巴士公司有：灰狗（Greyhound）、开普城际（Intercape）、交通力士（Translux）和南非路网（SA Roadlink）。这些巴士公司的汽车上均配备靠背可调式座椅和空调。灰狗巴士和南非路网可在线预订；开普城际和交通力士可以通过电话或到营业网点预订。

对于预算有限的游客来说，灰狗旅行通行证（Greyhound Travel Pass）很是实用，乘客可以选择30天内7天或15天不限次乘车，也可以选择60天内30天不限次乘车（请登录灰狗网站查询价格及条件）。

目前，在南非所有城市中，只有开普敦有适合游客使用的公交系统。在开普敦，适合游客的是维多利亚和阿尔弗雷德滨水区（Victoria & Alfred Waterfront）与火车总站之间的穿梭巴士（每10~15分钟一班），以及前往主要旅游景点的敞篷观光巴士（www.citysightseeing.co.za）。另推荐由开普敦市经营的我的城市（MyCiti）公共汽车（www.capetown.gov.za/en/MyCiti）。我的城市的运营线路日益增多，目前比较实用的线路是市中心和滨水区的线路，以及市中心到开普敦国际机场的线路。

参考网站：

巴兹巴士：www.bazbus.com

灰狗：www.greyhound.co.za

开普城际：www.intercape.co.za

交通力士：www.translux.co.za

南非路网：www.saroadlink.co.za

乘火车

在南非的铁路系统中，游客最有可能使用的是昂贵的豪华列车。它们在南部非洲的一些固定线路上运行。非洲之傲（Rovos Rail）提供一系列豪华之旅。非洲之傲列车定期往返于比勒陀利亚和开普敦之间，少量列车从比勒陀利亚到德班或到津巴布韦的维多利亚瀑布城，或从开普敦到乔治。非洲之傲还有从开普敦到坦桑尼亚的达累斯萨拉姆（Dar es Salaam），以及从比勒陀利亚到纳米比亚的斯瓦科普蒙德（Swakopmund）的列车，一年仅运行一次。

豪华的蓝色列车每周从开普敦出发前往比勒陀利亚，反之亦然。

非洲之傲和蓝色列车使游客享尽奢华——旅行追求的不是速度，而是置身豪华车厢中，安坐在舒适的扶手椅上观光的乐趣。

除了非洲之傲和蓝色列车，不建议游客乘坐火车进行城际旅行。由列车网运营的列车行驶缓慢，效率不高，而且许多线路车次很少。根据记录，这些列车每周四次由开普敦开往约翰内斯堡，然后返回开普敦；往返于开普敦和德班、开普敦和东伦敦、约翰内斯堡和伊丽莎白港、约翰内斯堡和内尔斯普雷特之间的车次更少。如果你要乘坐这些列车，请预订第一级别的列车，一个车厢内睡4个人。

参考网站：

蓝色列车：www.bluetrain.co.za

非洲之傲列车：www.rovos.co.za

第一级别：www.premierclasse.co.za

乘出租车

在南非，"出租车"一词有两种截然不同的含义。一方面，它可以指在市区内和城市之间的某些线路上作为公共交通工具使用的小巴。南非有数千辆这种小巴。虽然每天都有很多人安全地使用这些小巴出租车，但不建议不熟悉南非的游客乘坐。

另一方面，与世界其他地方一样，在南非"出租车"一词还可以指将乘客送到目的地的计程车。南非的计程出租车不是招手即停的那种，应到南非各大机场、市中心和大型旅游景点的车站内寻找。除此之外，你可以预订一辆出租车将你从酒店、商店或餐馆送到你想去的地方。南非没有全国性的出租车公司。为避免选到不靠谱的出租车公司，最好让你就餐的餐馆或入住的酒店帮你叫出租车。

实用建议

通信

南非拥有良好的通信基础设施，并提供良好的邮政、互联网及其他电信服务。

邮政：邮件和邮政服务由南非邮政总局提供。南非邮政的标志是一个开启的信封图案，由红白蓝三色构成。南非邮局均有该标志，极易辨认。邮票可在邮局购买。大型超市出售小本邮票。邮局不仅处理普通邮件，还提供快信、包裹和快递服务。可在邮政网站查询服务价格和价目表（界面不是很友好）。例如，寄一张明信片到美国，走航空收费 $0.61（R5.40），平邮收费 $0.36（R3.30）；寄一封普通信件到美国，走航空收费 $0.70（R6.30），平邮 $0.60（R5.30）。到欧洲的费率相同。写有收件人姓名的存局候领邮件可以寄送到南非各个城市和大城镇的所有主要邮局，等候收件人前来领取。必须提供某种形式的身份证明（如护照）方能领取邮件。

以前由邮局垄断的许多业务，现在国际公司邮政网也有提供。邮政网在所有城市和很多大城镇设有网点。邮政网提供包裹、快递、上网等服务。

参考网站：

邮政网：www.postnet.co.za

南非邮政总局：

www.postoffice.co.za

邮筒：可将邮资正确的信件投入亮红色的长方体邮筒中（但仍然能看到一些旧式的圆柱体邮筒）。邮筒的投信口下面通常有一个不大的银色或黄铜色标牌，上面标明了开箱取件时间。

电话：目前，南非的固定电话业务由南非电信公司（www.telkom.co.za）专营，但另一家服务提供商即将进入南非市场。全国几已全部实现自动电话交换和直接拨号。但在拨打本地长途电话和国际长途电话时，可以要求话务员协助。南非境内的电话，每个城镇都有自己的 3 位数字区号，而每个本地号码包含 7 位数字。例如，开普敦旅游信息中心的号码是 021/487-6800，德班的通用查询号码是 031/311-1111，二者均为城市区号加本地号码。请注意，无论你从南非哪个地方拨打电话，即便是在本市，也必须拨打 10 位数字的完整号码。

前缀为 0800 的号码为免费电话。

若想在南非拨打国际电话，请参考第 11 页。

公用电话遍布全国。注意寻找绿、蓝、白三色的 Telkom 标志。公用电话可以使用硬币拨打，更常用的方式是使用电子电话卡拨打。电话卡可在全国大多数咖啡馆或街头小店购买，面额有 R20、R50、R100 和 R200。所有公共电话亭上均有如何拨打电话的说明。虽然这些说明可能会有当地语言版本，但一定会有英文版。

常用电话号码：

注意：下列电话均为付费电话。

1023 查号台

1025 话务员协助拨打南非境内的长途电话或对方付费电话

10900 话务员协助拨打国际电话

10903 其他国际电话查询

手机：南非大部分地区有手机网络覆盖，但在农村地区可能会断线。主要服务提供商有 Vodacom、MTN 和 Cell C。它们在全国各机场和城市设有许多网点。

旅客在南非期间若想使用自己的手机，应首先与本国手机供应商联系，了解该手机是否适用于南非的网络。如果不适用，旅客可以在抵达南非后在机场购买入门包，并根据需要从全国各地大多数超市和咖啡馆购买手机通话时长。也可以在抵达南非后租一部附有通话时长合同的手机。

参考网站：

Cell C：www.cellc.co.za

MTN：www.mtn.co.za

Vodacom：www.vodacorn.co.za

互联网：南非的网络服务很不错，但由于带宽有限，有时速度较慢。旅客在城市里和主要旅游景点附近可以方便地使用电子邮件、互联网和 Skype。

大城市的许多酒店和宾馆为客人提供 Wi-Fi 和互联网连接。即便在农村地区，一般也能上网。

单位换算

在重量、距离、面积、体积和温度的测量中，南非全部使用公制。

1 千克 =2.2 磅

1 升 =0.2642 美制加仑

1 千米 =0.62 英里

1 米 =1.093 码

1 公顷 =2.471 英亩

女装

中国尺码：

160　165　170　175　180　185

南非尺码：87　92　97　102　107　112

男装

中国尺码：

170　175　180　185　190　195

南非尺码：92　97　102　107　112　117

女鞋

中国尺码：

36–36.5　37–37.5　38–38.5　39–39.5

南非尺码：

5–51/2　6–61/2　7–71/2　8–81/2

男鞋

中国尺码：

41　41.5　42.5　44　45　45.5

南非尺码：

7　71/2　81/2　9　10　11

电源

南非使用 220~230 伏交流电。插座适用于两圆脚或三圆脚插头。在南非，外国电器可能需要搭配电源适配器才能正常运行。电力供应在城市地区比较稳定，在偏远的农村地区可能会中断。南非的电力供应商南非国家电力公司难以满足该国快速增长的能源需求。停电常发生在用电高峰时段，旅行时建议带上使用电池供电的手电筒。

礼仪和当地习俗

一般来说，南非人待人热情友好，但城里人可能会冷淡一些。遇见当地人应当按照下面的方式寒暄一番，特别是在小城镇和农村地区——当地人："嗨。"（"Hallo."）游客："嗨。"（"Hallo."）当地人："你好吗？"（"How are you?"）游客："我很好，谢谢。你呢？"（"Fine, thanks. And you?"）当地人："我也很好。"（"I'm fine, too."）在南非，你向路边的行人挥手，他们也会向你挥手。

南非的黑人握手通常分三步：开始是西方式的握手，然后大拇指在上紧紧地握手，最后再回到西方式握手。在西方人看来，他们握手时往往给人一种软弱无力的感觉；但这是尊重的表示。有时你还会发现，出于尊重，传统的农村人跟你说话时轻声细语，而且不敢直视你的眼睛。

节假日

南非有许多公共假日，假日期间银行、企业和政府机构休班（请注意，如果公共假日正好是周日，那么第二天，即周一会被视为休息日）。

1 月 1 日	新年
3 月 21 日	人权日
耶稣受难节（复活节前的星期五）	
家庭日（复活节后的星期一）	
4 月 27 日	自由日
5 月 1 日	劳动节
6 月 16 日	青年节
8 月 9 日	妇女节
9 月 24 日	遗产日
12 月 16 日	和解日
12 月 25 日	圣诞节
12 月 26 日	友好日

酒品法规

南非已经合理放松了酒品法规。法律规定，18 岁及以上者可购买酒精饮料。可在当地叫作 bottle store（瓶酒商店）的酒类商店购买啤酒、葡萄酒和烈酒。这些商店在正常营业时间开放。较大的超市出售葡萄酒，但不出售烈酒或啤酒。

媒体

新闻自由受到南非宪法保障。南非的独立媒体充满活力，用 11 种官方语言的一种或几种进行新闻广播。国家广播公司，即南非广播公司（SABC），有时在政治报道中比较保守。相形之下，商业媒体更加大胆敢言。

报纸： 在南非，有些英文报纸已有一个多世纪的历史。所有城市都有自己的英文早报和晚报。它们分别是开普敦的《开普时报》（Cape Times）和《开普守卫者报》（Cape Argus）；约翰内斯堡的《公民报》（Citizen）、《索韦托人报》（Sowetan）和《星报》（Star）；以及德班的《水星报》（Mercury）和《每日新闻报》（Daily News）。近来，哗众取宠的低俗小报得到了大量城市读者的青睐。

周报中最翔实、最有见地的是每周五出版的《邮卫报》（Mail & Guardian）。该报对政治、经济和文化事件进行深入报道。

南非的主要星期日报是约翰内斯堡的《星期日时报》（Sunday Times）和《星期日独立报》（Sunday Independent）。前者既有哗众取宠的小道消息，又有头脑冷静的报道和政治评论；后者发行量较小，但质量很高，有很多在英美报纸上同时发表的文章。德班地区有自己的影响较大的周末报纸——《星期日论坛报》（Sunday Tribune）。

《星期日时报》（Sunday Times）新出的全国性日报《时报》（The Times）是第一份地方性多媒体报纸，提供内容丰富的交互式网站。

电视：国家广播公司通过三个频道（SABC 1、2 和 3）以多种官方语言播出电视节目。但三个频道有时都会播出英语新闻、专题节目、体育节目和电影。旅客要想收看英文节目，建议收看免费频道 e.tv 或付费频道 M-NET 或 DSTV。通过 DSTV，你可以收看 CNN、BBC 世界频道和天空电视台（Sky）以及 e.tv 的 24 小时本地新闻频道。

网络媒体：你可以通过网络从互联网内容提供商 iafrica、iol 和 News24 处获得最新、高质量的本地新闻和国际新闻。此外，上文列出的每一种报纸都有自己的网站，用户无须订阅报纸即可每天阅读免费内容。

参考网站：

iafrica：www.iafrica.com

iol：www.iol.co.za

News24: www.news24.com

广播：在南非大多数官方语言的广播方面，南非广播公司（SABC）成绩斐然。

公司在其广播频道 SAFM 推出了一档高质量的新闻及脱口秀节目。南非还有许多商业广播电台，其中包括开普敦地区的 567 Cape Talk 和豪登省的 702 Talk Radio。两家电台都在日间播放新闻、访谈和脱口秀节目。全国还有许多区域性电台，主要播放流行音乐；5FM 是最受欢迎的民族音乐电台。

货币事宜

南非的法定货币是兰特，1 兰特等于 100 分。纸币面额有 10、20、50、100 和 200 兰特。硬币包括 5 分、10 分、20 分和 50 分的青铜色硬币；1 兰特和 2 兰特的银色镍币；以及边缘银色、中心青铜色的 5 兰特硬币。

南非的银行体系复杂而又发达。主要银行有标准银行（Standard Bank）、第一国家银行（First National Bank）、莱利银行（Nedbank）和南非联合银行（ABSA）。各家银行均在全国各地设有自动柜员机（ATM）。在所有机场和大型购物中心，在城市里的许多街道上，甚至在农村小城镇上都有自动柜员机。通过在本国使用的银行卡应该可以从大多数自动柜员机上取出本地货币，但在出发前你应与给你办卡的银行谈谈你的旅行，了解相关事宜。

南非普遍接受各种主流信用卡，但在较小的地方购买商品或服务时应提前问清楚。最常见的卡是万事达卡（Mastercard）和维萨卡（Visa），其次是美国运通卡（American Express）和大来卡（Diners Club）。

你可以在许多主要旅游目的地的银行、一些旅行社和外币兑换处兑换旅行支票、美元和其他主要货币。提前问清他们收取多少佣金。较大的酒店也可以兑换支票和纸币，但要收取高额佣金。

营业时间

在大城市，大多数商店和企业的营业时间为周一至周五上午 8:30 或 9:00 至下午 4:30、5:00 或 5:30。它们周六上午 9:00 至下午 12.30 或 1:00 也营业。在较小的城镇和乡村，正午至下午 2:00 之间为午餐时间，商店可能会歇业 1 小时，周末可能也会歇业。

大型都市购物中心里较大的商店营业时间长得多，有些工作日（特别是周五和节假日期间）晚上一直营业到 9:00 或 10:00，周六和周日从上午 10:00 或 11:00 营业到下午 4:00。

通常，银行营业时间为工作日上午 9:00 至下午 3:30，周六上午 9:00 至 10:30 或 11:00。

大多数邮局的营业时间为上午 8:30 至下午 4:30。

主干道旁的加油站全天 24 小时营业，城市地区的大型加油站也 24 小时营业。小型加油站的营业时间通常为上午 7:00 至晚上 10:00，但各地的情况可能不尽相同。

宗教场所

大多数南非人信奉基督教，分属于许多独立的非洲教会，或英国圣公会、天主教，荷兰归正会、卫理公会、长老会等。其他人则属于各个灵恩福音派教会。南非还有一些犹太教徒、伊斯兰教徒、印度教教徒，以及少数非洲传统宗教教徒。所有这些宗教团体都有自己的礼拜场所，但游客很少参观这些宗教场所，除非游客本人信奉相关宗教。

时差

南非标准时间比格林尼治标准时间（GMT +2）早两个小时。全国属于同一个时区。

小费

参见第 10 页。还要牢记，如果你驾驶自己的或租来的车辆，你会发现，一旦你想在市内停车，非正式的"汽车保安"（有时其着装看起来很正式）就会过来"照管"你的车。回来后，根据你离开的时间长短，或者根据天气是否寒冷、天是否黑，你可以给他们 5~20 兰特小费。

行动不便的旅客

虽然南非宪法规定要保障残障人士的权益，但迄今为止南非并没有做许多对残障人士有益的事情。然而，较新的公共建筑常常建有无障碍专用坡道、电梯和洗手间。公共停车场亦提供相当数量的残障人士停车位（有明显标志）。如果你离不开残障人士设施，那么你应当通过电子邮件或电话提前问清你要去的地方是否提供此类设施。

开启史诗（Epic Enabled，www.epic-enabled.com）为残障人士安排常规的游猎之旅，并可针对特殊需求设计旅程。

旅游问询

每个城镇，甚至小村庄都有自己的旅游信息处。南非各国际机场设有旅游信息亭。到了任何一个南非城镇，最好直接前往当地的旅游咨询处，大概了解当地及整个地区的旅游景点，并获取详细地图。

在南非任何一个地方，都可以拨打通用旅游信息与安全电话：083/123–

2345。

要查询信息及规划旅程，有很多网站可用，尤其是 www.southafricaholiday. org.uk 提供的信息准确详尽，值得关注。较好的网站还有：

www.sa-venues.com

www.southafrica.net

www.southafrica.info

主要旅游办事处

开普敦：The Pinnacle，位于 Burg St. 和 Castle St. 交叉路口（电话：021/487-6800，www.thewesterncape. co.za）。这个网站提供西开普省所有城镇的旅游信息处的详细信息。

德班：Tourist Junction，90 Florida Rd.（电话：031/322-4164，www.durbanexperience. co.za）。

约翰内斯堡：195 Jan Smuts Ave., Parktown North（电话：011/214-0700，www.joburgtourism.com）。

比勒陀利亚：Church St. 旅游信息中心（电话：012/358-1430）。其官方旅游网站（www.tshwanetourism.com）信息匮乏。请访问 www.gopretoria.co.za 或 www.sa-venues.com。

地区性旅游办事处

东开普省：www.ectourism.co.za

豪登省：www.gauteng.net

夸祖鲁—纳塔尔省：

www.zulu.org.za

普马兰加省：

www.mpumalanga.com

北开普省：

www.northerncape.org.za

西北省：

www.tourismnorthwest.co.za

西开普省：

www.thewesterncape.co.za

紧急情况

整个南非的紧急电话号码是：

报警 10111

急救和火警 10177

全国紧急电话 107

用手机拨打紧急电话 112

旅游信息与安全电话 083/123-2345

犯罪活动与警察局

倘若不幸成为犯罪活动的受害者，请拨打 10111，你将与离你最近的警察局取得联系。响应时间差别很大，这要看你所在的地区。

警方可能会要求你到警察局陈述案情，并会要求你在笔录上签字。千万别忘记索取案件编号，以便申请保险理赔及跟进案件进展情况。

南非警察身着深蓝色制服，头戴蓝色帽子。有些警察接受的培训不够，有时难以用英语与其沟通。

使领馆

中国

约翰内斯堡

总领事馆（Consulate-General of the People's Republic of China in Johannesburg）

地址：25 Cleveland Road, Sandhurst, Sandton Johann-esbrug

信箱：P.O. Box 413186, Craighall, 2024 Johannesburg, Republic Of Southafrica

值班电话：0027-71-5111494

领事证件咨询（语音）：0027-11-8844006/6857549

领事证件咨询（人工）：0027-11-

6857562

　　传真：0027-11-8835274

　　电子邮箱：

　　chinaconsul_jb_za@mfa.gov.cn

　　网址：

　　http://johannesburg.china-consulate.org

　　德班

　　总领事馆（Consulate-General of the People's Republic of China in Durban）

　　地址：45 Stirling Crescent, Durban North, Durban 4051

　　电话：0027-31-5634534

　　传真：0027-31-5634827

　　网址：

　　http://durban.china-consulate.org

　　http://durban.chineseconsulate.org

　　电子邮箱：

　　chinaconsul_db_za@mfa.gov.cn

　　开普敦

　　总领事馆（Consulate-General of the People's Republic of China in Cape Town）

　　地址：25 Rhodes Ave. Newlands, Cape Town 7700, South Africa

　　信箱：P.O.Box 23301, Claremont, 7735 South Africa

　　电话：0027-21-6740579

　　网址：

　　http://capetown.china-consulate.org

　　http://capetown.chineseconsulate.org

　　电子邮箱：

　　chinaconsul_ct_za@mfa.gov.cn

丢失物品

　　最好复印或扫描所有重要文件，如护照、机票和旅行支票，并与原件分开保存，以免一同丢失。旅行证件一旦丢失，应立即向警方及本国大使馆报告。

　　如若丢失贵重物品并打算申请保险理赔，那你应当就近前往警察局做笔录，记得索取案件编号（见第282页，"犯罪活动与警察局"）。

　　如需更多帮助，请拨打旅游信息与安全电话：083/123-2345。

交通事故处理

　　如果涉及有人受伤的交通事故，你应当首先拨打急救电话10177，或用手机拨打紧急电话112，然后拨打10111报警。警方可能会要求你到警察局陈述案情。千万别忘记索取案件编号，以便申请保险理赔。

　　如果事故中无人受伤，只有车辆受损，按照法律规定你无须报警。如有目击证人，一定要索取其联系方式。你还需要获得事故另一方驾驶员的所有详细信息，包括他/她投保的保险公司的信息。

　　在警察到达现场之前一定不要移动车辆。注意，南非有很多收费过高的拖车公司，它们的拖车会很快到达事故现场。有些公司态度蛮横，会逼你使用他们的服务。如果可能的话，请先给租车公司或保险公司打电话咨询，再决定使用哪家公司的拖车服务。

　　无论事故是否是你的过错，一定要尽快与你投保的保险公司联系。

健康指南

医院与医生

　　总体上讲，南非大城市里的医疗和医院服务水准很高。要找医生或牙医，请在当地电话簿中的"医生"（Medical Practitioners）项下查找；可按区域查到该区所有医生和牙医的名单。如果打电话时医生已经下班，电话答录机通常会给你一个紧急联系电话。 医院提供24小时急救服务。

大型公立医院

开普敦: Groote Schuur Hospital, Main Rd., Observatory（电话: 021/404-9111）

德 班: Addington Hospital, Erskine Terrace, South Beach（ 电 话: 031/327-2000）

约翰内斯堡: Johannesburg General, Jubilee Rd, Parktown（ 电 话: 011/488-4911）

南非最大的两家私立医院——Netcare（电话: 011/301-0000, www.netcare.co.za）和Medi-Clinic（电话: 021/809-6500, www.mediclinic.co.za）——在南非各地都有分院。需要私立医院急救服务者，可联系它们。

药品

所有城市均有药店和药剂师，有的甚至24小时营业。当地药剂师受过良好培训，能够为你提供用药建议。

健康风险

艾滋病是南非面临的一个严重问题，特别是在异性恋人群中。如果你性欲旺盛，那么你应当采取预防措施，实施安全的性行为。

如果打算前往普马兰加省和夸祖鲁—纳塔尔省北部的低地草原地区，那你需要采取措施预防疟疾。切记，你需要提前一周开始服用抗疟药物，离开疫区后至少还要服药一周。如果你对抗疟药物过敏，或不想服用抗疟药物，那你应当穿长衣长裤，在皮肤暴露处喷涂驱蚊剂，特别是黄昏至黎明时段，睡觉时要挂蚊帐。

饮用水

在南非，饮用自来水一般是安全的。在丛林营地，你应当首先了解清楚水是否可以饮用。徒步旅行途中，如果需要饮用湖水或河水，那你应当将水烧开或加入净水药剂后再饮用。

如果搞不清水中是否有血吸虫，或者搞不清河马、鳄鱼是否构成危险，那就不要在河流或湖泊中戏水或游泳。

酒店与餐厅

自 20 世纪 90 年代初以来，南非的旅游接待业发展迅猛。如今，所有主要城市和大城镇都有多种住宿餐饮场所供游客选择。即便是在极小的村庄里，也有价格公道的民宿或自炊式客栈，以及吃饭的地方。在行业的整体清洁度和专业性方面，标准因地而异，但通常相当高。按照欧美的标准衡量，价格大体合理，甚至物超所值。

酒店

南非使用的住宿用语与其他英语国家使用的住宿用语大致相同，但有些方面也有不同。旅客可能会发现，所谓的"酒店"（hotel）、"旅馆"（lodge）、"客栈"（guesthouse）或"乡村旅舍"（country house，或这些名称的组合）提供的设施有的相去无几，有的却有天壤之别。2000 年，南非设立了正式的旅游评级委员会，每个类别的住宿都可以申请评级（一星级至五星级）。目前，评级是自愿的，而不是法律规定的。以下是评级委员会对本指南涉及的各种住宿类型的定义（www.tourismgrading.co.za）。

除客房外，酒店应有一个接待区和一个公共用餐区（至少要有一个早餐室）。虽然酒店通常为客人提供食物和饮料，但这项服务也可能外包给第三方。

旅馆（Lodge）：旅馆是在自然环境中提供住宿的场所。一般来说，野营旅馆（game lodge）的收费包含膳食和一些饮料的费用，还可能包含乘车观赏野生动物、野外漫步或参观历史遗迹等活动的费用（评级仅对旅馆的招待服务水平进行评价）。

客栈（Guesthouse）：客栈通常由豪宅或住宅改造而成，但也可能是专门修建的。客栈通常由店主经营管理，店主也住在店内，但应有专供客人使用的公共区域。

乡间别墅（Country House）：乡间别墅是规模较大的客栈，通常位于安静的自然环境中，例如靠近湖泊、自然保护区或森林。乡间别墅通常提供与酒店相同的服务，包括饭菜。

连锁酒店（Hotel Chains）：在下面的一览表中，通常不包括大型国际连锁酒店或当地连锁酒店［如希尔顿（Hilton）、喜来登（Sheraton）、太阳国际（Sun International）、城市旅馆（City Lodge）和帝王花（Protea）］旗下的大型酒店。这些酒店的详细信息很容易在网上找到，网址分别为：

www.hilton.com

www.starwoodhotels.com/sheraton

www.suninternational.com

www.citylodge.co.za

www.proteahotels.com

来到南非的游客想自己找住处的话，可以参考一些优秀的网站。有些网站提供南非地图，还可以按照类别、省份、城市和价格进行筛选，列出符合要求的住宿。不妨试试下列网站：

www.roomsforafrica.com

www.wheretostay.co.za/accommodation

www.sa-venues.com/accommodation

www.south-african-hotels.com

请注意，南非法律规定，所有向公众开放的封闭空间内一律禁止吸烟。由于多数住宿场所禁止吸烟，因此一览表中不再针对各个住宿场所进行特别说明。

但如果某住宿场所允许吸烟，表中将明确说明。

餐厅

20~25年前，南非的餐馆种类有限，烹饪水准欠佳，而今可供游客选择的餐馆种类繁多，令人欣喜。开普敦、酒乡和西开普各省城镇已成为美食目的地。三地各有数家杰出餐厅以及数十家不错乃至优秀的餐厅。每逢假期旅游旺季，特别是12月中旬至1月中旬，尽早提前预订很重要。

许多酒店将之前的餐厅改造成餐馆——通常是很好的餐馆——既面向酒店客人，也对一般公众开放。这些餐馆有时外包给第三方独立运营。

曾几何时，顶级餐厅只供应法国菜，在其他餐馆只能吃到过度烹饪的食品，这样的日子一去不复返了。当前的时尚是融合菜，选用南非食材，但兼具各国风味。受日本、泰国和越南影响，寿司和亚洲融合菜也在城市中占据了一席之地。然而，游客在南非还会发现大多数西欧国家和许多东欧国家的代表性美食。

不过，不知何故，南非的餐后甜点仍然缺乏创意。一次又一次，用餐者只能吃到焦糖布丁、冰淇淋、巧克力酱、乳酪蛋糕、苹果馅饼和蜀葵焦糖布丁（阿非利卡人创制的一种甜布丁）。

可悲的是，与世界其他许多地方一样，南非的鱼类资源也消耗严重，面临枯竭。结果，即便是专门的海鲜餐馆也无法像过去那样保质保量地提供菜单上列出的鱼类菜肴。

大多数餐馆都是照菜单点菜，但也有许多餐馆供应"当日特色菜"。有些只提供固定价格的套餐，或套餐与单点皆可。许多餐馆，特别是城市里的餐馆，有自己的网站，经常将当前的菜单发布在网站上。南非大多数餐馆的饭菜性价比很高。

西开普省酒乡的一些酒庄提供精心准备的野餐篮，春季或夏季天气晴好时，游客可以买上一篮，在庄园内野餐。

如今，在南非很难找到一家无权售酒的餐馆，至少一般都销售葡萄酒和啤酒。用餐者常常自带葡萄酒到餐馆就餐——甚至是昂贵的葡萄酒——但有些餐馆不允许自带酒水。对于预算有限的旅客来说，BYO（自带酒水）也是一个不错的选择，因为餐馆售卖的葡萄酒加价100%或以上并不罕见。即使要你支付2~7美元的开瓶费，你依然能省钱。

南非餐馆对着装规范的要求并不多。用餐的着装规范是穿"时尚休闲装"——长裤和开领衬衫。午餐时间，大多数地方可以接受穿短裤就餐，特别是在户外就餐时。如果在吃饭时听到"waitron"（侍者，服务员）一词，别大惊小怪。许多餐馆用这个性别中立的词来统称男服务员和女服务员。

下面的一览表没有提到餐馆是否禁止吸烟，因为南非法律规定，餐馆、咖啡馆或酒吧内禁止吸烟。吸烟者必须在单独划定的区域内吸烟，吸烟区与餐馆其他地方隔开。

下列两个网站提供了很多餐馆的详细信息。下馆子（Eat Out，www.eatout.co.za）涵盖大多数城市和城镇，并有食客发表的评论（不一定完全可信）。

外出用餐（Dining Out, www.dining-out.co.za）虽然覆盖面不如下馆子广泛，但描述更全面，菜单更详细，图片更丰富。

信用卡

南非绝大多数酒店和餐馆都接受主流信用卡，特别是万事达卡（Mastercard）和维萨卡（Visa）。大来卡（Diners Club）和美国运通卡（American Express）也被广泛接受。

一览表

酒店和餐馆先按章节列出，然后按价格排序，最后按字母顺序排列。

如有残障人士同行，最好提前到相关酒店或餐馆了解它们为残障人士提供哪些设施。

L= 午餐　D= 晚餐

■ 开普敦和开普半岛

开普敦（CAPE TOWN）

🏨 CAPE GRACE

🍴 $$$$$ *****

地址：WEST QUAY RD., VICTORIA & ALFRED WATERFRONT

电话：021/410-7100

网址：www.capegrace.com

这家酒店的吸引力不仅在于豪华的住宿，更在于其地理位置。在这里可以欣赏桌山、港口和滨水区景致。餐厅在开普供应受马来传统影响的时令菜肴。

ⓘ 120 🛏 70 P ⇄ ❄ 🏊 🏊 🏋

特别推荐

🏨 MOUNT NELSON

🍴 $$$$$ *****

地址：76 ORANGE ST., GARDENS

电话：021/483-1000

网址：www.mountnelson.co.za

一个多世纪以来，"Nellie"（当地人对这家酒店的爱称）一直在市中心附近为旅客提供精致住宿。这里有高耸入云的棕榈树和郁郁葱葱的花园。酒店以清爽优雅的色调装饰，既有豪华间，也有奢华套房，还有一套顶层豪华套房。酒店有各式酒吧和餐馆（见第 290 页列出的 Planet 和 Oasis）。

ⓘ 201 P ⇄ ❄ 🏊 🏋

特别推荐

🏨 VINEYARD HOTEL & SPA

🍴 $$$$$ ****

地址：60 COLINTON RD.（紧邻 PROTEA RD.），NEWLANDS

电话：021/657-4500

网址：www.vineyard.co.za

这是一家真正特别的酒店：它坐落在占地 6 英亩（2.4 公顷）的美丽花园中，中央是一栋有百年历史的庄园，坐拥桌山的壮丽景色。客房装饰突出干净朴素的现代风格。酒店拥有自己的健身房和健康水疗中心以及一系列餐饮场所，包括获奖的 Myoga（见第 289 页）。

ⓘ 207 🛏 210 P ❄ 🏊 🏊 🏋

🏨 CAPE HERITAGE HOTEL

$$$$~$$$$$ ****

地址：90 BREE ST.

电话：021/424-4646

网址：www.capeheritage.co.za

这家讨人喜欢的精品酒店坐落在开普敦老城区中心地带的一栋老建筑（建于 1771 年）内。客房装有框格窗，内有用 200 年树龄的非洲罗汉松制成的老式家具，铺着抛光硬木地板。附近有好几家不错的餐馆。

🏨 17 🈺

🏨 THE GRAND DADDY

🍴 $$$~$$$$$*****

地址：38 LONG ST.

电话：021/424-7247

网址：www.granddaddy.co.za

这家时尚而又现代的酒店位于开普敦新潮的长街（Long Street）上，由一座乔治王朝时代建筑翻新而成。酒店最不寻常的特色是酒店屋顶有七辆拖车，客人可以住在里面。酒店有两间餐厅供应餐点。

🏨 30 ➕ 85 ⇄ 🈺

🏨 THE CULLINAN

🍴 $$$~$$$$

地址：1 CULLINAN ST., WATERFRONT

电话：021/415-4000

网址：www.tsogosunhotels.com

酒店隶属于南方太阳（Southern Sun）国际连锁酒店，是一栋引人注目的多层建筑，位于市中心与滨水区相接处。前往开普敦的主要旅游景点非常方便。

🏨 410 ➕ 215 🅿 🈺 🏊 ▽

🏨 17 ON LOADER STREET

$$~$$$***

地址：17 LOADER ST., DE WATERKANT

电话：021/418-3417

网址：www.17loader.za.net

这家民宿距离市中心和滨水区仅 10 分钟路程。它位于时尚的沃特肯特区，这里有鹅卵石铺就的街道，还有许多咖啡馆和小餐馆。登上屋顶平台，可以 360 度欣赏市区和桌山的绝美风景。

🏨 9 🅿

🏨 LEEUWENVOET HOUSE

$$~$$$****

地址：8 KLOOF NEK RD., TAMBOERSKLOOF

电话：021/424-1133

网址：www.leeuwenvoet.co.za

酒店位于一栋修葺一新的维多利亚时代建筑内。客房以清爽的米色和白色装饰。酒店位于城市边缘，位置便利，出门即是时尚的克卢夫街（Kloof Street）餐馆区。

🏨 15 🅿 🈺 🏊

🏨 MORNINGSIDE COTTAGE

$$****

地址：3 THATCH CLOSE, TOKAI

电话：021/712-0441

网址：www.morningside-cottage.co.za

这家豪华民宿坐落在绿树成荫的郊区，靠近山区步道和高尔夫球场，环境宁静祥和。所有客房都配有独立卫生间。客人可以使用阳光露台、花园和游泳池。

🏨 8 🏊

特别推荐

🏨 🍴 THE GREENHOUSE

$$$$$

地址：AT THE CELLARS-HOHENORT,
93 BROMMERSVLEI RD.,
CONSTANTIA

电话：021/794-2137

获奖厨师彼得·滕佩尔霍夫（Peter

🏨 酒店　🍴 餐厅　🏨 客房数量　➕ 座位数量　🅿 停车场　🈺 歇业

Tempelhoff）做出的美食先是令你会心一笑，品尝时又会令你为之惊叹。他擅长制作调味汁、调味乳和富有创意的融合菜，如姜蒜蛋黄酱（ginger aioli）和柚子酢雪泥。

✚45 🅂 🅿 🕒 歇业：午餐及周日晚餐

特别推荐

🍴 MYOGA

$$$$

地址：VINEYARD HOTEL, COLINTON RD.
　　　（紧邻 PROTEA RD.), NEWLANDS

电话：021/657–4545

网址：www.myoga.co.za

　　将获奖厨师迈克·巴西特（Mike Basset）与一个绝妙时尚的地方结合在一起，就变成了一个顶级组合。这里的菜肴融合了当地美食和各国美食之精华。第一道菜先尝尝煎虾配甜辣椒，主菜就点以七种香料调味的跳羚肉，最后吃巧克力甜点。无论你点什么菜，你一定能享受到一次盛宴。

✚100 🅿 🅂

🍴 SAVOY CABBAGE

$$$~$$$$

地址：101 HOUT ST., CITY CENTER

电话：021/424–2626

网址：www.savoycabbage.co.za

价　格	
酒店	
$ 表示旅游旺季双人间的费用。	
$$$$$	$300 以上
$$$$	$200–$300
$$$	$120–$200
$$	$60–$120
$	$60 以下
餐馆	
$ 表示三道菜的套餐的费用（不含饮料）。	
$$$$$	$50 以上
$$$$	$35–$50
$$$	$25–$35
$$	$15–$25
$	$15 以下

　　这家餐馆兼香槟酒吧博采众长，亮点之一是已有百年历史的裸露的砖墙和玻璃楼梯井。特色美食包括小牛胸腺（sweetbreads）、卡兰牛肉、以两种方式做成的卡鲁羊肉，以及浸过杜松子酒的跳羚腰肉。

✚90 🅿 🕒 歇业：周日晚餐；周六至周日午餐

🍴 AUBERGINE

$$$

地址：39 BARNET ST., GARDENS

电话：021/465–4909

网址：www.aubergine.co.za

　　这里装潢时尚，菜肴经典，略带亚洲风味。品尝一下薰衣草调味的羔羊脊肉或鞑靼三文鱼配辣鳄梨酱。这家餐厅及其厨师哈罗德·布雷塞尔施密特曾获得过许多奖项。

✚80 🕒 歇业:周日晚餐,周六至周二午餐;6~7月歇业两周

🛗 电梯　🅂 空调　🏊 室内游泳池　🏊 室外游泳池　💪 健身俱乐部

特别推荐

🍴 PLANET

$$~$$$

地址：MOUNT NELSON HOTEL,
76 ORANGE ST., GARDENS

电话：021/483-1000

网址：www.mountnelson.co.za

　　餐厅位于 Mount Nelson 酒店内，环境雅致时尚，供应当下最别致的美食。厨师只使用最好的时令食材，并供应多种素食和纯素菜肴供客人选择。提供五道菜的试味套餐，还可选择和搭配的葡萄酒。Planet 的专业侍酒师会指导食客从大量葡萄酒中挑选出最佳佐餐美酒。

🪑 55 🅿 🕐 歇业：午餐 ◈

🍴 ANATOLI

$$~$$$

地址：24 NAPIER ST., GREEN POINT

电话：021/419-2501

网址：www.anatoli.co.za

　　这家餐馆由仓库改建而成，天花板很高，中东风格的家具和装饰格外引人注目。供应各式各样的土耳其菜肴，从各种烤肉串到用芫荽和柑橘调味的小羊腿肉，一应俱全。

🪑 120 🕐 歇业：周日午餐和晚餐 🅿

🍴 BUKHARA

$$~$$$

地址：33 CHURCH ST., CITY CENTER

电话：021/424-0000

网址：www.bukhara.com

　　虽然活像个飞机棚，但 Bukhara 供应的印度美食在开普敦绝对是一流水平。菜肴品种齐全——美味的蒜香印度烤饼、香辣的印度泥炉烧烤、咖喱羊肉、咖喱鸡肉、印度酱香鸡和扁豆素食菜肴。

🪑 250 🕐 歇业：周日午餐

🍴 OASIS

$$~$$$

地址：MOUNT NELSON HOTEL, 76
ORANGE ST., GARDENS

电话：021/483-1948

网址：www.mountnelson.co.za

　　坐在游泳池旁的平台上，享受悠闲的早餐或午餐。最近点菜菜单大升级，新增了鞑靼牛排、当地开普马来咖喱和脆皮油封鸭（confit duck）等特色菜。客人可以在游泳池旁点餐——汉堡、卷饼、三明治和沙拉。

🪑 100 🕐 歇业：晚餐 🅿

🍴 WILD FIG

$$

地址：COURTYARD HOTEL COMPLEX,
LIESBEECK AVE., MOWBRAY

电话：021/448-0507

网址：www.thewildfig.co.za

　　别被地址骗到哦——这里绝不是那种常见的酒店餐厅。这家氛围极佳的餐馆坐落在一栋历史悠久的建筑内，掩映在一棵巨大的野生无花果树下，供应油酥糕点裹羊肉和烤鸭配甜露酒汁等菜肴。

🪑 140 🅿 🕐 歇业：周六午餐

🍴 EMPIRE CAFE

$~$$

地址：11 YORK RD., MUIZENBERG

电话：021/788-1250

　　这家餐厅明亮通风，当地很多人喜欢到这里吃早餐和午餐。蛋糕和自制面包美味可口。主菜建议尝尝奶油培根意大利面，或肉片配野生蘑菇和蛋黄酱。沿螺旋形楼梯拾级而上，可以看到梅森堡著名的"冲浪者角"。

🔲 65 🅿 🕐 歇业：晚餐

🍴 OBZ CAFE

$~$$

地址：115 LOWER MAIN RD.,
　　　OBSERVATORY

电话：021/448–5555

网址：www.obzcafe.co.za

这是一间氛围独特的法式小馆，铺有木地板，天花板很高，是享用早餐或便餐的理想场所。特色菜是鸡脯配柠檬、大豆和莴苣。晚上通常有小剧场戏剧或脱口秀。

🔲 120

🍴 PLANET CHAMPAGNE & COCKTAIL BAR

$~$$

地址：MOUNT NELSON HOTEL, 76
　　　ORANGE ST., GARDENS

电话：021/483–1000

网址：www.mountnelson.co.za

顶灯闪闪发亮，犹如满天星斗——来这里放松身心，喝一杯略带黑醋栗风味的啤酒或起泡葡萄酒，很是惬意。酒店还供应便餐和开胃小菜。天气晴朗时，可在露台上俯瞰酒店花园的美丽景色。

🔲 40 🅿 🕐

🍴 ROYALE EATERY

$~$$

地址：273 LONG ST., CITY CENTER

电话：021/422–4536

网址：www.royaleeatery.com

拾级而上，来到这家不同寻常的美味汉堡餐厅。室内装饰古怪有趣，墙上贴着散页乐谱壁纸。供应各种令人垂涎的奶酪、蘑菇和辣椒酱与美味的汉堡搭配。这里还有素食可供选择。

🔲 50 🕐 歇业：周日午餐和晚餐

🍴 TONI'S ON KLOOF

$~$$

地址：88 KLOOF ST., GARDENS

电话：021/423–7617

餐馆供应的饭菜性价比极高，深受开普敦人欢迎。坐在阳台上，一边看人来人往，一边品尝葡萄牙美食和莫桑比克美食，如超棒的炸虾卷或传统的猪肉、鸡肉、西班牙辣香肠和炖豆。

🔲 48

🍴 WASABI

$~$$

地址：CONSTANTIA SHOPPING MALL,
　　　MAIN RD., CONSTANTIA

电话：021/794–6546

餐馆位于开普敦绿树成荫的郊区，是享用寿司和亚洲风味美食的理想场所。餐馆以鱼缸、竹灯等颇具禅意的极简主义风格装饰。建议品尝生鱼片、三文鱼、鲑鱼配山葵泥，或各式面条。

🔲 130 🅿

半岛（THE PENINSULA）

🏨 THE CELLARS–HOHENORT

$$$$$ *****

地址：93 BROMMERSVLEI RD., CONSTANTIA

电话：021/794-2137

网址：www.cellars-hohenort.com

如果你想远离市中心的喧嚣，就到这里来住宿吧。酒店坐落在一栋古老的庄园住宅内，周围环绕着花园和葡萄园，坐拥迷人的山景，尽享旧世界的优雅。酒店附设两间餐厅，你可以在两间餐厅的遮阴阳台或室内找个地方，品尝各国风味菜肴和开普马来菜肴。

[ⓘ] 55 [ⅎ] 45 [P] [Ⓢ] [≋]

🏨 QUAYSIDE HOTEL

$$$~$$$$ ****

地址：JUBILEE SQ., SIMON'S TOWN

电话：021/786-3838

网址：www.quayside.co.za

这家酒店位于历史悠久的西蒙斯敦正中心，正对着水滨和港口。客房朝向大海或山脉，以蓝色和白色的航海主题装饰。

[ⓘ] 26 [P] [Ⓢ]

🏨 ROCKLANDS

$$

地址：25 ROCKLANDS RD., MURDOCH
　　　VALLEY S, SIMON'S TOWN

电话：021/786-3158

网址：www.rocklandsbnb.com

这家民宿高踞在山坡上，毗邻自然保护区，客房价格合理，部分客房有独立卫浴。客人可以在露台上欣赏壮美的海景。

[ⓘ] 5

特别推荐

🍴 HARBOUR HOUSE

$$$~$$$$

地址：KALK BAY HARBOUR, MAIN RD.

电话：021/788-4133

网址：www.harbourhouse.co.za

餐厅坐落在水边，是城里最好的海鲜餐厅之一。坐在餐桌旁，可以看到鲸鱼浮出水面（季节合适的话）和海豹嬉戏。建议品尝美味的对虾，或从邻近的海港直接运来的当地鲜鱼，如南美海鳊（stumpnose）或红裸翼鲷（panga）。

[ⅎ] 80 [P] [Ⓢ]

🍴 TWO OCEANS

$$$·-$$$$

地址：开普角（CAPE POINT）好望角
　　　自然保护区（CAPE OF GOOD
　　　HOPE NATURE RESERVE）

电话：022/780-9200

网址：www.two-oceans.co.za

这家餐厅建在悬崖上，可俯瞰整个福尔斯湾（False Bay）的壮丽景色，为开普角游客供应早餐和午餐。这里的特色是海鲜。其招牌菜两洋拼盘包括贻贝、鱿鱼、当日鲜鱼、老虎虾和龙虾。

[ⅎ] 350 [Ⓢ] [P] [⊕] 歇业：晚餐

🍴 BLACK MARLIN

$$~$$$

地址：MAIN RD., MILLER'S POINT,
　　　SIMON'S TOWN

电话：021/786-1621

网址：www.blackmarlin.co.za

这家海鲜餐厅俯瞰大海，是你自驾游开普半岛时吃午餐的理想场所。建议品尝小龙虾、石鳕鱼（kingklip，又名冈鳗）、虾、当日鲜鱼、龙虾浓汤等。需提前预订。

[ⅎ] 180 [P]

🏨 酒店　🍴 餐厅　[ⓘ] 客房数量　[ⅎ] 座位数量　[P] 停车场　[⊕] 歇业

🍴 BLUES

$$~$$$

地址：THE PROMENADE, VICTORIA
　　　RD., CAMPS BAY

电话：021/438-2040

网址：www.blues.co.za

在这里，可以畅览坎普斯湾沙滩和大海之美景，多年来深受食客喜爱。这里的特色美食包括新鲜海鲜、牛排和意大利菜肴。

🔁 240 🅿

🍴 CHAPMAN'S PEAK HOTEL RESTAURANT

$$~$$$

地址：CHAPMAN'S PEAK DR., HOUT BAY

电话：021/790-1036

网址：www.chapmanspeakhotel.co.za

星期天下午，开普敦人喜欢在这里的露台上品酒，吃海鲜，欣赏大海和山脉的美景，就这样惬意地消磨掉一个下午的时光。

鱼、虾和鱿鱼拼盘很受欢迎。

🔁 90 🅿

🍴 BRASS BELL

$~$$$

地址：KALK BAY STATION, MAIN RD.,
　　　KALK BAY

电话：021/788-5455

网址：www.brassbell.co.za

这家知名餐厅坐落在火车站和大海之间的水滨，由数间酒吧和用餐区组成。Brass Bell 的特色是从附近港口捕捞上来的鲜鱼，或烤，或煎，或做成咖喱鱼。

🔁 200

🍴 SIMON'S AT GROOT ONSTANTIA

$~$$

地址：康斯坦蒂亚（CONSTANTIA）
　　　GROOT CONSTANTIA RD. 康斯坦
　　　蒂亚庄园（GROOT CONSTANTIA
　　　ESTATE）

电话：021/794-1143

网址：www.simons.co.za

置身于南非最古老的葡萄酒庄园，在露台上一边细品当地的年份佳酿，一边品尝法国殖民地风味的美食、海鲜，或三明治和沙拉。

🔁 180 🅿 🕐 歇业：6—8 月周一晚餐

■ 西海岸

锡特勒斯达尔（CITRUSDAL）

🏠 HEBRON HIGHWAY HOSPITALITY

$$

地址：位于 N7 旁，PIEKENIERSKLOOF
　　　PASS 山口顶部下方（锡特勒斯达
　　　尔一侧）

电话：022/921-2595

网址：www.hebron.co.za

客栈古风十足，客房带独立卫浴，装饰风格绚丽多彩，而且各间客房装饰风格迥异。客栈供应早餐，客栈的咖啡店供应便餐。

🛏 6 🅿 ≋

达令（DARLING）

🏠 TRINITY GUEST LODGE

🍴 $$$****

地址：19 LONG ST.

电话：022/492-3430

网址：www.trinitylodge.co.za

　　雅致的维多利亚式屋舍粉刷成奶油色和绿色，周围点缀着淡紫色的灌木丛，卧室带独立卫浴，有鹅绒被和手工绣花亚麻床品。餐厅供应鳟鱼配土豆饼和羊腿，以及达令地区出产的葡萄酒。

ⓘ 8 🛏 30 🅿 🕐 歇业：7月 🏊

🍴 BISTRO SEVEN

　　$~$$

地址：7 MAIN RD.

电话：022/492-3626

　　不妨到这家村舍餐馆的花园里用餐。这里有一间小酒吧，提供餐前或餐后饮品。菜品以牛排等肉类菜肴和营养丰富的砂锅炖菜为主。

🛏 36 🅿 🕐 歇业：周二午餐、周二和周日晚餐

🍴 EVITA SE PERRON

　　$

地址：达令火车站

电话：022/492-2831

网址：www.evita.co.za

　　这家餐馆同时也是表演场地，由南非的偶像级人物彼得—德克·尤伊斯（Pieter-Dirk Uys，以他反串的角色艾薇塔）创建。装饰和烹调风格完全是南非式的。自助餐价格固定，可以畅享烤羔羊肉、沙拉和蔬菜，夏季还有冷盘肉。多数日子都供应午餐，但只在有表演的周末供应晚餐（见第87页）。

🛏 100 🅿 🕐 歇业：周一午餐

朗厄班（LANGEBAAN）

🏨 FARMHOUSE HOTEL & RESTAURANT

🍴 $$~$$$

地址：5 EGRET ST.

电话：022/772-2062

网址：www.thefarmhouselangebaan.co.za

　　这家酒店坐落在山冈上，俯瞰朗厄班潟湖（Langebaan Lagoon），风景优美。客房种类多样，从廉价客房到豪华客房，一应俱全。这里的餐厅广受好评，特色菜包括鳎目鱼、鱿鱼、砂锅牛尾以及丰富的甜品。建议夏季在露台上用餐，冬季在室内火炉旁用餐。

ⓘ 15 🛏 100 🅿 🏊 🍴 📺

🏨 AT THE ROCKS

　　$~$$****

地址：65 TORTILIS CRES.,MYBURGH PARK

电话：022/772-0999

网址：www.therocks.co.za

　　花开季节，这家客栈人满为患。在此可以欣赏到朗厄班潟湖及毗邻的自然保护区的壮丽景色，附近鸟类和龟类丰富。房费含欧陆式早餐。

ⓘ 5 🅿 🏊

🍴 DIE STRANDLOPER

　　$$

地址：在沙滩上，紧邻通往 CLUB MYKONOS 的公路

电话：022/772-2490

网址：www.strandloper.com

　　餐馆深受当地人和游客欢迎，Strandloper 气氛轻松随意，可以在海滩上尽情享用以明火烹制的海鲜。酒足饭

饱后，可以到海滩上漫步。建议提前预订。有固定价格的套餐。不接受信用卡。

🕐 冬季歇业

🍴 BOESMANLAND PLAASKOMBUIS

$

地址：CLUB MYKONOS

电话：022/772-1564

网址：www.boesmanlandfarmkitchen.com

　　名字为南非荷兰语，意为"布须曼人农场厨房"，这里的菜品无愧于这个名字。可以品尝海鲜和当地菜肴，例如在火上现烤的美味面包，以及用洋葱和番茄酱做成的传统非洲粥。有固定价格的自助餐。必须提前预订。

🪑450 🕐 歇业：周二至周日午餐和晚餐 Ｐ

帕特诺斯特（PATERNOSTER）

🏨 AH! GUEST HOUSE

$~$$****

地址：1 MOSSELBANK STREET

电话：082/464-5898

网址：www.ahguesthouse.com

　　这里有五间装饰精美的卧室，带独立卫浴。

　　入住酒店的客人可以在小型瀑布潭中游泳，在公用日光浴台上休憩，并可使用免费的沙滩巾。可提供精致餐饮，但需事先预约。

🛏5 Ｐ 🏊 ⬛

🍴 VOORSTRANDT RESTAURANT

$$

地址：STRANDLOPER ST.，在海滩上

电话：022/752-2038

　　这家小型餐馆坐落在海滩上，有一间酒吧，可欣赏美丽的海景。与该地区的大多数同类餐馆一样，菜品以海鲜为主——特别是当日捕获的鲜鱼。

🕐 150 Ｐ

🍴 NOISY OYSTER

$~$$

地址：62 ST. AUGUSTINE RD.

电话：022/752-2196

　　西海岸的海鲜闻名遐迩，而这里是享用西海岸海鲜的好地方。夏季可在室内用餐，也可到凉爽的花园中用餐。刚刚捕获的鲜鱼辅以番茄、大蒜和洋葱，以希腊菜的做法烹之，极其美味，建议品尝。

🪑60 Ｐ 🕐 歇业：周一至周二午餐、周日至周二晚餐

里比克堡（RIEBEEK-KASTEEL）

🏨 皇家酒店（ROYAL HOTEL）

🍴 $$~$$$

地址：33 MAIN ST.

电话：022/448-1378

网址：www.royalinriebeek.com

　　皇家酒店位于一栋优雅的19世纪建筑内。客房以米色、黑色和白色装饰，带独立卫浴。酒店有一个草木茂盛的花园、一间酒吧和一个全天供应餐点的餐厅。

🛏10 🪑40 ⬛ 🏊

🏨 OLD OAK MANOR GUEST HOUSE

🍴 $$

地址：7 CHURCH ST.

🔼 电梯　❄ 空调　🏊 室内游泳池　🏊 室外游泳池　💪 健身俱乐部

电话：022/448-1170

网址：www.cafefelix.co.za

　　客栈由一座开普荷兰式的庄园改建而成，周围老橡树环绕，采用天然木材和古玩进行装饰。这里的餐厅 Cafe Felix 采用新鲜的时令食材，供应法国—意大利美食。可在室内就餐，也可到阴凉的花园里用餐。

🅸6 🪑60 🅿 🕐 歇业：周一和周四餐厅 🏊

🍴 BAR BAR BLACK SHEEP
$~$$

地址：UNIT 7, SHORT ST.

电话：022/448-1031

网址：www.bbbs.co.za

　　这家餐馆供应乡村"慢餐"，在该地区非常受欢迎。特色菜包括用桑给巴尔香料调味的咖喱鸡、黑胡椒肉卷以及炸鱼饼配红薯。供应当地小酒庄出产的葡萄酒。

🪑55 🅿 🕐 歇业：周一至周二午餐、周日至周二晚餐

▪ 西开普省

卡利茨多普（CALITZDORP）

🏨 CALITZDORP COUNTRY HOUSE
🍴 $$~$$$ *****

地址：沿 CALITZ ST. 朝 GROENFONTEIN 前行 1.25 英里（2 公里）

电话：044/213-3760

网址：www.calitzdorpcountryhouse.co.za

　　这里的客房装饰精美，饰有波斯地毯和油画原作。每间客房都配有超大浴缸，并拥有专属私人露台、花园和喷泉。优雅的餐厅供应四道菜的正餐，但需提前预约。

🅸5 🅿 🛗 🏊

法兰谷（FRANSCHHOEK）

特别推荐

🏨 LE QUARTIER FRANÇAIS
🍴 $$$$$ *****

地址：BERG ST. 和 WILHELMINA ST. 交叉路口

电话：021/876-2151

网址：www.lqf.co.za

　　这家豪华精品酒店位于法兰谷的中心地带。客房和套房装饰精美，中间的庭院花园内种植着遮阳树和紫丁香。酒店设施及服务特别用心，如浴室采用地暖，冬季店家会在你被窝里塞一个热水袋（欲了解相邻的 Tasting Room 餐厅，请参见下页）。

🅸21 🅿 🛗 🏊 🍷

🏨 LE FRANSCHHOEK HOTEL & SPA
🍴 $$$$~$$$$$ *****

地址：16 MINOR RD.

电话：021/876-8900

网址：www.lefranschhoek.co.za

　　这座开普荷兰式茅草建筑，以冷白色和素净的颜色装饰，拥有豪华客房、水疗中心、畅享周围山脉的美妙景色。这里有两家餐馆和一家熟食店，客人用餐时可随意选择。

🅸63 🪑200 🅿 🛗 🏊 🍷

🏨 LAVENDER FARM
$$~$$$ ****

地址：VERDUN RD.

电话：021/876-2671

网址：www.lavenderfarmfranschhoek.co.za

住在豪华的空调房内，周围是大片的薰衣草花田。这家高档民宿的客房装饰色调柔和雅致。客人可以在泳池露台上享用饮品，放松身心。

ℹ️ 10 P 🅿️ 🏊

🏨 SUNNY LANE
$ * * *

地址：30 AKADEMIE ST.

电话：083/581-9686

网址：www.sunnylane.za.net

在法兰谷很难找到廉价住宿，但这里提供配有简单家具的套间，内有亚麻床品、地暖和厨房设施。客人可以骑山地自行车游览周边地区。可用信用卡支付；差额仅收现金。

ℹ️ 2 P 🏊

🍴 TASTING ROOM
$$$$~$$$$$

地址：BERG ST. 和 WILHELMINA ST.
　　　交叉路口

电话：021/876-2151

网址：www.lqf.co.za

多次名列全球50佳餐厅，供应前卫的风味组合，如小卡鲁水羚腰肉配高粱糖浆，或塞满玉米面的香辣蔬菜秆。可选择四道菜、六道菜或八道菜的套餐（八道菜套餐包括精选的配餐葡萄酒）。

🔲 48 P 🅿️

🍴 BREAD & WINE
$$~$$$

地址：MÔRESON WINE FARM, HAPPY
　　　VALLEY RD.

电话：021/876-3692

网址：www.moreson.co.za

这家美妙的餐馆坐落在阴凉的庭院内，庭院四周环绕着柠檬树和葡萄园。午餐时分，可以到这里品尝美味的乡村饮食。建议品尝鹿肉配牛肝菌，或金枪鱼香肠配辣椒酱。你还可以购买这里生产的葡萄酒、奶酪、萨拉米香肠和培根。

🔲 70 P 🕐 歇业：晚餐

价　格

酒店

$ 表示旅游旺季双人间的费用。

$$$$$	$300 以上
$$$$	$200~$300
$$$	$120~$200
$$	$60~$120
$	$60 以下

餐馆

$ 表示三道菜的套餐的费用（不含饮料）。

$$$$$	$50 以上
$$$$	$35~$50
$$$	$25~$35
$$	$15~$25
$	$15 以下

🍴 HAUTE CABRIERE
$$~$$$

地址：CABRIERE ESTATE, PASS RD.

电话：021/876-8500

网址：www.hautecabriere.com

这个洞穴式餐厅建在卡布雷尔酒庄内一座山的山坡上（可以到毗邻的酒窖品尝卡布雷尔酒庄产的葡萄酒）。餐厅夏季凉爽，冬季用加热器供暖。餐厅供应超棒的当代创意菜。

🍴120 🕐歇业：冬季以及周一午餐和晚餐 🅿

🍴 REUBEN'S
$$

地址：OUDE STALLEN CENTER,
　　　19 HUGUENOT ST.

电话：021/876-3772

在这家餐厅兼酒吧，客人可以看到厨房内部和裸露的屋顶梁。午餐和晚餐供应的菜品相同，每天更换。供应的美食从野味（如跳羚或珍珠鸡）到亚洲风味的海鲜和面条，一应俱全。

🍴150 🅿

特别推荐

🍴 BOSCHENDAL WINE ESTATE
$~$$$

地址：PNIEL RD.（R310), GROOT
　　　DRAKENSTEIN

电话：021/870-4272

网址：www.boschendal.com

其魅力在于其绝美的风景。酒庄内有好几处午餐场所：可以在餐厅品尝固定价格的精致午餐；也可以在咖啡吧的露台上享用清淡的午餐；还可以在草坪上享用野餐篮（装有肉糜、冷肉和奶酪）。

🍴120/180 🅿 🕐 6—8月不提供野餐

🍴 CAFÉ DES ARTS
$~$$

地址：7 RESERVOIR ST. W

电话：021/876-2952

网址：www.cafedesarts.co.za

这个美食遍地的小镇上不乏自命不凡的餐厅，这家餐厅却店如其名——这里既没有珍馐佳肴，也没有精致餐饮，只有精心烹制的美食，菜品经常变化，价格合理。

🍴50 🕐歇业：周日

乔治（GEORGE）

🏨 THE MANOR HOUSE AT
🍴 FANCOURT
$$$$$ *****

地址：乔治以西不远处，紧邻 R404

电话：044/804 0000

网址：www.fancourt.co.za

酒店位于郁郁葱葱的凡考特（Fancourt）高尔夫庄园内，无论你是否打高尔夫，都可以入住这家豪华酒店。酒店坐落在一栋 19 世纪的国家保护建筑内，设有 6 间餐厅以及一个带桑拿浴室、蒸汽浴室和健身房的健康水疗中心。

🛏34 🍴210 🅿 🅂 ♨ ⇄

🏨 OAKHURST MANOR HOUSE
🍴 HOTEL
$$~$$$ ***

地址：MEADE ST. 和 CATHEDRAL ST.

电话：044/874-7130

网址：www.oakhursthotel.co.za

这家乡村风格的茅顶酒店位于乔治市中心，拥有装饰亮丽的舒适客房，所有客房均有独立卫浴。餐厅供应早餐和晚餐。

🛏25 🍴50 🅿 ♨

🍴 OLD TOWNHOUSE ESTAURANT
$$

地址：MARKET ST. 和 YORK ST. 交叉路口

电话：044/874-3663

餐厅坐落在一栋 1848 年的会议大楼内。餐厅专注于健康美食和新鲜食材。颇受欢迎的一道菜是香辣摩洛哥风味猪排配蓝纹奶酪。甜品包括美味的自制冰淇淋。

🚪 60 🅿 🕐 歇业：周六至周日午餐、周日晚餐

🍴 THE ROSE ON YORK
$$

地址：127 YORK ST.

电话：044/874-6519

餐厅坐落在一栋优雅的旧开普式建筑内，供应优质健康美食，包括牛排、沙拉、海鲜以及各式鸡肉和意面。也提供较为清淡的餐点，如各种汉堡和面包糠炸猪排。餐厅获准经营酒类，拥有自己的酒吧区。

🚪 70 🕐 歇业：周日（12 月至次年 1 月午餐除外）

格雷顿（GREYTON）

🏨 GREYTON LODGE
🍴 $$~$$$

地址：52 MAIN ST.

电话：028/254-9800

网址：www.greytonlodge.com

旅舍地处宁静的乡村，客房装饰高雅、色彩艳丽，带独立卫浴。花园内绿树成荫，置身其间可以欣赏到附近的山间美景。餐厅供应用当地新鲜食材烹制的餐点。

ℹ 15 🚪 80 🅿 📶

🍴 GABRIELSKLOOF
$$~$$$

地址：GABRIELSKLOOF WINE ESTATE，在 N2 旁，距 R406 通往格雷顿的岔路口 10 英里（16 公里）处

电话：028/284-9865

餐厅位于山顶，可以全景式欣赏葡萄园和绵延起伏的乡村。供应本地出产的健康时令美食。菜品定期更换，但可能会有花椰菜、碎豌豆汤、鱿鱼沙拉、炖大捻角羚胫肉等特色菜，以及牛轧糖、蜂蜜和草莓冰淇淋蛋糕等甜品。

🚪 100 🕐 歇业：周二及晚餐 🅿

🍴 OAK & VIGNE
$~$$

地址：DS. BOTHA ST.

电话：028/254-9037

这里人气旺盛，夏季客人可以在庭院里乘凉，冬季可以在火炉边取暖，实在是吃早餐、早午餐或午餐的理想去处。供应欧陆式早餐或全英式早餐，午餐时供应各种汤、清淡的乳蛋饼、沙拉和意式烤面包。

🚪 140 🕐 歇业：晚餐

赫曼努斯（HERMANUS）

🏨 THE MARINE HERMANUS HOTEL
🍴 $$$~$$$$$ *****

地址：MARINE DR.

电话：028/313-1000

网址：www.marine-hermanus.co.za

这家豪华酒店位于悬崖顶部，堪称赫曼努斯的最佳位置。透过休息室和用餐区的窗户，或在花园里可以看到在海中嬉戏的鲸鱼。住宿从标准双人间到豪华套房，一应俱全。这里有三间餐厅，供应海鲜或现代南非菜肴，如火烧跳羚

肉片。

🛏 42 ⊞ 100 🅿 ⬛ ⬛ ⬛

🏨 AUBERGE BURGUNDY

$$~$$$ ****

地址：16 HARBOUR RD.

电话：028/313-1201

网址：www.auberge.co.za

　　这家普罗旺斯风格的客栈靠近镇中心、悬崖步道和旧港口，你可以在卧室阳台上欣赏美景。客房布置精美，色调朴素。喜欢晒太阳的人一定会喜欢客栈庭院里的游泳池。

🛏 18 🅿 ⬛

🏨 MISTY WAVES

🍴 $$~$$$ ****

地址：21 MARINE DR.

电话：028/313-8460

网址：www.hermanusmistybeach.co.za

　　酒店靠近村中心的市场和商店，可以看到壮观的大海，有的季节还能看到海中嬉戏的鲸鱼。所有客房均有阳台，部分客房有四柱大床。店内供应早餐，晚餐可按菜单单点。

🛏 24 🅿 ⬛

🏨 BROWN JUG

$~$$ ***

地址：18 MUSSON ST.

电话：028/312-2220

网址：www.brownjug.co.za

　　比这家民宿更加物超所值的酒店十分难找——这里有花园和游泳池，距离镇中心和观鲸点只有三个街区。所有套间均有独立卫浴，另有两间自炊式客房。

🛏 3 🅿 ⬛

特别推荐

🍴 BIENTANG'S CAVE

$$~$$$

地址：BELOW MARINE DR., 在 OLD
　　　 HARBOR 和 MARINE HOTEL 之间

电话：028/312-3454

网址：www.bientangscave.com

　　餐厅供应的海鲜质优味美，包括各种鱼类和贝类。但这家餐厅真正特别之处在于其特殊的位置，餐厅一半在海边岩石上的洞穴内，风景壮美。旅游旺季建议预订。

⊞ 200 🅿 🎵 歇业：晚餐

🍴 HARBOUR ROCK

$$~$$$

地址：沿 WESTCLIFF RD. 至新港口
　　　（NEW HARBOR）

电话：028/312-2920

网址：www.harbourrock.co.za

　　这家酒吧兼餐厅俯瞰新港口，季节合适的话，食客从这里可以看到鲸鱼喷水或从海中跃出。菜品涵盖各式海鲜（贝类、烘鱼或烤鱼、寿司）和肉菜。

⊞ 130 🅿

特别推荐

🍴 HEAVEN

$$

地址：HEMEL-EN-AARDE VALLEY,
　　　 R360 旁，牛顿约翰逊酒庄
　　　（NEWTON JOHNSON WINERY）

电话：072/905-3947

网址：www.newtonjohnson.com

　　这家餐厅位于赫曼努斯内陆，可谓

名副其实的"天堂"（Heaven）。餐厅高踞在小山顶上，周围是葡萄园，可欣赏农田、山脉和大海的壮丽景色。菜品不断变化，只采用上好的时令食材。

　　建议尝尝美味的鸭肉或猪胸肉，搭配牛顿约翰逊酒庄的葡萄酒。需要提前预约。

🍴50 P 🅂 ⊕ 歇业：周一午餐和晚餐

🍴 FUSION CAFÉ

$~$$

地址：5 VILLAGE SQ.

电话：028/312–4277

　　在露台上可欣赏到海湾的壮丽景色。这里的美食对得起餐厅的名字（餐厅名意为"创意菜小馆"），包括比萨配布里乳酪、莫萨里拉奶酪、蓝纹奶酪和无花果、卡真（Cajun）汉堡、牛里脊配野生蘑菇意式调味饭、鸡肉意面等。

🍴160 P

克尼斯纳（KNYSNA）

特别推荐

🏨 CONRAD PEZULA HOTEL

🍴 $$$~$$$$

地址：LAGOONVIEW DR., EASTERN
　　　　HEAD

电话：044/302–3333

网址：www.pezularesorthotel.com

　　餐厅位于两个克尼斯纳角中靠东的一个上，坐享印度洋和克尼斯纳潟湖的壮丽景色。宽敞的豪华套房装饰成现代非洲风格，色调朴实温暖。酒店提供体育及休闲活动，还有好几家餐厅，包括

Zachary's（见下页）。

🛏 78 P 🅂 🌊 🏊 🏋

🏨 THE RUSSEL HOTEL

$$~$$$ ***

地址：UNITY ST., GRAHAM ST.
　　　　和 LONG ST.

电话：044/382–1052

网址：www.russelhotel.co.za

　　这家酒店位于市中心，步行即可抵达主要景点。客房以白色和褐色色调装饰，浴室以大理石装饰。如有需要，可供应早餐。

🛏 18 P 🅂 🅂

🏨 SLEEPERWOOD LODGE

$~$$

地址：15 HILL ST.

电话：082/422–7742

　　这家乡野旅舍坐落在小山顶上，可欣赏克尼斯纳及克尼斯纳潟湖的美景，有民宿客房和两个自炊式套间。可用信用卡支付；差额仅收现金。办理入住手续时，旅馆要求交纳小额押金，以防顾客丢失钥匙或损毁物品。

🛏 8（2 套公寓、4 间客房）P 🏊

🍴 ZACHARY'S

$$$~$$$$

地址：PEZULA RESORT HOTEL,
　　　　LAGOONVIEW DR., EASTERN HEAD

电话：044/302–3333

　　这家山顶餐厅俯瞰克尼斯纳潟湖，景色美不胜收。餐厅供应当代菜肴，如以辣椒、茴芹和番茄调味的虾，扁豆猪腩或香菇鸭胸。

🏢80 🅿 🕒 歇业：冬季午餐和晚餐、周日
至周二 🚭

🍴 DANIELA'S

$$

地址：LEISURE ISLE LODGE,

　　　87 BAYSWATER DR.

电话：044/384–0462

网址：www.leisureislelodge.co.za

　　这家水边餐厅的特色是风景优美，
可以欣赏到克尼斯纳潟湖对面环绕的山
丘。装饰清爽而优雅，每日菜品简单却
味美，供应精美的鱼类、肉类和素食。

🏢30 🅿 🕒 歇业：周日

🍴 ILE DE PAIN

$~$$

地址：10 THE BOATSHED, THESEN

　　　HARBOR TOWN

电话：044/302–5707

　　在这家温暖舒适的面包房兼咖啡馆
用餐，犹如置身于各式面包的世界。这
里是吃早餐、早午餐或午餐的理想场所。

🏢85 🅿 🕒 歇业：周一和 8 月

🍴 OYSTERCATCHER

$~$$

地址：SMALL CRAFT HARBOR,

　　　KNYSNA QUAYS

电话：044/382–9995

　　它建在潟湖浅水区的木桩上。要品
尝克尼斯纳著名的人工养殖牡蛎，这里
是个好去处。除了贝类，这里还供应沙拉、
海鲜和鸡肉。

🏢64 🅿 🕒 歇业：冬季天气恶劣时

蒙塔古（MONTAGU）

🏢 MIMOSA LODGE

🍴 $$~$$$ ★★★★

地址：CHURCH ST.

电话：023/614–2351

网址：www.mimosa.co.za

　　这家迷人的爱德华时代客栈有双人
间或套房，通向美丽的花园。餐厅的卡
鲁羔羊肉牛肉拼盘、鸭清汤、牛肝菌意
式水饺等菜肴很是出名。

ℹ23 🏢36 🅿 🚭

🍴 ROUTE 62 KLOOF FARMSTALL &
RESTAURANT

$

地址：1 LONG ST.

电话：023/614–2209

　　这家村舍餐厅，出门即是花园，是
吃便餐的好去处。不妨尝尝荷兰三明治
（uitsmijter，将火腿和煎鸡蛋夹在吐司
面包里做成）、带馅煎饼或新鲜蛋糕。

🏢110 🅿

莫塞尔湾（MOSSEL BAY）

🏢 POINT HOTEL

🍴 $$~$$$ ★★★★

地址：POINT RD.

电话：044/691–3512

网址：www.pointhotel.co.za

　　酒店位于突入大海的一块岩石海角
上。客房带独立卫浴，并有私人海景阳台。
住宿凸显色彩鲜艳的现代风格。

ℹ52 🏢90 🅿 🔄 🚭

🍴 CAFÉ GANNET

$$~$$$

地址：BARTHOLOMEW DIAZ MUSEUM
COMPLEX, MARKET ST.

电话：044/691-1885

网址：www.oldposttree.co.za

　　餐厅位于迪亚斯博物馆（Diaz Museum）大楼内。该楼是镇上最古老的建筑之一。菜品以海鲜（牡蛎、鲜鱼、鱿鱼）和美味珍馐（如鲨鱼排）为主。

🔲 150 🅿

🍴 PONTO GRILLE & CARVERY

$~$$

地址：POINT RD.

电话：044/690-5574

网址：www.ponto.co.za

　　餐厅坐拥大海和潮水潭美景，供应价格合理的葡萄牙式美食。建议尝一尝frutos de mar trio（鳕鱼、鱿鱼和三只大虾），或选择一种特色汉堡。

　　这里还有一个"任你吃"的自助饮食处。

🔲 110 🅿

奥茨胡恩（OUDTSHOORN）

🏨 MOOIPLAAS GUEST HOUSE

$$~$$$

地址：奥茨胡恩以南6英里（10公里）处，紧邻R328，穆伊普拉斯农场（MOOIPLAAS FARM）

电话：044/279-4019

网址：www.mooiplaasguesthouse.co.za

　　这家客栈位于鸵鸟之乡的中心地带，客房干净整洁，陈设雅致，所有客房均带独立卫浴，部分客房配有空调。

　　农场还组织游客参观自家的鸵鸟养殖场。

🚪 8 🅿 🅖 🏊

🏨 QUEEN'S HOTEL

$$~$$$ ＊＊＊＊

地址：5 BARON VAN RHEEDE ST.

电话：044/272-2101

网址：www.queenshotel.co.za

　　这家舒适的老式酒店位于一栋可爱的维多利亚式建筑内，饰有东方地毯和仿古家具。冷白色的客房都装有空调（欲了解酒店旗下的 The Colony 餐厅，请参见下页）。

🚪 40 🅿 🅖

🍴 THE CELTIC BUSHMAN

$

地址：29 VAN DER RIET ST.

电话：044/272-7937

网址：www.celticbushman.com

　　这家民宿位置居中，价格合理，服务热情友好。客房以布须曼族风格装修。有一个幽静的花园和游泳池供客人使用。可用信用卡支付；差额仅收现金。

🚪 5 🅿 🏊

🍴 KALINKA

$$~$$$

地址：93 BARON VAN REEDE ST.

电话：044/279-2596

网址：www.kalinka.co.za

　　餐馆供应具有南非风味的各式当代菜肴。建议品尝鳄鱼跳羚拼盘，或以蜂蜜酱油烹制的鹌鹑肉。与许多南非餐馆不同，这里的甜品味美且富于想象力。

🔲 80 🕐 歇业：周一晚餐；午餐 🅿

🍴 THE COLONY

$$

🔁 电梯　🅖 空调　🏊 室内游泳池　🏊 室外游泳池　💪 健身俱乐部

地址：QUEEN'S HOTEL, 5 BARON VAN
RHEEDE ST.

电话：044/272-2101

网址：www.queenshotel.co.za

　　餐厅采用仿古家具和洁白餐巾，颇具旧世界优雅之气。餐厅供应的美食货真价实，如作为开胃菜的虾和作为主菜的羔羊肉，都色香味俱全。

🏨64 🕐歇业：午餐 🅿🔆

🍴 CANGO CAVES RESTAURANT
　　$~$$

地址：CANGO CAVES CENTER,
SCHOEMANS HOEK

电话：044/272-7313

　　餐厅俯瞰甘果大峡谷，景色壮美，供应早餐和午餐。餐厅地处鸵鸟之乡，菜品以各式鸵鸟肉为主——鸵鸟肉排、鸵鸟汉堡和炖鸵鸟肉。也供应羔羊肉等其他肉类。

🏨150 🅿

帕尔（PAARL）

🏨 GRANDE ROCHE
　　🍴$$$$$ *****

地址：PLANTASIE ST.

电话：021/863-5100

网址：www.granderoche.co.za

　　Grande Roche 中央是一座经过精心修复的18世纪开普荷兰式庄园。豪华的客房和套房分布在庄园各处，有的带有私人露台。餐厅供应以当地鸵鸟、卡鲁羔羊和跳羚为食材做成的美食。

🛏34 🏨80 🅿🔆♨

🏨 PONTAC MANOR
　　🍴$$~$$$****

地址：16 ZION ST.

电话：021/872-0445

网址：www.pontac.com

　　这家豪华酒店坐落在一栋历史悠久的建筑内，四周环绕着高大的橡树和美丽的花园。客人可以选择较为传统的客房，也可以选择装饰得五颜六色的非洲主题客房。餐厅供应南非风味的经典菜肴。客人既可以在室内就餐，也可以到外面的白色露台上用餐，同时还可以欣赏帕尔岩的美景。

🛏22 🏨45 🅿🕐歇业：周日晚餐 🔆♨

🍴 LABORIE
　　$$

地址：LABORIE WINE ESTATE,
TAILLEFERT ST.

电话：021/807-3095

网址：www.laborie.co.za

　　夏季来这里吃午饭，就到有橡树遮阴的露台上，一边欣赏葡萄园美景，一边用餐。点菜菜单包括鱼肉、鸡肉、意大利面和南非的传统美食，还有每日特色菜。

🏨120 🅿🕐歇业：周日至周二晚餐

🍴 MARC'S MEDITERRANEAN
　　CUISINE & GARDEN
　　$~$$

地址：129 MAIN RD.

电话：021/863-3980

　　餐厅的特色在于供应超棒的各种葡萄酒，而且只使用最新鲜的当地食材。菜品不断变化，但有些菜品相对稳定，基本不变，如美味的牛排、西班牙什锦

炒饭和梅泽开胃冷盘。

⊞60 **P** **⊕** 歇业：周日晚餐；7月中的三周

普利登堡湾（PLETTENBERG BAY）

特别推荐

⌂ KURLAND HOTEL

¶| $$$$$ *****

地址：普利登堡湾以东 12 英里（19 公里）
　　　处，在 N2 旁，THE CRAGS

电话：044/534–8082

网址：www.kurland.co.za

　　这家小型豪华酒店位于一栋始建于
1885 年的农庄住宅中，周围环绕着绿油
油的草地和高大的橡树，房间内有古玩
和奢华的进口床品。酒店周围的庄园有
马球场和设施齐全的水疗中心。酒店餐
厅供应美味佳肴。

⋒12 **⊞**30 **P** **⊕** 🏊 🏋

⌂ PLETTENBERG HOTEL

¶| $$$$~$$$$$ *****

地　址：40 CHURCH ST., LOOK OUT
ROCKS

电话：044/533–2030

网址：www.plettenberg.com

　　这家酒店坐落在一片陆岬上，纵享
大海、山脉和海滩的旖旎风光，提供豪
华的住宿。客房和套房装有空调，以白
色和素净柔和的色调装饰。内设海鲜餐
厅（见下页）。

⋒37 **⊞**80 **P** **⊕** 🏊 🏋

价　格	
酒店	
\$ 表示旅游旺季双人间的费用。	
$$$$$	$300 以上
$$$$	$200~$300
$$$	$120~$200
$$	$60~$120
$	$60 以下
餐馆	
\$ 表示三道菜的套餐的费用（不含饮料）。	
$$$$$	$50 以上
$$$$	$35~$50
$$$	$25~$35
$$	$15~$25
$	$15 以下

⌂ HALCYON HOUSE

$$~$$$****

地址：30 RATTRAY HEAD AVE.

电话：044/533–2986

网址：www.halcyonhouse.co.za

　　客栈拥有舒适典雅的客房，并提供
欧陆式早餐。客房带独立卫浴，有的可
以欣赏到美丽的海景，有的则通向一个
漂亮的庭院。

⋒4 **P** 🏊

⌂ THANDA VISTA

$~$$****

地址：8 SUSAN ST.

电话：044/533–1796

网址：www.thandavista.co.za

　　这家民宿靠近库布姆潟湖，拥有五
间带独立卫浴的豪华卧房，以暖色调装
饰。这里为客人提供休息室、图书馆、

⊕ 电梯　**⊕** 空调　🏊 室内游泳池　🏊 室外游泳池　🏋 健身俱乐部

无线网（Wi-Fi）。客人还可以到屋顶露台上观鲸。

ⓘ5 🅿 🕒

🍴 SEAFOOD AT THE PLETTENBERG
$$$

地址：PLETTENBERG HOTEL, 40 CHURCH ST., LOOK OUT ROCKS

电话：044/533-2030

网址：www.plettenberg.com

这家海洋主题酒店餐厅坐拥海湾的壮丽景色。菜品有热月龙虾（又名酿龙虾）、开普马来鱼咖喱肉末、印度五香线钓鱼和奥特尼夸跳羚腰肉。

🪑80 🅿

🍴 EMILY'S
$$~$$$

地址：普利登堡湾以北4.4英里（7公里）处，紧邻N2, EMILY MOON RIVER LODGE

电话：044/533-2982

网址：www.emilymoon.co.za

在这家餐厅的露台上，可以欣赏到鼻头河的壮丽景色。菜品不多，供应意式生牛肉片、蛋黄酱肉片、烤腌制鱼等常规菜，但也供应一些亚洲菜——金枪鱼芝麻春卷、咖喱牛肉、香炸时蔬、寿司和泰式绿咖喱。

🪑130 🕒歇业：周一午餐 🅿 🕒

🍴 KITCHEN CAFÉ
$$

地址：NOEL CENTER, MAIN ST.

电话：044/533-3693

这家餐厅选用当地时令食材，专注于制作简单的地中海菜和创意菜。建议

品尝鱿鱼配脆菠菜加烤番茄、微烤鱼、美味比萨或红烧羊肉。

🪑80 🅿

🍴 RISTORANTE ENRICO
$~$$

地址：MAIN BEACH, KEURBOOMSTRAND

电话：044/535-9818

网址：www.enricorestaurant.co.za

这家令人愉快的大型意式海鲜餐厅坐落在海滩上，再难找到比它更靠近大海的餐厅了。非同寻常的意式餐前开胃小吃包括大捻角羚肉配鳄梨；主菜有传统比萨、小牛肉配马沙拉白葡萄酒，以及意式红烩牛膝。

🪑400 🅿

艾伯特亲王镇（PRINCE ALBERT）

🏨 SAXE-COBURG LODGE
$~$$

地址：60 CHURCH ST.

电话：023/541-1267

网址：www.saxecoburg.co.za

这家旅舍位于一栋建于1865年的维多利亚式住宅内。你可以在游泳池放松身心，也可以在花园中欣赏山间美景。两间客房内有四柱大床，所有客房均有独立卫浴。客人可以使用休息室和图书馆。

ⓘ7 🅿 🕒 🈺

🍴 CAFÉ PHOTO ALBERT
$$~$$$

地址：44 CHURCH ST.

电话：023/541-1030

网址：www.cafephotoalbert.co.za

这家餐厅兼摄影画廊由一对瑞士夫

妇经营，令人可以在小卡鲁一窥欧洲风光。不妨到阴凉而又讨人喜欢的蓝白色阳台上，享用瑞士煎土豆饼（rosti）、火锅涮菜、当地美食，抑或只是喝杯咖啡，吃点华夫饼干。

🛏60 P🍴🕐歇业：周一至周三午餐

🍴 KAROO KOMBUIS
$~$$

地址：18 DEURDRIFT ST.

电话：023/541-1110

　　店名的意思是"卡鲁厨房"。这家餐厅做的传统开普美食声名远播。菜品以常规菜为主：鸡肉馅饼、菜豆（bredies）和咖喱肉末（bobotie）。特色菜是色香味俱全的羊腿肉。餐厅未取得售酒执照，所以请自带酒水。不接受信用卡。

🕐歇业：午餐及周日晚餐 🛏18 P

罗伯特森山谷（ROBERTSON VALLEY）

🏨 FRAAI UITZICHT 1798
$$~$$$

地址：在罗伯特森（ROBERTSON）和蒙塔古（MONTAGU）之间，紧邻R62，KLAAS VOOGDS以东

电话：023/626-6156

网址：www.fraaiuitzicht.com

　　老橡树掩映的村舍别墅和套房装饰精美，散落在这座庄园的葡萄园内。餐厅供应精致餐饮，包括摩洛哥塔吉锅炖鸡肉、红葡萄酒腌制的卡鲁羔羊肉，以及含蜂蜜、姜和大豆的烧烤三文鱼。

ℹ8 🛏35 P🍴🏊

🍴 CAFÉ MAUDE
$~$$

地址：罗伯特森东邻，R317，BON COURAGE WINE ESTATE

电话：023/626-6806

网址：www.boncourage.co.za

　　这家室内及花园餐厅的一个显著特征是遮蔽露台的一棵高大的常青胡椒树。熟食店式午餐包括沙拉和中间夹上培根、葵花籽、鳄梨等食材的美味三明治。

🛏160 P🕐歇业：晚餐及周日午餐

塞奇菲尔德（SEDGEFIELD）

特别推荐

🏨 TENIQUA TREETOPS
$$~$$$***

地址：在塞奇菲尔德和克尼斯纳之间沿N2行驶，走KARATARA/RUIGETVLEI岔路口，继续行驶9英里（15公里）

电话：044/356-2868

网址：www.teniquatreetops.co.za

　　天然林中的树顶帐篷式自炊套间为顾客提供独特的生态体验。每个套间都有烹饪设施和浴室，在露台上可以欣赏到壮美的风景（Teniqua的网站做得很不错，上面详细说明了前往路线，并提供了关于度假村的大量信息）。

ℹ8 P🏊

🍴 TRATTORIA DA VINCI
$$

地址：WOODPECKER MALL, MAIN RD.

电话：074/103-8322

　　这家餐厅深受当地人喜爱，烹饪工作全部由家庭成员完成。人气美食包括比萨、羊腿、炸猪排配马沙拉白葡萄酒和蘑菇酱、西班牙什锦炒饭，以及超棒

的甜品。

🔝65 🅿️ 🕐 歇业：午餐及周日晚餐

西萨默塞特（SOMERSET WEST）

🏨 SOMERTON MANOR GUEST HOUSE

$$~$$$****

地址：13 SOMERSET ST., BRIDGEWATER

电话：021/851-4682

网址：www.somerton.co.za

　　这家客栈位于一栋有山墙的茅草建筑中，里面摆放着旧式家具和原创艺术品。你可以在设有酒窖的lapa（开放式用餐区）或在花园里放松身心。客栈还有按摩浴缸、桑拿浴室和台球室。

🛏️12 🅿️ 🔆 ♨️ ♟️

🍴 96 WINERY ROAD

$$~$$$

地址：ZANDBERG FARM, WINERY RD.

　　　（紧邻 R44）

电话：021/842-2020

网址：www.zandberg.co.za

　　这家餐厅只使用新鲜食材，并尽可能使用当地有机食材，供应意式干面配蘑菇、冬南瓜、山羊奶酪和烤坚果，或鸭肉和樱桃馅饼。

🔝100 🅿️ 🕐 歇业：周日晚餐

🍴 STABLES

$$~$$$

地址：VERGELEGEN WINE ESTATE,

　　　LOURENSFORD RD.

电话：021/847-1346

网址：www.vergelegen.co.za

　　既可以在露台上一边吃午餐，一边

俯瞰这个历史悠久的酒庄的花园，也可以坐在室内的火炉旁吃午餐。菜品有鱼类菜肴、牛排、精致汉堡、美味三明治和各种素食。

🔝100 🅿️ 🕐 歇业：晚餐

斯泰伦博斯（STELLENBOSCH）

🏨 LANZERAC HOTEL & SPA

🍴 $$$$~$$$$$ *****

地址：1 LANZERAC RD.

电话：021/887-1132

网址：www.lanzerac.co.za

　　这家豪华酒店兼健康水疗中心位于斯泰伦博斯近郊，坐落在一个拥有300年历史的酒庄内。客房装饰优雅，风格独特。这里有好几处室内和室外就餐场所，旅客和客人吃午餐和晚餐时可以随意选择。

🛏️48 🔝200 🅿️ 🔆 ♨️ 🍷

🏨 D'OUDE WERF

🍴 $$$~$$$$ ****

地址：30 CHURCH ST.

电话：021/887-4608

网址：www.ouwewerfhotel.co.za

　　镇中心这家历史悠久的酒店建于1802年，提供带浴室的豪华套房，房间内还摆放着古董。1802餐厅供应传统的南非美食，如牛尾和咖喱肉末。

🛏️50 🔝130 🅿️ 🔆 ♨️

🏨 DE OUDE MEUL

$$ ***

地址：10A MILL ST.

电话：021/887-7085

网址：www.deoudemeul.com

　　这家客栈位于斯泰伦博斯中心，商店、餐馆、博物馆和国家保护区近在咫尺，步行即到。客栈并不豪华，但保证让你住得舒适，而且价格合理。提供早餐和免费无线网（Wi-Fi）。

🛗 5 🅿

🍴 RUST EN VREDE

$$$$$

地址：RUST EN VREDE WINE ESTATE,
　　　ANNANDALE RD.

电话：021/881–3757

网址：www.lepommier.co.za

　　这家餐厅位于一个历史悠久的酒窖内，用餐环境一流。四道菜和六道菜的套餐包括芦笋慕斯、烤鹌鹑、核桃羊肉等特色佳肴。可以让知识渊博的侍酒师为你推荐配餐葡萄酒。

✥ 75 🅿 ❄ ⊕ 歇业：周日至周一；午餐

特别推荐

🍴 TERROIR

$$$$~$$$$$

地址：从 TECHNOPARK 出口下 R44,
　　　KLEINE ZALZE WINE ESTATE

电话：021/880–8167

网址：www.kleinezalze.co.za/terroir

　　主厨迈克尔·布劳顿（Michael Broughton）擅长增味，能用调味汁和简单的当地食材烹出最美味的食品。特色菜包括脆皮油封鸭、安格斯牛肉、跳羚腰肉和反转苹果挞。夏季，橡树遮阴的露台是个好去处。

✥ 85 🅿 ⊕ 歇业：周日晚餐

特别推荐

🏨 🍴 JORDAN

$$$~$$$$

地址：JORDAN WINE ESTATE,
　　　STELLENBOSCH KLOOF RD.

电话：021/881–3612

　　著名厨师乔治·贾丁（George Jardine）采用当地农场生产的食材烹制美食。建议尝尝牛肉配羊肚菌、纸包贻贝或餐厅自制的各式奶酪。可以在室内就餐，也可到露台上一边用餐一边全景式欣赏壮丽的风景。

✥ 100 🅿 ⊕ 歇业：周日至周三晚餐

🍴 DELHEIM GARDEN RESTAURANT

$~$$

地址：DELHEIM WINE FARM,
　　　KNORHOEK RD.（紧邻 R44）

电话：021/888–4607

网址：www.delheim.com

　　置身于酒庄的花园中，品尝早餐、午餐或茶点。菜单上的便餐有意式烤面包配火腿，或三文鱼沙拉，或德式小香肠配自制芥末、开普马来鸡肉咖喱，或羊腿配葡萄酒和迷迭香汁。

✥ 100 🅿 ⊕ 歇业：晚餐

斯韦伦丹（SWELLENDAM）

🏨 HERBERG ROOSJE

🍴 VAN DE KAAP

🍴 $$~$$$ ***

地址：5 DROSTDY ST.

电话：028/514–3001

网址：www.roosjevandekaap.com

　　这座乔治王朝时代的住宅内有一个

花园，提供典雅的客房和精致的餐饮。菜肴包括开普马来美食、比萨、牛肉和鸡肉配法式收汁酱。

🔢9 ➕46 🅿 🔗 🈺 歇业：午餐及周一晚餐

图尔巴（TULBAGH）

🏨 TULBAGH HOTEL

🍴 $$~$$$$****

地址：22 VAN DER STEL ST.

电话：023/230-0071

网址：www.tulbaghhotel.co.za

这个家族经营的传统酒店坐落在一栋历史建筑内。客房舒适宜人，客人可以在橄榄园小馆和带开放式壁炉的饭厅享用晚餐。

🔢9 ➕25 🅿 🔗 🈺

🍴 READERS RESTAURANT

$$

地址：12 CHURCH ST.

电话：023/230-0087

餐厅位于一座开普荷兰式茅草房内。它是图尔巴最古老的房屋（1754年）。时令菜品包括葡萄猪排、姜丝羊肉等菜肴。

➕60 🅿 🈺 歇业：周二午餐和晚餐；7月下旬歇业三周

惠灵顿（WELLINGTON）

🏨 DIEMERSFONTEIN

🍴 $$~$$$

地址：DIEMERSFONTEIN WINE ESTATE, JAN VAN RIEBEECK DR., R301 在帕尔（PAARL）和惠灵顿之间

电话：021/864-5060

网址：www.diemersfontein.co.za

这家酒庄拥有美丽的老树和花园，提供精致的住宿和餐饮。在季节餐厅，建议品尝当日意面或羊肘，可以选择庄园著名的品乐塔吉葡萄酒佐餐。

🔢25 ➕105 🅿 🔗 🈺

荒原（WILDERNESS）

🏨 PALMS WILDERNESS GUEST HOUSE

$$$****

地址：1 OWEN GRAND ST.

电话：044/877-1420

网址：www.palms-wilderness.com

酒店紧邻荒原最美之处。所有客房均有专用入口，通向草木葱茏的热带花园和游泳池。

🔢11 🅿 🔗 🈺

🏨 SERENDIPITY

🍴 $$~$$$*****

地址：FREESIA AVE.

电话：044/877-0433

网址：www.serendipitywilderness.com

这家客栈位于荒野国家公园（Wilderness National Park）内，坐落在托尔河畔，俯瞰潟湖。这里还有一家评级很高的餐厅，供应五道菜的套餐，套餐内容经常变化。常规美食包括杖鱼、鸵鸟肉、大捻角羚肉、跳羚肉和美味的甜品。

🔢4 ➕30 🈺 歇业：周日晚餐；7月歇业两周 🅿 🔗

🏨 酒店　🍴 餐厅　🔢 客房数量　➕ 座位数量　🅿 停车场　🈺 歇业

■ 东开普省

阿多大象国家公园
（ ADDO ELEPHANT NP ）

更多选择，见第 125 页。

🏨 MATYHOLWENI REST CAMP
$$

地址：从科尔切斯特（COLCHESTER）
　　　沿 N2 行进 1.8 英里（3 公里）即到

电话：042/468-0916

网址：www.sanparks.org/parks/addo/
　　　camps/matyholweni

营地提供自炊式度假屋，带淋浴和卫生间，还有设施齐全的厨房和烧烤设施。

🛏 12 🅿

🏨 阿多休养营地（ADDO REST CAMP ）
🍴 $~$$

地址：阿多正门附近

电话：042/233-8600

网址：www.sanparks.org/parks/addo/
　　　camps/addo

营地住宿设施多样：自炊式度假屋、客栈、别墅和森林小屋，均配备设施齐全的厨房。更便宜的选择是圆形茅屋，提供公用炊具和厨具。营地有一家点菜餐厅。

🛏 46 🍴 80 🅿 🅢 部分套间 🏊

东伦敦（ EAST LONDON ）

🏨 QUARRY LAKE INN
$$****

地址：QUARTZITE DR., 紧邻 PEARCE ST.,
　　　THE QUARRY

电话．043/707 6400

网址：www.quarrylakeinn.co.za

这家明亮的现代化客栈位于郊区，俯瞰着一个不大的湖。所有客房均通向阳台或花园，客房以宁静的米色、白色和绿色当代风格装饰。早餐在餐室或木质露台上供应。

🛏 16 🅿 🅢 🏊

🍴 GRAZIA FINE FOOD & WINE
$$~$$$

地址：KINGS ENTERTAINMENT CENTRE,
UPPER ESPLANADE, AQUARIUM RD.

电话：043/722-2009

网址：www.graziafinefood.co.za

这家现代餐厅坐落在高处，俯瞰大海，供应精致的各国风味美食，尤其是地中海菜。菜品包括鸭肉春卷、里脊配卡门贝干酪、各式海鲜、蜀葵焦糖布丁和黑森林蛋糕。

🍴 200 🅿

🍴 AL MARE
$$

地址：AQUARIUM COMPLEX,
　　　ESPLANADE RD.

电话：043/722-0287

餐馆坐落在海边，坐享美丽海景，供应各种美食，从沙拉、意面、比萨、牛排、海鲜贝类组合，到土耳其软糖冰淇淋或柑橘芝士蛋糕，一应俱全。

🍴 80 🅿 🅢 歇业：周六至周日午餐、周日晚餐

格拉夫—里内特（ GRAAFF-REINET ）

🏨 CAMDEBOO MANOR
🍴 $$$$$****

地址：沿 R63/R75 由格拉夫—里内特向南行
进 1.2 英里（2 公里），走 WOLWAS
出口

电话：049/893-0960

网址：www.camdeboomanor.co.za

这座优雅的卡鲁农舍待客热情，客人可以在四柱大床上睡觉，在高背深水浴缸内洗澡，尽情享受旧时的奢华。房价含早餐，并可按要求提供晚餐。

🏨 3 🛏 15 🅿 🕑 ♒

🏨 ANDRIES STOCKEN
🍴 STRÖM GUEST HOUSE
$$$****

地址：100 CRADOCK ST.

电话：049/892-4575

网址：www.asghouse.co.za

客栈位于一座漂亮的维多利亚式住宅内，客房和套房以明亮的色彩装饰。客栈餐厅的菜品强调新鲜的地区性美食，包括鸵鸟肝酱、熏大捻角羚沙拉配芝麻饼干、卡鲁羔羊腰肉配瑞士煎土豆饼等菜肴。

🏨 7 🛏 12 🅿 🕑 ♒ 歇业：周日晚餐餐厅

格雷厄姆斯敦（GRAHAMSTOWN）

🏨 THE COCK HOUSE
🍴 $$****

地址：10 MARKET ST.

电话：046/636-1287

网址：www.cockhouse.co.za

客栈位于一栋 19 世纪建筑（国家级古迹）内，在主楼和改造过的马厩中提供装饰简单的双人间。内部餐厅诺顿私厨供应优质的南非菜肴和各国风味美食，

如生鸵鸟肉片和炭烤菠菜牛里脊。

🏨 9 🛏 60 🕑 歇业：周一午餐餐厅 🅿

🍴 HARICOT'S DELI & BISTRO
$~$$

地址：32 NEW ST.

电话：046/622-2150

网址：www.haricots.co.za

这家餐厅坐落在一座老房子内，在这里你既可以点一份三明治填饱肚子，也可以坐下来慢慢品尝三道菜的套餐。你可以在熟食店、小馆或户外庭院里用餐。

🛏 80 🅿 🕑 🕒 歇业：周日

杰弗里湾（JEFFREY'S BAY）

🏨 SEA WHISPER
$$

地址：62 PETUNIA ST.

电话：082/489-9114

网址：www.seawhisper.co.za

这家民宿坐落在山顶，面朝广阔的大海，客房内以白色为主，并大胆搭配褐色和红色。这里为希望自己做饭的客人提供设施齐全的厨房。

🏨 7 🅿 🕑 ♒

🍴 DEVISWIJF
$$~$$$

地址：55 DIAZ RD.

电话：042/293-3921

餐厅所在的建筑俯瞰大海，过去曾是一家水产加工厂。菜单上有鸡肉和德式熏猪肉（kassler），但最主要的还是各种贝类和海鲜菜肴。

🛏 120 🅿 🕒 歇业：周日晚餐

🏨 酒店　🍴 餐厅　🏨 客房数量　🛏 座位数量　🅿 停车场　🕒 歇业

海上的肯顿（KENTON–ON–SEA）

🍴 HOMEWOODS

$$

地址：1 EASTBOURNE RD.

电话：046/648–2700

　　餐厅环境优美，其露台俯瞰海滩和河口。供应优质的快餐：汉堡、牛排、排骨、炸鱿鱼配可口的米饭或炸薯条。还供应咖喱肉末和微辣的羊肉咖喱。

🍴120 🅿 🕐 歇业：周日晚餐

拉利贝拉（LALIBELA）

🏨 拉利贝拉禁猎区
（LALIBELA GAME RESERVE）

$$$$$

地址：在伊丽莎白港和格雷厄姆斯敦之间的 N2 旁

电话：041/581–8170

网址：www.lalibela.net

　　这个禁猎区有 3 家豪华旅舍——马克营地、兰塔巴和树屋。客人住在僻静的茅草或帐篷度假屋（带独立卫浴）内，朝向花园，花园与丛林融为一体。每个度假屋都自带露台，在上面可以观赏野生动物。含餐点。

ℹ21 🅿 🕐 ⚘

山斑马国家公园

🏨 山斑马国家公园（MOUNTAIN
🍴 ZEBRA NATIONAL PARK）

$$

地址：距克拉多克（CRADOCK）7.5 英里（12 公里），紧邻 R61

电话：048/881–2427

网址：www.sanparks.org/parks/mountain_zebra

　　住宿在公园中间，包括别墅（4 个床位，带浴室，厨房带部分厨具）和一个客栈（有 3 个卧室，6 个床位，带独立卫浴，厨房设备齐全）。公园有一家点菜餐厅和一家销售基本生活用品的商店。

ℹ20 🛏46 🅿 ⚘

价　格

酒店

　　$ 表示旅游旺季双人间的费用。

$$$$$	$300 以上
$$$$	$200~$300
$$$	$120~$200
$$	$60~$120
$	$60 以下

餐馆

　　$ 表示三道菜的套餐的费用（不含饮料）。

$$$$$	$50 以上
$$$$	$35~$50
$$$	$25~$35
$$	$15~$25
$	$15 以下

新贝塞斯达（NIEU–BETHESDA）

🏨 MURRAYFIELD GUEST HOUSE

$

地址：GRAVE ST. 和 CHURCH ST.

电话：049/841–1642

　　你可以从店主安妮（Anne）那里了解镇上著名的猫头鹰屋（Owl House），她还写过一本关于猫头鹰屋的书呢。客房提供茶和咖啡；可按要求供应早餐和晚餐。可用信用卡支付；差额仅收现金。

🛏3 🅿

🍴 VILLAGE INN

$

地址：毗邻猫头鹰屋（OWL HOUSE）

电话：049/841-1635

　　这家餐厅位于一栋老建筑内，靠近镇上的主要景点——猫头鹰屋。餐厅从早晨一直营业到晚上。晚餐可以吃到丰盛的菜看，如烤羊肉、咖喱米饭和羊排。也提供素菜。

🪑30 🅿

艾尔弗雷德港（PORT ALFRED）

🏨 PORTOFINO GUEST HOUSE

$$$***

地址：PARK RD.

电话：046/624-2223

网址：www.portofinoguesthouse.co.za

　　这家客栈的露台俯瞰小镇船坞和小船港，在露台上可以欣赏到迷人的海景。客房配备独立卫浴，以素净的淡色装饰。早餐可按要求供应。

🛏11 🅿🔁🛜

🍴 GUIDO'S

$~$$

地址：WEST BEACH DR.

电话：046/624-5264

　　餐厅就坐落在科维河河口的沙滩上，环境优美。正因如此，尽管它规模很大，一到夏季这里仍然人满为患。菜品以木柴烤比萨、海鲜、多汁的肋排和牛排为主。

🪑450 🅿

伊丽莎白港（PORT ELIZABETH）

🏨 THE KELWAY HOTEL

🍴 $$~$$$ ****

地址：BROOKES HILL DR., HUMEWOOD

电话：041/584-0638

网址：www.thekelway.co.za

　　这家新开张的酒店提供以冷色调装饰的客房。酒店坐落在山顶，因此从许多房间里都能欣赏到优美的海景，在酒店餐厅（Farriagers）的露台上更是如此。

🛏60 🛏120 🅿🔁🛜 部分客房 🛜

🏨 MILLBROOK HOUSE

$$***

地址：2 HAVELOCKS, CENTRAL HILL

电话：041/582-3774

网址：www.millbrookhouse.co.za

　　这家历史悠久的民宿位于伊丽莎白港（Port Elizabeth）历史区中央一个安静的广场上，提供装饰典雅的客房，大部分带独立卫浴，可以24小时上网。

🛏4 🅿🛜

🍴 DE KELDER

$$~$$$$

地址：SUMMERSTRAND, 6TH AVE. 和
　　　 MARINE DR. 交叉路口

电话：041/583-2750

　　这是该市最好的餐厅之一，提供地窖式的用餐环境。菜品很多，从生鳄鱼肉片到鲜橙煎饼（crêpe Suzette），一应俱全，还有种类齐全的海鲜、肉类和意面。

🪑120 🅿🕐 歇业：周六至周日午餐及周日晚餐

¶ MANGIAMO@WICKER WOODS

$$

地址：50 6TH AVE., WALMER

电话：041/581-1107

餐厅坐落在一栋古雅的老房子里。房子仍然保留着漂亮的花旗松木地板和原来的陈设。菜品是当代融合菜和意大利菜，特色菜是美味的薄壳比萨配无花果脯、意式生牛肉片等精美食材。

50 歇业：午餐及周日至周一晚餐

SIBUYA 禁猎区

SIBUYA 禁猎区

$$$$

地址：从海边的肯顿逆卡里埃加河而上

电话：046/648-1040

网址：www.sibuya.co.za

前往西布亚方式极其独特——从海边的肯顿（Kenton-On-Sea）乘船逆卡里埃加河（Kariega River）而上。客人住在河畔营地或树林营地的豪华帐篷内。所有帐篷均搭在加高的木质平台上，帐篷内有蚊帐，带独立卫浴。正式晚餐以明火烹制。

9

■ 德班和夸祖鲁—纳塔尔省

BALLITTO

HOTEL IZULU

$$$~$$$$

地址：REY'S PL.

电话：032/946-3444

网址：www.hotelizulu.com

这家酒店的住宿安排在豪华套房内。

客人可以在棕榈树遮蔽的草坪上散步，也可以在水疗中心享受水疗。酒店有好几个用餐场所。

18 84 P S

¶ MOZAMBIK

$$

地址：BOULEVARD CENTER,
COMPENSATION RD.

电话：032/946-0979

这家海滩小屋风格的餐馆有黄褐色墙壁和芦苇帘，气氛轻松随意。供应葡萄牙—莫桑比克美食，包括霹雳椒鸡肝、鹰嘴豆沙拉、烤蔬菜、以大蒜或霹雳椒调味的鸡肉或烤虾。

105 P

布隆方丹（BLOEMFONTEIN）

HALEVY HERITAGE HOTEL

¶ $$$~$$$$****

地址：MARKGRAAFF ST. 和 CHARLES ST.

电话：051/403-0600

网址：www.halevyheritage.com

这家酒店位于该市中心地带，1893年开始营业，当时是一家简陋的宿舍。现在酒店提供一系列豪华住宿。酒店有两间餐厅，供应早餐、午餐和晚餐。

21 62 P S

DE OUDE KRAAL

¶ COUNTRY HOUSE

$$~$$$****

地址：布隆方丹以南21英里（35公里）处，在 N1 旁

电话：051/564-0733

网址：www.oudekraal.co.za

酒店位于一个经营性牧羊场内。每间客房都有开放式壁炉、独立卫浴和私人露台，部分客房有地暖。餐厅供应固定价格的六道菜套餐，以南非特色菜为主。

🏨 11 🪑 30 🅿 🅰 ♒

🏨 PROTEA HOTEL

🍴 $$~$$$****

地址：202 NELSON MANDELA DR.,
　　　BRANDWAG

电话：051/444-4321

网址：www.proteahotels.com

酒店隶属于一家全国性酒店集团，位于商业区中心。现代化客房采光良好，所有客房均有独立卫浴和空调。酒店下设一间餐厅（Amoretta）。

🏨 94 🪑 65 🅿 🅰 ♒

🍴 OOLONG LOUNGE

$$

地址：16A SECOND AVE., WESTDENE

电话：051/448-7244

冷色的玻璃和黑白内饰为这家餐厅营造出一种大都市氛围。这里供应午餐、晚餐，深夜供应鸡尾酒。菜品是东方融合菜，供应加了少量咖喱的泰式烤肉串、中式炒菜、印度咖喱和日本寿司。

🪑 60 🅿

克拉伦斯（CLARENS）

特别推荐

🏨 SEDIBA LODGES

$$~$$$

地址：在通往富里斯堡的 R711 旁，距克拉伦斯 6 英里（10 公里）

电话：058/256-1028

网址：www.sedibalodge.co.za

酒店有三座豪华自炊式度假屋，可供 4~6 人入住。两座度假屋在鳟鱼大坝上，第三座度假屋在山上——都可以欣赏到壮美风景。每座度假屋都带家具，都有餐室和休息室。

🏨 7 🅿

🍴 CLEMENTINES

$$~$$$

地址：315 CHURCH ST.

电话：058/256-1616

亮丽的红绿色外观搭配多彩的内部装饰。在露台可以欣赏周围群山的美丽景色。建议品尝用芫荽和珀诺酒（Pernod）做的虾，或鸭羹。

🪑 50 🕐 歇业：周一午餐和晚餐

🍴 CAFÉ MOULIN

$~$$

地址：距克拉伦斯 7.5 英里（12 公里），
　　　紧邻 GOLDEN GATE RD.

电话：073/804-3051

这家餐厅坐拥美丽的山景，供应意式、法式和南非美食。建议品尝一些有趣的组合菜，如红甜菜配梨、海鲜意面和烤冬南瓜配晒干的番茄。

🪑 80 🕐 歇业：晚餐及周二至周三午餐

德班（DURBAN）

特别推荐

🏨 THE OYSTER BOX

🍴 $$$$~$$$$$*****

地址：UMHLANGA ROCKS.,
　　　LIGHTHOUSE RD. 2 号

🏨 酒店　🍴 餐厅　🏨 客房数量　🪑 座位数量　🅿 停车场　🕐 歇业

电话：031/514-5000

网址：www.oysterboxhotel.com

　　酒店几乎就在海滩上，尽享印度洋的美景。想住在海边的话，这里是个理想去处。虽然装潢华丽，但这家豪华酒店给人一种轻松友好的感觉。吊扇和葱绿的棕榈树营造出一种热带氛围。（Grill Room 餐厅见下页）

ⓘ 86 套房 🅿️🔄🅂🏊🛗

🏨 SOUTHERN SUN
🍴 ELANGENI
$$$~$$$$****

地址：63 SNELL PARADE

电话：031/362-1300

网址：www.tsogosunhotels.com

　　这家大型海滨酒店有多间客房可供选择，在高层海景房内可以欣赏到壮丽的海景。酒店的餐厅名为达摩大师（Daruma），以干净的禅宗风格装饰，供应正宗日本料理，包括各种天妇罗和寿司。酒店还有一间印度餐厅，以及一间供应自助早餐和自助晚餐的餐厅。

ⓘ 449 🛏️ 380 🅿️🔄🅂🏊🛗

🏨 THE BENJAMIN HOTEL
$$~$$$

地址：141 FLORIDA RD., MORNINGSIDE

电话：031/303-4233

网址：www.benjamin.co.za

　　这家住宿加早餐酒店提供价格合理的舒适住宿，步行不远就有几家不错的餐馆。由于酒店的核心是一栋旧式豪宅，因此有一个优雅的休息区，而且许多房间十分宽敞，天花板很高。所有客房均有免费无线网（Wi-Fi）和卫星电视。

ⓘ 43 🅿️🅂🏊

🏨 BLUE WATERS HOTEL
$$~$$$ ***

地址：175 SNELL PARADE

电话：031/327-7000

网址：www.bluewatershotel.co.za

　　这家酒店地处海滨，提供价格合理的优良住宿。每间卧房都自带阳台，可欣赏到美丽的海景。酒店餐厅既可点菜，也有自助餐。

ⓘ 278 🛏️ 250 🅿️🔄🅂🏊

🏨 JOAN'S BED & BREAKFAST
$$****

地址：3 MATHIAS PL., DURBAN NORTH

电话：031/563-3220

网址：www.joansbxb.co.za

　　这家高档民宿毗邻旅游景点，位于市中心和乌姆兰加（Umhlanga）海滩度假村之间。所有布置典雅的客房都装有空调，并有专属出入口。

ⓘ 7 🅿️🅂🏊

🏨 RIDGEVIEW LODGE
$$ * * * *

地址：17 LOUDOUN ST., BEREA

电话：031/202-9777

网址：www.ridgeview.co.za

　　这家旅馆采用暖色调，以传统风格装饰，靠近市中心，提供超值而又安静的豪华住宿。可在热带花园中乘凉，并可欣赏城市美景。供应早餐。

ⓘ 7 🅿️🅂🏊

🍴 GRILL ROOM
$$$$~$$$$$

地址：乌兰加岩（UMHLANGA ROCKS）

灯塔路（LIGHTHOUSE RD.）2 号，OYSTER BOX

电话：031/514-5000

　　白色皮革座椅和品蓝色墙壁为这家餐厅创造出豪华的氛围。这里供应德班最好的海鲜和经典美食。可以与店主亨利讨论一下你选择的菜品，他已经在这里工作了 50 年。

🪑90 🅿🕙 歇业：午餐

特别推荐

🍽 9TH AVENUE BISTRO
$$~$$$

地址：SHOP 2, AVONMORE CENTER,
　　　9TH AVE., MORNINGSIDE

电话：031/312-9134

　　这家装饰典雅的获奖餐厅供应的菜品不多，但经常变化，主要供应欧陆式融合菜。建议品尝法式浓汤（bisque）或油煎鹌鹑胸。至于甜点，建议品尝著名的加了梨和苹果的面包黄油布丁。

🪑65 🅿🕙 歇业：周六至周一午餐、周日晚餐

🍽 CAFÉ 1999
$$~$$$

地址：SILVERVAUSE CENTER, VAUSE
　　　RD. 和 SILVERTON RD. 交叉路口，
　　　BEREA

电话：031/202-3406

　　在这家热门时尚餐厅，客人既可以在拼接镜子装饰的室内就餐，也可以在户外一边用餐，一边欣赏街景。至于开胃菜，可以尝尝酿馅贻贝与香草黄油和意式猪胸肉（pancetta）或辣里脊肉串；至于主菜，建议品尝蜂蜜羊肉片或粗麦卤汁宽面条（couscous lasagna）。

🪑80 🅿🕙 歇业：周六至周日午餐及周日晚餐

🍽 ILE MAURICE
$$~$$$

地址：9 MCCAUSLAND CRES.,
　　　UMHLANGA ROCKS

电话：031/561-7609

　　客人既可以坐在优雅的餐室内用餐，天气温暖的话，也可以到户外海景阳台上就餐。餐厅供应法国—毛里求斯美食，包括椰奶鲜鱼片、香草兔肉配红葡萄酒，或牛柳配迷迭香和蘑菇（面上浇白兰地点燃后端出）。

🪑120 🅿🕙 歇业：周一

🍽 JOOP'S PLACE
$$~$$$

地址：AVONMORE CENTRE, 9TH AVE.,
　　　MORNINGSIDE

电话：031/312-9135

　　如果你喜欢吃肉，那这家悠闲随意的餐厅是个理想去处。菜单上有许多种牛排，还有烤什锦、炸肉排和烧排骨。厨师乔普·摩尔的厨艺备受赞誉。

🪑100 🅿🕙 歇业：周六至周四午餐及周日晚餐

🍽 HEMINGWAY'S
$$

地址：131 HELEN JOSEPH
　　　（DAVENPORT）RD., GLENWOOD

电话：031 /202-4906

　　餐厅由一座房子改造而成，以非洲—拉丁美洲风格装饰，显得与众不同，既可在室内用餐，也可在阳台就餐。菜肴兼具各国风味，从食用蜗牛、茄子配帕

尔马干酪、烤辣味干酪玉米片，到葡萄牙和意大利肉菜和海鲜菜肴，一应俱全。

🔀 75 🅿

🍴 SPIGA D'ORO
$$

地址：200 FLORIDA RD., MORNINGSIDE

电话：031/303-9511

　　这家意大利餐厅供应早餐、午餐和晚餐，客人既可以在热闹的人行道旁用餐，也可以在黑白色调装饰、凉爽通风的室内就餐。菜单涵盖融合了各国风味的意式美食，包括各种比萨、意面、鸡肉、牛肉等。

🔀 120 🅿

🍴 ZACK'S
$$

地址：WILSON'S WHARF, VICTORIA
　　　EMBANKMENT

电话：031 /305-1677

　　这家餐厅就在德班的小船港口水面之上，在露台上可以欣赏到壮丽的风景。菜品极为丰富，包括汉堡、卷饼和各种肉类、鱼类及意面。还有现场音乐表演。

🔀 80 🅿

🍴 INDIAN CONNECTION
$~$$

地址：485 LILIAN NGOYI（WINDERMERE)
　　　RD., MORNINGSIDE

电话：031/312-1440

网址：www.indian-connection.co.za

　　在这个不乏印度餐馆的城市里，这是其中比较优秀的一家。餐馆坐落在一座老房子内，主要供应印度北方菜，包括几种印度香饭、羊肉咖喱、鸡肉咖喱

和海鲜咖喱，全部采用传统配料制作。

🔀 80 🅿

🍴 LITTLE INDIA
$~$$

地址：155 MUSGRAVE RD., MUSGRAVE

电话：031/201-1121

　　这家餐厅有志于包揽印度南北美食。印度北方菜包括印度香饭、印度烧鸡块和印度泥炉烧烤；南方菜包括各种素食和香辣鱼肉咖喱。

🔀 175 🅿

豪伊克（HOWICK）

🏨 FERN HILL HOTEL
$$~$$$***

地址：在 R103 旁，MIDMAR/TWEEDIE/
　　　HOWICK

电话：033/330-5071

网址：www.fernhillhotel.co.za

　　这家酒店坐落在生长着高大树蕨的花园中，花园中还有池塘，在此可以享受到乡村般的宁静。历史悠久的主楼起初是个贸易站。客房以深色暖色调装饰。酒店供应早餐、午餐和晚餐。

🅸 35 🔀 65 🅿 🔲 🔳

🍴 YELLOWWOOD CAFÉ
$~$$

地址：1 SHAFTON RD.

电话：033/330-2461

　　餐厅坐落在花园中一座历史悠久、讨人喜欢的农舍内，供应一日三餐。菜品不多，而且只供应时令菜，如卡门贝干酪包、牛尾和德式熏猪肉片。

🔀 120 🅿 🕓 歇业：周一

彼得马里茨堡（PIETERMARITZBURG）

🏨 PROTEA HOTEL IMPERIAL

$$~$$$***

地址：224 JABU NDLOVU ST.

电话：033/342-6551

网址：www.proteahotels.com

这家酒店坐落在一座迷人的百年老建筑内，其宽敞与坚固一如过去。而客房的装饰风格是现代的。酒店下设餐厅。

🛈 70 🛏 120 🅿 ⬇ Ⓢ

🍴 ESSENCE

$~$$

地址：120 VICTORIA RD.

电话：033/342-9215

你可以在这家咖啡馆兼熟食店放松身心，或者利用Wi-Fi上网。客人既可以从点餐表上选择餐点，也可以品尝各式卷饼、沙拉、咖啡和蛋糕。这里供应早餐和午餐，每天推出特色菜品。

🛏 60 🕐 歇业：晚餐

🍴 SAKI PACIFIC GRILL

$~$$

地址：137 VICTORIA RD.

电话：033/342-6999

这间日式餐厅博采众长，供应各种寿司，但也供应其他亚洲风味美食。建议品尝泰式灰胡桃汤、香辣鸡翅、孟买羊肉咖喱、糖醋鸡或米酒焗烧排骨。

🛏 75 🅿

圣卢西亚（ST. LUCIA）

🏨 MAKAKATANA BAY LODGE

$$$$$****

地址：LOT 1 MAKAKATANA, WESTERN SHORES, GREATER ST. LUCIA WETLANDS PARK

电话：035/550-4198

网址：www.makakatana.co.za

这是圣卢西亚公园内唯一的私人乡野旅舍，提供带独立卫浴的豪华住宿。在客房内可以欣赏到湖泊、森林或湿地美景。旅馆设有观景台、中央休息室、酒吧、餐厅和boma（露天烹饪及用餐区）。

🛈 6 🅿 Ⓢ ⬇

🏨 UMLILO LODGE

$$****

地址：9 DOLPHIN AVE.

电话：035/590-1717

网址：www.umlilolodge.co.za

这家旅舍服务热情友好，提供游猎风格住宿，步行即可到达圣卢西亚公园。客人既可以在游泳池旁的木制露台上消磨时光，也可以要求在boma（露天烹饪及用餐区）内享用晚餐。

南布鲁姆（SOUTHBROOM）

🏨 FIGTREE LODGE

$$~$$$***

地址：30 NORTH RIDGE RD.

电话：039/316-6547

网址：www.figtreelodge.co.za

旅舍周围是郁郁葱葱的亚热带植被。这里有3个带独立卫浴的套间。旅舍有带顶平台和露天平台，可以在上面欣赏美景。供应早餐。可用信用卡支付；差额仅收现金。

🛈 3 🅿 ⬇

🏨 酒店　🍴 餐厅　🛈 客房数量　🛏 座位数量　🅿 停车场　🕐 歇业

⊓ TRATTORIA LA TERRAZZA

$$

地址：UMKOBI LAGOON,
　　　17 OUTLOOK RD.

电话：039/316-6162

网址：www.trattoria.co.za

　　餐厅地理位置优越，可俯瞰乌姆科比潟湖，还提供室内用餐处。餐厅供应标准意大利美食，如比萨和意面，但也供应 T 骨牛排、海鲜和鸡肉等。

⊞ 120 P 🕒 歇业：周一至周四午餐、周日至周一晚餐；旺季一周七天营业

乌卡兰巴—德拉肯斯堡山脉国家公园
（UKHAHLAMBA–DRAKENSBERG NP）

　　厄则姆维罗·夸祖鲁—纳塔尔野生动物组织经营的度假村和营地提供各种住宿。在此仅列出可供选择的营地。大多数营地为客人提供自炊式度假屋，以及带厨房和烧烤设施的质朴木屋。详细列表见网站（www.kznwildlife.com）。请注意，所有预订必须提前支付。

价 格	
酒店	
$ 表示旅游旺季双人间的费用。	
$$$$$	$300 以上
$$$$	$200~$300
$$$	$120~$200
$$	$60~$120
$	$60 以下
餐馆	
$ 表示三道菜的套餐的费用（不含饮料）。	
$$$$$	$50 以上
$$$$	$35~$50
$$$	$25~$35
$$	$15~$25
$	$15 以下

🏨 THENDELE CAMP

$$~$$$$$

地址：皇家纳塔尔国家公园（ROYAL
　　　NATAL NATIONAL PARK），距大
　　　门 4 英里（6 公里）处

电话：036/438-6411

　　来此的游客可以选择度假屋（可住2~4 人）或有 6 个床位的别墅。所有住宿都有独立卫浴。度假屋为自炊式，而入住别墅的客人可以将自带的食材交由厨师制作。营地还有一家商店。

🛏 29 P

🏨 巨人城堡营地（GIANT'S CASTLE ⊓ CAMP）

$$~$$$

地址：紧邻 N3，距埃斯特科特（ESTCOURT）
　　　40 英里（65 公里），距 MOOI 河
　　　40 英里（64 公里）

电话：036/353-3718

　　营地以度假屋为主，每间有两个床位，带独立卫浴，有设施齐全的厨房和休闲 / 用餐区。营地还有一些 4 个床位和6 个床位的度假屋，提供的设施相同。营地有一家商店，还有一间餐厅兼酒吧。

🛏 43 ⊞ 56 P

🏨 LOTHENI

$$~$$$

地址：距安德伯格（UNDERBERG）31
　　　英里（50 公里），距诺丁汉路

（NOTTINGHAM RD.）38.5 英里
（62 公里）

电话：033/702-0540

　　这里的住宿全部是自炊式的，全部带浴室和设施齐全的厨房。游客可以选择可住 2 人、3 人或 6 人的度假屋。有一家出售基本生活用品的商店。

🏨 14 🅿

🏨 INJISUTHI

　$~$$

地址：巨人城堡北部，距 INJISUTHI 门 3
　　　英里（5 公里）

电话：033/845-1000

网址：Injisuthi

　　有 15 间自炊式度假屋，每间可容纳 4 人。每间度假屋有一间浴室、一个设施齐全的厨房和一个带壁炉的共用休息室。这里有一家出售基本生活用品的商店。

🏨 15 🅿

■ 克鲁格和普马兰加省

巴伯顿（BARBERTON）

🏨 BARBERTON MANOR GUEST HOUSE

　$$

地址：81 SHEBA RD.

电话：013/712-4826

网址：www.barbertonmanor.com

　　这座豪宅建于 1927 年，由建筑师赫伯特·贝克（Herbert Baker）爵士设计，现在依然保留着旧时的神韵，顶棚为冲压钢板，建有大壁炉。客栈提供现代化住宿，客房内均有独立卫浴。

🏨 3 🅿 ≋

🍴 BYE APART ATE

　$~$$

地址：27 DE VILLIERS ST.

电话：013/790-3871

　　这家餐厅位于巴伯顿的一栋老房子内，供应葡萄牙风味的旧式乡村美食。建议品尝风干牛肉条，或特色菜——鲜鱼贝类海鲜拼盘。

🪑 100 🅿 🕐 歇业：周二晚餐

杜尔史顿（DULLSTROOM）

🏨 PEEBLES COUNTRY RETREAT

　$$$$~$$$$$*****

地址：LYON CACHET ST. 和 BOSMAN ST.

电话：013/254-8000

网址：www.peebles.co.za

　　这个家庭开办的酒店拥有豪华套房，每套套房都有开放式壁炉、带超大浴缸的浴室、私人用餐区和露台。酒店下设酒吧和餐厅。杜尔史顿有一套大型飞蝇钓设施仅供本店客人使用。

🏨 10 🪑 35 🅿 ≋

🍴 MRS. SIMPSON'S RESTAURANT

　$~$$

地址：197 TEDING VAN BERKHOULD ST.

电话：013/254-0088

网址：www.mrssimpsons.co.za

　　餐厅的装饰略显庸俗，全是赞美温莎公爵伉俪的内容。但这里供应的菜肴很棒。建议品尝生跳羚肉片、摩洛哥风味的虾和贻贝，或脆皮油封鸭配蓝莓酱。

🪑 60 🅿 🕐 歇业：周二至周三及周日晚餐

🏨 酒店　🍴 餐厅　🏨 客房数量　🪑 座位数量　🅿 停车场　🕐 歇业

哈内茨堡（HAENERTSBURG）

🍴 RED PLATE

$~$$

地址：161 RISSIK ST., HAENERTSBURG VILLAGE

电话：083/305-2851

餐厅装饰得五彩缤纷，外面建有露台。菜品经常变化，但以各色炒菜、海鲜拼盘和汤为主。招牌菜是羊肉汉堡配鳄梨，以及猪颈肉配苹果、蜂蜜和芥末。

🍴70 🕐 歇业：周一及周日至周二晚餐

哈兹维（HAZYVIEW）

🏨 BLUE MOUNTAIN LODGE

🍴 $$$$$ *****

地址：位于通往 KIEPERSOL 的 R514 旁

电话：021/794-9050

网址：www.southafricanhotels.com

这家豪华的乡村旅舍拥有系列套房，各个套房以不同风格装饰——普罗旺斯风格、非洲风格或卡米洛特风格。部分套房配私人小型游泳池。餐厅供应五道菜的套餐，包括鲜鱼、意面和鹿肉。

🛈15 🍴34 🅿 🟦 🟦

🏨 RISSINGTON INN

🍴 $$~$$$ ****

地址：在哈兹维外，R40 旁

电话：013/737-7700

网址：www.rissington.co.za

轻松休闲风的茅草客栈坐落在占地10 英亩（4 公顷）的花园内，提供客房和套房。客房以乡村风格装饰，配备淋浴和浴缸。餐厅支持点菜，菜品包括炖鹿肉、海鲜和鸡肉，素菜有蘑菇苦艾酒意面。

🛈16 🍴40 🅿 🟦

克鲁格国家公园（KRUGER NATIONAL PARK）

公园的面积差不多相当于一个小国家，公园提供的住宿类型多样。大多数住宿在 $$ 范围内，有些价格更低，还有价格较高的套间。以下仅是公园主要园区内具有代表性的一些住处。详情请参阅南非国家公园网站（www.sanparks.org）涉及克鲁格的网页，以及本书第176 至第 184 页的相关内容。应提前使用主流信用卡预订。

克鲁格南部（SOUTHERN KRUGER）

🏨 BERG-EN-DAL

🍴 $$~$$$$

地址：距 MALELANE 门7.5 英里（12公里）

电话：013/735-6106

营地既有 3 个床位的平房和 6 个床位的家庭套间，也有占据营地最佳位置的豪华客栈（最多可住 8 人）。所有套间都可以自己做饭，同时配备空调。营地有商店、餐厅和自助餐馆。

🛈95 🅿 🟦 🟦

🏨 斯库库扎（SKUKUZA）

🍴 $~$$$$

地址：距 PHABENI 门 24 英里（39 公里）

电话：013/735-4265

斯库库扎是克鲁格最大的营地，有一个小村庄那么大；设施包括两家餐厅、一家熟食店、银行和租车行。客人可以选择配有家具的吊脚帐篷（设施公用）、带独立卫浴的茅草屋（有些为自炊式）、设施齐全的别墅，或有多个房间的豪华别墅和房屋。

⬆ 电梯 ❄ 空调 🟦 室内游泳池 🟦 室外游泳池 💪 健身俱乐部

🏨 230 🪑 270 🅿 🚫 部分套间 🏊

克鲁格中部（CENTRAL KRUGER）

🏨 OLIFANTS

$$~$$$$

地址：距 PHALABORWA 门 51.5 英里
（83 公里）

电话：013/735-6606

这里既有带独立卫浴、有 2~6 个床位的平房（部分配有小厨房，其他配备公用烹饪设施），也有宽敞的豪华客栈（最多可住 8 人）。有些套间配备厨房而且风景超棒，因此预订时请说清你的偏好。这里还有餐厅、商店和自助餐馆。

🏨 109 🪑 56 🅿 🚫

🏨 萨塔拉（SATARA）

🍴 $$~$$$$

地址：距 ORPEN 门 30 英里（48 公里）

电话：013/735-6306

可以选择带独立卫浴的自炊式平房（两个或三个床位）或配备同样设施的别墅（五个或六个床位），还可以选择位置优越的三家豪华客栈。营地还有商店、餐厅和熟食店。

🏨 99 🪑 75 🅿 🚫 🏊

🏨 莱塔巴（LETABA）

🍴 $~$$$$

地址：距 PHALABORWA 门 31.5 英里
（51 公里）

电话：013/735-6636

这里住宿类型多样，既有建在桩柱上、配备家具的永久游猎帐篷，也有带公共浴室和厨房设施的质朴木屋，还有带独立卫浴的自炊式平房（两个或三个床位）以及更为宽敞的别墅和客栈。营

地还有餐厅、商店和自助餐馆。

🏨 113 🪑 44 🅿 🚫 部分套间 🏊

克鲁格北部（NORTHERN KRUGER）

🏨 BATALEUR

$$$

地址：距 PHALABORWA 门 87 英里
（140 公里）

电话：013/735-6843

这是一个较小的丛林营地，提供 6 个床位和 4 个床位的别墅（带独立卫浴和设施齐全的厨房）。一定要注意，这里没有餐馆，而且商店不销售食品。客人必须自备日常用品。

🏨 7 🅿 🚫 部分套间

🏨 PUNDA MARIA

🍴 $$~$$$

地址：距 PUNDA MARIA 门 6 英里
（10 公里）

电话：013/735-6873

这里的住宿类型多样，既有建在桩柱上、配备家具的永久游猎帐篷（带独立卫浴和烹饪设施），也有带独立卫浴的平房（两个或三个床位，有的有厨房，有的没厨房），还有更为宽敞、设施齐全的平房（可住 6 人）。这里还有餐厅、自助餐馆和商店。

🏨 31 🪑 20 🅿 🚫 部分套间 🏊

🏨 SHINGWEDZI

🍴 $~$$$$

地址：距 PUNDA MARIA 门 44 英里
（71 公里）

电话：013/735-6806

该营地既有 3 个床位的质朴木屋（带公共厨房和卫浴设施），又有 2~5 个床

位的自炊式平房（带独立卫浴，带露天式或封闭式厨房），还有一座 4 个床位的别墅和一座有 3 个卧室的豪华客栈（别墅和客栈设施齐全）。营地有一家商店，还有餐厅和自助餐馆。

🛏 80 🚻 24 🅿 🅢 部分套间 🏊

克鲁格内及周边的私营野营旅舍

其他选择请参考第 182~184 页。

🏨 JOCK SAFARI LODGE

$$$$$

地址：在 KRUGER 内，距 MALELANE 门 22 英里（35 公里）

电话：041/509–3000

网址：www.jocksafarilodge.com

这家旅馆靠近克鲁格南端，包括两个住宿地点——大乔克和小乔克，两地相距不到 1 英里（1.6 公里）。所有茅顶豪华套房都带空调、卫浴和户外淋浴，都有适合观赏野生动物的露台，大多数还有专属的小型游泳池。含餐点。

🛏 15 🅿 🅢 🏊 🏋

🏨 LUKIMBI SAFARI LODGE

$$$$$

地址：距 MALELANE 门 16 英里（26 公里）

电话：011/431–1120

网址：www.lukimbi.com

该旅舍位于克鲁格南部，拥有 16 套豪华空调套房，以当代非洲风格装饰，每套都有浴室和专属河景露台，大部分带私人游泳池。房费含所有餐点。

🛏 16 🅿 🅢 🏊 🏋

🏨 SINGITA BOULDERS & SINGITA

EBONY

$$$$$

地址：在萨比森保护区内，从哈兹维（HAZYVIEW）沿 R536 行驶 40 英里（64 公里）

电话：021/683–3424

网址：www.singita.com

这两家旅舍位于萨比森保护区内，俯瞰桑德河（Sand River），提供豪华住宿和观赏野生动物活动。所有套房均配有空调，还有带开放式壁炉的休息室、专属游泳池、浴室和室外淋浴。房费含所有餐点。

🛏 24 🅿 🅢 🏊 🏋

🏨 SINGITA LEBOMBO & SINGITA SWENI

$$$$$

地址：在克鲁格内，距 ORPEN 门 40 英里（64 公里）

电话：021/683–3424

网址：www.singita.com

这两家豪华私营旅舍位于克鲁格东南部，毗邻莫桑比克边境。布置精美的套房建在高台上，非常适合观赏野生动物。每套套房都有空调，并有专属冰箱、卫浴和室外淋浴。含餐点。

🛏 21 🅿 🅢 🏊 🏋

朝圣者休息地

🏨 MOUNT SHEBA COUNTRY 🍴 LODGE HOTEL

$$$ ****

地址：距朝圣者休息地 17 英里（28 公里）（路线见酒店网站）

电话：013/768–1241

🛗 电梯　🅢 空调　🏊 室内游泳池　🏊 室外游泳池　🏋 健身俱乐部

网址：www.mountsheba.co.za

这家酒店位于能够俯瞰小镇的山上，提供茅顶套房，每套都有独立卫浴、壁炉和俯瞰自然保护区的露台。酒店供应早餐和午餐，酒店下设的尚德利耶餐厅供应晚餐。

🏨 24 🍴 86 🅿 ⛾

萨比（SABIE）

🏨 THE WOODSMAN
🍴 $$***

地址：94 MAIN ST.

电话：013/764-2015

网址：www.thewoodsman.co.za

这家民宿坐拥萨比山谷美景。客房是宽敞的套房，配有旧式家具，以深色木料装饰。所有客房均有独立卫浴，部分客房带阳台，方便欣赏山谷美景。樵夫餐厅供应餐点。

🏨 12 🍴 180 🅿

🍴 COUNTRY KITCHEN
$~$$

地址：73 MAIN ST.

电话：013/764-1901

这家宜人的休闲餐馆供应当代风味的南非美食，包括各种素菜。建议品尝鳟鱼配芥末和龙蒿酱，或水蕹砂锅配杜松子和白兰地调味汁。

🍴 40 🅿 🕐 歇业：周日至周二

堤姆巴伐堤（TIMBAVATI）

🏨 KINGS CAMP
$$$$$

地址：距 TIMBAVATI 门 6 英里（10 公里），在德斯普瑞特外

电话：013/751-1621

网址：www.kingscamp.com

宽敞的空调套房互不相连，套房内有备货充足的小冰箱、幽静的阳台、室内室外淋浴和维多利亚式浴缸。

🏨 11 🅿 ⛾ ⛾ 🍷

察嫩（TZANEEN）

🏨 COACH HOUSE
🍴 $$$$~$$$$$*****

地址：OLD COACH RD.，在 AGATHA，距察嫩 8 英里（15 公里）

电话：015/306-8000

网址：www.orionhotels.co.za

酒店坐落在山顶上，纵享花园美景，提供乡村豪华住宿。所有客房均有专属阳台和带加热毛巾架的独立卫浴。可到烛光餐厅品尝牡蛎、当地鳟鱼、羔羊肉或著名的鸡肉馅饼。

🏨 39 🍴 130 🅿 ⛾ 🍷 ⛾

怀特河（WHITE RIVER）

🏨 温克勒酒店（WINKLER HOTEL）
$$****

地址：怀特河以北 4 英里（6 公里）处，在 NUMBI GATE RD.（R538）旁

电话：013/750-7300

网址：www.proteahotels.com

温克勒酒店隶属于南非的 Protea 连锁酒店，坐落在郁郁葱葱的花园中，紧邻克鲁格国家公园。所有客房均配有空调和独立卫浴，并有一个观景阳台。酒店供应早餐、午餐和晚餐。

🏨 酒店　🍴 餐厅　🏨 客房数量　🍴 座位数量　🅿 停车场　🕐 歇业

🛈 87 🅿 ♒ ▨

🍴 FEZ

$~$$

地址：BAGDAD CENTER, CASTERBRIDGE
　　　FARM 对面 R40 旁

电话：013/750-1253

　　信步来到阳台上，坐在橄榄树和橘子树下的餐桌旁享用美食。桌上铺着蓝色格子桌布。供应北非—摩洛哥风味美食，但也供应寿司。

▨ 80 🅿 🔄 歇业：周一及周日晚餐

■ 约翰内斯堡与内地

约翰内斯堡（JOHANNESBURG）

🏨 54 ON BATH

🍴 $$$$$$*****

地址：54 BATH AVE., ROSEBANK

电话：011/344-8500

网址：www.tsogosunhotels.com

　　豪华酒店，客房装饰成柔和的典雅风格，屋顶露台上有一个英式花园。餐厅供应的菜肴包括用波尔特葡萄酒和蓝莓制作的鸭子，以及板栗配跳羚腿肉。客人很喜欢在露台上用午餐。

🛈 75 ✚ 105 🏋 🔄 ♒ 🅿 🅢

🏨 MELROSE ARCH HOTEL

🍴 $$$$$ *****

地址：1 MELROSE SQ., MELROSE ARCH

电话：011/214-6666

网址：www.africanpridehotels.com

　　当代非洲主题酒店，客房色彩明丽，有一个泳池酒吧，桌子摆放在浅水区。March 餐厅供应各国风味菜肴和非洲融合菜肴，如烤甜菜和灰胡桃咖喱或三文

鱼刺身。

🛈 118 ✚ 110 🅿 🅢 🔄 ♒ ▨

🏨 THE MICHELANGELO

$$$$$*****

地址：桑顿，WEST ST.，纳尔逊·曼德拉
　　　广场（NELSON MANDELA SQ.）

电话：011/282-7000

网址：www.legacyhotels.co.za

　　这家意大利文艺复兴式现代酒店位于桑顿中心地带，极其舒适，有豪华客房和套房、柱廊、室内游泳池、绿草如茵的日光浴处所、健身房、养生水疗中心，还有几间酒吧和餐馆。

🛈 240 ✚ 305 🅿 🅢 🔄 ♒ 🏋

🏨 THE SAXON BOUTIQUE HOTEL & SPA

$$$$$ *****

地址：36 SAXON RD., SANDHURST

电话：011/292-6000

网址：www.saxon.co.za

　　豪华的酒店四周环绕着堡垒般的高墙。这家精品酒店位于北郊，拥有非洲主题套房、大片的园景花园、优雅的餐厅，还有一个健康水疗中心、蒸汽浴室和恒温泳池。

🛈 26 🅿 🅢 🔄 ♒ 🏋

🏨 PEECH HOTEL

🍴 $$$$****

地址：61 NORTH ST., MELROSE NORTH

电话：011/537-9797

网址：www.thepeech.co.za

　　这家小型酒店提供现代非洲风格客房，配有羽绒被和无限制的无线网（Wi-Fi）。Bistro 餐厅供应开普马来风味的鱼

肉、鸵鸟肉和羔羊肉。

🏠 16 🪑 45 🅿 🕐歇业：餐厅周日 🆑 🏊

🏨 QUATERMAIN INN
🍴 $$$~$$$$$****

地址：137 WEST RD. S, MORNINGSIDE, SANDTON

电话：011/290-0900

网址：www.quatermain.co.za

这家酒店靠近桑顿中心，附近有一个高尔夫球场。客房和套房装饰素净。Sel et Poivre 餐厅供应受比利时影响的法式美食。建议品尝熏制鲑鱼配瑞士煎土豆饼（rösti），或慢火烤鸭蘸鹅莓酱。

🏠 104 🪑 110 🅿 🆑 🏊 🖥

🏨 VILLA VITTORIA
$$$****

地址：21 MELVILLE RD., HYDE PARK

电话：011/788-0708

网址：www.wgh.co.za

这家客栈位于该市北部郊区，在罗斯班克和桑顿之间，以前是英国领事馆。双人间以深色木料和浅色织物装饰，带独立卫浴，配有特大号床，提供无线网（Wi-Fi）。酒店供应早餐，并可按要求提供晚餐。

🏠 10 🅿 🏊

🏨 COTSWOLD GARDENS
$$~$$$

地址：46 COTSWOLD DR., SAXONWOLD

电话：011/442-7553

网址：www.cotswoldgardens.co.za

这家客栈位于绿树成荫的萨克森沃尔德郊区，靠近动物园和罗斯班克的便利设施。客栈有一个花园，提供民宿和自炊式客房。为客人提供可上网的电脑。

🏠 6 🅿 🏊

🏨 PREMIERE CLASSE SUITE HOTEL
$$~$$$***

地址：62 CORLETT DR., MELROSE

电话：011/788-1967

网址：www.premiereclasse.co.za

这家酒店靠近罗斯班克和桑顿，客房价格合理。套房为自炊式，全部配有专属厨房。可按要求供应早餐和晚餐。

🏠 30 🅿 🔄 🆑 部分客房

🏨 HIGHGROVE GUEST HOUSE
$$****

地址：1 SIDE RD., MORNINGSIDE, SANDTON

电话：011/884-3680

网址：www.high-grove.co.za

这家雅致的客栈为乔治王朝时代风格，提供带独立卫浴的优雅客房，所有房间均可上网。从每间客房的阳台或露台都可以俯瞰花园和游泳池。供应早餐。

🏠 8 🅿 🏊

🏨 MELVILLA GUEST HOUSE
$$

地址：75 AUCKLAND AVE., AUCKLAND PARK（毗邻 MELVILLE）

电话：011/726-1325

网址：www.melvilla.co.za

这家酒店坐落在一个安静的街区，但靠近梅尔维尔（Melville）的第七街（Seventh Street）的时尚餐厅和酒吧。客房以现代非洲风格装饰。供应早餐。

🏠 14 🅿

🏨 酒店　🍴 餐厅　🏠 客房数量　🪑 座位数量　🅿 停车场　🕐 歇业

价　格

酒店

$ 表示旅游旺季双人间的费用。

$$$$$	$300 以上
$$$$	$200~$300
$$$	$120~$200
$$	$60~$120
$	$60 以下

餐厅

$ 表示三道菜的套餐的费用（不含饮料）。

$$$$$	$50 以上
$$$$	$35~$50
$$$	$25~$35
$$	$15~$25
$	$15 以下

⌂ MELVILLE TURRET GUEST HOUSE

$$***

地址：118 SECOND AVE., MELVILLE

电话：011/482-7197

网址：www.melvilleturret.co.za

　　这家客栈位于一座建成已 100 多年的历史建筑中，提供自炊式客房或民宿。有些客房通向花园，其他客房则坐享城市景观。

🛗 9 P S 部分客房

特别推荐

🍴 DW ELEVEN-13

$$$~$$$$

地址：JAN SMUTS RD. 和 BOMPAS RD. 交叉路口，DUNKELD WEST SHOPPING CENTRE

电话：011/341-0663

　　这家获奖餐厅的菜品既有经典菜肴，又有创新菜式——既有肉片、猪腩、鹅肝和三文鱼，也有墨鱼汁意式调味饭、日式蛋黄蘸酱和糖汁茴香。喜欢甜品的可以尝尝樱桃配冻花生酱。

🍴 70 P S ⊕ 歇业：周三

🍴 LEKGOTLA

$$$~$$$$

地址：5 NELSON MANDELA SQ., SANDTON

电话：011/884-9555

网址：www.lekgotla.com

　　店名的意思是"聚会地点"，这里的特色是非洲装饰和现代非洲菜。第一道菜可以尝尝以花生、柠檬和辣椒酱调味的塞内加尔鱿鱼，主菜建议品尝以番茄和辣椒调味的桑给巴尔鸡肉。

🍴 370 P S

🍴 BUTCHER SHOP & GRILL

$$$

地址：SHOP 30, NELSON MANDELA SQ., SANDTON

电话：011/784-8676

　　由于供应高质量的肉类，餐厅享有盛誉：T 骨肉排、肉片、牛腩和后腿部牛排，以及牛肋排、猪排和牛串。每种肉都有多种调味酱可供选择。

🍴 300 P

🍴 MONTEGO BAY

$$~$$$$

地址：SHOP 31, NELSON MANDELA SQ., SANDTON

电话：011/883-6407

网址：www.montegobay.co.za

这家宽敞通风的现代餐厅座位充裕，甚至排到了广场上。这里的特色菜是海鲜、牡蛎和寿司，但也供应鸡肉和牛肉。不妨品尝一下丰盛的蒙特哥湾拼盘，包括龙虾、贻贝和海螯虾。

🍴 255 P

🍴 ASSAGGI

$$~$$$

地址：POST OFFICE CENTER, 30 RUDD RD., ILLOVO

电话：011/268-1370

来到这里，你会感受到热情的服务，看到硬挺的白色亚麻桌布，品尝到意大利美食。餐厅专营意式调味饭，搭配龙虾、蘑菇或芦笋。或者，也可以尝尝烤宽面条配布里乳酪，或者煎小牛肉配帕尔马干酪。

🍴 90 🕐 歇业：周日至周一午餐、周日晚餐；12月下旬歇业两周 P

🍴 MOYO

$$~$$$

地址：SHOP 5, HIGH ST., MELROSE ARCH

电话：011/684-1477

作为一家非洲美食连锁餐厅，这里占了五层楼，楼层之间有铜质和钢质楼梯相连。菜品包括摩洛哥羔羊肉、东非咖喱菜和南非海鲜及鸵鸟肉。

🍴 500 P

🍴 PLAKA

$$~$$$

地址：CRESTA SHOPPING CENTRE, BEYERS NAUDE DR., NORTHCLIFF

电话：011/478-0392

网址：www.plaka.co.za

这家希腊小馆以蓝色和白色装饰，供应正宗的希腊菜。建议先来点希腊红鱼子泥沙拉（taramosalata）、乳酪黄瓜（tzatziki）或素食开胃菜，然后吃羊腿肉或半只牛去烤鸡，最后品尝蜜糖果仁千层酥和冰淇淋。

🍴 150 P

🍴 SOPHIA'S BISTRO

$$~$$$

地址：ILLOVO SQ., 3 RIVONIA RD., ILLOVO

电话：011/024-0311

这家意式餐厅供应意式生牛肉片、鲜贝汤、小牛肉配马沙拉白葡萄酒、提拉米苏等意式美食，同时还供应一些希腊菜肴和寿司。

🍴 70 P 🈂🕐 歇业：周日晚餐

🍴 YAMATO

$$~$$$

地址：198 OXFORD RD., ILLOVO

电话：011/268-0511

它是南非最地道的日式餐厅。除了生鱼片和寿司，这里还有日式火锅（nabe mono，桌上放一火锅，食客自己涮着吃）。

🍴 120 P

🍴 ZAFFERANO

$$~$$$

地址：PARK HYATT HOTEL, 191 OXFORD RD., ROSEBANK

电话：011/280-1234

这家时尚别致的餐厅供应各国风味美食。特色菜有：洋蓟菜肉馅煎蛋饼和意大利熏鸭火腿配烤瓜和蘑菇，以及意式红烩牛膝（osso bucco）和酿馅鸡脯。

🔲80 ▣ 🔲 歇业：周六至周日午餐及周日晚餐

🍴 GOURMET GARAGE

$$

地址：SHOP 64, MONTECASINO,
　　　WILLIAM NICOL DR., FOURWAYS

电话：011/511-0526

　　这家 20 世纪 50 年代风格的复古餐厅供应各种美味汉堡：牛肉汉堡、鸵鸟肉汉堡、羔羊肉汉堡、培根汉堡和素食汉堡。餐厅还供应牛排、鸡肉和猪排。

🔲280 ▣

🍴 RED CHAMBER

$~$$

地址：68 HYDE PARK CENTER, JAN
　　　SMUTS AVE., HYDE PARK

电话：011/325-6048

　　这家中餐厅信誉卓著，供应正宗的中国菜。建议品尝斋菜配粉丝、北京烤鸭，或素菜。

🔲130 ▣

匹林斯堡国家公园 (PILANESBURG NP)

食宿选择，见第 238 页。

比勒陀利亚 (PRETORIA)

🏨 喜来登 (SHERATON)

🍴 $$$$~$$$$$ *****

地址：STANZA BOPAPE (CHURCH)
　　　ST. 和 WESSELS ST. 交叉路口

电话：012/429-9999

网址：www.starwoodhotels.com/sheraton

　　这家酒店隶属于喜来登国际连锁酒店，位置优越，地处宁静的使馆区，俯瞰联合大厦，坐拥城市美景。

ℹ️175 🔲260 ▣ 🔁 🅢 🌊 🅢 部分客房 🏋️

🏨 COURTYARD HOTEL

$$$~$$$$$ ****

地址：PARK ST. 和 HILL ST., ARCADIA

电话：012/342-4940

网址：www.citylodge.co.za

　　尽管靠近市中心，但这家酒店坐落在一个带花园的庄园内。中间是一栋有百年历史的庄园住宅。自炊式客房以彩色织物作装饰。供应早餐；晚餐可以在自己的房间吃。

ℹ️69 ▣ 🅢 🌊 🅢 部分客房

🏨 PREMIER HOTEL PRETORIA

🍴 $$$~$$$$$ ****

地址：573 CHURCH ST., ARCADIA

电话：012/441-1400

网址：www.premierhotels.co.za

　　这家 Premier 连锁酒店于 2007 年开业，为喜欢住在城市中心的客人提供住宿。酒店以白色和深棕色装饰。酒店下设特使餐厅，供应早餐、午餐和晚餐。

ℹ️118 🔲96 ▣ 🅢 🔁 🌊

🏨 COURT CLASSIQUE HOTEL

$$$~$$$$ ****

地址：FRANCIS BAARD (FORMERLY
　　　SCHOEMAN) ST. 和 BECKETT ST.
　　　交叉路口, ARCADIA

电话：012/344-4420

网址：www.courtclassique.co.za

　　这家酒店位于市中心，客房分布在绿树成荫的凉爽庭院四周。客房以红色、

🔁 电梯　🅢 空调　🌊 室内游泳池　🌊 室外游泳池　🏋️ 健身俱乐部

深绿色和棕色装饰。酒店提供无线网（Wi-Fi），橘子餐厅供应餐点，还在比勒陀利亚地区内提供免费班车服务。

ⓘ 57 🛏 80 🅿 Ⓢ ⅀

🏨 LERIBA HOTEL

🍴 $$$****

地址：245 END AVE., CLUBVIEW,
　　　CENTURION

电话：012/660-3300

网址：www.leriba.co.za

　　这家酒店位于汉诺普斯河岸边，占地 29 英亩（12 公顷），距比勒陀利亚仅 10 分钟车程，为顾客提供独特的丛林体验。客房带独立卫浴，以东非风格作装饰，坐享花园美景。酒店的海明威餐厅（Hemingway's）供应超棒的欧式西餐。

ⓘ 73 🛏 120 🅿 Ⓢ 部分客房 🛁 📺

🏨 MOLOPO VIEW GUEST HOUSE

$~$$

地址：264 MOLOPO AVE., SINOVILLE

电话：083/459-7209

网址：www.molopoview.com

　　客人可以在这家客栈的阳台上欣赏比勒陀利亚北部的景色。房间陈设简单；多数客房都有独立卫浴，但部分客房使用公用浴室。供应早餐。

ⓘ 9 🅿 Ⓢ 多数客房 🛁

🏨 OXNEAD GUEST HOUSE

$

地址：802 JOHANITA ST., MORELETA PARK

电话：012/993-4515

网址：www.oxnead.co.za

　　这家客栈位于安静的郊区，性价比高，是沿 N1 南来北往的旅客理想的歇脚之处。客房装饰高雅，可以自己做饭，但提供英式早餐。

ⓘ 6 🅿

🍴 BRASSERIE DE PARIS

$$$~$$$$

地址：381 ARIES ST, WATERKLOOF RIDGE

电话：012/460-3583

　　餐厅坐落在一栋 20 世纪 60 年代的房屋内（由建筑师设计），有单间和阳台。餐厅的法国美食远近闻名。菜品不多，但经常变化。

🛏 40 🅿 🕐 歇业：周六至周日午餐、周日晚餐；12 月下旬歇业两周

🍴 CAFÉ 41

$$~$$$

地址：EASTWOOD ST. 和 PRETORIUS
　　　ST., ARCADIA

电话：012/342-8914

　　在这家欧陆风格的咖啡馆兼餐馆，你可以只点一个三明治，要一杯咖啡，然后来一个蛋糕，或三道菜的套餐。Cafe 41 供应多种葡萄酒。可在室内或在露台上用餐，冬季供暖。

🛏 160

🍴 DE KLOOF

$$~$$$

地址：WATERKLOOF GOLF ESTATE,
　　　JOHANN RISSIK DR., WATERKLOOF

电话：073/092-8562

网址：www.dekloofrestaurant.co.za

　　可在室内或室外用餐，可欣赏青葱草木和山间景色。在这里，你会发现当代融合美食，如卡真鱿鱼天妇罗、乌榄羔羊肉、各式美味汉堡和柑橘苹果挞。

🔲220 🅿🕐 歇业：周一午餐；周日晚餐

🍴 DIE WERF

$~$$

地址：66 OLYMPUS AVE., FAERIE GLEN

电话：012/991-1809

这家质朴农场风格的餐厅距市中心 9 英里（15 公里），供应南非美食。建议品尝丰盛的鸡肉馅饼、咖喱肉末（bobotie）、盛在瓷盘里的炖菜、用三脚锅做的牛肚、后腿部牛排配红葡萄酒或蘑菇配波尔特葡萄酒。

🔲300 🅿🕐 歇业：周一午餐及周日至周一晚餐

🍴 ZEMARA

$~$$

地址：933 FRANCIS BAARD
　　　（SCHOEMAN）ST., ARCADIA

电话：012/342-3080

该地区为数不多的非洲美食餐厅之一。这里的刚果厨师供应柠檬烤罗非鱼、棕榈坚果烤鸡、炸大蕉等菜肴。

🔲60 🅿

勒斯滕堡（RUSTENBURG）

🏨 TERRA CASA GUEST HOUSE

$$~$$$ *****

地址：2 PATRYS AVE.

电话：083/264-7999

网址：www.terracasa.co.za

这家客栈的豪华套房每一间的装饰风格都不同，且都以艺术家的名字命名（如达·芬奇、里维埃拉）。所有套房均有按摩浴缸和平面电视。可按要求供应三道菜的晚餐。

🛏6 🔲18 🅿 🆂 🏊

索韦托（SOWETO）

🍴 B'S PLACE

$

地址：5541 SHUENANE ST., ORLANDO
　　　EAST

电话：011/935-4015

餐厅设在索韦托一栋 20 世纪 30 年代的房屋的扩建部分，墙上以历史意义重大的剪报装饰。建议品尝非洲特色美食，如粥（pap）、肉和辣酱，还可以拿葫芦喝高粱啤酒。有固定价格的套餐。

🔲35

🍴 WANDIE'S PLACE

$

地址：618 MAKHALEMELE ST., DUBE,
　　　SOWETO

电话：011/982-2796

网址：www.wandies.co.za

现在是一家合法机构，提供室内和室外用餐场所，深受索韦托游客喜爱。自助餐包括鱼肉、牛肉、牛尾、烩羊肉、mogodu（牛肚）、烤鸡、素食等当地美食。有固定价格的套餐。

🔲160 🅿 🆂

太阳城（SUN CITY）

太阳城位于西北省约翰内斯堡西北 118 英里（190 公里）处，集娱乐、餐饮和住宿于一体。四家酒店（见下）设施齐全，房型多样。

🛗 电梯　❄ 空调　🏊 室内游泳池　🏊 室外游泳池　💪 健身俱乐部

🏨 卡巴纳斯酒店（CABANAS）

🍴 $$$~$$$$$****

地址：太阳城度假村

电话：014/557-1000

网址：www.suninternational.com

　　酒店坐落在郁郁葱葱的花园中（花园一直延伸到太阳城湖），是家庭轻松度假的理想选择。你可以选择较大的家庭度假屋（可住4人），也可以选择较小的标准度假屋。酒店有两家餐厅（Palm Terrace 和 Treasure Island Snack Bar）和一个泳池酒吧。

ℹ️ 380 🅿️ 🔄 🆓 🏊 🍸

🏨 失落之城皇宫酒店（PALACE OF
🍴 THE LOST CITY）

　　$$~$$$$$$****

地址：太阳城度假村

电话：014/557-1000

网址：www.suninternational.com

　　失落之城皇宫酒店以描绘南非各种动物和南非各族文化的壁画、镶嵌图案和手绘天花板作装饰，再现了 H. 莱特·哈葛德（H. Rider Haggard）的幻境。在这里，你可以享受豪华住宿，所有豪华套房均配备按摩浴缸和桑拿浴室。

ℹ️ 338 🅿️ 🔄 🆓 🏊 🍸

🏨 太阳城酒店（SUN CITY HOTEL）

🍴 $$~$$$$$$****

地址：太阳城度假村

电话：014/557-1000

网址：www.suninternational.com

　　太阳城酒店处处给人惊喜，这里有世界级赌场、各式酒吧（Kingfisher Bar、Sun Terrace、Harlequins）、餐馆（Orchid 餐厅为亚洲餐厅，Calabash 餐

厅供应南非传统美食），还有价位不等、口味各异的其他餐馆。

ℹ️ 340 🅿️ 🔄 🆓 🏊 🍸

🏨 瀑布酒店（THE CASCADES）

🍴 $$~$$$$****

地址：太阳城度假村

电话：014/557-1000

网址：www.suninternational.com

　　瀑布酒店时尚、精致、宁静，花园里草木葱茏，处处水花四溅。豪华客房和套房配有温泉浴缸。半岛餐厅（Peninsula Restaurant）供应各国风味美食，还有一名驻店钢琴师。客人可以在 Santorini 餐厅享用便餐。

ℹ️ 243 🅿️ 🔄 🆓 🏊 🍸

济勒斯特（ZEERUST）

🏨 MARICO BOSVELD GUEST HOUSE

　　$~$$

地址：5 PRESIDENT ST.

电话：018/642-3545

　　在这家客栈，旧马厩被改造成了装饰简单的舒适客房。客人可以在花园里放松身心，可以自己做饭或烧烤，也可以让客栈帮忙准备餐点。客栈提供每日清洁服务和无线网络（Wi-Fi），所有客房均有卫星电视。

ℹ️ 5 🅿️ 🆓 🏊

▇ 北开普省

奥赫拉比斯瀑布国家公园
（AUGRABIES FALLS NATIONAL PARK）

🏨 奥赫拉比斯休养营地
（AUGRABIES REST CAMP）

$~$$

地址：从卡卡马斯（KAKAMAS）沿 R359
　　　前行 30 英里（49 公里），然后由
　　　公园大门进入

电话：054/452-9200

网址：www.sanparks.org/parks/augrabies

　　度假屋内有空调，带独立卫浴。每
间度假屋配有两张或三张单人床，而家
庭别墅可住 4 人。所有套间均配备设施
齐全的厨房。营地有餐厅和商店。

🛈 59 ➕ 96 🅿 🛇 🏊

钻石海岸（DIAMOND COAST）

🏨 NARIES NAMAKWA RETREAT

$$~$$$$$

地址：STEENVLEI, KLEINZEE

电话：027/712-2462

网址：www.naries.co.za

　　这个度假村位于纳马夸（Namakwa）
中心地带，所有客房均有独立卫浴。这里
有一个可住 4 人的家庭自炊式套间、3 个
茅屋套间（很像纳马夸小屋）和一座有 5
间卧室的庄园住宅。房费含早餐和晚餐。

🛈 12 🅿

🏨 DIE HOUTHOOP

🍴 $~$$

地址：STEENVLEI, KLEINZEE

电话：027/821-1669

网址：www.houthoop.info

　　这里地处偏远，客人可以住在乡村
木屋里（仅供睡觉），也可以入住带独
立卫浴的自炊式度假屋。这里的客栈有
一间供客人使用的休息室。这里还有一
家餐馆。

🛈 29 ➕ 20 🅿

卡卡马斯（KAKAMAS）

🏨 VERGELEGEN GUEST
🍴 HOUSE & RESTAURANT

$$~$$$$****

地址：位于 N14 旁，卡卡马斯和凯穆斯
　　　（KEIMOES）之间

电话：054/431-0976

　　客房带独立卫浴，既有标准间，也
有豪华间。四周既有贫瘠的半沙漠地带，
也有郁郁葱葱的灌溉葡萄园。供应南非
特色菜，采用本地新鲜农产品制作。

🛈 22 ➕ 85 🅿 🛇 ⇄ 🏊

卡格拉格帝跨境公园
（KGALAGADI TRANSFRONTIER PARK）

　　卡格拉格帝公园面积广阔。此处仅
列出那些提供合理设施、不要求游客自
带水和柴火的营地。更多详情请参阅南
非国家公园网站（www.sanparks.org）
与卡格拉格帝相关的网页。应提前用主
流信用卡预订。请注意，由于道路路况
往往很差，下面仅给出前往营地所需的
时间，而不是给出距离。

🏨 TWEE RIVIEREN

$$

地址：从阿平顿出发，行驶 165 英里（265
　　　公里）至大门，然后再行 9 英里（15
　　　公里）

电话：054/561-2000

　　它是公园里最大的营地，既有带独
立卫浴的家庭别墅，也有可住 2~6 人的
度假屋。套间配有空调和专属小厨房，
可以自己做饭。全天 24 小时供电。营地
有一家餐馆，商店备货充足。注意：这

是唯一一个能接收到手机信号的营地。

🛈31 🏕72 🅿️🏊🚣

🏨 MATA–MATA REST CAMP
$~$$

地址：距 TWEE RMEREN 营地 2.5 小时车程

电话：054/561–2000

　　这里提供带独立卫浴的套间，有些有厨房，有些带基本的自炊设施，可住2~6 人。营地有一家货品充足的商店，但没有餐馆。每天供电 18 小时。

🛈10 🅿️🚣

🏨 诺索布休养营地（NOSSOB REST CAMP）
$~$$

地址：距 TWEE RIVIEREN 营地 3.5 小时车程

电话：054/561–2000

　　诺索布提供可住 2~6 人的度假屋、家庭别墅和客栈房间，供游客选择。所有套间均有独立卫浴，部分套间有厨房和基本的自炊设施。营地有一家货品充足的商店。每天供电 18 小时。

🛈16 🅿️🚣

库鲁曼（KURUMAN）

🏨 托斯卡纳客栈（TUSCANY GUEST HOUSE）
$

地址：83 MAIN ST.

电话：082/423–6311

　　这家客栈位于镇中心，提供装饰清爽典雅的客房。不提供餐点。

🛈6 🅿️🏊🚣

诺洛斯港（PORT NOLLOTH）

🏨 PORT INDIGO
$~$$***

地址：125 KAMP ST., MCDOUGALL'S BAY

电话：027/851–8012

网址：www.portindigo.co.za

　　这里提供自炊式套间，可住 2~8 人。几乎所有客房都在海滩上，坐享大西洋的优美风光。可按要求给大多数套间供应早餐，所有套间均有烧烤设施。

🛈26 🅿️无

🍽 VESPETTI
$

地址：BEACHFRONT RD.

电话：027/851–7843

　　这家富有特色的意式餐厅提供室内和室外用餐场所，坐享美丽海景。开胃菜有那不勒斯烤鱿鱼和油煎鸡肝；主菜是各式比萨和意面。不接受信用卡。

🏕60 🅿️🕐歇业：周一

斯珀茨山（SPITSKOP）

🏨 KALAHARI MONATE LODGE
$$

地址：R360 旁，阿平顿以北 8 英里（13公里）处

电话：054/332–1336

　　这家乡野旅舍位于自然保护区内，提供自炊式茅屋。每个套间均有设施齐全的专属厨房和建有烧烤设施的露台。

🛈6 🅿️🏊🚣

斯普林博克（SPRINGBOK）

🏨 MOUNTAIN VIEW GUEST HOUSE

$$~$$$★★★★

地址：2 OVERBERG AVE.

电话：027/712-1438

网址：www.mountview.co.za

　　在这家客栈，可以欣赏花岗岩巨石、山谷和山间美景。每间客房的装饰各不相同，所有客房都有冰箱、茶具和咖啡机。供应早餐。如有要求，可供应午餐和晚餐。

🚪10 🅿🚭🏊

🏨 SPRINGBOK HOTEL

🍴 $$★★

地址：VAN RIEBEECK ST.

电话：027/712-1161

　　这家讨人喜欢的传统酒店就在镇中心。酒店提供空调套房，每间都有浴缸或淋浴。房间内采用印花布料，布置得五彩缤纷。餐厅供应丰盛的自助晚餐。酒店还有一个阴凉的啤酒园。

🚪28 🍴56 🅿🚭

阿平顿（UPINGTON）

🏨 LE MUST RIVER MANOR

$$★★★

地址：12 MURRAY AVE.

电话：054/332-3971

网址：www.lemustupington.com

　　客栈的花园一直延伸到加利普河（Gariep River，原名奥兰治河），很是讨人喜欢。客房精选高级密织棉布床品，有独立卫浴。部分客房有阳台，可欣赏花园或河流美景。客人可以使用休息室。供应早餐。可用信用卡支付；差额仅收现金。

🚪6 🅿🚭🏊

🍴 LE MUST

$~$$

地址：11 SCHRODER ST.

电话：054/332-6700

　　这家餐馆以复古风格的廉价品装饰，供应优质南非美食。建议品尝腊肠春卷、咖喱肉末春卷、跳羚腿肉配李子酱，或美味的无核葡萄干焦糖布丁甜品。

🍴70 🅿🕐 歇业：午餐

🔼 电梯　🅢 空调　🏊 室内游泳池　🏊 室外游泳池　💪 健身俱乐部

购物

在南非的商店里，你会发现大多数高价商品都是进口品牌，在任何地方都可以买到。在南非购物的真正乐趣在于发掘当地人创作的艺术品和工艺品。许多原创艺术家用油画颜料、综合媒材、陶瓷、玻璃、木头和石头创作作品。但南非人也创造性地使用镀锌铁丝、彩色珠子和可回收材料（塑料袋、易拉罐等）创造物品。有时甚至从路口的小贩手里也能淘到极具创意的工艺品。

市场

全国各地市场遍布，既有室内市场，也有露天市场。无论是在开普角自然保护区入口处，还是在克鲁格国家公园内，抑或在德班海滨——只要是游客聚集之处，都有人出售非洲动物雕像和古董。这些物件大多来自同一供货商，在各地看到的这类东西都大同小异。

商店

所有城市都有大型美式购物中心（详见 www.mallguide.co.za）。如果你担心安全问题，那可以到这些购物场所来购物。只有极少数城市有小型特色商店区，例如开普敦的长街（Long Street），长街有许多古董店和书店。小城镇可能有古董店，你可以去那里淘古玩。

■ 开普敦

购物中心

最好的购物中心有：开普敦小街（Canal Walk，N1 公路 10 号出口，Sable Rd. 出口，开普敦中央商务区外不远处，电话：021/529-9600）、卡文迪什广场（Cavendish Square, Vineyard Rd., Claremont，电话：021/657-5620）、康斯坦蒂亚村（Constantia Village, Constantia Rd., Constantia，电话：021/794-5065）及维多利亚和阿尔弗雷德滨水区（Victoria & Alfred Waterfront，电话：021/408-7600）。

市场

绿市广场（Greenmarket Square, 54 Shortmarket St.，电话：021/423-2050）是一家有着多年历史的露天市场，销售服装、珠宝首饰、蜡烛和非洲古玩。

泛非洲市场（Pan African Market, 76 Long St.，电话：021/426-4478）有大量来自非洲大陆各地的工艺品。

红色小屋工坊（The Red Shed Workshop, Victoria & Alfred Waterfront，电话：021/408-7600）位于室内，出售各种手工艺品，包括珠宝首饰、木制品和白镴器皿。

特色商店

A.R.T. 艺术长廊（A.R.T. Gallery, 3 St. George's Mall，电话：021/419-2679）出售陶瓷制品、玻璃制品和珠宝首饰。

开普四分之一（The Cape Quarter, 72 Waterkant St.，电话：021/421-0737）是一个现代画廊区，有许多时尚名品商店。

在钻石工厂（Diamond Works, Lower Long St. 和 Coen Steytler Ave., Foreshore，电话：021/425-1970）可以亲眼看见如何将钻石制作成珠宝。

埃弗拉德阅读长廊（Everard Read Gallery, 3 Portswood Rd., Victoria &

Alfred Waterfront，电话：021/418-4527）出售南非艺术作品。

拼接的碎片（The Scratch Patch, Victoria & Alfred Waterfront，电话：021/419-9429，Dido Valley Rd., Simon's Town，电话：021/786-2020）低价出售次等宝石（这里很受小孩子喜欢）。

■ 西开普省

法兰谷：这里的许多画廊出售南非艺术品和工艺品。建议去非洲艺术画廊（African Art Gallery, 40 Huguenot St.，电话：021/876-2960）或法兰谷艺术之家（Franschhoek Art House, 52 Huguenot St.，电话：021/876-2383）。Bread & Wine（Happy Valley Rd.，电话：021/876-3692）是一家农场商店，出售当地葡萄酒和奶酪。

赫曼努斯：市场广场（Market Square）上有个大市场，出售服装和工艺品。Wine Village（Hemel-en-Aarde Rd. 和 Main Rd.，电话：028/316-3988）供应各种南非葡萄酒。

克尼斯纳：商店在 Boatshed（Thesen Harbour Town）、Knysna Waterfront（21 Waterfront Dr.，电话：044/382-0955）和 Woodmill Lane（在 Rawson St., Main St. 和 St. George St. 之间，电话：044/382-3045）。

奥茨胡恩：在 Bushman Curios（76 Baron van Rheede St.，电话：044/272-4497）购买鸵鸟皮和鸵鸟蛋。

普利登堡湾：Old Nick Village（镇东不远处，N2 旁，电话：044/533-

1395）出售高质量的艺术品和工艺品。

斯泰伦博斯：建议去 Africa Silks（36 Church St.，电话：021/882-9839）选购优质面料；去 Mirko Jewelry（Andringa St. 和 Church St.，电话：021/886-8296）选购名家手工制作的珠宝；去 Oom Samie Se Winkel（意为"萨米叔叔的店"；84 Dorp St.，电话：021/887-0797）看看各种稀奇古怪的本地商品；或者去 Vineyard Connection（Muldersvlei Rd. 和通往帕尔的 R44，电话：021/884-4360）选购葡萄酒。

■ 东开普省

东伦敦：Vincentpark（Devereaux Ave.，电话：043/727-0990）有礼品店、艺术品店和珠宝首饰店。

伊丽莎白港：The Boardwalk（Marine Dr., Summerstrand，电话：041/507-7777）有珠宝首饰、工艺品和名牌商品；The Bridge Mall（Langenhoven Dr.，电话：041/363-8914）是一家货品齐全的购物中心。

■ 德班和夸祖鲁—纳塔尔省

德班

购物中心

工坊（The Workshop, 99 Aliwal St.，电话：031/304-9894）有文玩店铺、珠宝首饰店铺、古董店铺和香料店铺。其他购物中心还有伯里亚购物中心（Berea Centre, 249 Berea Rd.，电话：031/277-0810）；盖特威剧院购物中心（Gateway Theatre of Shopping, 1 Palm Blvd.,

Umhlanga Ridge，电话：031/514–0500）；亭子（The Pavilion, Jack Martens Dr., Westville，电话：031/275–9800）；以及温德米尔中心（Windermere Centre, 163 Windermere Rd.，电话：031/312–5959）。

市场

两用市场（Amphimarket，普伦蒂湾海滨，电话：031/301–3080）天天出售古玩、书籍、服装和CD。维多利亚街市场（Victoria Street Market, Queen St. 和 Victoria St.，电话：031/306–4021）充满了德班印度裔商人的香料、食品、布料和铜器。

特色

非洲艺术中心（African Art Centre, 94 Florida Rd.，电话：031/312–3804）有夸祖鲁—纳塔尔工艺品。BAT 中心（BAT Centre, Small Craft Harbor, Victoria Embankment，电话：031/332–0451）展示的是当地艺术品。

中部地区

热爱艺术品和工艺品的购物者不可错过米德兰兹曼德尔（Midlands Meander, www.midlandsmeander.co.za），囊括彼得马里茨堡至美伊河的大片区域，这一带有100多家艺术品商店。

■ 克鲁格和普马兰加省

克鲁格国家公园内的路边摊上有许多有趣的商品。下列地点也值得一去。

德斯普雷特：季风长廊（Monsoon

Gallery，镇西 R527 旁，电话：015/795–5114）提供高品质的非洲艺术品和工艺品。

内尔斯普雷特：河畔商场（Riverside Mall, White River Rd.，电话：013/757–0080）有 140 多家店铺。

法尔瓦特：黑曼巴（Black Mamba, Spar Complex，电话：014/755–3518）出售非洲原创艺术品和工艺品。

■ 约翰内斯堡与内地

克拉伦斯

这个自由邦省小镇堪称艺术画廊中心。建议参观主街上的阿迪霍伊尔（Addy Hoyle Gallery）等画廊。

约翰内斯堡

罗斯班克天台市场（Rosebank Rooftop Market，罗斯班克购物中心屋顶，Cradock Ave.，电话：011/442–4488）每周日举行，有 600 余个摊位。毗邻的非洲工艺品市场（African Craft Market, Cradock St. 和 Baker St.，电话：011/442–4488）每天开放。在梅尔维尔市场（Melville Market, Kingsway Rd. 和 University Rd., Auckland Park，电话：011/442–4488），周一至周六可以淘小古玩。

购物中心

主要购物中心有海德公园角（Hyde Park Corner, Jan Smuts Ave., Hyde Park，电话：011/325–4340）、罗斯班克购物中心（在 Bath Ave. 和 Cradock Ave. 之间，Rosebank，电话：011/788–

5530），以及最为奢华的桑顿城（Sandton City, Sandton Dr. 和 Rivonia Rd., Sandton，电话：011/217-6000）。

特色商店

古德曼画廊（Goodman Gallery, 163 Jan Smuts Ave., Parkwood，电话：011/788-1113）和金·萨克斯画廊（Kim Sacks Gallery, 153 Jan Smuts Ave., Parkwood，电话：011/447-5804）有着最好的本地、非洲和世界各国艺术作品。收藏品（Collectables, 60 Tyrone Ave., Parkview，电话：011/646-4211）出售专业书籍，包括非洲文献和军事史。东方广场（Oriental Plaza, 38-60 Bree St.，电话：011/838-6753）是寻找质优价廉的布料、服装和香料的好地方。

比勒陀利亚

哈特菲尔德市场（Hatfield Market, 哈特菲尔德广场，Burnett St.，电话：012/442-4488）每逢周日开放，出售收藏品、家具、珠宝首饰、艺术品和工艺品。非洲珠钻（African Diamonds & Jewelry, Shop 5.3 Hatfield S.，电话：012/471-0600）是购买珠宝首饰的好地方。

购物中心

较大的购物中心有：迎合年轻人群的哈特菲尔德广场（Hatfield Plaza, 1122 Burnett St., Hatfield，电话：012/362-5842）；宽敞的曼宁公园（Menlyn Park, Atterbury Rd. 和 Lois Ave., Menlo Park，电话：012/342-2846）；布鲁克林购物中心（Brooklyn Mall, Fehrsen St. 和 Veale St., New Muckleneuk，电话：012/346-1063）；以及有一个工艺品市场和数十家商店的科罗那德购物中心（Kolonnade Shopping Centre, Van der Merwe St. 和 Zambesi Dr., Montana Park，电话：012/548-1902）。

娱乐

在过去 30 年中，南非在发展本土娱乐方面取得了长足进步。虽然大多数电影是进口电影，但戏剧、舞蹈和音乐以当地题材为主。起源于欧洲的文化形式（如歌剧、古典芭蕾、交响音乐会）观众不如以前多，但在大城市仍可成功举办。全国各地的艺术节（见第 272 页）是南非的表演人才展示自己的舞台。

从全国来看

电影

两家电影发行公司 Ster Kinekor（www.sterkinekor.com）和 Nu Metro（www.numetro.co.za）的电影院遍及南非各地，多设在购物中心内。影院主要放映流行影片、好莱坞大片和印度宝莱坞的一些影片。在映影片的详细信息、放映时间和地点都可以在其网站上找到。在开普敦、德班、约翰内斯堡和比勒陀利亚，Ster Kinekor 还有新式影院（Cinema Nouveau），放映来自欧洲及其他国家的艺术电影。

戏剧

谷场戏剧（Barnyard Theatre, www.barnyardtheatres.co.za）是一种新颖的娱乐形式。剧场场地环境质朴，你可以坐在长凳上一边享用美食、饮料，一边欣赏音乐剧（主要是音乐剧的曲调）。

■ 开普敦

电影

卡文迪什广场（Cavendish Square）及维多利亚和阿尔弗雷德滨水区（Victoria & Alfred Waterfront）有许多电影院（见第 339 页开普敦的购物中心）。拉比亚（Labia，市中心 Orange St. 街 68 号，电话：021/424-5927，www.labia.co.za）与众不同，既放映商业影片，也放映艺术影片。

音乐

博伟社交咖啡吧（Buena Vista Social Café，12 Portswood Rd., Green Point，电话：021/418-2467）演奏美妙的拉丁音乐。

开普敦爱乐乐团（Cape Town Philharmonic Orchestra，电话：021/410-9809，www.cpo.org.za）定期在 Artscape、市政厅及其他场地举行交响音乐会。

红木厅（The Mahogany Room, 79 Buitenkant St.，电话：076/679-2697，www.thernahoganyroom.com）是欣赏当地爵士乐的主要场所。

长街（Long Street）有许多俱乐部和酒吧，或现场演奏流行音乐，或播放流行音乐录音，是夜间娱乐的好去处。

戏剧

艺术风景（Artscape, D. F. Malan St., Foreshore，电话：021/410-9800，www.artscape.co.za）有三个演出区，上演歌剧、芭蕾和戏剧。

谷场（Barnyard，Willowbridge Lifestyle Centre, 39 Carl Cronje Dr., Tyger-valley，电话：021/914-8898）。

巴克斯特剧院（Baxter Theatre, Main Rd., Rondebosch，电话：021/685-7880，www.baxter.co.za）有三个演出场所，上演音乐、舞蹈、戏剧和电影。

海滨剧院（Theatre on the Bay, 1A Link St., Camps Bay，电话：021/438-3301，www.theatreonthebay.co.za）

是一个舒适怡人的剧院，举办本地及其他国家的戏剧、音乐和歌舞表演，很是成功。

■ 德班

电影

Berea Centre、Gateway、Musgrave Centre、The Pavilion 等当地购物中心有多家电影院（见第 340 页，德班的购物中心）。

音乐

BAT 中心维多利亚堤岸（Small Craft Harbor，电话：031/332-0451）定期举办音乐会及其他现场音乐活动。

夸祖鲁—纳塔尔省爱乐乐团（KZN Philharmonic，电话：031/369 9438，www.kznpo.co.za）定期在德班及夸祖鲁—纳塔尔省其他地方演奏古典音乐。

彩虹餐厅及爵士酒吧（Rainbow Restaurant & Jazz Club，23 Stanfield Rd., Pinetown，电话：031/702-9161）是当地最好的爵士乐表演场地之一。

改革俱乐部（Reform Club, 198A Florida Rd., Morningside，电话：083/786-8027）供应鸡尾酒，播放最棒的舞曲。

戏剧

伊丽莎白斯内登剧院（Elizabeth Sneddon Theatre, University of KwaZulu-Natal, King George V Ave., 电话：031/260-2296）既有学生作品演出，也有巡回戏剧、舞蹈、摇滚音乐会和音乐剧。

剧场（Playhouse, 231 Smith St., 电话：031/369-9555, www.playhousecompany.com）有三个表演场地，演出戏剧、音乐、歌剧和舞蹈。

谷场（Barnyard, Gateway Mall, 1 Palm Blvd., Umhlanga Ridge，电话：031/566-3045）。

■ 约翰内斯堡

电影

海德公园购物中心（Hyde Park Shopping）、罗斯班克购物中心（Rosebank Mall）和桑顿城（Sandton City）有多家电影院（见第 341 页，约翰内斯堡的购物中心）。

音乐

要欣赏最好的本地爵士乐，可去低音线（Bassline, 10 Henry Nxumalo St., Newtown，电话：011/838-9145, www.bassline.co.za）或坦茨咖啡馆（The Tanz Cafe, Witkoppen Rd. 和 Nerine Rds., Fourways，电话：011/685-0277, www.jhblive.com/tanzcafe）。

卡茨睡衣（Catz Pajamas, 12 Main Rd., Melville，电话：011/726-8596, www.catzpyjamas.co.za）是一家 24 小时营业的小馆，有现场音乐表演。

约翰内斯堡爱乐乐团（Johannesburg Philharmonic Orchestra）在 Linder Auditorium（27 St. Andrews Rd., Parktown，电话：011/789-2733）举办音乐会。

想找个俱乐部跳舞，可以去摩洛哥主题夜总会 Shoukara（Mutual Blvd. 和 Rivonia Blvd., Rivonia，电话：082/855-2584）、Back2Basix（167 Perth Rd., Westdene，电话：011/726-6857）或 Venue（Melrose Arch，电话：011/214-4300）。

戏剧

谷场（Barnyard, Shop L205, Cresta Mall, Beyers Naude Dr., 电话：011/478–5300）。

约堡剧院（Joburg Theatre, 163 Civic Blvd., Braamfontein, 电话：0861/670–670, www.joburgtheatre.com）有三个表演场地，演出戏剧、歌剧、芭蕾和音乐剧。

市场剧院（Market Theatre, Bree St. 和 Miriam Makeba St., 电话：011/832–1641, www.markettheatre.co.za）有三个场地，演出本地及其他国家的戏剧等。

蒙帝赌城剧院（Teatro at Montecasino, William Nicol Rd. 和 Witkoppen Rd., Fourways, 电话：011/510–7472, www.montecasino.co.za）演出音乐剧和轻松娱乐节目。

广场剧院（Theatre on the Square, Shop 121 Nelson Mandela Sq., Sandton, 电话：011/883–8606, www.theatreonthesquare.co.za）演出戏剧和音乐。

比勒陀利亚

电影

布鲁克林购物中心（Brooklyn Mall）和曼宁公园有多屏影院（见第342页比勒陀利亚的购物中心）。

音乐

比勒陀利亚大学交响乐团（University of Pretoria Symphony Orchestra, 电话：012/420–2947, www.upso.up.ac.za）在该市各种场所演奏交响乐作品。

舞曲俱乐部有宽敞的波士顿茶会（Boston Tea Party, Louis Glen Manor Ave., Menlyn, 电话：012/365–3625）和以学生为主的DropZone（Hatfield Sq., Burnett St., 电话：012/362–6528, www.clubdropzone.co.za）。

戏剧

国家剧院（State Theatre, 320 Pretorius St., 电话：012/392–4000, www.state theatre.co.za）是南非最大的剧院综合体，有6个表演场地，演出歌剧、芭蕾、戏剧、歌舞和音乐剧，还举办电影节。

谷场（Barnyard, Shop F92, Parkview Shopping Centre, Garsfontein St. 和 Netcare St. 交叉路口, Moreleta Park, 电话：012/368–1555）。

活动

南非气候良好，空间广阔，有山脉、河流、海滩、野生动物保护区，是户外活动的理想目的地。在南非的许多地方，游客可以参与冒险活动，如水肺潜水、划独木舟、划皮划艇、白浪漂流、骑山地自行车、攀岩、跳伞和绳降（在南非叫作"abseiling"）。游客还可以参加休闲活动，如高尔夫、徒步、骑马、观鸟和飞蝇钓。

从全国来看

《Getaway》是一本旅游和游猎杂志（www.getaway.co.za），每月一期。

南非的各个国家公园（www.sanparks.org，点击"Activities Facilities"链接）组织徒步旅行、划独木舟、观鸟、骑山地自行车、观星等活动。

野外冒险（Wildthing Adventures，电话：087/354-0578，www.wildthing.co.za）组织划独木舟、徒步、蹦极和游猎。

观鸟

劳森氏（Lawson's，电话：013/741-2458，www.lawsons.co.za）在南部非洲组织观察鸟类、蝴蝶、哺乳动物及一般野生动物之旅。

蒙蒂·布莱特（Monty Brett，电话：033/007-0556）组织观鸟之旅，提供观鸟课程，还组织其他游猎活动。

攀岩

南非山地俱乐部（Mountain Club of South Africa，电话：021/465-3412，www.mcsa.org.za）和攀登南非（Climb ZA，www.climbing.co.za）提供南非所有等级攀岩的信息。

飞蝇钓

www.flyfishing.co.za 网站提供在南非进行飞蝇钓的详细信息。

高尔夫

可到 www.golf-safari.com 查询主要高尔夫球场的介绍、图片和地图。

摩托运动

卡鲁骑行（Karoo Biking，www.karoo-biking.de）组织游客驾驶宝马摩托车去旅行。

骑山地自行车

可到 www.mtbonline.co.za 查询南非的山地自行车道、骑行装备和组织骑行的旅行社，全面了解相关信息。

海上皮划艇

双桨划艇（PaddleYak，电话：044/533-0537，www.seakayak.co.za）在开普敦、西海岸沿岸和花园大道一带组织划皮划艇之旅。

■ 开普敦

冒险活动

速降冒险（Downhill Adventures，电话：021/422-0388，www.downhilladventures.com）组织骑自行车、滑沙、滑翔伞、绳降、笼潜和骑四轮摩托车。

非洲绳降（Abseil Africa，电话：021/424-4760，www.abseilafrica.co.za）专门组织游客到桌山绳降。

开普极限运动（Cape Xtreme，电话：

021/788-5814，www.cape-xtreme.com）组织鲨笼潜水、骑自行车、冲浪和攀岩。

赏花之旅

野生植物之旅（Wilderness Touring，电话：021/762-3530，www.toursandtrails.co.za）于8月下旬和9月组织游客前往纳马夸兰（Namaqualand）和开普植物王国（Cape Floral Kingdom）赏花。

水肺潜水

奥卡潜水（Orca Industries，电话：021/671-9673，www.orca-industries.co.za）提供水肺潜水训练课程、潜水装备和潜水实践。

海上皮划艇

海上皮划艇（Sea Kayak，电话：082/501-8930，www.kayakcapetown.co.za）组织沿开普敦海岸划皮划艇，途中可能会看到鲸鱼和企鹅。

■ 西开普省

冒险活动

伊甸园探险（Eden Adventures，电话：044/877-0179，www.eden.co.za）在花园大道一带的荒野国家公园（Wilderness National Park）内组织划独木舟、绳降、徒步和骑自行车。

面对激情（Face Adrenalin，电话：042/281-1458，www.faceadrenalin.com）在布劳克朗斯大桥（Bloukrans Bridge）组织全世界最高的高空弹跳。

树冠之旅（Forest Canopy Tours，电话：042/281-1836，www.tsitsikammacanopytour.co.za）使游客从一个平台安全地滑行到另一个平台。

徒步

Oystercatcher Trail（电话：044/699-1204，www.oystercatchertrail.co.za）组织游客从莫塞尔湾出发，进行为期3天的沿海徒步。

划船

布里德河船只租赁（Breede River House Boat Hire，电话：028/542-1049，www.houseboathire.co.za）组织游客到斯韦伦丹（Swellendam）附近的布里德河（Breede River）划船。

克尼斯纳船屋（Knysna Houseboats，电话：044/382-2802，www.knysnahouseboats.com）在克尼斯纳潟湖（Knysna Lagoon）提供设施齐全的船屋。

骑山地自行车

非洲山地自行车（Mountain Biking Africa，电话：082/783-8392，www.mountainbikingafrica.co.za）在克尼斯纳经营，组织半天和全天的骑行之旅。

鲨笼潜水

西开普省的旅行社组织游客从船舶甲板上或在水下的笼子里观赏大白鲨。

非洲鲨笼潜水（Shark Dive Africa，电话：021/556-5606，www.sharkdiveafrica.co.za）在莫塞尔湾组织鲨笼潜水。

大白鲨潜水（White Shark Diving Co.，电话：021/671-4777，www.sharkcagediving.co.za）在克莱贝（Kleinbaai，离赫曼努斯不远）组织鲨笼潜水。

跳伞

塞雷斯跳伞（Sky Dive Ceres，电话：

021/462-5666，www.skydive.co.za）
距开普敦约 1.5 小时车程，当日训练，
当日即可进行双人跳伞。

观鲸

7~12 月，鲸鱼返回南开普，数家旅
行社组织观鲸活动。

黛尔岛游艇（Dyer Island Cruises,
电话：082/801-8014，www.
whalewatchsa.com）和 Ivanhoe Sea
Safaris（电话：028/384-0556，www.
whalewatchingsa.co.za）在杭斯拜
（Gansbaai）组织观鲸。

海洋运行（Ocean Safaris，电话：
044/533-4963，www.oceansafaris.
co.za）从普利登堡湾（Plettenberg
Bay）出发。

■ 东开普省

划船

阿尔弗雷德港船坞（Houseboats Port
Alfred，电话：046/ 624-5033，www.
houseboatsportalfred.com）还在科维河
（Kowie River）提供船屋。

徒步

狂野海岸度假村（Wild Coast Holiday
Reservations，电话：043/743-6181,
www.wildcoastholidays.co.za）在狂野海岸
（Wild Coast）运营着七条不同的沿海徒
步路径。

户外活动

豪格斯拜克（Hogsback）的 The
Edge resort（电话：045/962 1159,
www.theedge-hogsback.co.za）提供
四驱车小径，组织徒步、骑山地自行车
和钓鳟鱼。

■ 德班和夸祖鲁—纳塔尔省

户外活动

伊泽姆维洛 KZN 野生动物中心
（Ezemvelo KZN Wildlife，www.
kznwildlife.com，先点击"travel"，然
后点击"activities"）是夸祖鲁—纳塔
尔省的公园管理机构，提供观鸟、划船、
攀岩、徒步、钓鱼、骑马、骑自行车等活动。

萨尼山道酒店（Sani Pass Hotel,
电 话：033/702-1320，www.
sanipasshotel.co.za）组织钓鱼、打高尔
夫、骑四轮摩托车、乘四驱车观光等活动。

树冠之旅

豪伊克（Howick）附近的卡尔·卡
卢夫树冠之旅（Karkloof Canopy Tour,
电话：033/330-3415，www.canopytour.
co.za）使你可以在树冠之上的缆索上滑行。

深海捕鱼

马格纳姆特许公司（Magnum
Charters，电 话：035/571-6000,
www.sodwanabaylodge.com）组织游
客出海游钓。

悬挂滑翔

无声的飞翔（Silent Wings，电话：
072/783-8628，www.silentwings.at）在米
德兰兹（Midlands）提供培训，并组织游
客悬挂滑翔到西开普省和内地。

徒步

在乌卡兰巴—德拉肯斯堡山脉可以
参加美妙的徒步之旅（见 Ezemvelo KZN
Wildlife）。

水肺潜水

PADI 5 星潜水中心（PADI 5 Star Dive
Centre，电 话：035/ 571-6015，www.

sodwanabaylodge.com）在索德瓦纳湾提供水肺潜水课程和实践。

克鲁格和普马兰加省

丛林徒步

克鲁格国家公园和私立野营旅舍（game lodge）组织丛林徒步，由一名经验丰富、携带武器的公园管理员陪同。

树冠之旅

航空路线（Skyway Trails，电话：013/737-8374，www.skywaytrails.com）使你借助钢缆在哈兹维（Hazyview）附近一个山谷上方的平台之间滑行。

飞蝇钓

普马兰加省和杜尔史顿（Dullstroom）地区以飞蝇钓远近闻名：www.flyfishing.co.za。

骑马

地平线（Horizon，电话：014/755-4003，www.ridinginafrica.com）在林波波省的沃特堡（Waterberg）地区组织骑马探险活动。

约翰内斯堡与内地

划船

托罗亚米（Toro Ya Me，电话：082/810-5399，www.toroyawe.co.za）在约翰内斯堡和比勒陀利亚附近的哈特比斯普特大坝（Hartbeespoort Dam）上组织乘船游。

老窗子船只租赁（Old Willow Houseboat Charters，电话：083/391-4884，www.oldwillow.co.za）在瓦尔河（Vaal River）河畔出租船只。

树冠之旅

马加利斯堡树冠之旅（Magaliesberg Canopy Tour，电话：014/535-0150，www.magaliescanopytour.co.za）带你借助钢缆在崖壁上的平台之间滑行。

乘坐热气球

高地草原上通常天气稳定，是乘坐热气球旅游的理想去处。

空中探险（Air Ventures，电话：083/356-2435，www.air-ventures.co.za）在人类摇篮和马加利斯堡山（Magaliesberg）经营。

比尔·哈罗普热气球之旅（Bill Harrop's Balloon Safaris，电话：011/705-3201，www.balloon.co.za）在马加利斯堡山脉附近组织热气球之旅。

山地探险

徒步之旅（Gotrekking，电话：082/731-4696，www.gotrekking.co.za）在马加利斯堡山地区组织探洞、绳降和攀岩。

其他户外活动

探险迷（Adventure Addicts，电话：074/133-3355，www.adventureaddicts.com）在比勒陀利亚附近的迪诺肯组织骑四轮摩托车、乘坐超轻型飞机、火舞等。

水雉（Jacana，电话：012/734-2978，www.jacanacollection.co.za）在豪登省和自由邦省东部组织徒步之旅、骑马之旅、骑山地自行车、骑四轮摩托车或驾驶四驱车。

■ 北开普省

划独木舟和漂流

这里的主要活动是沿加利普河（奥兰治河）游猎、划独木舟和漂流。

丛林漂流（Bushwacked，电话：027/761-8953，www.bushwhacked.co.za）组织为期半天至六天的河上漂流之旅。

菲力克斯联队（Felix Unite，电话：021/702-9400，www.felixunite.com）组织划独木舟和漂流，服务可靠。

河橡（River Rafters，电话：021/975-972Z www.riverrafters.co.za）在这一地区组织乘筏游。

其他户外活动

加利普河三合一冒险活动（Gariep 3-in-1 Adventure）这项颇具挑战性的冒险活动为期半天，由奥赫拉比斯国家公园（www.sanparks.org）组织，先划独木舟沿加利普河（奥兰治河）顺河而下，然后步行几英里，最后骑山地车返回营地。

位于奥赫拉比斯附近的卡拉哈里户外探险（Kalahari Outventures，电话：082/476-8213，www.kalahari-adventures.co.za）组织河上泛舟、观鸟和沙漠游猎。

菜单指南

南非所有的菜单上都有英文，但是有一些本地说法可能会令游客困惑不解。

achar（泡菜）用青杧果、油和香料制成的调味品

biltong（比尔通，干肉条，腊肉）以盐和芫荽调味的风干肉

blatjang（酸辣酱）水果酸辣酱，常用杏制作

bobotie（咖喱肉末）加了咖喱的肉末，淋上牛奶蛋羹

boerewors（布尔香肠）用粗切的碎肉、以芫荽调味制成的香肠

borrie 姜黄根粉

braai 以明火烧烤（也是 braaivleis 的缩写）

braaivleis 烧烤

bredie（布雷迪）用羊肉或西红柿炖煮而成的炖菜，包括 water-blommetjie

bunny chow（南非三明治）将半个面包中间挖空，塞上咖喱

crayfish 小龙虾

kabeljou（也叫 kob）一种海水鱼，肉紧实，呈白色

kingklip（冈鳗）一种细长的海水鱼，形似鳗鱼，肉呈白色

koeksuster 面团拧成麻花状，油炸之，以极甜的糖汁浸泡

malva pudding（蜀葵焦糖布丁）以杏为原料做成的海绵蛋糕，裹上焦糖，以姜调味

mampoer 用桃子或李子酿制的白色白兰地酒

marula（马鲁拉）低地草原上一种树上产的黄色浆果，可食用

mielies 玉米

mogodu 牛肚

monkey gland sauce 用洋葱、番茄和伍斯特沙司制成的调味汁，辛辣开胃，浇在牛排上

mopane worms（可乐豆毛毛虫）风干的天蚕蛾毛毛虫

morogo 野生菠菜

pap（玉米糊）用玉米面做成的一种浓稠的白色粥

porlomoon 鲍鱼

potjie 三脚铁锅

potjiekos（三脚铁锅炖菜）用三脚铁锅煨熟的食物（通常是炖肉和蔬菜）

rooibos（路易波士）原产于塞德堡（Cederberg）地区的一种灌木，制作路易波士茶的原料

samoosa（萨莫萨炸三角）一种三角形油炸小馅饼，味香辣

samp（玉米糙）粉碎的玉米粒

skilpadjie 用网膜脂包裹动物肝脏，然后油煎

snoek（杖鱼）西开普省的一种海水鱼，经常做成肉糜，广受喜爱

sosatie 烤腌羊肉串

umngqusho 科萨族食品，用玉米碴和豆类做成，以辛辣食材调味

Van Der Hum 当地一种广受喜爱的甜露酒，用白兰地、橘皮、药草和香料制成 vetkoek 面团油炸而成的一种小蛋糕

waterblommetjie 睡莲类植物（水蕹），可食用

witblits 意为"白闪电"，即 mampoer，一种白色威士忌

索引

粗体表示插图。
全部大写表示主题类别。

 **美国国家地理学会旅行者系列**

即将出版:《希腊》(原书第四版) 《德国》(原书第四版)

浸泡式体验

不只是旅行
美国国家地理学会的专家们为你带来
旅游目的地的更多精彩体验